인식과 재인식을 넘어서

『아리랑』의 김산과 김성숙의 삶을 통해 본 민족혁명의 실체

인식과 재인식을 넘어서

『아리랑』의 김산과 김성숙의 삶을 통해 본 민족혁명의 실체

인간사랑

목차

서문

그간 우리 학계는 물론 사회 각 부문 모두 자신의 이념적 입장에 따라 역사적 사실을 침소봉대하는 소모적인 논쟁에 휩싸여 있었던 게 사실이다. 그 실례가 바로 『해방전후사의 인식(이하 인식)』 및 『해방전후사의 재인식(이하 재인식)』의 출현이다. 『인식』과 『재인식』이 가장 첨예하게 대립하고 있는 개념이 바로 민족주의이다.

본서는 『인식』과 『재인식』이 역설하고 있는 민족주의와 탈(脫)민족주의의 당부(當否)를 검토하기 위해 『아리랑』의 두 주인공을 중심으로 민족주의의 실체를 검토한 저서이다. 지난 1980년대에 낙양의 지가를 올린 바 있는 『아리랑』은 님 웨일즈(Nym Wales)가 사실주의 문학의 관점에서 조선의 민족혁명가 김산(金山)의 일대기를 객관적으로 그려낸 명저이다. 주지하다시피 『아리랑』은 내용 자체가 역사적 사실에 매우 핍진(逼眞)하고 있어 20세기 르포 문학의 압권으로 평가받고 있다.

당초 김산은 자신만이 아는 암호문으로 일기를 써오던 중 님 웨일즈를 만나자 이내 공동출간을 염두에 두고 항일혁명가로 살아온 자신의 일대기를 상세히 구술한 바 있다. 님 웨일즈는 일제의 위협이 사라질 즈음 공저로 펴내기로 한 김산과의 약속을 지켜 마침내 1941년에 미국에서 『Song of Ariran』이라는 제목으로 출간했다.

모두 7권이나 되는 김산의 일기를 토대로 하여 저술된 『아리랑』의 화자 '나'는 말할 것도 없이 본명이 장지락(張志樂)인 김산이다. 그의 사상적 스승인 김성숙(金星淑)은 이 책에서 김충창(金忠昌)으로 나오고 있다. 김산은 지난 1980년대 후반에 우리나라에서 처음으로 『아리랑』이 출간된 이후 식자층에 비교적 널리 알려져 있다. 반면에 김성숙을 제대로 아는 사람은 그리 많지 않다. 김산과 김성숙은 여운형과 마찬가지로 남북 양측으로부터 모두 배척을 받은 소위 '중도좌파 민족주의자'에 해당한다. 이는 김규식(金奎植)과 안재홍(安在鴻) 등 '중도우파 민족주의자'들이 남북 양측으로부터 크게 주목받지 못한 것에 비유할 수 있다.

이런 상황에서 최근 한국 근현대사를 전공하는 소장 정치학자들이 해방 전후시기에 대한 새로운 해석을 시도하기 시작해 매우 고무적이다. '남북한 정부 수립과정 비교'를 주제로 지난 2006년 4월에 열린 한국정치학회 춘계학술토론회에서 참석자들은 좌우의 경계를 뛰어넘는 새로운 해석이 절실하다는 데 의견을 모은 바 있다. 기존의 전통주의(傳統主義)와 수정주의(修正主義)는 물론 『인식』 및 『재인식』의 관점을 뛰어넘는 완전히 새로운 차원의 접근이 공개적으로 표명된 셈이다. 당시 토론회에서 신복룡 교수는 그 의미를 이같이 설명한 바 있다.

"나는 한국전쟁 당시 우익의 박해를 체험했던 소작농의 자식으로서 한국 현대사의 비극을 저지른 미국의 실수를 용서할 수 없었다. 그러나 한국 현대사 비극의 최종 책임자는 결국 한국인 자신일 수밖에 없다. 수정주의자가 미국의 책임을 묻고 전통주의자가 소련의 책임을 물었다면 이제 우리는 우리 스스로의 책임을 묻는 재수정주의자의 역할을 수행해야만 한다."

서문

지난 1970년대 후반에 『인식』이 출간되면서 수많은 소장학자들이 수정주의 시각에 입각해 기존의 전통주의 해석에 대한 뒤집어보기 연구에 심혈을 기울인 바 있다. 그러나 『인식』은 당시 상황에서 나름대로 매우 긍정적인 역할을 했음에도 불구하고 적잖은 후유증을 낳았다. 교육현장에서 국가정통성을 남쪽보다 북쪽에 두는 왜곡된 흐름이 형성된 것 등이 그 실례이다.

이에 대한 반론 차원에서 나온 것이 바로 『재인식』이라고 할 수 있다. 그러나 『재인식』 역시 『인식』의 편향성과 오류를 적잖이 지적해냈음에도 불구하고 민족혁명의 취지를 제대로 간취하지 못하는 한계를 노정하고 있다. 한국 근현대사를 전공하는 소장 정치학자들이 해방 전후시기에 대한 새로운 차원의 접근 필요성을 공개적으로 표명하고 나선 이유가 여기에 있다. 이들이 장차 그간의 이념적 편향을 반성한 가운데 사료에 근거한 연구를 진행시킬 경우, 종래의 소모적인 이념논쟁을 극복할 수 있는 획기적인 계기를 마련할 수 있을 것이다.

현재 『인식』과 『재인식』에서 가장 논란이 되어 있는 것은 민족과 혁명, 민중 개념이다. 『재인식』은 『인식』이 민족과 혁명, 민중 등의 주제어에 지나치게 얽매어 있는 나머지 이념적 편향을 벗어나지 못하고 있다고 지적하면서 '탈민족'과 '탈혁명', '탈민중'의 관점을 강조하고 있다. 이들의 '탈민중' 주장은 나름대로 평가할 만하다. 현재 사용되고 있는 '민중' 개념은 마르크스주의의 계급투쟁 개념과 친연성이 높다는 점에서 적잖은 문제가 있는 게 사실이다.

동양은 일찍부터 학덕(學德)을 연마한 사인(士人)들에 의한 공개정치를 추구해 온 만큼 19세기 말까지 봉건적인 신분사회를 유지한 서양과 전혀 다른 역사과정을 밟아왔다. 사인의 근간은 농민이었다. 벼슬을 그만둔 사인은 귀향해 농민으로 복귀하는 것이 원칙이었다. 동양에서는 천거제(薦擧制) 및 과거제(科擧制)를 시행한 이래 대를 이어 벼슬길에 오른 문벌(門閥)은 존재했으나 타고난 신분에 따라 귀족이 되는 봉건계급은 존재한 적이 없다. 동양사회를 마르크스주의의 계급 개념으로 파악하는 것 자체가 잘못인 것이다. 그런 의미에서 『재인식』의 '탈민중' 주장은 나름대로 매우 시의적절하다고 할 수 있다.

그러나 『재인식』의 '탈민족'과 '탈혁명' 주장은 우리가 안고 있는 '민족혁명'의 과제를 제대로 파악치 못한 데 따른 것으로 볼 수밖에 없다. 본래 민족은 고유한 역사문화적 전통과 언어 등을 함께 하는 국가 단위의 거주집단이 이러한 전통을 지키고자 하는 의식을 공유하는 일종의 '의식공동체'를 말한다. 한스 콘(Hans Kohn)은 일찍이 『민족주의(*Nationalism*)』에서 유일무이한 합법적 정치조직체인 민족국가야말로 온갖 문화의 창조와 경제적 복지의 원천이라고 주장한 바 있다.

전 인류가 공감하는 세계정부 차원의 정치공동체가 나타나기 전에 세계화와 인류애 등을 내세워 '탈민족'을 섣불리 주장하는 것은 잘못이다. 이는 자칫 강을 건너오는 적을 공격하는 것은 군덕(君德)에 어긋난다고 고집하다가 패망을 자초한 소위 '송양지인(宋襄之仁)'의 우를 범할 소지가 크다. 특히 한반도를 둘러싼 이웃 중국과 일본 등지에서 민족주의 성향이 고조되고 있는 현황을 감안할 때 더욱 그러하다.

나아가 『재인식』의 '탈혁명' 주장 역시 적잖은 문제가 있다. 일찍이 한나 아렌트(Hannah Arendt)는 『혁명론(*On Revolution*)』에서 서구사회의 새로운 시작을 알린 대표적인 혁명으로 프랑스혁명과 미국혁명을 예로 들면서 프랑스혁명은 실패한데 반해 미국혁명은 성공했다고 평가한 바 있다. 프랑스혁명은 개인의 사적 자유(liberty)를 추구하는 '사회혁명'으로 치달은 데 반해 미국혁명은 정치공동체의 공적 자유(freedom)를 추구하는 '정치혁명'으로 나아갔다는 것이 그 논거이다.

그럼에도 불구하고 아렌트는 미국인들은 혁명의 의미를 제대로 파악치 못한 결과 자신들이 이룬 업적을 진정한 혁명으로 평가하지 못하는 우를 범했다고 아쉬워했다.

아렌트의 이런 주장은 마르크스주의자들의 혁명론과는 정반대되는 것이다. 마르크스주의자들은 통상 상부구조의 변화에 불과한 정치혁명은 하부구조를 포함한 사회의 모든 구조가 근본적으로 바뀌는 사회혁명의 부산물에 불과한 것으로 파악해 왔다. 그런 의미에서 아렌트는 사적 자유 및 사적 삶의 연장인 사회를 국가보다 상위에 놓은 서구의 학문전통에 대해 일대 반기를 든 셈이다. 아렌트가 사분오열된 이탈리아의 통일을 염원하며 군주의 탁월한 리더십을 강조한 마키아벨리를 높이 평가한 이유가 바로 여기에 있다. 아렌트는 정치적 삶(bios politikos)의 실현을 혁명의 기본목표로 삼은 셈이다.

지난 20세기는 아렌트가 지적한 바와 같이 온갖 혁명구호로 점철된 '혁명의 세기'였다고 해도 과언이 아니다. 공산혁명과 민주혁명, 인민혁명, 시민혁명, 국민혁명, 민족혁명, 군사혁명, 학생혁명 등 일일이 매거할 수도 없을 정도로 수많은 혁명 개념이 등장했다. 그러나 이들 대부분의 혁명은 정치공동체의 새로운 정신과 질서를 만드는 데 실패했다. 이를 두고 아렌트는 프랑스혁명을 모방한 데서 그 원인을 찾았다.

그렇다면 조국통일 및 민족통합으로 요약되는 우리의 민족혁명 과업이 반세기가 넘도록 이뤄지지 못하고 있는 이유는 무엇일까. 아렌트의 주장과 같이 우리는 프랑스혁명을 모방코자 하는 잘못을 범하고 있는 것일까. 그것도 아니면 미국혁명에 대한 연구를 통해 해결의 단서를 찾아내는 작업을 게을리하고 있는 것일까.

그 해답의 열쇠는 해방 전후사에 대한 새로운 평가에서 찾아낼 수 있다. 우리가 반세기가 넘도록 민족혁명의 과업을 이루지 못하는 근본

이유는 그 어떤 이념이든 민족혁명의 수단에 불과하다는 극히 간단하면서도 엄중한 이치를 제대로 파악치 못한 데 있다. 이는 기본적으로 '혁명'과 '해방'의 의미를 제대로 파악치 못한 사실과 무관치 않다.

아렌트에 따르면 혁명은 새로운 정치질서를 형성하는 새로운 시작을 의미하고, 해방은 혁명과정에서의 자유 확립을 뜻한다. 해방은 자유를 실현하기 위한 필요조건일 뿐 충분조건이 될 수 없다는 것이다. 원래 마르크스주의의 해방 개념에 따를 경우 식민지의 해방은 2중적인 의미를 지닐 수밖에 없게 된다. 제국주의 외세에 의해 부과된 질곡(桎梏)으로부터의 조국광복과 외세 배제 이후의 빈곤과 무지 등으로부터의 민중해방이 그것이다. 교조적인 마르크스주의의 계급론에서는 민중해방을 조국광복보다 근원적인 이슈로 간주한다. 그러나 그 경우 민족역량의 결집을 통한 반제(反帝)혁명운동에 균열이 생길 수밖에 없다.

실제로 이 문제를 둘러싸고 한때 공산주의 종주국으로 군림했던 소련 정부도 적잖은 혼선을 빚었다. 마오쩌둥이 이끄는 중국의 공산당은 도시노동자 중심의 마르크스-레닌주의의 교조적 이론 대신 중국 전래의 전통에 기초한 소위 '농민혁명'을 창안해냄으로써 이 문제를 슬기롭게 극복했다. 농민을 계급해방과 민족혁명의 중심세력으로 내세움으로써 민중해방과 민족혁명을 하나로 융해시켜 버린 것이다. 중국 혁명과정에서 두 차례에 걸친 국공합작(國共合作)이 성사된 배경이 여기에 있다.

그러나 우리는 불행하게도 이런 과정을 겪지 못했다. 가장 큰 이유는 당시 중국은 명목상이나마 독립국을 유지한 가운데 국내에서 해방전쟁과 혁명전쟁을 동시에 전개한 데 반해 우리는 일제의 식민지가 되어 이를 동시에 전개하지 못한 데 있다. 우리가 일제를 대상으로 전쟁다운 전쟁을 전개하지 못한 채 주로 만주 및 연해주 등 해외에서 일본군을 대상으로 한 제한적인 독립전쟁을 전개한 이유가 여기에 있다.

홍범도와 김좌진 등이 이끈 청산리전투와 같은 우리의 자주적인 항일무력투쟁은 일본군의 시베리아 간섭 및 만주침공이 본격화한 이후에 대부분 사라지고 말았다. 이후의 항일무력투쟁은 대부분 중국공산당 내지 소련군의 일원이 되어 그들을 위한 전쟁을 전개하는 것으로 전락하고 말았다. 드문 사례로 북한이 자랑하는 김일성의 보천보전투를 들 수 있으나 사실 이는 관할 군경이 자리를 비운 일개 주재소를 습격한 미미한 성과에 불과한 것이었다.

이런 와중에 대다수 민족혁명가들은 이념차이 등에 따른 갈등으로 인해 항일독립 역량을 효과적으로 결집시키지 못했다. 이는 기본적으로 혁명과 해방 개념의 해석을 둘러싼 갈등과 무관치 않았다. 당시 혁명은 좌우를 막론하고 즐겨 사용한 데 반해 해방은 주로 좌파 내에서 민족혁명과 구별되는 계급해방의 의미로 사용되었다. 다만 8·15 광복 이전만 하더라도 이러한 갈등이 공개적으로 크게 표면화하지 않았을 뿐이다. 좌우파 모두 일제에 의한 한민족의 노예적 삶이라는 엄연한 현실로 인해 민족혁명과 계급해방을 같은 차원의 것으로 인정하는 선에서 이념갈등을 적당히 덮어두었던 셈이다.

이로 인해 광복 전만 하더라도 상당수의 민족혁명가들은 좌우를 넘나들며 식민지 조국을 조속히 광복시킬 수만 있다면 그 어떤 이념과 방법이든 크게 문제 삼지 않았다. 이들은 기본적으로 마키아벨리가 『군주론(*Il Principe*)』에서 조국 이탈리아를 하나로 통일시킬 수만 있다면 통치권자는 비도덕적인 방법도 강구할 수 있어야 한다고 강조한 것과 같은 맥락에 서 있었던 것이다. 당시 민족혁명가들 내에서 '민족혁명'과 '인민해방'이 거의 동일한 의미로 사용된 것은 바로 이 때문이었다.

그러나 막상 해방이 이뤄지자 혁명과 해방의 해석을 둘러싼 갈등이 본격적으로 불거지기 시작했다. 우파는 비록 연합군의 승리에 따른 것이기는 했으나 '조국광복'이 실현된 만큼 이제는 모든 계급이 참여하는 새로운 국가건설을 '민족혁명'의 과제로 삼아야 한다고 주장했다. 이에 대해 좌파는 외세에 의한 억압이 제거된 이제야말로 '계급해방'이 이뤄져야만 진정한 '민족혁명'을 이룰 수 있다고 주장했다. 양측 모두 '해방'을 '혁명'의 한 과정으로 상정한 점에서는 같았으나 '해방'의 구체적인 내용에 대해서는 전혀 다른 해석을 내린 것이다.

이러한 갈등의 후과로 나타난 것이 바로 미·소 양국의 후견 하에 배태된 남북 정권의 수립과 6·25 내전이었다. 오랫동안 남북분단과 6·25 내전의 배경 등을 놓고 전통주의자와 수정주의자들 간에 치열한 논쟁이 전개되었다. 당시의 극비문서가 공개된 현재 미·소 양국 모두 동서냉전의 우위를 장악키 위해 한반도의 반쪽에서만이라도 자국에 유리한 정부를 세우려는 복안을 갖고 있었다는 사실이 분명히 드러났다. 나아가 남북 정권이 수립된 후 '인민해방'을 앞세운 북한 정권이 중국 공산혁명의 성공에 고무된 나머지 스탈린과 마오쩌둥의 양해 하에 6·25 내전을 일으켰다는 사실 또한 명백해졌다. 엄밀한 관련자료 분석과정을 통해 한반도 분단배경 등을 둘러싼 소모적인 논쟁이 자연스럽게 해결된 셈이다.

그럼에도 오히려 『인식』과 『재인식』이 보여주듯이 해방 전후사를 둘러싼 논쟁은 더욱 가열되는 양상을 보이고 있다. 이는 기본적으로 통합민족국가 건설이라는 과업을 부여안은 채 분단의 어두운 그림자 속에서 살아가고 있다는 현실과 무관치 않을 것이다. 그러나 엄밀히 말해 우리에게 부여된 민족혁명의 과업은 한반도 통일로 완성되는 것만도 아니다. 통일 이후에도 민족통합 및 민족역량 결집이라는 또 다른 과제가 우리 앞에 놓여 있다.

이 모든 과제가 이뤄질 때 우리도 비로소 명예혁명을 이룬 영국혁명과 시민혁명을 이룬 프랑스혁명, 독립혁명을 이룬 미국혁명, 볼셰비키 혁명을 이룬 러시아혁명, 농민혁명을 이룬 중국혁명, 메이지유신을 이룬 일본혁명 등과 같이 민족통합 혁명을 이룬 자랑스러운 한국혁명을 갖게 될 것이다. 그런 의미에서 우리는 여전히 민족혁명의 도정에 있는 셈이다.

'민족혁명'은 기본적으로 '의식공동체의 부단한 자기 혁신과정'으로 정리할 수 있다. 이는 곧 21세기의 우리 민족 모두 현재 민족혁명의 도정에 있음을 의미한다. 『주역』은 끊임없는 자기 혁신을 '자강불식(自强不息)'으로 표현해 놓았다. 자강불식이 이뤄지지 않는 개인과 국가공동체 모두 이내 쇠락의 길로 들어설 수밖에 없다.

원래 동양에서는 전통적으로 혁명을 '역(易)'의 개념으로 접근했다. 『주역』의 '혁괘(革卦)' 단사(彖辭)에서는 이를 천도(天道)를 좇아 인도(人道)를 행하는 순천응인(順天應人)으로 규정했다. 구오(九五) 효사(爻辭)에서는 이를 대인호변(大人虎變)으로 풀이했다. 이는 개혁을 수행하는 군자가 장려하게 털갈이를 한 호랑이처럼 변하는 것을 말한다. 상육(上六) 효사에서는 군자표변(君子豹變)으로 표현했다. 이는 군자가 섬세한 털갈이를 한 표범처럼 변하는 것을 말한다. 『시경』에서는 이를 '기명유신(其命維新)'으로 표현해 놓았다.

본래 음(陰)이 갑자기 양(陽)으로 바뀌는 것을 '변(變)', 양이 서서히 음으로 바뀌어 가는 것을 '화(化)'라고 한다. 이렇게 바뀌는 현상을 '혁(革)', 바뀌어 새롭게 된 것을 '신(新)'이라고 한다. 천지운화(天地運化)의 조화 속에는 정(靜)과 동(動)이 서로 뒤엉켜 있는 까닭에 늘 변화와 혁신이 따르기 마련이다. 이는 매 순간마다 변화와 혁신이 끊임없이 일어나고 있음을 의미한다. 동양에서 사용한 혁명과 혁신, 유신 등의 용어는 바로 끊임없이 새롭게 변전하는 일체의 현상을 뜻하는 것이다. 아렌트도 혁명정신을 '새로운 것을 시작하는 정신'으로 정의한 바 있다. 이는 동양의 '역' 사상과 부합하는 것이기도 하다.

우리 민족은 지난 세기 나라를 잃은 식민지 백성으로 노예적 삶을 강요받았다. 수많은 민족혁명가들이 국내 및 해외에서 쉼 없는 광복운동을 전개했음에도 불구하고 제2차 세계대전이 끝날 때까지 조국광복은 요원하기만 했다. 이는 당시 일제를 포함한 서구 제국주의 열강이 약소국 식민지의 해방을 전혀 허용치 않은 사실과 무관치 않았다. 실제로 제국주의 열강이 서로 다투지 않았다면 우리나라는 일제의 식민지로 존재하다가 역사무대에서 완전히 사라질 위기에 놓여 있었다. 고금을 막론하고 국제정치의 현실은 이처럼 냉혹한 것이다.

이 와중에 조국광복을 위해 헌신했던 수많은 민족혁명가들은 '피압박민족의 해방'을 기치로 내세운 소련의 볼셰비키 혁명에 열광하기도 하고 자유민주주의를 내세운 미국에 큰 기대를 걸기도 했다. 일부는 무정부주의를 통해 인민해방과 민족혁명을 동시에 이루고자 했다. 사상사적으로 볼 때 해방 전후의 시기는 비록 혼란이 극에 달하기는 했으나 수백 년 동안 오직 성리학밖에 모르던 우리 민족에게는 사상적 백화제방(百花齊放)의 시기에 해당한다.

이런 시기에 그 어떤 이념보다 민족혁명을 최상의 가치로 삼은 인물들이 있었다. 좌파 민족주의 계열의 이동휘(李東輝)와 여운형(呂運亨) 등을 비롯해 우파 민족주의 계열의 김규식과 안재홍 등이 그들이다. 이들은 좌우를 넘나들면서 그 어떤 이념보다 조국광복과 민족통합을 제일의(第一義)로 내세웠다는 점에서 진정한 민족혁명가에 해당한다. 이들에게는 그 어떤 이념과 사상도 단지 민족혁명을 위한 도구에 지나지 않았다.

좌우를 넘나든 이들 민족혁명가들의 노선은 1927년 초에 좌우의 이념을 초월해 발족시킨 신간회의 창립선언문에 잘 나타나 있다. 당시 '민족유일당'으로 평가받은 신간회의 초대 회장인 이상재는《조선일보》1928년 4월 1일자 사설에 이같이 쓴 바 있다.

"민족주의는 사회주의의 근원이며, 사회주의는 민족주의의 본류이다."

당시의 민족주의자들은 민족혁명가들을 '민족주의 대 사회주의' 도식으로 분류코자 하는 조선총독부의 분열책에 맞서 민족주의와 사회주의를 통일적으로 파악했다. 그럼에도 학계에서는 아직까지도 이들을 소위 '좌우합작파'와 '남북협상파', '중간파' 등으로 분류하고 있다. 이러한 분류는 그 어떤 이념보다 민족혁명을 앞세웠던 이들 민족혁명가들에 대한 제대로 된 평가를 저해하는 한 이유가 되고 있다.

광복 전에 식민지 조국을 독립시키기 위한 최선의 방안은 민족해방과 통합으로 요약되는 민족혁명에 최우선의 가치를 둔 이들의 행보에서 찾을 수 있다. 이들의 노선은 사상적 스펙트럼에서 좌우의 이념을 모두 아우르는 동시에 민족해방과 통합을 지상과제로 설정했다는 점에서 여타 노선과 분명한 차이를 보여주고 있다. 이들의 행보야말로 부르주아 자유민주주의 이념을 중시한 우파와 프롤레타리아 인민해방투쟁을 앞세운 좌파와 구별되는 민족혁명운동의 정수라고 할 수 있다.

이들을 두고 편의에 따라 '중간파' 등으로 규정하는 것은 잘못이다. 여운형 및 안재홍 등이 함께 걸어간 노선은 분명 하나의 사상적 흐름으로 존재했다. 좌우의 이념대립으로 인해 오랫동안 소홀히 취급하거나 애써 무시해 왔으나 이제 통일시대를 앞둔 상황에서 더 이상 이들을 애매하기 짝이 없는 '중간파' 등으로 방치할 수는 없는 일이다.

모든 이념은 국가라는 정치공동체가 존속하는 한 해당 민족의 통합과 번영을 효과적으로 도모하기 위한 수단에 불과할 뿐이다. 해방 전후의 시기에 활약한 『아리랑』의 주인공 김산과 김성숙은 바로 이를 통찰한 인물들이었다. 소모적인 이념논쟁으로 민족역량을 고갈시키고 있는 현재, 이들의 삶과 사상은 민족에 최우선의 가치를 두고 좌우를 넘나들며 항일독립운동과 통합민족국가 건설에 헌신했다는 점에서 시사하는 바가 매우 크다.

우리 민족은 불행하게도 21세기의 오늘날까지 해방 전후기에 드리워진 어두운 그림자에서 벗어나지 못하고 있다. 해방 전후기에 나타난 사회주의 계열의 민족주의를 현재의 북한 공산주의와 동일시하는 극우파와 6 · 25내전으로 상징되는 극좌 모험주의자들의 망동을 민족해방투쟁의 일환으로 평가하는 극좌파의 횡행이 이를 증명한다. 이는 남과 북에서 오랫동안 이들 '중간파' 민족혁명가들을 '회색'으로 간주한 사실과 무관치 않다.

이러한 왜곡된 풍조는 현재 조금도 나아지지 않고 있다. 낡은 이념에 얽매인 나머지 소모적인 이념논쟁이 지속되고, 교육현장에서 나라의 정통성이 부인되고 있는 것 등이 그 증거이다. 이를 시급히 수술하지 않으면 자칫 남북한이 공멸하는 최악의 상황이 빚어질지도 모를 일이다. 조국광복을 기점으로 회갑을 넘긴 지금이야말로 격변하는 주변정세를 적극 활용해 우리의 힘으로 평화통일의 진지한 로드맵을 그릴 수 있는 절호의 기회가 아닐 수 없다. 그런 점에서 해방 전후의 혼란스런 이념과잉의 시대에 민족혁명을 위해 평생을 바친 여운형 및 안재홍 등의 행보와 노선은 평화통일의 중요한 지남(指南)이 될 수 있다.

우리가 직면하고 있는 한반도 주변정세는 1세기 전의 구한말 상황을 방불하고 있다. 미구에 닥쳐올 21세기의 통일시대는 해방 전후사에 대해 완전히 새로운 차원의 해석을 요구하고 있다. 그 잣대가 바로 좌우를 뛰어넘는 '중도민족주의' 이다. 『아리랑』에 나오는 김산과 김성숙은 민족혁명을 위해 평생을 바친 중도민족주의자의 전형에 해당한다. 본서는 이들의 삶을 통해 주체적으로 우리의 해방 전후사를 바라보았다는 점에서 『인식』 및 『재인식』의 기존 시각과 구별된다. 그런 의미에서 본서의 관점은 『인식』 및 『재인식』의 시각을 지양한 '중도주의' 시각에 해당한다.

현재 많은 국민들은 매사를 2분법적 분석틀로 일도양단하면서 국민 전체를 정쟁의 도구로 삼고 있는 위정자들의 행태에 절망하고 있다. 국민들은 국리민복과 민족통합에 공헌하면서 21세기 동북아시대에 부응하는 새로운 주류진영의 등장을 갈망하고 있다. 이런 점에서 이들 '중도민족주의자' 에 대한 재평가는 시급한 과제라고 할 수 있다.

우리는 지난 세기에 이미 민족의 역량을 총결집해 서구 각국이 1백여 년에 걸쳐 이룩한 근대화 혁명을 단기간 내에 달성한 바 있다. 5천 년 역사에서 사상 처음으로 전래의 역사문화를 바탕으로 한 보편적인 '한국문명' 을 만들어 전 세계를 대상으로 한 새로운 문명을 전파할 수 있는 절호의 기회를 맞이한 셈이다. 우리가 이념과 지역, 계층의 차이를 뛰어넘어 전 민족의 역량을 하나로 결집시킬 수만 있다면 21세기 동북아시대를 우리의 시대로 만드는 것도 결코 불가능한 일이 아니다.

다행스럽게도 그러한 징표가 곳곳에서 나타나고 있다. 비록 국제정세의 변화에 따른 것이기는 하나 북핵문제와 관련해 6자회담에서 북한이 긍정적인 자세를 보이고 있고, 국민들 사이에 남북경협 확대의 공감대가 널리 형성돼 있는 것 등이 그 실례이다. 우리 스스로 좌우의 이념대립 구도에서 벗어나기 위해 노력하고 있다는 징표가 아닐 수 없다.

오랫동안 '중도민족주의자'들은 남북 양측으로부터 공히 기피대상이 되어 왔다. 그러나 민족의 지혜를 모아 통일시대를 열어야 하는 중차대한 시점에 봉착한 현재, 이들에 대한 새로운 평가가 절실히 요구되고 있다. 본서가 해방 전후사에 대한 새로운 역사비평서의 성격을 띠고 있는 것은 바로 이 때문이다. 소모적인 이념논쟁으로 퇴행의 조짐마저 보이고 있는 이 시점에 본서의 출간이 국민통합을 위한 심기일전(心機一轉)에 작은 도움이라도 줄 수 있었으면 하는 것이 필자의 바람이다.

2007년 맹동(孟冬), 정릉 학오재(學吾齋)에서
저자 신동준 쓰다

인식과 재인식을 넘어서

들어가는 말

원래 서구에서 나온 사회주의는 크게 두 가지 의미를 지니고 있다. 경제적 개념으로 사용될 때는 자본주의에 대칭되고, 정치적 개념으로 사용될 때는 부르주아 자유민주주의에 대칭되고 있다. 정치적 개념의 사회주의를 제대로 분석하기 위해서는 우선 자유민주주의의 의미를 정확히 파악할 필요가 있다. 사실 서구에서 자유주의가 인민주권의 행사를 의미하는 민주주의와 결합해 '자유민주주의'로 정착된 것은 그리 오래된 일이 아니다.

자유민주주의는 말 그대로 자유주의와 민주주의를 결합한 말이다. 원래 자유주의는 봉건질서에 대한 저항 속에서 공업자본주의의 정치적 신조로 탄생했다. 자유주의가 개인의 자유에 대한 불필요한 외적 개입을 최대한 억제코자 하는 태도를 지니게 된 이유가 여기에 있다. 이에 반해 고대 그리스 민주정에 뿌리를 두고 있는 민주주의는 정치공동체 구성원 전체의 자율적 참여와 의사결집을 통해 공동체의 중요 사안들을 처리하는 것을 그 핵심으로 삼고 있다.

프랑스혁명 이후 우여곡절 끝에 만들어진 자유민주주의는 시장 중심의 경제자유주의를 뜻하는 자본주의와 의회 중심의 정치민주주의를 뜻하는 의회민주주의를 두 축으로 삼고 있다. 그러나 자유민주주의는 개인의 자유와 평등을 기초로 성립한 까닭에 자유경쟁의 원리를 무제한적으로 인정할 경우 필연적으로 독점과 불평등이라는 결과를 낳을 수밖에 없다. 이는 자유민주주의의 본질적 한계이기도 하다.

사회주의는 바로 자유민주주의의 이런 본질적 한계를 확인한 데서 출발하고 있다. 통상 공산주의와 혼용되어 사용되는 사회주의는 기본적으로 프롤레타리아 무산계급이 역사의 중심이 되는 사회경제체제를 말한다. 이는 부르주아 유산계급을 착취계급으로 간주한 데서 비롯된 것이다. 부르주아가 장악하고 있는 착취구조이자 상부구조인 정치체제는 궁극적으로 소멸될 수밖에 없다는 논리는 바로 여기서 나온 것이다.

그러나 큰 틀에서 볼 때 서구의 역사를 토대로 하여 나온 자유주의와 사회주의 이념은 동양의 역사와 괴리되어 있다. 동양은 이미 수천 년 전부터 '천하위공(天下爲公)'을 기치로 내건 국가 개념 속에서 삶을 영위해 왔다. 중세 이후에 비로소 국가와 민족 개념이 나타난 서구와는 커다란 차이가 있는 것이다. 해방전후사에 대한 [사회주의 대 민족주의] 분석틀은 기본적으로 우리나라의 역사적 맥락과 동떨어진 서구의 2분법적 분류에 지나지 않는다.

그런 점에서 『인식』과 『재인식』 사이에 전개된 일련의 논쟁은 적잖은 문제를 안고 있다. 우선 『인식』은 금기시되어 왔던 한국 현대사 연구에 물꼬를 텄다는 점에서 높이 평가할 만하다. 그러나 『인식』은 역사인식 등에서 적잖은 문제점을 안고 있다. 가장 큰 문제는 복잡한 양상으로 전개된 민족혁명운동을 친일과 반일, 민족과 반민족, 통일과 반통일, 혁명과 반혁명 등의 이항대립으로 지나치게 단순화시켜 중도민족주의의 존립근거를 박탈한 데 있다.

『인식』의 이런 인식이 정치권력을 통해 '역사 바로 세우기'의 이데올로기로 전환될 경우 심각한 논쟁을 야기할 수밖에 없다. 실제로 『인식』의 잘못된 역사관은 노무현 정부에 들어와 대한민국의 역사를 실패한 역사로 규정짓는 데 결정적인 역할을 한 바 있다. 과거청산이라는 명분 아래 권력에 의해 진행되는 역사 바로 세우기는 역사의 권력 도구화와 지성계의 파탄을 초래할 소지가 큰 것이다.

『재인식』은 『인식』의 과도한 이념적 접근을 지양하고 과학적인 데이터를 토대로 식민지시대를 살았던 사람들의 중층적인 삶을 사실에 가깝게 보여주고 있다는 점에서 높이 평가할 만하다. 특히 남을 탓하기 전에 우리가 무엇을 잘못했는지 먼저 자성하는 것이 필요하다고 역설한 논지는 탁견이 아닐 수 없다. 확실히 『재인식』은 식민지 시기와 한국 현대사의 연속성을 부각시킴으로써 역사를 단절적 시기로 구분하려는 오류를 극복한 점 등에서 『인식』이 갖지 못한 장점을 지니고 있다.

그러나 『재인식』은 기본적으로 사안을 지나치게 미시적인 관점에서 다루고 있다는 지적을 면키 어렵다. 『재인식』은 "역사는 변혁운동의 도구가 되어서도 안 되고, 역사의 목적은 사실을 드러내는 데 있다"고 주장하고 있으나 이는 보편을 가장한 '반(反)민족' 내지 '탈(脫)국가'를 부추길 소지가 크다는 점에서 적잖은 문제를 안고 있다. 거시적 통찰이 배제된 미시적 천착은 자칫 실증주의의 기치 아래 식민사관의 아류로 전락한 과거 진단학회(震檀學會)의 전철을 밟을 소지가 크다는 점에서 깊은 경계를 요한다.

실제로 『재인식』은 일제가 왜 메이지유신 때 거의 맹목적인 서구화를 추구하다가 1930년대 이후에 문득 '탈근대화'를 외치며 반(反)서구주의를 내세웠는지에 대한 해답을 제시하지 못하고 있다. 당시 일본이 서양문명의 야만성을 부각시키며 '탈서구화' 등을 내세운 것은 일본을 중심으로 한 아시아지역의 패권장악을 위한 것이었다. 이는 로마제국의 현대적 복제판인 미국이 세계 각지에서 '악의 제국과의 성전(聖戰)'을 구실로 각종 전쟁을 수행하며 미국 이익의 극대화를 꾀하고 있는 것과 하등 다를 바가 없는 것이다.

『재인식』이 미시적 접근을 통해 역사의 이해를 풍부하게 해주었음에도 불구하고 제국주의의 본질 등 거시적 차원의 분석을 외면하고 있다는 비판을 받고 있는 것은 바로 이 때문이다. 그런 점에서 『재인식』 역시 『인식』과 마찬가지로 서구의 2분법적 잣대를 무비판적으로 수용하고 있다는 지적을 면키 어렵다. 전 세계인이 동의하는 세계국가가 부재한 상황에서 '반(反)민족' 내지 '탈(脫)국가'를 부추길 경우 참혹한 결과를 초래할 공산이 크다.

일찍이 20세기 최고의 지성으로 꼽히고 있는 아렌트는 자아실현과 인간의 존엄성 자체를 기대할 수 없는 망국의 상황을 가장 참혹한 인간의 조건으로 규정한 바 있다. 현재 범세계적으로 통용될 수 있는 유일한 보편개념은 민주와 공화, 자유, 평등, 박애 등의 개념밖에 없다. 그러나 이런 개념이 아무리 숭고할지라도 민족국가가 존재하지 않는 한 아무런 의미가 없는 것이다. 일제 치하에서 자본주의 발전이 이뤄졌다며 결과적으로 일제의 식민통치를 합리화하는 듯한 주장을 펴는 것은 바로 민족국가 개념에 대한 정확한 인식이 결여된 데서 비롯된 것이다. 『재인식』의 가장 큰 문제점이 바로 여기에 있다고 해도 과언이 아니다.

당초 조선의 많은 민족혁명가들은 『인식』과 『재인식』 못지않게 조국의 광복을 구현코자 하는 근본 의미를 놓고 크게 고심했다. 단재(丹齋) 신채호(申采浩)가 민족주의와 무정부주의를 오가며 민족혁명과 계급해방 사이의 우선순위 문제를 놓고 크게 고심한 것이 그 실례이다.

당시 이승만 등이 추종한 영미는 부르주아 자유민주주의의 표상이었고, 박헌영 등이 추종한 소련은 프롤레타리아 인민민주주의의 상징이었다.

그러나 엄밀한 의미에서 볼 때 영미 및 소련이 내세운 자유민주주의와 인민민주주의 모두 소위 '대국주의(大國主義)'에 뿌리를 둔 것이었다. 식민조국을 이들 대국주의자들에 의지해 독립시키고자 하는 것 자체가 대국주의가 내포한 독소를 그대로 용인하는 것이나 다름없었다. 이승만이 윌슨 미국 대통령에게 조선에 대한 국제연맹의 신탁통치 방안을 건의한 것이 그 실례이다. 영미 및 소련의 대국주의는 본질적으로 '대동아공영권(大東亞共榮圈)'을 내세우며 아시아의 패권을 겨냥한 일본의 대국주의와 하등 다를 바가 없는 것이다. 중국 공산주의자들이 보여준 혁명노선 역시 조선의 혁명가들을 중국혁명의 도구로 사용했다는 점에서 이들 나라의 대국주의와 아무런 차이가 없었다. 『아리랑』의 주인공 김산이 중국 공산혁명의 희생양이 된 것은 바로 이 때문이었다.

원래 대국주의에 기초한 일제의 통치는 부르주아 자유민주주의의 탈을 쓴 제국주의의 모습과 강력한 무력을 바탕으로 한 파시즘의 모습을 동시에 지니고 있었다. 조선독립을 위한 반제항일(反帝抗日)의 노선이 '반제'에 무게를 둔 사회주의 내지 공산주의 계열과 '항일'에 무게를 둔 민족주의 계열로 양분된 것은 일면 부득이한 측면이 있었다. 그러나 효과적인 반제항일을 위해서는 '반제' 노선과 '항일' 노선의 결속이 절대 필요했다.

이를 일찍이 통찰한 인물이 바로 이동휘 및 여운형을 비롯한 좌파 민족주의자와 안재홍 및 김규식을 비롯한 우파 민족주의자였다. 이들은 '반제'와 '항일' 중 어느 한 쪽에만 무게를 둘 경우 좌우합작을 통한 효과적인 '항일통일전선(抗日統一戰線)'의 구축이 어렵다는 사실을 꿰뚫고 있었다. 이들은 항일독립운동의 목적을 계급해방보다 조국광복에 두었다는 점에서 좌우의 이념을 초월한 중도민족주의자에 해당했다. 이들의 이런 시각이 통일시대의 개막을 눈앞에 둔 현재 매우 유효한 것임은 말할 것도 없다.

21세기 동북아시대에 우리 힘으로 민주적인 평화통일을 견인하기 위해서는 발상의 대전환이 필요하다. 그 요체는 이미 사실상 용도폐기된 프롤레타리아 인민민주주의는 말할 것도 없고 지나친 개인주의에 기초한 부르주아 자유민주주의를 고집하지 않는 데 있다. 서구에서는 이에 대한 대안으로 앤소니 기든스 등이 '제3의 길' 등을 제창한 바 있다. 우리나라에서도 이와 유사한 노력이 경주되었으나 아직까지 우리의 역사문화적 전통에 기초한 '제3의 길'을 발견해내지 못하고 있는 게 사실이다.

이를 찾아내기 위해서는 우선 서구의 역사문화 토대 위에서 만들어진 좌우의 2분법적 개념을 과감히 떨쳐버릴 필요가 있다. 나아가 우리의 역사문화에 뿌리를 두고 남북을 아우를 수 있는 새로운 통합이념을 적극 모색할 필요가 있다. 구체적인 대안의 하나로 과거 백암(白巖) 박은식(朴殷植)과 신채호 등이 제시한 '홍익주의(弘益主義)'를 상정할 수 있다. 우리의 건국이념인 '홍익'이념은 개인과 공동체, 한민족과 세계인류의 유기적인 결합을 지향하는 이념이다. 이를 정치하게 다듬어낼 경우 능히 서구에서 나온 그 어떤 이념보다 뛰어난 21세기의 세계이념으로 각광받게 만들 수 있다.

현실적으로 볼 때 지난 세기의 식민지 해방은 기본적으로 제국주의 국가 내부의 붕괴를 기다릴 수밖에 없었다. '민족자결 원칙'에 입각한 3·1운동이 끝내 일제의 무자비한 진압과 '식민자치' 등의 교묘한 수법을 동원한 감언이설에 무위로 끝난 게 그 증거이다. 이후 1920년대부터 무력으로 조국을 해방시키려는 무장투쟁이 전개되었으나 이 또한 일정한 한계가 있을 수밖에 없었다. 이는 말할 것도 없이 힘의 불균형이 너무나 현격한 데 따른 것이었다.

아시아와 아프리카의 수많은 나라가 제2차 세계대전 이후에야 비로소 식민지 상황에서 벗어날 수 있었던 이유가 바로 여기에 있었다. 그런 점에서 식민지의 많은 민족주의자들이 지난 세기에 조국광복의 의지를 다지기 위해 '폐쇄적인 민족주의'로 기울어진 것은 일면 불가피한 측면이 있었다. '폐쇄적인 민족주의'는 타민족에 대해 멸시적이면서도 적대적인 태도를 취할 수밖에 없다. 이는 자칫 국수적(國粹的)인 '민족중심주의'로 치달아 제국주의의 복사판이 될 우려가 크다는 점에서 적잖은 문제가 있다.

실제로 제국주의 역시 뒤집어 생각하면 해당 국가의 입장에서 볼 때는 일종의 국수적인 '민족중심주의'에 해당한다. 민족주의가 비록 지난 세기에 조국광복의 의지를 다지기 위해 폐쇄적인 민족주의로 흐른 점을 인정할지라도 21세기에는 결코 이를 용납해서는 안 되는 이유가 여기에 있다.

원래 '민족'은 어떤 특정한 언어와 역사문화를 공유하는 주민 집단을 중심으로 그 안팎을 구분할 때 사용되는 개념이다. 민족과 국민개념이 중층적인 의미를 띠고 있는 것은 바로 이 때문이다. 동양은 이미 오래 전부터 이런 차원에서 '민족' 개념을 이해했다. 고려조 때의 '항몽(抗蒙)'이 그 실례이다. 당시 무신정권 담당자들은 몽골군이 침공하자 정권 연장책으로 강화도로 천도하면서 단군을 내세워 민중들의 항몽(抗蒙)의식을 부추긴 바 있다. 우리 민족은 최소한 고려조 개국 당시인 1천여 년 전부터 이미 단군의 자손이라는 혈연의식을 토대로 하나의 민족이라는 의식을 공유해 온 것이다.

개항 전후로 이런 민족의식이 변한 것도 아니었다. 다만 19세기 말에 이르러 동포와 민족, 국민 등의 용어가 부쩍 많이 사용된 것에 불과할 뿐이다. 일제 때 만주지역에서 활약한 대다수 민족혁명가들이 단군을 교조로 삼는 대종교(大倧教) 신도가 된 것이 그 증거이다. 우리 민족이 개화기 때 비로소 민족 개념을 갖기 시작했다고 보는 것은 우리의 역사문화적 배경을 도외시한 주장이다. 우리 역사에 나타난 민족 개념은 18-19세기에 등장한 서양의 민족 개념과는 그 뿌리가 확연히 다르다. 서구에서 발달한 국민국가 개념을 이미 수천 년 전에 중앙집권적 통일국가를 형성한 동양에 그대로 적용하는 것은 문제가 아닐 수 없다.

서구의 경우는 17세기 이전만 해도 사실상 국가라는 개념이 존재하지 않았다. 가장 앞서 국가를 형성한 스페인과 영국, 프랑스의 경우만 하더라도 16세기 말 장 보댕의 『국가론』이 나온 뒤에야 비로소 국가다운 모습을 갖춘 데 불과하다.

과거 망국의 위기에 처한 한국과 중국의 지식인들은 국가보다 민족을 앞세워 애국심을 고취한 적이 있다. 신채호가 합방 이전에는 국민이라는 용어를 사용하다가 합방 이후에는 민족이라는 용어만을 사용한 것이 그 실례이다. 그러나 이는 나라가 없어진 데 따른 자괴감의 표시로 결코 그가 국가 개념을 소홀히 취급한 것은 아니었다.

정작 큰 문제는 해방 이후에도 서양의 민족국가 개념을 아무런 비판의식 없이 그대로 사용하고 있는 데 있다. 현재 북한에서는 '피플(people)'을 번역한 '인민'이라는 용어를 즐겨 쓰고 있다. 이는 계급투쟁을 맹종한 데 따른 것이다. 북한은 민족보다 계급으로서의 '인민'을 앞세우고 있는 셈이다. 남한에서 '민중'을 유독 강조하며 이를 앞세우는 것 역시 사실은 '인민'을 앞세우는 북한의 노선과 크게 다를 바가 없다. 민족 개념을 배제한 '인민'과 '민중' 개념은 현실을 도외시한 공허한 개념에 불과하다.

원래 동양에서는 서양의 시민(市民) 개념과 대조적으로 일찍부터 국인(國人) 개념이 발달했다. 국인은 춘추시대 당시 도성 밖에 거주하며 생산에 종사하는 소위 야인(野人)과 대비되는 개념으로 등장했다. 도성에 거주하는 사인(士人)이 바로 국인의 실체였다. 이들 사인은 치자와 피치자의 중간에 서서 실무를 전담한 계층으로 전쟁이 일어나면 자력으로 무비(武備)를 갖추고 전투에 임하는 무사(武士)로 전환되었다. 이후 총력전이 전개되는 전국시대에 이르러 야인들도 무사가 되어 전투에 참여하면서 국인과 야인 사이의 계층구분이 사라지게 되었다. 이에 국인은 사인과 야인을 막론하고 외적으로부터 나라를 지키는 모든 인민을 지칭하는 말로 전용되었다.

진시황의 천하통일이 이뤄지기 전까지 전국시대 열국의 인민들이 공유한 개념이 바로 생산과 전투를 전담하는 이러한 국인 개념이었다. 진시황이 천하통일을 이루자 국인 개념은 중국 전체의 인민을 뜻하는 말로 그 외연이 확장되었다. 이때에 이르러 중국인들 스스로 생각하는 국인 개념은 정치적 공동체 구성원으로서의 중국인(中國人), 역사문화적 개념으로서의 화하인(華夏人)과 한인(漢人) 개념을 모두 포함하게 되었다. 이웃한 조선과 일본도 이 개념을 그대로 받아들였다.

우리의 경우는 발해인까지 포용한 고려조 때에 이르러 민족 및 국민 개념이 생겼다고 할 수 있다. '고려인'은 곧 정치적 공동체 구성원으로서의 고려인(高麗人), 역사문화적 개념으로서의 배달겨레와 한인(韓人) 개념을 하나로 통합한 의미로 사용되었다. 일본 역시 '일본인'을 정치적 공동체 구성원으로서의 일본인(日本人)과 역사문화적 개념으로서의 야마토인(大和人)과 왜인(倭人)을 하나로 결합한 개념으로 수용했다. 이를 통해 알 수 있듯이 동양은 18세기에 들어와 겨우 국가와 민족 개념을 형성한 서양과 달리 이미 수천 년 전부터 국민과 인민, 민족이라는 개념을 하나로 융합해 사용해 왔다.

현재 중국에 사는 조선족들은 스스로를 '중국 국민, 조선민족'으로 칭하고 있다. 조선족들은 민족 개념과 관련해 남북한 주민에 대해 같은 민족 또는 동포라고 말하고는 있으나 같은 국민이라고 말하지는 않는다. 이는 국민과 민족의 개념이 일치하지 않기 때문이다. 국민은 동질적인 생활양식과 문화를 지닌 하나의 민족만으로 구성되는 것은 아니다. 중국의 조선족들은 중국 국민이라는 의식과 조선 민족이라는 이중적인 귀속의식을 지니고 있는 셈이다.

중국 역사에서 진시황의 천하통일 이래 최초로 황제의 직접적인 통치가 미치는 중원 내에 이민족을 적극 수용하기 시작한 것은 남북조(南北朝) 때부터였다. 이민족의 나라였던 북조의 황제들은 인민의 대종을 이루고 있는 한인(漢人)들을 자신의 민족과 엄격히 구분했다. 그러나 당(唐)제국은 한인과 이민족을 중국인으로 통합시켰다. 당제국은 사실상 다민족으로 구성되었음에도 불구하고 이들을 하나의 국민, 하나의 민족으로 간주했던 것이다.

당제국이 멸망한 뒤 북중국을 장악한 요(遼)와 금(金)은 비록 정교한 통치장치를 마련키는 했으나 인민의 대종을 이루는 한인을 자신의 민족인 거란족 및 여진족과 엄격히 구분했다. 유라시아 대륙에 걸쳐 대제국을 이룩한 몽골족의 원(元)제국은 당제국과는 정반대로 각 민족을 엄격히 구별하면서 인민의 대종을 이루고 있는 한인을 최하층에 두었다.

원제국 이후에 성립한 명(明)제국은 당제국을 본받아 국민과 민족을 하나로 융합시키고자 했다. 다양한 이민족이 있음에도 한인과의 구별을 부인했다. 이후 명제국을 무너뜨리고 중원을 점령한 만주족의 청(淸) 제국은 다시 원제국을 본받아 국민과 민족을 구분하고 나섰다. 다만 청제국은 원제국의 실패를 교훈으로 삼아 피지배민족인 한인을 지배민족인 만주족과 거의 동등하게 대우했다. 민족의 구별을 엄격히 하되 차별을 극소화한 것이다.

이후 청제국이 서구 열강에게 형편없이 무너지자 한인 출신 쑨원(孫文)은 만주족 타도와 한족(漢族) 부흥을 기치로 민족 개념을 극명하게 부각시키면서 신해혁명(辛亥革命)을 성공시켰다. 이후 장제스(蔣介石)의 국민당 정권은 다시 당제국과 명제국의 전례를 본받아 국민과 민족 개념을 하나로 융합시키고자 했으나 군벌들의 할거와 마오쩌둥(毛澤東)이 지휘하는 중국공산당의 저항에 부딪쳐 별다른 성과를 거두지 못했다.

중원을 석권한 마오쩌둥은 중화인민공화국을 세우면서 애초부터 국민과 민족의 개념을 구분하고 나섰다. 이는 분열의 시기를 끝내고 한족이 주축이 되어 이민족을 포함한 제국으로 나타났던 당과 송, 명제국이 채택한 정책과 다른 것이었다. 중화인민공화국은 왜 이런 정책을 채택한 것일까.

중국공산당의 입장에서 볼 때 국공내전으로 중원을 차지할 당시만 해도 한족을 자극할 필요가 있었다. 실제로 이 책략은 이후 만주국의 황제로 군림한 푸이(溥儀)를 희생양으로 삼아 한족들의 경각심을 촉구하고, 중국공산당을 이민족의 압박으로부터 한족을 해방시킨 쑨원의 적통으로 선전하는 데 크게 기여했다. 중국이 내몽골과 만주의 지린성(吉林省), 신장성(新疆省) 등지에 자치구를 두고 중원의 한족과 구별되는 소수민족을 일부러 존치시킨 이유가 바로 여기에 있었다.

그러나 중국은 세계 제2의 경제대국으로 비상하고 있는 만큼 조만간 당제국 및 명제국의 전통으로 돌아갈 공산이 크다. 실제로 그런 조짐이 여러 면에서 선명히 드러나고 있다. 고구려를 당제국의 지방정권으로 간주하는 '동북공정(東北工程)'을 실시한 데 이어 여타 이민족의 조상을 수천 년 동안 한족의 조상으로 간주된 황제(黃帝)의 형제로 간주하는 '신화공정(神話工程)' 작업을 전개하고 있는 게 그 실례이다.

현재 중국에서는 오랫동안 동방 이민족의 조상으로 여겨져 멸시의 대상이 되어 왔던 치우(蚩尤)와 남방 이민족의 조상으로 간주된 염제(炎帝)를 황제와 더불어 중국인의 조상으로 떠받드는 작업이 한창 진행중이다. 중국의 수뇌부는 인민의 90%를 차지하고 있는 한족 이외에도 나머지 10%의 이민족을 모두 한족에 융화시켜 하나의 국민, 하나의 민족으로 주조(鑄造)해내겠다는 심산인 것이다. 북한이 갑작스레 붕괴할 때 고구려가 중국의 지방정권이라는 주장을 내세워 북한을 접수하는 게 아니냐는 우려가 나오는 것도 이와 무관치 않을 것이다.

우리의 경우는 1천 년 이상 단일 민족국가의 틀을 유지해 왔다. 혈연집단의 범위를 넘어 민족의식이 형성되고 그것이 상당한 지속성을 지니게 되는 데에는 국가의 형성이 주요한 배경으로 작용할 수밖에 없다. 국난 때마다 모든 집단을 감싸는 단군신화의 상징체계가 예외 없이 나타나게 된 것도 조속한 시일 내에 전 인민을 하나로 통합시키려는 목적에서 나온 것이다. 1천 년에 걸쳐 연속성을 지닌 우리 민족은 이미 2천여 년 전에 하나의 국가 개념을 발전시켜 온 중국인과 마찬가지로 민족집단의 경계와 국가의 영역이 사실상 일치했다.

역사적으로 볼 때 민족적 자존심이 결여된 정치체제는 아무리 선정을 베푼다 할지라도 결코 국민들을 하나로 묶어낼 수 없다. 그런 점에서 이념과잉의 해방 전후의 시기에 그 어떤 이념보다 민족과 조국을 앞세운 중도민족주의자들의 행보는 높이 평가받을 만하다. 특히 일제가 조선인의 항일의식을 약화시킬 의도로 [사회주의 대 민족주의] 의 대립구도를 의도적으로 부추긴 점을 감안할 때, 이들의 이런 행보는 더욱 돋보일 수밖에 없다. 당시 일제가 부추긴 [사회주의 대 민족주의] 의 대립구도는 한민족을 유산자와 무산자로 양분시켜 민족역량을 극소화시킴으로써 조선 통치를 보다 용이하게 만들고자 하는 간교한 술책에 지나지 않았다.

그럼에도 그 결과는 심각했다. 남북분단에 이은 동족상잔의 내전이 그 실례이다. 따지고 보면 남한 내에서 전개되고 있는 지역갈등과 빈부격차에 따른 계층갈등의 심화현상도 그 후과로 볼 수 있다. 끊임없이 인민의 적을 만들어내 잔명을 이어가는 북한 정권의 인민해방 논리 역시 일제의 간교한 분열책을 그대로 답습한 것이나 다름없다. 한반도는 21세기의 오늘날까지 남북을 막론하고 일제가 덧씌워놓은 [사회주의 대 민족주의] 의 대립구도 그물로부터 자유롭지 못한 셈이다.

그러나 당초 해방 전후 시기의 민족주의자들은 좌우를 막론하고 이념을 초월해 민족을 중심으로 독립운동 역량을 극대화하고자 하는 취지에 공감했다. 그 결과로 나타난 것이 바로 신간회(新幹會)였다. 당시 모든 독립운동가들은 스스로 민족혁명 투사를 자처했다. 실제로 이상재와 안재홍 등의 우파 민족주의자와 홍명희(洪命憙)와 김단야(金丹夜) 등의 좌파 민족주의자 모두 일제의 간교한 분열책을 통찰하고 하나로 결집했다.

이처럼 초기 사회주의는 사상적으로 한계가 분명하지 않았을 뿐더러 민족주의와도 서로 넘나들었다. 이는 『아리랑』에 나오는 김산의 다음과 같은 회고를 통해 확인할 수 있다.

"내 청년시절의 친구와 동지들은 거의 모두가 죽어버렸다. 민족주의자와 기독교신자, 무정부주의자, 테러리스트, 공산주의자 등 수백 명에 이른다. 그러나 나에게는 그들이 지금도 살아 있다."

당시 김성숙과 김산이 광저우 코뮨 등의 중국혁명에 뛰어들고 노령(露領)의 한인 사회주의자들이 러시아혁명과 내전에 두루 참여한 것은 바로 이 때문이었다. 그러나 이들의 희생이 한인들에게 긍정적인 결과만을 가져다 준 것이 아니었다. 소위 '자유시(自由市)사변'에서 노령으로 피한 수많은 독립군이 몰살을 당한 것은 물론 광저우 코뮨에 참가한 한인 혁명가들 대부분이 학살당했다. 이들 모두 대국주의의 희생양이 된 것이다. 『아리랑』의 김산은 당시의 비통한 심경을 이같이 기술해 놓았다.

"한국에서는 물론이고 차르 치하의 시베리아에서, 만주에서, 중국에서, 그리고 일본에서 싸우는 한국의 혁명가에게 나라를 넷이나 가진 인간이라는 것은 나라를 하나도 갖지 못한 인간보다도 훨씬 비참했다. 각국에서 받는 것이라고는 오직 천국행 차표 한 장뿐이었다."

이는 한국의 혁명가들이 대국주의 하에 얼마나 많이 희생되었는지를 상징적으로 보여주는 것이다. 당시 많은 조선혁명가들은 중국혁명과 조선혁명을 동일시했다. 이는 중국혁명이 완수되면 일본의 제국주의가 중국에서 구축되고, 조선 역시 그 결과로 일제의 지배에서 해방될 것으로 생각한 데 따른 것이었다. 그러나 대국주의의 기본 속성을 간과한 이들의 이런 순진한 생각은 결과적으로 조선혁명가들의 무수한 희생을 불러왔고, 이는 조선의 민족혁명운동 역량에 심대한 타격을 가했다. 희생된 사람들 대부분이 조국광복을 계급해방보다 우선시하거나 최소한 동일시한 혁명가들이었다.

당시 소련이나 중국공산당 모두 자국의 이익을 위해 조국에서 쫓겨나 외지에서 고군분투하고 있는 조선혁명가들을 하나의 수단으로 이용했다. 김성숙이 김산과 달리 만주행을 거부함으로써 중국혁명의 희생양이 되는 것을 피할 수 있었던 것은 바로 이를 통찰한 결과였다. 그는 조국과 민족이 존재하지 않는 한 그 어떤 달콤한 이념도 망국민에게는 일종의 독약에 불과할 뿐이라는 사실을 꿰뚫고 있었던 것이다. 그가 시종 모든 외세와 이념을 하나의 수단으로 삼으면서 조국광복과 민족통합을 구현코자 하는 '중도민족주의'를 견지한 이유가 바로 여기에 있었다.

그럼에도 당시 많은 조석혁명가들은 코민테른의 그럴 듯한 명분에 미혹돼 코민테른의 지령을 맹신했다. 코민테른은 식민지의 다양한 실정을 무시한 채 세계혁명의 관점에서 시종 획일적인 지침을 내리면서 주체적인 혁명운동을 억압하거나 비판하는 경우가 매우 많았다. 때로는 해당국의 실정을 무시한 채 극좌모험주의 노선을 시달키도 했다. 세계의 무산자동맹이라는 원칙이 구체적으로는 소련에 대한 무조건적인 옹호로 전락하고 만 것이다. 실제로 코민테른은 소련을 제국주의로부터 방위하는 것 자체가 국제주의의 가장 긴요한 구체적 임무라고 공공연히 떠들었다. 소련제국의 진면목이 극명하게 드러난 대목이 아닐 수 없다.

이는 궁극적으로 모든 식민지의 독립투쟁을 소비에트 동맹체제의 협조라는 명목 하에 소련의 안정보장 및 진영 확장의 도구로 삼고자 하는 속셈에서 나온 것이었다. 각국 공산당이 한낱 코민테른 및 소련의 하수인이 된 것은 바로 이 때문이었다. 한국의 해방정국에 등장한 극좌진영의 망동도 여기서 비롯된 것이었다. 당시 극좌진영은 계급혁명 우선을 내세우며 민족혁명 전선에서 이탈한 뒤 교조적인 계급투쟁을 역설했다.

이는 기본적으로 조국광복을 앞세우는 민족주의 진영과 계급해방을 앞세우는 사회주의 진영의 갈등에서 비롯된 것이었다. 그 결과 궁극적인 민족혁명을 최대의 목표로 삼은 일부 사회주의자들은 교조적인 사회주의자들 앞에서 민족주의를 함부로 내세우지 못하게 되었다. 이는 곧 사회주의를 언급해야만 지식인으로 인정받고 민족주의를 언급하는 사람은 시대에 뒤떨어진 편협한 인물로 여겨지는 그릇된 풍조를 만연시켰다. 이러한 잘못은 21세기인 지금까지도 그대로 이어지고 있다. 진보주의를 내세우는 사람만이 시대를 앞서가는 사람으로 여겨지는 세태가 그 증거이다.

본질적으로 1920–1930년대 당시 식민지 상황에서 조선의 경우는 조국광복이 가장 시급하고도 중요한 과제였다. 조선이 일제의 굴레에서 벗어나지 못한 상태에서의 계급해방은 지나친 국제주의적 '이념혁명' 내지 지극히 비현실적인 '과잉혁명'에 지나지 않았다. 이는 당시 일제의 압제 하에 놓여 있는 조선의 상황이 제국주의 일본 및 반식민지 상태의 중국과 확연히 달랐던 점을 간과한 사실과 무관치 않았다.

사실 일본의 경우는 중일전쟁 내지 소위 '대동아전쟁(大東亞戰爭)'이 일어날 당시 사회주의자들이 대거 전향하거나 우경화했다. 일제가 1930년대에 이르러서 만주를 점거하고 중국 대륙마저 석권하는 아시아 최고의 패권국이 된 데에는 이들의 전향이 큰 도움이 되었다.

당시 일제는 장차 중국을 완전히 손아귀에 틀어쥘 생각으로 동아시아를 하나의 광역권으로 재구성하여 유럽 중심의 세계질서를 재편코자 했다. 이는 먼저 '동아협동체(東亞協同體)'로 구체화되었다. '동아협동체' 구상은 일제의 침략범위가 남방의 동남아시아 지역으로 확대되면서 '대동아공영권(大東亞共榮圈)' 이념으로 재구성되었다. 이때 좌우를 막론하고 일본의 모든 지식인들이 거국적으로 참여했다.

중국의 경우는 역설적으로 열강의 동시적 침탈상황이 1931년의 만주사변을 계기로 일제의 독단적인 침탈상황으로 변환된 것이 오히려 전화위복으로 작용했다. 전선을 단순화하여 '항일구국전선'의 기치 아래 중국 인민들을 거족적인 애국심으로 단결시킴으로써 군벌들을 일거에 무력화시키는 효과를 거둔 게 그 증거이다. 이 와중에 나타난 소위 '국공내전'은 본질적으로 전 인민의 대종을 형성하고 있는 농민들의 지지를 얻어내기 위한 전술에 지나지 않았다. 중국의 '국공내전'은 중국인민들에게 일제의 침공에 대한 각성과 대일항전의 의지를 고취시키는 계기로 작용했던 것이다. 중국에서는 민족혁명과 계급해방이 상호 갈등을 빚을 이유가 거의 없었던 셈이다.

그러나 조선의 경우는 문제가 심각했다. 일본 제국주의라는 막강한 적을 앞에 두고 계급해방과 조국광복의 우선순위를 논하게 될 경우 적전분열을 자초해 투쟁역량에 막대한 손상을 입을 것이 명약관화했다. 굳이 논리적으로 그 우선순위를 논한다면 조국광복이 앞서야 하는 것은 말할 것도 없다. 순서를 뒤바꿀 경우 우파와의 갈등을 고조시켜 독립투쟁 역량을 감소시키는 것은 물론, 자칫 혁명투쟁의 타깃이 일본 제국주의가 아닌 식민지 부르주아로 전화될 공산이 컸다. 이는 오히려 일제의 식민통치를 돕는 결과를 낳을 수밖에 없다.

실제로 일제는 1920년대 이후 문화통치의 기치를 내걸고 간교한 한민족 이간책을 구사한 바 있다. 『아리랑』의 김성숙이 시종 사회주의 계열에 몸을 담고 있으면서도 계급해방을 우선시하는 극좌노선을 극도로 경계한 것은 바로 이 때문이었다. 그럼에도 김산을 비롯한 많은 사회주의 계열의 민족혁명가들은 일본 및 중국과 연계한 동아시아 무산자계급 연대혁명의 가능성을 의심치 않는 순진함을 보였다. 이는 기본적으로 당시의 한인 인텔리겐챠들이 서구 열강의 제국주의와 소련의 공산제국주의가 공유하고 있는 대국주의의 기본 속성을 제대로 통찰하지 못한 데서 비롯된 것이었다. 중국공산당의 기본 노선도 큰 틀에서 보면 이와 별반 다르지 않았다.

마르크스의 계급투쟁론을 맹신하고 코민테른의 지령을 맹종한 극좌모험주의자들의 망동은 결국 우리 민족에게 민족분열과 국토분단, 뒤이은 동족상잔 등 커다란 상흔을 남기고 말았다. 그 상흔은 21세기의 현재까지도 깊게 남아 있다. 그럼에도 학계에서는 아직까지도 일제 때 사용되던 [사회주의 대 민족주의]의 2분법적 도식을 구태의연하게 원용하고 있는 것이다.

해방 전후의 시기에 민족혁명을 제일의(第一義)로 한 진영은 김규식 및 안재홍 등으로 상징되는 자유주의 계열의 민족주의자와 이동휘 및 여운형 등으로 대표되는 사회주의 계열의 민족주의자였다. 이들 양자는 이념에 구애되지 않고 좌우를 넘나들며 민족혁명을 제일의로 삼았다는 점에서 하등 차이가 없었다. 진정한 민족주의 진영을 굳이 한정적으로 규정한다면 바로 이들 두 계열의 민족주의자를 꼽아야만 할 것이다.

[사회주의 대 민족주의]의 도식은 진정한 민족혁명가들을 소위 '중간파'로 분류해 뒤로 밀어놓은 뒤 좌우의 이념대결을 부추길 소지가 크다. 실제로 이 도식은 소위 '개량적 민족주의'와 '교조적 사회주의자'만을 대립시켜 놓았다. 일제 치하의 개량적 민족주의자들은 비록 '부득이한 상황'임을 전제로 하기는 했으나 일제의 지배를 용인했다는 점에서 진정한 민족주의자로 분류하기가 어렵다. 또한 교조적 사회주의자들은 비록 '국제연대를 통한 민족해방'을 구실로 내세우기는 했으나 민족혁명보다 계급혁명을 우선시했다는 점에서 반민족적 망동주의자라는 비난을 면하기 어렵다.

원래 마르크스주의의 민족주의에 대한 불신은 매우 유서가 깊다. 서양에서 민족주의가 국제주의에 대립되는 개념에서 한 발 더 나아가 부르주아적인 것으로 간주된 것은 배외주의와 인종적 편견 등이 복합적으로 작용한 결과였다. 서양에서 19세기 전후의 산업혁명을 계기로 민족국가 개념이 형성되면서 본격적인 민족문제가 거론되었다는 점에서 볼 때 마르크스주의의 민족주의에 대한 불신은 나름대로 이유가 있는 셈이다.

그러나 동아시아의 경우는 서양과는 비교할 수도 없을 만큼 이미 오래 전에 민족 및 국가 개념이 형성되었다. 무수한 민족과 왕조가 명멸했음에도 불구하고 동일한 국가와 민족이라는 공감대 속에서 면면한 역사문화를 발전시켜 온 것은 바로 이 때문이다. 특히 일본은 제2차 세계대전에서 패하기는 했으나 유사 이래 한번도 외세에 의해 나라를 빼앗겨 본 적이 없었다.

중국 역시 비록 이민족의 침입으로 전 왕조가 소멸한 적은 있어도 중국과 중국민족이 사라진 적이 없었다. 가장 혹독했던 몽골족의 원(元)제국 치하에서도 중국과 중국민족은 계속 존재했다. 오히려 원제국 스스로 중국의 유구한 역사문화를 계승하는 새로운 왕조임을 거듭 강조하면서 원제국의 성립을 단순한 왕조 교체로 의미축소하고 나섰다.

이에 반해 일제치하의 조선은 경우가 완전히 달랐다. 수천 년에 달하는 역사 속에서 조선이라는 나라와 민족이 역사 속에서 완전히 사라진 것은 전무후무한 일이었다. 일제는 몽골족과 달리 소위 '대동아전쟁' 당시 '내선일체(內鮮一體)' 등을 내세워 아예 조선을 역사에서 지워버린 가운데 조선민족을 일본민족 속에 완전히 흡수시키고자 했다. 자칫 유구한 역사문화의 전통을 지닌 우리 민족이 흔적도 없이 사라질지도 모를 위기에 처해 있었던 것이다.

이런 상황에서 일제의 식민통치를 용인한 가운데 '자치'와 '민족

개조론'을 들먹이며 '실력배양'을 운운하는 것은 사실 반민족적 행위라는 지적을 면키 어렵다. 마르크시즘의 계급투쟁론에 입각해 조국광복보다 계급해방을 앞세운 극좌모험주의자들의 주장 역시 반역사적 행위라는 지탄을 면키 어렵다. 실제로 소련을 '상전국'으로 대하며 공산제국주의의 하수기관인 코민테른의 지령을 맹종한 것은 중화질서 하에 있었던 조선조차도 행하지 않았던 반역사적 사대주의 망동에 불과했다.

원래 일제가 무력으로 조선을 강점한 것이 사실이나 이는 오직 일본의 무력만에 의해 이뤄진 것은 아니었다. 같은 자본주의 제국주의의 영수역할을 수행하던 미국과 영국 등의 묵인 하에서 일제의 조선강점이 성사된 것이었다.

그런 의미에서 미국을 거점으로 하여 서구 열강을 대상으로 한 외교교섭을 통해 식민지 조국을 해방시키겠다는 이승만의 주장은 사실 기본전제부터 적잖은 문제를 안고 있었다. 그가 상해임정에서 쫓겨난 후 미국에서 조선독립을 위해 애써왔음에도 불구하고 오랫동안 아무런 성과를 거둘 수 없었던 것도 이와 무관치 않았다. 일제가 소위 '대동아전쟁'을 계기로 미국과 적대적인 관계로 돌아서지 않았다면 이승만의 모든 노력은 죽을 때까지 연목구어(緣木求魚)의 도로(徒勞)에 그쳤을 공산이 컸다. 이는 베트남의 국부인 호치민(胡志明)이 프랑스를 거점으로 수십 년간 베트남의 독립을 위해 노력했음에도 불구하고 종전 이후에도 프랑스 및 미국을 상대로 힘겨운 무력투쟁을 전개하지 않을 수 없었던 사례를 통해 쉽게 짐작할 수 있다.

중국 및 소련을 거점으로 한 독립운동 역시 일정한 한계가 있기는 마찬가지였다. 소련의 경우 레닌의 조선독립운동 지원에도 불구하고 그의 사후 스탈린이 들어서면서 노령에서의 한인 독립혁명운동에 철퇴를 가하는 무자비한 모습을 보였다. 이는 일제의 시베리아 재출병을 두려워한 나머지 일시적으로 힘을 비축하기 위한 교책(巧策)에서 나온 것이기는 했으나 확실히 스탈린 등장 이후의 소련의 행보는 조선의 독립운동에 도움이 되기는커녕 오히려 커다란 방해가 되었다.

실제로 소련의 행보는 일제의 패망 이후 국토분단에 결정적인 배경으로 작용했다. 이는 말할 것도 없이 소련의 공산제국주의적 팽창주의에서 비롯된 것이었다. 당시 스탈린 치하의 소련은 이념적 가치만 바꿔들었을 뿐 자국의 이익과 관련해 제정 러시아의 대국주의에서 한 치도 벗어나지 않았던 것이다. 연해주를 근거로 독립운동을 전개했던 이동휘의 고려공산당과 이르쿠츠크의 자생적인 한인공산당 모두 1930년대 이후 소리도 없이 사라진 것은 바로 이 때문이었다.

당시 상황에서 볼 때 그나마 중국에서 둥지를 트는 것이 가장 유리했다. 비록 간도를 중심으로 한 만주 일대의 독립운동가들은 일제와 교신하는 군벌들의 탄압으로 큰 고생을 하기는 했으나 내지에서만큼은 상대적으로 자유로운 입장에 설 수 있었다. 더구나 1930년대 이후에는 국민당과 중국공산당 모두 항일투쟁에 공동전선을 펼친 까닭에 조선의 독립운동가에게는 전례 없이 유리한 국면이 전개되었다.

만일 중국 내의 독립운동가들이 일찍부터 하나로 힘을 규합해 중국과 함께 항일전선에 나섰다면 종전 당시 얼마든지 교전당사자의 대우를 받아 우리 힘으로 해방을 쟁취할 수도 있었다. 그럼에도 하찮은 이념갈등에 얽매여 종전 때까지 좌우를 총망라하는 단일진영을 구축하지 못했던 것이다. 미소의 외세에 의한 분단책임을 논하기에 앞서 깊이 반성해야 할 대목이 아닐 수 없다.

당시 조선과 같은 식민지 상태 하에서의 민족주의는 식민지 상태로부터의 해방에서 그 진정한 의미를 찾을 수 있다. 이는 피압박민족의 자유와 식민국가의 자주성 회복을 뜻한다. 실제로 1919년의 2·8독립 선언서를 위시해 이후에 나오는 민족해방 관련단체의 모든 선언문과 강령에 이 점이 빠짐 없이 거론된 바 있다. 심지어 아나키스트나 테러리스트들조차도 이 점에서는 하등 차이가 없었다. 이는 김산의 다음과 같은 독백에 극적으로 표현되어 있다.

"모든 한인들은 오로지 독립과 민주주의 단 두 가지만을 열망했다. 아니 실제로는 오직 한 가지만을 원했다. 자유!"

김산이 단 한마디 말로 요약한 자유는 곧 어떤 형태의 제국주의적 예속에도 반대하면서 인종적 · 민족적 우월감에 기초한 압제국의 국수주의적 배타성과 편협성에 반대하는 것을 뜻했다. 이는 곧 작게는 피압박 상태에 처해 있는 조선의 독립과 노예상태에 신음하는 조선민족의 해방을 의미하는 동시에 크게는 인류 전체의 공존과 평등을 의미하는 것이다.

여기에는 마르크시즘이 그토록 강조하는 소위 무산자계급의 해방 논리도 용해되어 있었다. 굳이 계급해방의 차원에서 풀이하면 조선의 민족혁명은 일제 치하에서 나름대로 여유를 지닐 수 있는 부르주아의 해방이 아니라 힘 없고 헐벗은 프롤레타리아의 해방에 해당했다. 그런 점에서 조선의 독립 문제를 놓고 계급해방이 먼저인지 여부를 논하는 것 자체가 부질없는 짓이었다. 그럼에도 적잖은 혁명가들이 마르크시즘에 경도된 나머지 계급해방을 민족혁명보다 앞세우는 잘못을 범한 것이다. 남북분단의 씨앗은 여기서 배태되었다고 해도 과언이 아니다.

이를 통해 좌우를 초월하는 중도민족주의가 21세기의 통일시대를 앞당기는 데 얼마나 유용하고 필요한 개념인지를 새삼 확인할 수 있다. 그런 점에서 해방 전후의 시기에 활약한 혁명가를 [민족주의 대 사회주의] 의 도식에 맞춰 억지로 분류하는 방법은 애초부터 타당성을 상실한 것이라고 할 수 있다. 해방 전후의 시기에 활약한 혁명가들의 행보를 정확히 파악키 위해서는 새로운 분석 잣대가 필요하다. [국내주의(민족) 대 국제주의(탈민족)] 및 [이상주의(좌파) 대 현실주의(우파)]의 새로운 잣대를 원용해 이들의 혁명노선을 도식화하면 다음과 같다.

다음의 표를 통해 의외로 항일민족혁명가 중 중도파가 적잖이 존재한다는 사실을 알 수 있다. 그럼에도 지금까지 탈민족적인 국제주의적 성향이 강한 인물이 민족주의자로 평가받는 왜곡된 현상이 오랫동안 지속돼 왔다. 이는 역사왜곡이 아닐 수 없다.

중도파는 이념 자체를 조국독립 및 민족통합을 위한 하나의 수단으로 간주한 데 그 기본적인 특징이 있다. 이에 반해 기왕에 민족주의자로 알려진 사람들 중 일부는 민족적인 국내주의 성향보다 국제주의 성향이 강한 인물들이었다. 따라서 지금까지의 분류방법은 2가지 점에서 문제가 있다고 볼 수 있다.

첫째, 사회주의와 민족주의는 대립 개념이 아닌데도 불구하고 이를 대립시킴으로써 사회주의를 도구로 삼은 민족주의자의 존재 자체를 사상(捨象) 내지 축소토록 강요한 점이다. 이는 극우파 민족주의자를 옹호하고 사회주의 계열의 민족주의자를 민족주의 진영에서 배제시킴으로써 21세기인 오늘날까지 친일파 시비를 야기하는 등 이념갈등의 근원이 되었다. 민족의 개념을 제대로 파악치 못한 채 식민지시대의 산업발전론을 들먹이는 근시적 접근법도 이와 무관치 않다.

둘째, 국내파와 국제파의 구별이 전혀 이뤄지지 않음으로써 당사자들이 진정으로 추구한 점이 명확히 드러나지 않게 된 점이다. 이는 혁명당사자들이 독립과 이념의 유기적인 관계에 얼마나 주목했는지에 대한 분석을 가로막는 데 결정적인 배경으로 작용했다. 국토분단을 불사한 정권장악과 반대파에 대한 숙청, 인민의 고통을 외면한 내전의 강

이상주의 (좌파)	+3	아나키즘	이회영 유림						박헌영	김일성	친소
	+2	⇧	신채호	김두봉				장건상	조봉암	백남운	⇧
	+1		박은식 김창숙					이동화			
중도	0					김규식 안재홍	이동휘 여운형				
	−1				조소앙			안창호	송진우 장덕수		
	−2	⇩						신익희 조병옥			⇩
현실주의 (우파)	−3	국수주의	김구						이승만	서재필	친미
이념 / 민족		←···	−3	−2	−1	−0	+0	+1	+2	+3	···→
		국내주의		←··· 자주화		중도			사대화 ···→		국제주의

행 등에 관한 분석이 제대로 이뤄지지 않은 것은 바로 이 때문이다. 자유와 민주를 내세운 미국의 제국주의적 행태와 표면상 반제(反帝)를 내세운 소련의 제국주의적 행태에 대한 비판이 제대로 이뤄지지 않는 것도 이와 무관치 않다. 이러한 접근방식은 서구의 2분법적 분석틀에 얽매인 데 따른 것으로 해방 전후사에 대한 왜곡된 인식을 더욱 확산시키고 소모적인 논란을 지속시키는 데 결정적인 배경이 되었다고 할 수 있다.

기존의 분류방법 중 사회주의와 민족주의를 대립시키는 접근방식은 민족이익을 최우선의 가치로 삼는 중도파의 존재를 아예 무시하고 있다는 점에서 근원적인 문제를 안고 있다. 사회주의와 대립되는 개념은 민족주의가 아니라 자본주의에 기초한 자유민주주의이다. 해방공간에서 공산주의자들은 지나치게 이념에 얽매인 나머지 부르주와 자유민주주의를 제1차 혁명인 독립혁명에 뒤이은 제2차 공산혁명의 대상으로 간주했다. 이들은 궁극적인 목표를 공산혁명에 두고 있었던 까닭에 독립을 수단, 계급해방을 목적으로 선택한 것이다.

이에 반해 그간 온건 좌파 내지 혁신계열로 분류된 여운형 등은 항일투쟁기에는 독립혁명을 목적, 공산혁명을 수단으로 간주했다. 해방공간에서는 조국통일과 민족통합을 목적, 좌우합작을 수단으로 삼았다. 이는 공산혁명과 무산계급 해방을 궁극적인 목적으로 삼고 독립투쟁과 인민해방전쟁을 수단으로 삼고자 한 공산주의자들의 노선과 분명히 구분해야 한다. 그런 의미에서 중도파야말로 오히려 거시적인 안목에서 민족의 이익을 최우선으로 삼은 진정한 민족혁명가였다고 할 수 있다. 해방공간에서 민족 전체의 통합과 조국통일을 위해 이들처럼 심려하고 헌신한 사람들도 없었다.

시종 민족주의적인 입장을 견지한 김구도 유사한 경우로 분류할 수 있으나 그의 경우는 이들과 약간 다르다. 김구는 초지일관 조국독립과 민족통합을 최우선으로 내세웠으나 접근방법에서 상대적으로 거시적인 안목을 결하고 있었다. 그는 세계정세에 대한 통찰과 임기응변의 대처능력을 결한 나머지 거시적인 안목에서 과연 어느 것이 민족이익에 부합하는 것인지에 대한 발 빠른 대응에 서툴렀다. 그가 뒤늦게 남북합작에 뛰어들어 오히려 혼란만 가중시키고 있다는 이승만의 불만을 산 것도 이와 무관치 않다. 그는 조국독립과 민족통합에 대한 의지만큼은 확고했으나 안팎의 정세를 모두 고려한 총체적이고도 거시적인 안목을 결하고 있었다. 이런 점에서 김구는 김규식 및 여운형 등 중도민족주의자와 구별되는 우파 국내주의자로 분류하는 게 타당하다.

이승만의 경우는 확고한 우파 국제주의자로 분류할 수 있다. 그는 시종 조국광복을 앞세웠으나 민족통합이라는 대전제가 결여되어 있었을 뿐만 아니라 이념적으로도 경색되어 있었다. 그는 아예 소련의 존재를 무시했던 까닭에 이념적 융합을 통한 민족통합은 고려대상이 아니었다. 조국광복이 우선할 수 있다면 인민의 희생이 뒤따를지라도 축적된 자국의 힘 내지 외세를 빌려서라도 민족통합은 얼마든지 이룰 수 있다고 본 것이다. 이런 점에서 민족통합을 전제로 한 조국광복을 중시한 김구와 분명한 차이가 난다. 그는 현실을 중시하는 우파의 색채가 너무 짙었다. 그에게서 민족주의 색채가 상대적으로 희소하게 나타나는 것도 바로 이 때문이라고 할 수 있다.

김규식과 안재홍 등의 경우는 시종 조국광복과 민족통합을 앞세우면서 거시적인 안목에서 민족의 이익을 최우선으로 삼았다는 점에서 여운형 등과 같은 부류로 묶을 수 있다. 이들은 그간 김구와 같은 부류로 취급해 왔으나 오히려 중도파로 분류하는 것이 타당하다.

이를 통해 확인할 수 있듯이 기존의 분류방법은 국내파와 국제파의 구별이 전혀 이뤄지지 않아 중도파의 존재를 어렵게 만들고 있다. 실제로 러시아혁명과 중국혁명 역시 국제주의에 입각한 무산계급이 앞장서 부르주아 자본주의 국가를 뒤엎은 것도 아니다. 러시아혁명은 소수의 혁명 엘리트가 선봉에 서서 민중들의 차르 통치에 대한 불만을 등에 업고 성사시킨 것이다. 중국혁명 역시 소수의 혁명 엘리트가 국민당과 군벌정권에 식상한 농민들의 불만을 등에 업고 국공합작을 교묘히 활용해 성사시킨 것이다.

러시아혁명과 중국혁명 모두 겉으로는 프롤레타리아 혁명을 표방하고 있으나 사실은 자국의 역사문화적 전통에 기반을 둔 소수의 혁명 엘리트가 다수의 민중세력을 끌어들여 성사시킨 일종의 체제전복에 해당한다. 이는 기본적으로 교조적인 국제주의자들을 제압하고 자국의 실정에 맞게 마르크스의 계급혁명론을 변용한 데서 가능했다. 그런 의미에서 러시아혁명과 중국혁명은 본질적으로 '레닌 혁명'과 '마오쩌둥 혁명'으로 표현하는 것이 사실에 부합한다. 양자 모두 자국에서만 통용될 수 있는 매우 독특한 혁명이었던 것이다.

우리나라도 좌파의 경우 상해파와 이르쿠츠크파, 서울청년회와 화요회의 대립과 같이 국내파와 국제파의 대립이 존재했다. 그러나 조선은 러시아 및 중국과 달리 일제의 탄압으로 인해 국내파가 국제파를 제압치도 못했을 뿐만 아니라 양자를 효과적으로 통합하는 데에도 실패했다. 북한에서 해방 후 소련을 등에 업은 국제파 김일성이 중국을 등에 업은 연안파를 비롯한 여타 진영을 제압하고 권력을 장악케 된 것은 바로 이 때문이다.

남한에서도 국내파와 국제파의 대립이 자못 심각했다. 장덕수와 송진우 등을 중심으로 한 국내파는 상해임정과 미주의 이승만 사이에서 저울질하다가 끝내 독자진영으로 남고자 했다. 이는 해방 후 우파진영의 분열로 이어졌고, 좌우합작의 가능성을 더욱 어렵게 만들었다. 결국 이승만은 자유당을 만들어 상해임정을 중심으로 한 한독당과 국내파를 중심으로 한 한민당 진영을 힘으로 제압하고 권력을 장악했다.

해방 후 남북에서 각각 독립정권이 들어선 지 불과 2년 만에 처참한 내전이 빚어진 데에는 냉전이 첨예화한 국제정치적인 요인이 중요변수로 작용한 것이 사실이다. 그러나 외세를 등에 업고서라도 무력으로 통합코자 하는 국제파가 남북 양쪽에서 권력을 장악하고 있었다는 사실을 간과해서는 안 된다. 우리 전래의 역사문화적 전통에 입각한 민족혁명의 가능성이 사라지고 남북 양쪽에서 오직 소련의 소비에트 통치이념과 미국식의 자유민주주의 이념만이 횡행하게 된 것도 이와 무관치 않다.

실제로 남북 양쪽에서 자국의 모든 역사문화적 전통은 일체 버려야 할 잘못된 봉건유산으로 치부되었다. 가치관의 괴리로 인한 혼란은 자기 비하와 열등감을 부추겨 심지어 식민통치를 미화하는 양상마저 빚어냈다. 이런 상황에서 좌우의 중도파는 사상적 기반이 취약한 '중간파' 내지 '기회주의자'로 매도되었고, 김구 등의 우파 국내주의자는 세계정세에 어두운 국수주의자로 치부되었다.

학계 역시 이런 분위기에 휩쓸려 정권에 부합하는 이론만을 양산하며 중도파 자체를 백안시함으로써 주체적이면서도 미래지향적인 전망을 제시하지 못했다. 남한 내에서 이념의 양극화가 가속화되어 마침내 대한민국의 정체성마저 심각하게 의심받는 지경에 이르게 된 것도 이와 무관치 않을 것이다. 노무현 정부 말기에 들어와 소위 '386세대'의 실험정치를 교정코자 하는 강력한 흐름이 존재하고 있으나 이 또한 중도파에 대한 인식을 결여하고 있어 자칫 또다시 이념과잉으로 인한 혼란을 부추길 소지가 크다.

『아리랑』의 주인공인 김산과 김성숙 등이 활약할 당시 진정한 민족주의는 중국혁명의 경우와 같이 이념을 초월한 좌우합작의 진영규합으로 나아가야만 했다. 그럼에도 김구의 임정은 이런 노력을 기울이지 않은 것은 아니나 소기의 성과를 거두지 못하는 한계를 드러냈다.

원래 사회주의는 계급투쟁을 이론적 기반으로 삼고 있는 까닭에 비록 식민지해방을 중시하기는 했으나 일정한 한계를 지닐 수밖에 없었다. 많은 사회주의자들이 계급투쟁을 앞세워 민족혁명을 경시한 것은 바로 이 때문이었다. 그렇다면 우파세력은 이를 감안해 이념적으로 보다 융통성 있는 모습을 보여야만 했다. 실제로 노예상태에 처해 있는 민족의 해방을 전제로 하지 않는 민족주의는 존재할 수 없다는 점에서 이는 당연한 주문이기도 했다.

그럼에도 김구가 이끄는 임정은 김두봉을 정점으로 한 연안파와 김일성을 정점으로 한 소련파를 아우르는 조선독립운동의 총본산으로서의 위치를 확보치 못했다. 당시 김성숙이 임정에 비판적인 김원봉 등의 좌파 진영을 임정으로 끌어들임으로써 겉으로나마 좌우합작의 모양새를 갖추게 된 것은 그나마 다행이라고 할 수 있다.

식민지 치하의 상황을 감안할 때 당시 진정한 민족주의는 자유주의와 사회주의 등의 기존 이념을 초월해 반민족진영을 제외한 모든 계층을 포함한 개념이어야 했다. 여기에는 계층적으로 농민과 노동자, 빈민은 말할 것도 없고 쁘띠부르주아와 대지주를 포함한 일반 부르주아 등이 총망라되어야만 했다. 종교적 신념 차원에서 볼 때도 천도교와 불교, 기독교는 말할 것도 없고 무속에서 무신론에 이르기까지 모든 사람이 포함되어야만 했다. 그래야만 독립운동 역량을 극대화시켜 진정한 민족혁명을 이룰 수 있었기 때문이다.

그런 점에서 『아리랑』의 주인공인 김산과 김성숙은 이념과 계층, 성별, 종교, 직업, 신분 등의 차이에도 불구하고 모든 세력을 하나로 포용해 민족혁명을 이루고자 한 진정한 민족주의라고 할 수 있다. 이들이 추구한 노선이 바로 이념의 혼란 및 과잉시대로 상징되는 해방 전후의 시기를 가장 슬기롭게 타개해 나갈 수 있는 '중도민족주의'였던 것이다.

주변 열강이 한반도를 둘러싸고 치열한 각축을 전개하고 있는 지금이야말로 중도민족주의를 더욱 정치하게 다듬어 나갈 필요가 있다. 본서는 『아리랑』의 주인공인 김산과 김성숙의 행보를 통해 민족혁명의 의미를 천착코자 하는 취지에서 나온 것이다. 중도민족주의에 대한 정확한 분석을 토대로 21세기 동북아시대를 주도적으로 열어갈 수 있을지 여부는 전적으로 우리가 하기에 달려 있다.

제1절

붉은 승려

김산(金山)의 본명은 장지락(張志樂)이다. 을사늑약(乙巳勒約)이 이뤄진 1905년에 평양 인근에서 태어난 그의 본명은 최근에 발견된 일경의 취조자료에는 장지학(張志鶴)으로 되어 있다. 이는 본명을 속이기 위해 본명과 비슷하게 만들어낸 이름으로 보인다. 원래 김산은 『아리랑』을 간행하기 위해 장지락이 님 웨일즈(Nym Wales)와 상의해 만들어낸 가명이다.

당초 님 웨일즈는 1937년 7월 당시 남편인 에드가 스노우(Edgar Snow)를 따라 중국공산당의 본거지인 옌안(延安)으로 들어가 25명의 중국인 공산혁명가들을 차례로 인터뷰하며 그들의 자서전을 쓰고 있었다. 당시 그녀는 자신 이외에는 '루쉰(魯迅)도서관'에 소장된 영어책을 거의 빌려가는 사람이 없는 상황에서 이를 집중적으로 빌려가는 장명(張明)이라는 조선인 혁명가에게 큰 호기심을 느꼈다. 장명은 장지락의 또 다른 가명이었다. 님 웨일즈는 수소문 끝에 장명을 어렵게 만났다. 그녀는 33세의 조선인 혁명가 장명의 매력에 빠져 이내 2달 동안 20여 차례에 걸친 집중적인 면담을 통해 그의 일대기를 집필하게 되었다. 그 결과물이 바로 1941년에 김산과 님 웨일즈 공저로 미국에서 출간된 『Song of Ariran : The Life of a Korean Rebel(아리랑의 노래, 한 조선인 혁명가의 생애)』이다.

이 책은 미국에서 출간된 지 12년 만인 1953년에 일본인 안도 지로(安藤次郎)에 의해 『アリランの唄(아리랑의 노래)』로 일본에서 번역·출간되어 일본의 독자들을 열광시킨 바 있다. 우리나라에서는 지난 1984년에 동녘출판사에 의해 『아리랑』이라는 제목으로 번역·출간되었다. 김산은 이미 오래 전에 미국과 일본에서 『아리랑』이 출간되었음에도 불구하고 오랫동안 남북 양쪽에서 망각된 민족혁명가였다.

우리나라에도 지난 1984년에 『아리랑』이 국내에 처음으로 번역·출간되면서 세인들의 뜨거운 관심을 불러모은 바 있다. 김산은 님 웨일즈와 인터뷰를 마친 이듬해에 일본 간첩으로 몰려 중국공산당에 의해 처형당했다. 김산의 짧은 생애는 수많은 조선의 민족혁명가들이 걸어간 길을 축약해 놓은 것이었다.

『아리랑』이 나왔을 당시만 해도 대부분의 독자들은 책 속에 나오는 김산의 사상적 스승인 '금강산의 붉은 승려' 김충창(金忠昌)이 바로 운암(雲巖) 김성숙(金星淑)이라는 사실을 전혀 알지 못했다. 김성숙은 김산보다 7살 위였다.

그는 1898년 음력 3월 10일에 평안북도 철산군(鐵山郡) 서림면(西林面) 강암동(江巖洞)의 한 산골 마을에서 부친 김문환(金文煥)과 모친 임천(林川) 조씨(趙氏) 사이에서 장남으로 태어났다. 당시 김성숙의 모친은 자식이 없어 노심초사하던 끝에 마을 뒷산에 있는 미륵부처에게

3년 동안 열심히 치성을 올린 끝에 얻은 자식이었기에 그 기쁨은 더욱 컸다.

빈농출신인 김성숙의 부친은 부인이 바위에 새겨진 미륵부처와 하늘에 치성을 올려 자식을 얻은 것을 기념해 장남의 이름을 성암(星巖)이라고 지었다. 성숙(星淑)은 성장한 뒤의 이름이다. 아호 운암은 행운유수(行雲流水)하며 바위처럼 굳건한 심지로 독립운동에 헌신하겠다는 취지에서 나온 것으로 짐작된다.

원래 김성숙의 조상은 상산(商山) 김씨였다. 그의 조상은 세조 때 평안도 철산으로 들어오면서 '철산'을 본관으로 삼았다. 당시 김성숙은 주변의 빈농 출신 아이들이 그러했듯이 어렸을 때부터 집안 어른들을 따라나서 밭일을 거들어야만 했다. 그러나 그는 이 와중에도 글방에 다니며 틈틈이 한문을 배웠다. 그의 부모가 어려운 살림에도 불구하고 그를 글방에 보낸 것은 대략 장남에 대한 기대가 컸기 때문이었을 것이다.

당시 김성숙의 양친을 비롯한 조선의 백성들은 국가패망을 지켜보면서 더 이상 나라의 운명을 위정자들에게만 맡겨서는 안 된다는 사실을 직시하고 있었다. 김성숙은 바로 이런 시대적 분위기 속에서 소년시절을 보냈다. 을사늑약이 맺어지는 1905년 당시에 이미 김성숙의 고향마을에 주민들 스스로 대한독립학교(大韓獨立學校)라는 신식학교를 세운 사실이 이를 뒷받침한다. 당시 이런 신식학교는 김성숙의 고향뿐만 아니라 각 지방마다 우후죽순처럼 들어섰다.

김성숙은 10세 때인 1908년에 고향에 있는 대한독립학교에 들어갔다. 김성숙은 이곳에서 목총을 메고 군사훈련을 받으며 어린 마음에도 자신이 빨리 커 조국을 외적의 침략으로부터 지켜야 한다고 다짐했다. 당시 김성숙은 나팔수가 되어 맨 앞에서 옷도 휘황찬란하게 입고 나팔을 불었다.

훗날 김성숙은 1967년에 이뤄진 재미 정치학자 이정식(李庭植)과의 면담에서 당시 대한독립학교에서 무엇을 배웠는지를 또렷이 기억하고 있었다. 그가 어렸을 때 배운 내용 중에는 유독 우리 역사에 관한 것이 많았다. 을지문덕과 이순신, 거북선 등에 관한 얘기를 처음 접하게 된 것도 바로 이때였다. 물론 그때도 교과서가 있었다. 교과서에 을지문덕과 이순신을 비롯해 국난을 극복하는 데 공헌한 위인들의 사진도 실려 있었다. 이는 김성숙으로 하여금 훗날 독립운동에 헌신토록 하는 데 커다란 자극제가 되었다. 김성숙은 이정식과의 면담에서 어렸을 때 불렀던 노래를 생생히 재연했다.

"대한제국 융희황제(隆熙皇帝), 부강천하(富强天下) 국민교육 보급함이 전제(前提)함일세. 우리들은 덕(德)을 받고 지(知)를 발하여 현명한 선구자가 되어 봅시다."

당시 김성숙을 비롯한 어린 학생들은 행진할 때마다 이런 노래를 불렀다. 소년 김성숙은 장구를 치는 악대와 함께 힘차게 나팔을 불면서 어린 마음에도 대한제국의 독립이 더욱 굳건해지기를 빌었다. 이들이 군사훈련만 받은 것은 아니었다. 오히려 애국심을 고취시키는 정신교육을 더 많이 받았다. 그때 학교 선생님들은 모두 애국자들이었다. 대한독립학교의 선생들은 학생들에게 늘 이같이 역설했다.

"나라는 사실상 이미 망했다. 왜놈의 통감부가 설치돼 통감의 지배를 받고 있으니 이는 독립을 잃은 것이다. 우리는 꼭 독립을 찾아야만 한다."

김성숙은 이런 훈화를 들을 때마다 반드시 장성한 뒤 조국의 독립을 이뤄내겠다고 다짐했다. 당시의 선생들은 어린 아이들에게 애국심을 고취시키기 위해 교단에 선 애국자들이었다. 이들은 돈이 없는 아이들을 모두 받아들이는 것은 물론 밤에는 야학을 열어 나이 많은 장정들에게 글을 가르치고 군사훈련도 시켰다.

김산 또한 김성숙과 마찬가지로 어렸을 때부터 항일혁명가에 관한 많은 얘기를 전해들으며 생장했다. 그는 『아리랑』에서 당시의 심경을 이같이 술회한 바 있다.

"항일 영웅에 대한 존경심으로 우리의 마음은 불타올랐다. 그래서 다음에 어른이 되면 독립군에 가담해 침략자 왜놈들을 기습공격하기 위해 공격대를 이끌고 압록강을 건너오겠다고 결의를 다지곤 했다. 장차 우리와 같은 젊은이들이 수백 만 명은 될 것이다. 그리 되면 왜놈들은 병아리처럼 모조리 달아나고 말 것이다."

김산은 자신의 어린 시절의 영웅은 이동휘 장군이었다고 기술해 놓았다. 당시 주로 간도 및 연해주에서 활약했던 이동휘는 그의 뛰어난 항일투쟁으로 인해 조선의 어린 소년들에게 커다란 감명을 주고 있었던 것이다.

김성숙의 경우도 예외가 아니었다. 당시 소년 김성숙에게 가장 감명을 준 인물은 도산(島山) 안창호(安昌浩)였다. 웅변이 뛰어난 안창호는 당시 국내에서 그 명성이 자자했다. 김성숙은 안창호의 전설적인 얘기를 들으면서 자신도 장차 어른이 되어 안창호와 같이 훌륭한 인물이 될 것을 다짐하곤 했다.

당시 소년 김성숙에게는 가정교육이 학교교육 못지 않게 큰 영향을 미쳤다. 김성숙이 대한독립학교에 들어간 지 불과 2년 뒤에 한일합방이 이뤄지면서 대한독립학교가 문을 닫게 되었다. 이에 그는 조부가 차린 글방에서 한문을 배웠다. 당시 일제는 대한독립학교와 같이 조선인들이 자발적으로 세운 모든 학교의 문을 폐쇄한 뒤 오늘날의 초등학교에 해당하는 '보통학교'를 세웠다. 조선인들은 이를 '일본학교'라고 부르며 경멸하고 증오했다. 김성숙의 조부 역시 '일본학교'를 경멸하며 손자에게 자신이 세운 글방에서 한문을 배우도록 명한 것이다. 한문을 배우게 된 김성숙은 늘 집안 어른들로부터는 충효에 관한 가르침을 받으며 자라났다. 당시 그의 집안 어른들이 그에게 역설한 충효의 요체는 간명하면서도 분명했다.

"사람은 살면서 옳은 일을 해야 한다."

집안 어른들이 그에게 불가의 화두(話頭)처럼 던진 말은 바로 '의행(義行)'이었다. '의행'은 무엇이 의로운 것인지에 대한 개념 정립이 전제되어야만 한다. 어린 김성숙은 '의행' 화두를 알기 위해 적잖이 고심했다. 이는 훗날 김성숙이 이정식과의 면담에서 밝힌 다음과 같은 술회를 통해 쉽게 알 수 있다.

"나는 어렸을 때부터 정의(正義)의 문제에 대해 일찍 눈을 떴다고 자부하오."

김성숙이 일제의 강압적인 학제에 반발해 글방에서 한문을 배울 당시는 일제가 소위 '헌병정치'를 통해 잔학한 식민통치를 실시하던 때였다. 김성숙이 10대 소년이었을 때 국제적으로 커다란 사건이 일어났다. 1911년 10월의 신해혁명(辛亥革命)이 그것이다. 수천 년 동안 제왕정을 유지했던 중국에 사상 처음으로 공화정이 등장한 것이다. 김성숙이 16세 때인 1914년에는 서구 제국주의자들이 두 편으로 갈려 사생결단으로 총력전을 전개한 제1차 세계대전이 일어났다. 신해혁명과 제1차 세계대전의 소식은 평안도 철산의 산간벽지 마을까지 곧바로 흘러들어 왔다. 어린 나이에 엄청난 소식을 접한 소년 김성숙은 크게 흥분할 수밖에 없었다.

얼마 후에는 러시아에서 레닌(Lenin)이라는 뛰어난 혁명가가 나타나 제정 러시아를 뒤엎고 공산국가를 세우려고 망명지에서 뛰어다닌

다는 얘기도 들렸다. 한창 감수성이 예민한 10대 소년 김성숙은 이웃 중국과 러시아에서 거대한 혁명이 일어났다는 사실 자체가 잘 믿기지 않았다. 공화정과 공산주의가 무엇인지는 모르지만 혁명이 일어나 군주정을 무너뜨리고 인민들을 위한 새로운 정권이 들어섰다는 얘기에 흥분을 감출 수 없었다. 훗날 김성숙은 이정식과의 면담에서 당시의 심경을 이같이 술회했다.

"앞뒤도 잘 모르면서 그저 가슴이 뛰었소. 공화정이니 공산주의니 하는 얘기는 다음 일이고 손문이나 레닌이 그저 위대해 보였소."

소년 김성숙은 조선에도 쑨원(孫文)이나 레닌과 같은 혁명가가 나타나 조선을 일제의 식민치하에서 벗어나게 해줄 것으로 믿었다. 이는 훗날 김성숙이 조선독립을 위해 사회주의 운동에 뛰어드는 데 적잖은 영향을 미쳤다. 수많은 민족혁명가들이 사회주의 운동에 뛰어든 것 또한 같은 맥락에서 이해할 수 있다.

당시 철산의 벽지 산간마을에도 신문이 들어왔다. 동네마다 한 군데 씩 신문이 들어와 동네 사람들이 그것을 돌려가며 보았다. 비록 벽지이기는 했으나 그래도 배웠다는 사람들이 있어 신문에 난 얘기들을 중심으로 마을 공터에 모여 토론을 하기도 했다. 이때 김성숙은 어른들 사이에 끼어 토론하는 모습을 지켜보면서 새로운 사실을 적잖이 알게 되었다. 가장 놀라운 것은 만주나 연해주의 블라디보스토크에 가면 우리나라 혁명가들이 있다는 얘기였다. 소년 김성숙은 이 얘기를 듣고 감격했다. 훗날 김성숙은 이정식과의 면담에서 당시의 심경을 이같이 밝혔다.

"당시 나는 이런 얘기를 들으면서 내심 '그러면 그렇지 우리나라에 어찌 혁명가들이 없을 수 있겠는가. 쑨원이나 레닌이 훌륭하다 해도 어찌 우리나라 혁명가들에 미칠 수 있겠는가. 이제부터는 나도 우리나라 혁명가들 얘기를 알아야 하겠다'라고 생각했소."

이때 마침 만주와 연해주 일대에서 우리나라 혁명가들이 독립학교(獨立學校)와 독립군관학교(獨立軍官學校), 독립단(獨立團)을 세워 운영하고 있다는 소식이 들려왔다. 소년 김성숙이 흥분을 가누지 못할 즈음 공교롭게도 집안으로 삼촌뻘 되는 족숙(族叔)이 귀향하는 길에 김성숙의 집에 들르게 되었다. 그는 대한제국 때 일본인 고문단이 훈련시킨 군대에서 정위(正尉)를 지냈다. 당시 정위는 지금의 대위에 해당하는 초급 장교였다. 김성숙의 족숙은 1907년에 대한제국의 군사가 일제에 의해 해산되자 분을 참지 못하고 국권을 되찾아야 하겠다는 각오로 만주로 망명해 독립군에 뛰어든 인물이었다. 그는 만주를 종횡무진으로 누비며 활약하다가 잠시 고향에 들렀던 것이다.

소년 김성숙은 운 좋게도 글방에서 족숙을 만나 자세한 얘기를 들을 수 있었다. 김성숙의 족숙은 자신의 활동거점이 신의주 일대라고 밝혔다. 이어 독립군의 조직과정과 활약상도 생생히 전해주었다. 그렇지 않아도 흥분을 억제하기 어려웠는데 진짜 독립군을 만난 소년 김성숙은 잠시도 가만히 앉아 있을 수가 없었다. 훗날 김성숙은 당시의 심경을 감회어린 어조로 이같이 회상했다.

"왜놈의 압박, 그 왜놈들의 압박. 아니 그것보다도 나는 이미 왜놈 순사 놈들과 헌병 보조원 놈들의 행패에 분개하고 있었소. 그놈들이 우리 동포들의 집들을 찾아다니며 부린 행패에 이미 분격해 있었는데 집안의 독립군을 만난 내 심경이 어떻겠소. 나는 그날로 만주 망명을 결심했소. 가자 만주로, 참가하자 독립군에."

소년 김성숙은 이렇게 결심하자 이내 다른 생각은 전혀 떠오르지 않았다. 온통 머리 속에는 독립군을 기른다는 신흥학교(新興學校) 생각뿐이었다. 당시 신흥무관학교는 최초의 독립군 양성소로 10년간에 걸쳐 약 3천여 명의 졸업생을 배출했다. 그들 모두 봉오동 전투와 청산리 전투 승첩에 주역이 되었다. 원래 신흥학교는 이동녕(李東寧)과 이회영(李會榮)을 비롯한 민족혁명가들이 1911년 4월에 만주 지린성(吉林省) 류허현(柳河縣) 산위안바오(三源堡)에 경학사(耕學社)를 세우고 그 산하에 세운 무관학교였다.

이동녕 및 이회영과 같이 중국과 노령 연해주 등지에서 독립투쟁에 나선 혁명가들은 미주 등지에서 활약한 혁명가들과 달리 말 그대로 형극의 길을 걸었다. 이는 소련이 대국주의(大國主義)에 입각해 조선 독립보다 공산혁명을 앞세우고, 중국이 군벌의 할거와 국공내전 등으로 극심한 혼란에 빠진 데 따른 것이었다. 훗날 김성숙은 이정식과의 면담에서 당시의 상황을 이같이 진단한 바 있다.

"원래 독립운동단체의 뿌리는 독립협회(獨立協會)였소. 이는 구한말에 서재필(徐載弼)을 비롯해 개화파들과 공화주의자들이 세운 단체였소. 이 뿌리에서 나온 것이 신민회(新民會)로 당시 신민회는 막강한 영향력을 지녔소. 이 신민회 계통이 독립운동의 중심 진영이 된 것이오. 그 영향 아래 국내에는 각 지역마다 무슨 청년회니 관서회(關西會)니 해서 각 지역마다 수많은 단체가 생겨났소. 이 진영들이 그대로 해외로 뻗어나간 것이오. 이 모든 진영의 중심에 기호파(畿湖派)가 있었소. 그 중심이 이동녕과 이시영(李始榮)이었소. 만주에서 신흥학교를 조직한 사람들이 그 계통 사람들이었소. 만주에 가서 독립운동을 시작하고 독립군을 조직한 사람들도 전부 그 사람들이었소. 그러니까 해외에서의 운동은 그 사람들이 주가 되어 전개된 것이오."

이를 통해 대략 초기 독립운동 과정에서 이동녕과 이회영 형제 등을 중심으로 한 기호파가 결정적인 역할을 했음을 알 수 있다. 상해임정에서 이승만이 대통령에 선출된 것도 이들의 적극적인 지지가 있었기에 가능했다. 상해임정이 많은 역경을 헤치고 끝까지 유지된 것 또한 이들 기호파의 헌신적인 노력에 의한 것이었다.

이동녕과 이회영이 세운 신흥학교에는 최저연령의 제한이 있었다. 그 제한은 18세였다. 소년 김성숙은 신흥학교에 들어가려다가 도중에 승려가 되었으나 『아리랑』의 김산은 15세에 이 학교에 들어가는 예외적인 인물이 되었다. 『아리랑』에는 그 과정이 상세히 기술돼 있다. 당초 신흥학교는 김산이 너무 어려 입학을 거절했으나 그가 천신만고 끝에 찾아온 사실을 알고는 예외적으로 그에게 시험을 치게 했다. 김산은 지리와 수학, 국어시험에는 합격하고 국사와 신체검사에서 떨어졌다. 결국 그는 3개월 속성반에 들어가 수업료를 면제받고 수업을 받게 되었다. 그는 신흥학교 개교 이래 최연소 학생이었다.

신흥학교의 교사(校舍)는 비밀을 지키기 위해 산허리를 따라 줄지어 서 있었다. 김산이 수업을 받을 당시는 18–30세까지의 학생 약 1백여 명이 다니고 있었다. 학과는 새벽 4시에 시작하고 취침은 저녁 9시였다. 학생들은 총기를 가지고 훈련을 받으며 실전에 사용하는 군대전술을 공부했다. 가장 엄하게 요구된 것은 산을 재빨리 올라가는 게릴라 전술이었다. 이들은 등에 돌을 지고 걷는 훈련을 습득했다. 김산의 경우를 통해 알 수 있듯이 당시 신흥학교는 독립운동의 상징이었다.

그러나 당시 소년 김성숙은 김산과 달리 신흥학교의 입학연령이 만 18세라는 사실을 잘 알고 있었다. 이에 그는 만 18세가 되는 1916년 봄에 마침내 신흥학교에 입학하기 위해 집을 나섰다. 마침 김성숙의 집에는 땅을 팔아놓은 돈이 있었다. 소년 김성숙은 비상시를 위해 이 돈을 훔쳐 품에 넣은 뒤 독립군이 되기 위해 만주의 펑텐(奉天)을 목적지로 삼고 무작정 집을 나섰다. 소년 김성숙은 집안 어른들께 송구스런 생각이 들었으나 훗날 독립군에 참가하기 위한 비상수단으로 그리 했다고 고백하면 너그러이 용서해 줄 것으로 믿었다.

지금도 중국 사람들은 '만저우(滿洲)'와 '펑텐'이라는 말을 좋아하지 않는다. 그들은 만주를 뚱뻬이(東北), 펑텐을 선양(瀋陽)으로 부른다.이는 일제가 1930년대에 '만주국(滿洲國)'이라는 괴뢰국을 만들 때 '만저우'와 '펑텐'을 즐겨 사용한 데 따른 것이다. 그러나 당시에는 '뚱베이'와 '선양'보다는 '만저우'와 '펑텐'이라는 말이 널리 쓰였다.

당초 소년 김성숙은 압록강을 건너 펑텐으로 갈 생각이었다. 그러나 가만히 생각해 보니 만일 이 길을 택하면 만주 길을 한참 걸어야 할 듯했다. 소년 김성숙은 문득 만주에 촉수를 뻗쳐놓고 있는 일경의 눈초리를 피하기 위해서는 중국말을 몇 마디라도 알아야 할 것이 아닌가 하는 생각이 들었다. 당시 그는 중국말을 전혀 하지 못했다. 소년 김성숙은 갑자기 깊은 고민에 빠졌다. 중국말을 거의 안 쓰고 펑텐으로 갈 수 있는 방도는 없는 것일까. 마침내 그는 [평양→원산→청진→두만강]의 루트를 선택하기로 했다. 이 루트를 통해 두만강을 건너면 훨씬 짧은 시일 안에 펑텐에 닿을 것으로 짐작한 것이다.

소년 김성숙은 일단 함경도 원산까지는 아무 탈 없이 잘 갔다. 그런데 공교롭게도 청진으로 가기 위해 거리를 서성이다가 뜻밖에 어느 힘센 어른에게 붙잡히고 말았다. 행색과 말투로 미뤄 평안도 출신이 분명한 소년이 낯선 함경도 원산에서 사방을 두리번거리며 서성이는 것을 못내 이상스럽게 생각해 붙잡은 것이다. 소년 김성숙은 갑작스런 사태에 당황한 나머지 급히 청진에 있는 고모를 찾아간다고 둘러댔지만 아무래도 대답하는 어투가 어색했다. 곧바로 청진에 있는 고모의 주소를 대라고 윽박지르자 김성숙은 이내 말문이 막히고 말았다. 낯선 어른의 질문은 더욱 날카로워졌다.

"너 지금 어디에 살고 있느냐."

어조에 단단히 추궁하겠다는 기운이 서려 있었다. 김성숙은 순간 실토하는 것이 차라리 낫다고 판단했다.

"여관에 묵고 있습니다."

그러자 그는 곧 김성숙을 숙박하고 있는 여관으로 끌고 가 김성숙이 갖고 있는 돈의 액수까지 확인했다. 당시 김성숙은 일본 은행에서 발행한 은대양(銀大洋) 3백 원을 지니고 있었다. 당시의 기준으로 볼 때 매우 큰 돈이었다. 낯선 어른은 이를 보고 깜짝 놀라며 여관 주인에게 신신당부했다.

"이 아이가 아무래도 수상하니 이 아이의 집에 연락해 부모의 답장이 있을 때까지 붙들어 두시오. 돈도 빼앗아 두고."

소년 김성숙은 부득이 여관주인에게 돈을 맡길 수밖에 없었다. 일이 이 지경이 되니 김성숙은 속이 타들어가는 듯했다. 고향의 부모님과 어른들이 이 사실을 알면 얼마나 놀랄까. 독립군에 가담하려던 당초의 계획은 또 어떻게 되는 것일까. 이런저런 생각으로 잠도 오지 않았다.

며칠 뒤 문득 석탄일(釋誕日)이 찾아왔다. 당시 원산에는 이성계를 처음으로 만나 훗날 왕이 될 것을 예언한 무학대사(無學大師)가 머물렀던 석왕사(釋王寺)를 비롯해 유서 깊은 사찰이 매우 많았다. 원산 사람들 역시 불심이 매우 깊었다. 마침 석탄일이 찾아오자 원산 사람 절반 이상이 사절을 찾아가 부처님의 공덕을 빌었다.

여관에 묵는 손님들도 예외가 아니었다. 손님도 없는 마당에 하릴없이 여관을 지키기도 어렵게 된 여관 주인이 소년 김성숙에게 함께 절을 찾아가자고 청했다. 혹여 도둑이 들까 우려해 돈을 띠에 잘 싼 뒤 등에 감고 여관 주인을 좇아 석왕사를 찾아갔다. 석왕사는 그야말로 인산인해(人山人海)였다. 사람들로 인해 여관 주인과 걸음을 맞추기도 쉽지 않았다.

이날 저녁 김성숙은 절에서 여관 주인과 함께 하룻밤을 묵으면서 곰곰이 도망갈 궁리를 했다. 다음날 새벽 일찍 잠에서 깨어난 김성숙은 곧 절을 빠져나와 급히 산등성이를 뛰다시피 하여 걸어 내려갔다. 정신없이 가던 중 우연히 길을 가던 스님을 만나게 되었다. 스님은 비록 장삼을 두르기는 했으나 나이는 그리 많아 보이지 않았다. 젊은 스님이 김성숙에게 합장으로 목례를 대신했다. 김성숙은 문득 이상한 생각이 들었다. 독립군이 되기 위해 원산으로 왔다가 낯선 어른에게 붙잡혀 꼼짝없이 여관에 연금돼 있던 중 석탄일을 맞아 연금에서 빠져나오게 된 며칠간의 일이 마치 입산(入山)을 위한 사전행보처럼 여겨졌다. 김성숙이 먼저 말을 걸었다.

"여보시오, 큰 스님. 나 중노릇 좀 시켜줄 수 있겠소."

장삼을 두른 중이 한동안 의아한 표정으로 김성숙을 쳐다보더니 이내 반문했다.

"중노릇은 왜 하려는 것이오."

"불경을 공부하려고 한다."

김성숙이 내친 김에 갑자기 말투를 낮추자 젊은 스님도 말투를 낮춰 반문했다.

"보아하니 너 장가도 간 것 같고, 공부도 제법 해 보이는데 사실이 어떠냐."

"공부도 좀 했고 장가도 갔다."

그러자 젊은 승려가 머리를 흔들었다.

"장가도 들었다면 중노릇 하기는 어렵겠다."

그러더니 곧 무슨 생각이 들었는지 다시 시원시원하게 말했다.

"나는 여기 중이 아니고 경기도 양평군(楊平郡) 용문사(龍門寺)의 중이다. 나를 따라오도록 해라. 내가 중을 시켜주마."

김성숙이 흔쾌히 따라갔다. 마침 그들 앞으로 영업용 차가 왔다. 두 사람은 훌쩍 차에 올라탔다. 결국 김성숙은 여관 주인에게 온다간다 말도 없이 차에 올라 서울로 왔다가 이내 그 젊은 승려를 따라 용문사로 가 머리를 깎고 승려가 되었다. 훗날 김성숙은 이정식과의 면담에서 당시의 상황을 이같이 회상했다.

"어렸을 때 독립군이 되겠다고 집을 나섰다가 결국 중이 되고 만 셈이오."

결국 김성숙은 절로 들어가 행자를 거쳐 사미승이 되었다. 그러나 김성숙 서거 1주기인 1970년에 만들어진 공판 타자물인 소위 『약력』에는 김성숙의 입산과정이 약간 다르게 기록되어 있다. 『약력』은 당시의 상황을 이같이 기록해 놓았다.

"서기 1916년 독립군에 가담할 목적으로 만주로 건너가 도주하다가 일본 헌병에게 구금되어 목적을 이루지 못하고 그 길로 입산했다."

이에 따르면 김성숙은 독립군이 되기 위해 일단 만주로 건너갔다가 일본 헌병에게 구금되어 목적을 이루지 못해 입산한 셈이 된다. 언론인 출신 김재명(金在明)도 지난 2003년에 펴낸 『한국 현대사의 비극』에서 김성숙이 압록강을 건너가려다가 조만(朝滿) 국경을 지키고 있던 일본 헌병대에 걸려 월경(越境)에 실패했다고 기록해 놓았다.

그러나 김성숙은 이정식과의 면담에서 이 얘기를 전혀 언급하지 않았다. 만일 김성숙이 일본 헌병에게 구금되었다면 그가 이런 말을 하지 않았을 리 만무하다. 이와 관련해 김학준은 『혁명가들의 항일회상』에서 『약력』의 기록이 김성숙 사후에 만들어진 점에 주목해 기록에 착오가 있을 가능성을 제기했다. 김학준의 지적과 같이 김성숙이 이정식과의 면담에서 밝힌 내용을 좇는 것이 사실에 가까울 듯하다.

당시의 상황과 관련해 『아리랑』의 기록도 약간 다르게 나타나고 있다. 김산은 님 웨일즈에게 당시 김성숙이 양평의 용문사가 아닌 금강산의 유점사(楡岾寺)에 들어갔다고 말했으나 이는 김성숙의 회상과 배치된다. 김산은 『아리랑』에서 김성숙으로부터 들은 얘기를 토대로 당시 김성숙의 행보를 이같이 설명해 놓았다.

"김충창은 집을 뛰쳐나와 금강산에 가서 중이 되었소. 이 아름다운 산 한가운데 있는 유명한 유점사에서 그는 불교뿐만 아니라 현대철학도 연구했소. 그는 그곳에서 1919년까지 머물고 있었소."

그러나 김성숙은 이정식과의 면담에서 금강산이나 유점사 얘기는 전혀 비치지 않았다. 『약력』 또한 금강산이나 유점사에 대해 아무런 언급도 하지 않고 있다. 김성숙은 이정식과의 면담에서 자신이 용문사와 봉선사에서 일했고, 3·1운동이 일어날 때 자신은 경기도에서 일했다고 밝혔다. 그러나 이런 얘기가 『아리랑』에는 전혀 나오지 않고 있다.

그렇다면 김성숙이 김산에게 자신의 승려시절 얘기를 잘못 전한 것일까, 아니면 김산이 잘못 들었던 것일까. 당시 소년 김성숙이 『아리랑』의 기록과 같이 젊은 스님과 함께 양평의 용문사로 내려오던 중 유점사에 잠시 머물렀을지도 모를 일이다. 김성숙이 김산에게 자신의 과거 얘기를 들려주는 와중에 유점사에 잠시 머물렀던 얘기를 언급했을 가능성을 배제할 수 없다. 대략 '아리랑'을 즐겨 불렀던 김산은 '정선 아리랑'에 나오는 유점사와 김성숙을 연결시켜 기억한 나머지 이내 님 웨일즈에게 구술할 때 김성숙을 '금강산의 붉은 승려'로 표현했던 것으로 짐작된다.

다만 현재로서는 김성숙의 구체적인 진술이 없는 상황에서 이같이 추정하는 것은 약간 무리가 있다. 대략 김성숙이 술회한 바대로 곧바로 양평의 용문사로 들어가 행자(行者)노릇을 시작한 것으로 보는 것이 타당할 듯하다. 당시 김성숙은 한문도 꽤 많이 아는 데다 일도 잘 해 용문사의 노승들로부터 귀여움을 많이 받았다. 그의 불경을 배우는 속도는 매우 빨랐다. 불교 교리에 대한 흥미도 커졌다. 김성숙은 이정식과의 면담에서 당시의 상황을 이같이 회상했다.

"한 2년 반쯤 용문사에서 초보 중노릇을 하는 모든 방법을 배웠소. 그러고 나니 나를 경기도 광릉(光陵)의 봉선사(奉先寺)로 보내 불경을 정식으로 배우게 했소. 그래서 이럭저럭 3년 가량 불교를 공부하게 되었소."

봉선사는 당시나 지금이나 경기도 북부 일대에 있는 40여 개의 말사(末寺)를 거느리고 있는 조계종 본사(本寺)이다. 김성숙의 술회에 따르면 젊었을 때 불가에 몸을 담은 것은 모두 3년 남짓한 셈이 된다. 김성숙은 이정식과의 면담에서 당시의 상황을 구체적으로 밝히지는 않았으나 대략 양평 용문사에서 행자생활을 2년 가량 하고 사미계(沙彌戒)를 받았던 것으로 보인다.

김성숙은 출가 전에 이미 향리에서 한문도 배우고 신식학교에서 신학문도 3년간 익힌 만큼 당시로서는 매우 유식한 행자에 속했음에 틀림없다. 이는 김성숙보다 50년 가량 먼저 태어나 근대 선종(禪宗)의 중흥조가 된 경허(鏡虛 : 1846-1912)조차 10세가 넘어서야 한문을 배웠던 사실을 상기하면 쉽게 이해할 수 있다. 당시의 기준으로 볼 때 김성숙은 출가 전에 기본을 탄탄히 다진 셈이다. 그렇다면 김성숙은 구체적으로 어떤 불경들을 접했던 것일까.

김성숙이 행자시절에 공부한 것은 대략 강원(講院)의 사미과(沙彌科)에 해당하는 과목이었을 것으로 보인다. 『조석송주(朝夕誦呪)』와 『사미율의(沙彌律儀)』, 『반야심경(般若心經)』, 『예참(禮懺)』, 『초발심자경문(初發心自警文)』, 『치문경훈(緇門經訓)』 등이었을 것으로 짐작되고 있다.

이 중 『조석송주』는 '수리수리 마하수리'의 '정구업진언(淨口業眞言)'에서 시작해 귀명례삼보(歸命禮三寶)로 이어지는 아침염불과 '정구업진언'에서 시작해 '개법장진언(開法章眞言)'까지 마친 뒤 『천수경(千手經)』을 암송하는 저녁염불을 말한다. 『사마율의』는 사미승이 익혀야 할 계율과 의례 등을 말한다. 『반야심경』은 총 6백여 권으로 이뤄진 반야부 경전 중 그 요체만을 압축한 것으로 조석예불은 물론이고 모든 불교의식 때 널리 암송되는 경전이다. 『예참』은 참회의 예불을 올리는 경전을 말한다. 『초발심자경문』은 신라의 원효(元曉) 대사와 고려조의 지눌(知訥) 국사 등이 지은 「자경문」을 합쳐놓은 것이고, 『치문경훈』은 승려들이 경계해야 할 교훈들을 모아놓은 것이다. 이들 경전 모두 행자와 사미승이 필수적으로 배우는 과목들이다.

당시 김성숙은 이들 과목을 열심히 익혔다. 이들 경전은 모두 한문으로 되어 있어 웬만한 한문지식이 없으면 배우는 데 매우 큰 어려움이 뒤따를 수밖에 없다. 김성숙은 이미 출가 전에 한문을 익힌 까닭에 이들 과목을 익히는 데 별다른 어려움이 없었다. 이는 김성숙이 2년 반 만에 용문사에서 봉선사 강원으로 보내져 정식으로 불교 내전(內典)을 연마케 된 사실이 뒷받침한다. 봉선사 강원은 불교 학습과정에서 보면 대략 대학과정에 해당한다. 그렇다면 김성숙은 봉선사 강원에서 구체적으로 어떤 경전을 연마한 것일까.

대략 김성숙은 이 기간에 사집과(四集科)와 사교과(四敎科)를 공부했을 것으로 보인다. 통상 사집과에서는 『서장(書藏)』과 『도서(道書)』, 『선요(禪要)』, 『절요(節要)』를 배운다. 사교과에서는 『능엄경(棱嚴經)』과 『금강경(金剛經)』, 『원각경(圓覺經)』, 『기신론(起神論)』 등을 배운다. 보통 사집과는 2년, 사교과는 4년 가량의 시간이 걸린다. 김성숙은 학문적 소양도 있고 배우는 데 열성이었던 까닭에 사집과와 사교과의 경전을 모두 섭렵했을 것으로 짐작된다. 당시의 상황과 관련해 주목할 것은 공판 인쇄물인 『약력』에 실려 있는 다음과 같은 기록이다.

"서기 1918년에 선생의 본가는 일제의 강압에 할 수 없이 경기도 고양군 지도면(知道面) 대장리(大壯里)로 이거(移居)하게 되었다."

김성숙의 본가가 경기도로 이주한 이유는 무엇일까. 김성숙은 훗날 이정식과의 면담에서 이 부분에 대해 구체적인 언급을 하지 않았다. 김재명은 『한국 현대사의 비극』에서 이같이 주장했다.

"당시 그의 승적은 경기도 광릉의 봉선사였다. 이런 연고로 그의 부모는 딸린 가족들과 함께 평북에서 경기도 고양군으로 옮겨오게 되었다. 봉선사의 말사격인 수국사(守國寺) 소유의 논밭을 소작하기 위해서였다."

김재명의 주장은 『약력』의 내용과 사뭇 다르다. 앞서 검토한 바와 같이 김성숙은 일본 헌병에게 잡힌 사실이 없이 입산했다고 보아야 한다. 그렇다면 『약력』에 나오는 '일제 강압 운운'의 대목은 신뢰성이 떨어진다. 김재명의 설명이 보다 훨씬 진실에 가깝다.

김성숙이 봉선사 강원에서 불학(佛學)의 고급과정을 연마하고 있을 당시 그곳에는 '홍을초'라고 하는 고승이 있었다. 그는 김성숙의 실질적인 스승으로 천도교의 손병희(孫秉熙)를 비롯해 불교계의 한용운(韓龍雲) 및 김법린(金法麟) 등과 교유하고 있었다. 김성숙의 법명인 태허(太虛)도 이때 그의 스승으로부터 받은 것이다. 김성숙의 법통은 '허(虛)'자 항렬이다. 당시 김성숙의 스승은 불교계의 고승이었다. 이는 사승(師僧)에 대한 김성숙의 다음과 같은 술회를 통해 대략 짐작할 수 있다.

"그분은 공부를 많이 한 분으로 사람이 탁 트였소. 가히 내 스승격인 분이었소."

김성숙의 증언에 따르면 홍을초 스님은 손병희와 굉장히 가까웠다. 서로 너나하며 욕도 막 하는 처지였다고 한다. 당시 손병희는 천도교의 3대 교령(敎領)으로 있으면서 보신을 위해 산돼지를 사냥해 그 피를 마시러 자주 왔다. 손병희가 오면 스승은 김성숙에게 손병희의 시중을 들라고 했다. 김성숙의 스승은 한용운 및 김법린과도 매우 가까웠다. 당시 한용운과 김법린은 명성이 자자한 인물이었다.

만해(卍海) 한용운은 1879년 충남 홍성 출신으로 1944년에 운명할 때까지 불요불굴(不撓不屈)의 자세로 항일자세를 견지한 대표적인 항일투사였다. 그는 불문에 들어간 뒤 임제종(臨濟宗)을 창립해 조선 불교계 내에 깊숙이 침투해 있던 친일파 승려들의 독수를 제거해 나갔다. 일찍이 송건호는 『한국현대인물사론』에서 3·1운동의 발상은 만해에 이뤄졌다고 주장한 바 있다. 그의 주장에 따르면 한용운은 먼저 최린(崔麟)을 설득한 뒤 그를 통해 손병희를 설득했고, 천도교의 참여를 확보하자 곧 천도교를 통해 최남선(崔南善)과 접선하고 다시 기독교 쪽과 접선했다고 한다.

김법린은 1899년에 경상북도 영천군(永川郡)에서 태어나 14세 때 경상남도 동래군(東萊郡) 범어사(梵魚寺)에서 불가에 입문한 뒤 3·1운동 때 영남 불교계의 만세시위에 참여했다. 그는 훗날 파리 유학을 거쳐 귀국해 항일운동에 종사했다. 해방 후 제1공화정 때 문교부장관과 제3대 민의원을 지내기도 했다. 1963년에 동국대 총장에 선임됐다가 이듬해인 1964년에 별세한 불교계의 대표적인 항일투사였다. 사미승 김성숙은 이들과의 접촉에서 커다란 영향을 받았을 것으로 짐작된다.

당시 천도교의 손병희도 가까이 모시고 불교계의 대표적인 항일투사인 한용운 및 김법린 등과도 매우 가까운 처지였던 김성숙이 3·1독립운동에 개입한 것은 매우 자연스런 일이었다. 그들을 안 것 자체가 이미 3·1운동에 깊숙이 개입한 것이나 다름없었다. 훗날 김성숙은 이정식과의 면담에서 당시 상황을 이같이 회상했다.

"이는 내가 그리 계획해서 그리 된 것이 아니라 우연과 우연의 연속으로 그리 된 것이오."

김성숙은 이를 '우연'으로 표현했지만 불교식으로 표현하면 '연기(緣起)'에 따른 것이라는 해석이다. 불가에서 말하는 연기론은 소매만 스쳐도 전생의 인연이 있었던 것으로 해석하고 있다. 삼라만상이 모두 상호작용을 하고 있기 때문에 무연(無緣)한 것이 없다는 것이다. 혁명가 김성숙이 조국독립 및 민족통합을 위한 혁명투쟁 과정에서 시종 중도적인 입장을 견지한 것도 삼라만상의 생장소멸을 '연기'로 해석하는 불가사상과 결코 무관치 않다.

김성숙이 홍을초 스님의 고족제자(高足弟子)가 되어 불도를 닦을 당시 세계는 요동치고 있었다. 1918년에 제1차 세계대전이 끝나고 파리에서 국제평화회의가 열렸다. 이 자리에서 미국 대통령 윌슨(W. Wilson)은 민족자결주의를 제창했다. 그러나 윌슨의 민족자결주의는 주로 중부 유럽과 동남 유럽의 작은 식민지를 염두에 둔 것이었지 조선을 염두에 둔 것이 아니었다. 그 내막을 알 길이 없는 조선의 백성들은 식민지 백성들로 하여금 자신들의 운명을 결정짓게 하자는 윌슨의 민족자결주의 선언에 큰 기대를 걸었다.

1918년에 만주에서는 민족종교인 대종교(大倧敎) 진영이 주동이 되어 조소앙(趙素昻) 등이 기초한 독립선언서를 발표했다. 무오독립선언서(戊午獨立宣言書)로 불리는 이 선언서에 김규식(金奎植)과 이시영, 박은식(朴殷植) 등이 서명했다. 미국에 있던 이승만과 안창호도 서명에 동의했다. 1919년 2월 8일에는 도쿄에서 이광수를 비롯한 유학생들로 구성된 조선청년독립단이 중심이 되어 독립선언서를 발표했다.

드디어 3월 1일에는 조선 내에서도 기미독립선언서(己未獨立宣言書)가 선포되었다. 기미독립선언서에는 손병희와 권동진(權東鎭), 오세창(吳世昌), 이승훈(李昇薰), 한용운 등 민족지도자 33인이 서명했다. 그러나 기미독립운동이 성사되도록 배후에서 힘쓰기도 하면서 33인이 검거되는 경우에 대비해 예비 서명인으로 대기하던 사람이 17명 더 있었다. 중앙학교 교장 송진우(宋鎭禹)와 교감 현상윤(玄相允) 등이 그들이다. 두 사람은 중앙학교 설립자인 김성수(金性洙)와 함께 3·1운동을 준비했다.

당시 미국에서는 서재필이 3·1운동의 뜻을 미국의 조야에 알리는 역할을 담당했다. 중국에서는 여운형(呂運亨)이 김규식 등과 조직한 신한청년당(新韓靑年黨)이 중심이 되어 3·1운동의 뜻을 파리 국제평화회의에 알리기로 결정하고 김규식을 대표로 파견했다.

3·1운동은 비록 일제의 무자비한 탄압으로 실패하기는 했으나 엄밀한 의미에서 볼 때 결코 실패한 운동이 아니었다. 이후 일제가 무단정치를 포기하고 1919년 4월 15일에 대한민국 임시정부가 공식 출범한 사실 등이 이를 뒷받침한다. 상하이 프랑스 조계에 자리 잡은 상해임정은 내각책임제 헌법을 채택한 뒤 미국에 머물고 있던 이승만을 '국무총리'로 선출했다. 이시영과 이동녕, 안창호, 조소앙, 김구, 김규식, 신익희, 여운형, 김창숙 등이 각각 앞뒤로 임정에 참여했다. 1919년 9월에 상해임정은 미국에 머물고 있는 이승만을 임정의 대통령으로 선출했다.

이승만은 일경의 검거망을 피해 뒤늦게 상하이에 도착해 1920년 12월 28일에 대통령 취임식을 가졌다. 당시 국내외의 독립운동 조직들은 거의 예외 없이 미국에 있는 이승만을 최고 지도자로 추대했다. 이에 앞서 국내의 13도 대표들은 1919년 4월 23일에 한자리에 모여 한성(漢城)임시정부를 선포하면서 이승만을 집정관총재로 추대했다. 얼마 후 블라디보스토크에서 결성된 임시정부도 그를 국무경(國務卿)으로 추대했다. 이승만은 여러 임시정부 중 서울에서 선포된 한성임시정부가 부여한 '집정관총재' 직함을 'president(대통령)'로 번역한 뒤 1919년 6월부터 '대한공화국 대통령'으로 활동하기 시작했다.

3·1운동 당시 김성숙은 한위건(韓偉健)이 학생을 대표해 '독립선언문'을 낭독하는 서울의 파고다공원 팔각정 바로 그 자리에 있었다. 원래 한위건은 도쿄 유학생들 중 신망이 높아 지도적 역할을 수행한 인물이었다. 김성숙은 3·1운동이 일어난 당일 한위건과 함께 탑골공원으로 가 힘차게 '만세'를 외친 뒤 급히 봉선사로 돌아왔다. 이는 경기도 양주군과 포천군 일대에 독립선언서와 그에 대한 설명서를 프린트해 돌리는 책임을 떠맡은 데 따른 것이었다.

김성숙은 곧 봉선사의 동료 승려 몇 사람과 함께 조선독립군 임시사무소 명의로 이 작업에 착수했다. 당시 이들이 만든 설명문에는 "파리 강화회의에 따라 12개국이 독립하기로 결정했으므로 조선도 이 기회를 놓치지 말고 열심히 독립운동을 하면 목적을 달성할 수 있다"는 내용 등이 담겨져 있었다. 이들은 곧 2백 매 가량의 격문을 작성해 봉선사 인근 마을에 은밀히 살포했다. 살포작업은 성공리에 마무리되었다.

김성숙을 비롯한 봉선사 승려들이 곧 사람들을 모아 독립만세를 부르며 행진하자 속세를 떠난 승려들이 앞장을 선 기이한 시위에 일경들은 대경실색했다. 이내 일경들이 몰려와 시위자 전원을 체포·구금했다. 김성숙을 포함한 7명의 승려는 곧 만세시위를 주도한 혐의로 재판에 회부되었다. 김성숙은 실형언도로 이내 서대문 형무소에 수감되고 말았다.

『아리랑』에도 3 · 1운동 당시의 일화가 매우 소상히 기록되어 있다. 당시 14세의 어린 학생이었던 김산은 기독교계 고등보통학교에 다니고 있었다. 그의 선생은 교단에서 떨리는 어조로 학생들에게 3 · 1운동의 의미를 이같이 설명했다.

"오늘은 우리 대한민국의 독립을 선언하는 날이다. 나라 전역에 걸쳐 평화적인 시위가 있을 것이다. 우리의 집회가 질서정연하고 평화적으로 이뤄지기만 하면 우리는 미국의 윌슨 대통령과 베르사이유 강화회의에 참석한 열강들의 지원을 받을 것이다. 그러면 우리나라는 곧 자유로운 나라가 될 것이다."

제국주의자들의 속셈을 까맣게 모르는 참으로 순진한 얘기가 아닐 수 없다. 그러나 김산의 선생뿐만 아니라 당시 조선 사람들은 모두 그렇게 생각했다. 사미승으로 있던 김성숙도 예외가 아니었다. 그렇기에 일경들이 총을 난사하고 불을 지르는 만행을 저지르는 와중에도 조선의 백성들은 시종 평화시위로 일관하면서 순한 양처럼 죽어갔을 것이다.

당시 김성숙이 수감된 서대문 형무소에는 때마침 경기도 수원에서 만세를 부르다 잡혀온 사람들이 매우 많았다. 얼마나 심하게 맞았는지 어떤 사람은 엉덩이뼈가 다 튀어나왔고, 일부는 피가 썩어가고 있었다. 김성숙은 그곳에서 2년간 옥살이를 하다가 가출옥으로 출소했다.

김성숙이 옥살이를 하는 동안 제국주의자들은 그 속셈을 여지없이 드러냈다. '민족자결주의'를 외쳤던 윌슨 대통령은 연합국의 일원인 일본을 자극하지 않기 위해 조선 민족이 거족적으로 일으킨 3 · 1운동에 냉담한 모습을 보였다. 그의 말을 곧이곧대로 순진하게 믿었던 조선 사람들은 철저하게 기만당한 꼴이었다. 제국주의자들이 지배하는 세상에서는 결코 평화적인 시위로 독립을 쟁취하는 것은 있을 수 없다는 사실이 명확해진 셈이다.

김성숙은 재소기간 중 이 사실을 분명히 깨달았다. 이는 김성숙이 서대문 형무소 수감시절에 사회주의자 김사국(金思國)을 알게 된 사실과 무관치 않았다. 훗날 김성숙은 이정식과의 면담에서 김사국을 이같이 평했다.

"그는 공산주의자라기보다는 민족주의자였소. 감옥 안에서도 나와 같이 있었고 나와서도 같이 있었기에 서로 잘 알았소. 아주 똑똑한 친구였소. 나는 그와 자주 만나 많은 얘기를 나눴소. 그는 서울 사람으로 도중에 학교를 중퇴하기는 했지만 한문을 많이 알았소. 그의 동생 김사민(金思民)은 항일운동을 하다가 감옥에서 모진 고문을 당한 후유증으로 마침내 미친 뒤 이리저리 미친 사람으로 돌아다니다가 죽고 말았소."

원래 김성숙보다 6살이 많은 김사국은 1892년 충청남도 연산군(連山郡 : 논산군 연산면) 출신으로 매우 가난한 소년시절을 보냈다. 일찍이 고향을 등지고 금강산에 들어갔다가 다시 서울에 올라와 보성학교(普成學校)에 입학했다. 그러나 생활고로 인해 이내 중퇴한 뒤 잠시 일본에 유학했으나 역시 중퇴한 뒤 좌익운동에 참여했다. 김성숙은 서대문 형무소 수감시절 김사국과의 만남을 통해 사회주의 사상을 처음으로 접하게 된 것이다.

당시 김성숙은 김사국과의 만남을 통해 막연하게나마 사회주의 사상이 조선의 독립에 도움이 될 것으로 생각했다. 사실 레닌의 소련 정부는 당시 자본주의 제국주의에 맞서 '피압박민족 해방'을 기치로 내걸고 식민지 지식인들을 격동시키고 있었다. 김성숙이 출소 직후인 1922년에 승려 신분으로 사회주의 사상 단체인 '조선무산자동맹(朝鮮無産者同盟)'과 '조선노동공제회(朝鮮勞動共濟會)'에 가입해 활동케 된 것도 같은 맥락에서 이해할 수 있다.

그렇다면 당시 비록 중퇴하기는 했으나 보성학교와 일본 유학까지 갔다 온 김사국은 김성숙에게 얼마나 깊은 영향을 미친 것일까. 김사국이 김성숙에게 끼친 영향은 그다지 크지는 않았던 듯하다. 이는 김성숙의 다음과 같은 술회를 보면 대략 짐작할 수 있다.

"당시 김사국이 어떤 책을 읽었는지는 잘 모르겠소. 그러나 뭐 대단한 책들을 읽은 것으로는 생각되지 않소. 대략 상식적인 수준이었을 뿐이오."

김성숙의 이런 증언은 당시 국내에 들어온 모스크바 발간의 소비에트 공산주의에 대한 책들 대부분이 일본 번역서였다는 사실과 무관치 않았다. 김사국이 일본 유학시절 이들 책들을 접한 것은 사실이나 사회주의 및 공산주의에 대해 체계적으로 접근한 것은 아니었다.

그러나 당시 국내에 있던 김성숙은 이런 책들을 거의 접하지 못했다. 김성숙이 이정식과의 면담에서 당시 모스크바 출간의 책들을 국내에서는 전혀 접해보지 못했다고 술회한 사실이 이를 뒷받침한다. 김성숙은 재소시절에 김사국으로부터 사회주의 사상을 처음 접하고 커다란 호기심을 느꼈음에 틀림없다.

김성숙은 거의 만기가 다 되어 가출옥으로 출소했다. 훗날 김성숙은 이정식과의 면담에서 당시에 있었던 재미난 일화를 하나 소개했다. 이에 따르면 1921년 음력 3월 9일에 김성숙은 자신의 생일이 바로 다음날이라는 사실을 우연히 떠올렸다. 그는 이내 죄수복을 입고 생일날을 맞을 생각을 하니 절로 웃음이 나왔다. 김성숙이 농담 삼아 말했다.

"내일이 내 생일인데 한번 잘 차려 먹었으면 좋겠구먼."

그러자 이 말이 돌고 돌아 결국 취사장에서 일하는 기결수들의 귀에까지 들어갔다. 당시 수감자들은 김성숙을 독립혁명가로 보고 크게 존대해 주었다. 그러나 누군가가 '독립혁명가의 생일을 우리가 한번 차려주자' 고 제안하고 나섰다. 취사장 사람들이 모두 손뼉을 치며 좋아했다. 비록 감방이기는 했으나 이들 취사장 사람들이 잘 차리려고 작심하면 정말 한 상 잘 차리는 일은 그리 어렵지 않았다.

마침내 김성숙은 기대 속에 생일날을 맞았다. 그런데 잘 차린 한 상이 들어오기는커녕 감방 문을 열 기미조차 보이지 않았다. 김성숙은 속으로 크게 의아하게 생각했다. 아침 11시가 지나서야 간수가 뚜벅뚜벅 오더니 큰소리로 외쳤다.

"1528번."

이는 김성숙의 수형번호였다. 김성숙은 무의식중에 언뜻 대답을 해놓고도 잠시 영문을 몰라 당황했다. 김성숙이 묵묵히 뒤따라 나가자 간수는 김성숙을 감옥의 교회사(敎誨師)가 있는 곳으로 데려갔다. 마침 그날은 일왕 히로히토(裕仁)의 생일이었다. 김성숙은 히로히토의 생일 특사로 만기를 얼마 앞두고 출소케 된 것이다.

교회사는 일왕의 생일을 맞아 가출옥의 '은전'을 베풀게 되었고 승려 출신인 김성숙이 거기에 끼었다고 설명해 주면서 앞으로는 정치적인 문제나 폭력시위에 가담치 말라고 훈계했다. 그는 김성숙에게 봉선사로 돌아가 불경공부나 잘 하라는 말도 했다. 김성숙은 자신이 한 일에 잘못이 하나도 없기에 교회사의 말을 한 귀로 듣고 한 귀로 흘리며 시큰둥한 표정으로 고개를 끄덕였다.

김성숙은 이날 늦게 옥에서 나왔다. 옥문 앞을 나서니 출옥하는 사람을 맞이하기 위해 서대문 형무소 앞이 인산인해를 이루고 있었다. 갑작스런 가출옥에 아무 생각이 없던 김성숙은 봉선사로 돌아가기 위해 무심코 발걸음을 옮겼다. 이때 웬 청년 하나가 반가운 표정을 지으며 김성숙에게 다가왔다.

"제가 모시도록 하겠습니다."

이정식과의 면담에는 구체적인 내용이 나오지 않으나 전후맥락에 비춰 김성숙을 마중 나온 청년은 김사국이 보낸 사람이었음에 틀림없다. 청년이 안내한 곳은 종로 3가에 있는 동양루(東洋樓) 라는 크지 않은 음식점이었다. 김성숙이 2층으로 안내받아 올라가자 그의 출소를 환영하는 지우들이 모여 근사한 상을 차려놓고 있었다. 결국 김성숙은 자신이 무심결에 내뱉은 말과 같이 푸짐한 생일상을 받게 되었다. 이후 김성숙은 사회주의 운동에 뛰어들게 되었다.

당시 서울 장안에는 사회주의 사상이 크게 퍼져 있었다. 사회주의 사상은 윌슨의 '민족자결주의' 원칙을 철썩같이 믿고 일어난 3·1운동이 무참히 실패한 직후부터 급속히 팽창하기 시작했다. 훗날 사회주의자 양명(梁明) 은 『개벽』 1926년 1월호에 당시의 상황을 이같이 언급한 바 있다.

"사람들이 입으로는 모두 볼셰비키를 표방하고 있지만 사실은 사회민주주의 혹은 길드사회주의를 비롯해 심지어 국가사회주의자와 기독교사회주의자까지도 볼셰비키라는 간판 하에서 양두구육(羊頭狗肉)을 행하고 있다. 극소수의 자칭 무정부주의자를 제외하면 조선의 주의자(主義者) 는 모두 공산주의자를 자임하고 있는 셈이다."

원래 만주와 시베리아, 상하이로 갔던 사람들 중 상당수가 공산혁명사상에 깊이 경도되어 비밀리에 서울로 들어와 사회주의 활동을 하고 있었다. 김성숙은 김사국을 통해 이들과 두루 접촉하면서 조선독립을 위해서는 공산혁명사상이 매우 유용하다는 생각을 갖게 되었다. 이는 압도적으로 사회주의를 지지한 당시의 시대풍조에 비춰볼 때 오히려 자연스러운 일이기도 했다. 조동걸은 『인물로 보는 항일무장투쟁사』에서 이같이 말했다.

"3·1운동의 이념이 자유주의 이념이기 때문에 복벽주의(復辟主義 : 군주정 지지)와 보황주의(保皇主義 : 입헌군주정 지지)는 이내 사라지고 1922년까지는 공화주의 이념이 주도적인 위치에 있었다. 그때 새로운 이념으로 사회주의가 등장했다. 사회주의는 3·1운동 전부터 전파되었으나 본격적으로는 3·1운동 후부터 확산되어 1923년경이 되면서 공화주의와 함께 민족운동의 주류로 부상했다."

실제로 당시 식민지 조선에는 사회주의와 사회혁명을 논하지 않으면 사람 축에도 들지 못하는 풍조가 팽배해 있었다. 사회주의에 대해 전혀 알지도 못하면서 사회주의자인 척하는 것이 지식인 청년들의 일반적인 모습이기도 했다. 이는 해방 이후에 읽지도 못하는 영어잡지를 끼고 다니던 풍조에 비유할 만했다. 당시 일본 경찰은 이들을 두고 '마르크스 보이' 또는 '겉만 빨간 사과'라고 비웃었다. 1920년대부터 만연하기 시작한 이런 풍조는 1930년대까지 지속되었다.

당시의 이런 풍조를 극명하게 보여주는 실례로 『개벽』의 후속으로 나온 『혜성』에 등장한 책 광고를 들 수 있다. 『혜성』에는 정백(鄭栢)이 번역한 『사회주의설 대요(大要)』라는 책 광고가 거의 매달 빠지지 않고 등장했다. 「사회주의는 처세의 상식」이라는 제목 밑에 나오는 이 책의 광고 문안은 이같이 독자들을 유인하고 있었다.

"사회주의를 믿고 안 믿는 것도 딴 문제이고, 사회주의가 실현되고 안 되는 것도 딴 문제이다. 다만 사회주의가 무엇인지 알아야만 행세를 하게 된 것이 오늘날의 형편이다. 그러므로 독자계의 환영도 대단하여 이렇게 중판에 중판을 거듭해 5판을 내게 되었다. 누구나 처세상식을 알려거든 하루 바삐 이를 읽어볼 일이다."

당시 조선에서 사회주의는 일종의 '처세의 상식'으로 통용되고 있었던 것이다. 3·1운동으로 인해 옥중에서 2년 동안 있다가 오랜 만에 밖으로 나온 김성숙의 눈에 비춰진 조선의 모습은 온통 사회주의자를 자처하는 젊은 지식인들로 가득 차 있었다. 러시아의 공산혁명이 식민지 조선의 젊은 지식인들에게 얼마나 큰 영향을 미쳤는지를 짐작케 해 주는 대목이 아닐 수 없다.

마침 레닌의 소련 정부 역시 아시아와 아프리카의 피압박 식민지 백성이 들고 일어나 제국주의에 대항해 격렬히 투쟁할 것을 독려하고 있었다. 실제로 소련은 코민테른(Komintern)을 통해 물심양면의 지원을 아끼지 않았다. 국제 공산당 조직인 코민테른은 1864년에 국제노동자협의회로 창설된 '제1인터내셔널'과 1889년에 각국의 느슨한 혁명연합체로 결성된 '제2인터내셔널'에 뒤이은 '제3인터내셔널'로 1919년 3월에 창립되었다.

당시 코민테른은 레닌의 지도 아래 세계 공산주의 운동을 총괄하고 있었다. 소련의 공산당도 명목상 코민테른의 하부 지부였다. 코민테른의 위상이 이토록 컸던 것이다. 당시 조선의 독립혁명가들 가운데 상당수가 코민테른에 희망을 건 것은 자연스런 현상이기도 했다. 김성숙이 사회주의 운동에 투신케 된 것도 이와 무관치 않았다.

제2절

무산자동맹회

일제는 3·1운동 이후 기존의 '무단정치(武斷政治)'에서 소위 '문화정치(文化政治)'로 방향을 선회했다. 이는 일제가 식민지 조선을 보다 효과적으로 제압키 위한 교책(巧策)에 지나지 않았으나 표면적인 변화는 상당했다. 이로 인해 언론 및 출판에 관한 조건부 허가제와 집회 및 결사에 대한 조건부 계출제(屆出制)가 허용되면서 사회주의 운동도 표면화하기 시작했다.

1919년 12월에 서울에서 차금봉(車今奉) 등 약 50여 명의 사회주의자들이 '조선노동연구회(朝鮮勞動硏究會)'를 발족시켰다. 이듬해 2월에는 이를 발전적으로 계승한 '조선노동공제회(朝鮮勞動共濟會)'가 출현했다. 비슷한 시기에 김광제(金光濟) 등을 중심으로 하여 노동자의 복리증진을 내세운 '노동대회(勞動大會)'가 결성되었다. 이들 단체들은 각지에 지부를 설치해 노동운동과 사회주의 사상을 전파하는 데 주도적인 역할을 수행했다.

우파 민족주의자들도 일제가 표방한 문화정치의 공간을 최대한 활용코자 했다. 이들 역시 나름대로 '실력배양론' 내지 '애국계몽론'을 내세우며 민족운동을 전개했다. 이들은 주로《동아일보》와《조선일보》를 통해 배일사상을 고취했다. 특히《동아일보》는 가장 앞장서 국산품 애용운동인 조선물산장려운동과 민립대학운동, 문맹퇴치운동, 농촌부흥운동, 이충무공유적보존운동 등을 전개했다.

그러나 당시 많은 사람들이 이미 사회주의에 크게 경도되어 있었다. 1920년대에 조선공산당이 출현한 사실이 이를 뒷받침한다. 러시아혁명과 사회주의 사상은 제1차 세계대전 이후의 민족해방운동에 커다란 영향을 미쳤다. 1919년의 도쿄 2·8독립선언서에 나오는 "러시아는 이미 군국주의적 야심을 포기하고 정의와 자유를 기초로 하는 새 국가의 건설에 종사하고 있다"는 구절이 당시의 이런 분위기를 극명하게 보여주고 있다. 민족주의자 박은식도 『조선독립운동지혈사(朝鮮獨立運動之血史)』에서 이같이 주장한 바 있다.

"러시아공산당은 선두에서 붉은 기치를 들어 전제정치를 전복하고 인민에게 자유와 평등을 실시하여 각 민족에 대해 자유와 자결을 선포했다. 이것이 세계 개조의 가장 선두적인 출발이 되었다. 우렁찬 봄소식에 의해 천지의 대변화가 일어났으니 우리도 또한 활약맹진(活躍猛進)하여야 할 것이다."

이를 통해 짐작할 수 있듯이 당시 상해임정을 위시한 독립단체 모두 초창기에는 러시아혁명을 성사시킨 소련의 레닌 정부에 커다란 기대를 걸고 있었다. 사실 상해임정에 참여한 요인 중 직접 또는 간접으로 사회주의에 경도되지 않은 인물이 거의 없었다고 해도 과언이 아니다. 상해임정의 첫 국무총리가 된 이동휘는 물론 신채호(申采浩)와 박용만(朴容萬), 홍범도(洪範圖) 등도 초기에 사회주의에 경도되었다.

당초 이들은 거의 모두 사회주의 이론을 독립운동을 위한 하나의 방편으로 받아들였다. 미국에서 대학을 나오고 구미위원부 위원장으로 맹활약을 한 경건한 기독교 신자 김규식이 사회주의를 받아들인 것도 바로 이 때문이었다. 이들의 사회주의 경도는 사회주의 자체에 대한 식민지 한인들의 이해와 밀접한 관련이 있었다. 2·8독립선언과 박은식의 『조선독립운동지혈사』에 나타나듯이 사회주의는 해방과 정의의 실현을 위한 최선의 방안으로 이해되었다. 초기만 할지라도 민족해방투쟁은 사회주의 운동과 대의면에서 완전히 일치하는 것으로 이해되었던 것이다.

실제로 여운형은 군국주의와 자본주의가 약소민족을 압박하고 계급적으로 대중을 착취하는 것은 전 인류의 불행이고 화란의 근원이라고 보았다. 그는 2중의 속박을 당하는 식민지 조선의 민족해방을 위해서는 러시아혁명이 외친 소리를 똑똑히 들어야 하고 인류정의를 부르짖는 사회주의 혁명이 필요하다고 보았다. 이는 레닌이 여운형을 만났을 때 식민지의 민족해방투쟁이 사회주의 혁명 노선과 부합한다는 점을 분명히 한 사실과 무관치 않았다.

그러나 당시 한국 독립혁명가들은 제국주의의 실체를 제대로 파악치 못하고 있었다. 그들은 제국주의를 심정적으로만 비판했을 뿐 이론적 토대 위에서 이를 비판한 것이 아니었다. 1910년대까지 자강운동을 이끌어 온 안창호 등이 오히려 제국주의 선진국들을 식민지 조선이 본받아야 할 모범으로 찬양한 사실이 이를 뒷받침한다. 이들은 자신의 민족에게 도덕적인 정신적 각성만 촉구했을 뿐 제국주의의 본질에 대한 이해가 부족했던 것이다.

이런 상황에서 제국주의 비판의 이론적 준거틀을 제시한 사회주의

사상은 혼미를 거듭하는 독립운동에 하나의 커다란 충격으로 다가왔다. 민족혁명가들이 실패를 거듭하는 민족혁명운동에 사회주의 사상이 새로운 활로를 열어줄 것으로 여긴 것도 무리가 아니었다. 이들이 겉으로는 코민테른의 지시를 좇아 계급우선을 얘기하면서도 실제로는 계급과 민족이 구별되지 않는 민족해방운동을 펼친 이유가 바로 여기에 있었다. 1930년대에 이동휘가 설립한 테러단체인 적기단(赤旗團)의 다음과 같은 선언이 이를 극명하게 보여주고 있다.

"참다운 정의와 인도를 위해 세계 무산계급의 혁명대열에 일치코자 하면서 민족혁명과 무산계급의 공산혁명과 어느 것에도 구애받지 않는다. 한민족의 해방이라면 되는 것이다."

이를 통해 알 수 있듯이 초기의 사회주의자들은 정도의 차이는 있으나 독립혁명과 계급혁명을 나눠 보지 않았던 것이다. 그러나 시간이 지나면서 점차 계급투쟁 이론에 충실한 새로운 사회주의자들이 국내에서 성장해 가고 있었다. 이는 사회주의 계열 민족혁명가들의 독립운동에 커다란 갈등을 야기했다. 민족혁명에 적신호가 아닐 수 없었다. 훗날 해방정국에서 극심한 사상적 혼란을 겪은 것도 이와 무관치 않았다.

이에 반해 중국에서는 1920년대 후반에 민족혁명에 최우선의 가치를 둔 마오쩌둥(毛澤東) 노선이 기본노선으로 채택됨으로써 이런 사상적 혼란을 피할 수 있었다. 1949년에 중국공산당이 중원을 석권케 된 것도 바로 이 때문이었다. 그러나 조선은 계급투쟁을 우선시하는 좌익세력이 득세함으로써 모든 좌우합작운동이 실패로 끝나는 등 극심한 사상적 혼란을 겪게 되었다. 그 단초가 바로 계급투쟁을 우선시하는 국내 공산주의 세력의 성장에 있었던 것이다. 역사문화적 배경을 무시하고 계급투쟁을 우선시한 조선공산당 세력의 교조노선은 바로 사상적 빈곤이 빚어낸 불행한 결과가 아닐 수 없다.

당초 코민테른의 지시에 따라 국내외의 여러 사회주의 세력이 자파조직 확대에 열성을 다할 당시 국내에도 사회주의 이론에 밝은 자생적인 사회주의자들이 급격히 늘어나고 있었다. 이는 재일유학생의 숫자가 증가한 사실과 밀접한 관련이 있었다. 김성숙이 옥중에서 접한 김사국도 바로 사회주의 사상에 경도된 재일유학생의 일원이었다.

당시 일본은 사회주의 사상의 요람이었다. 재일유학생은 1919년 당시만 하더라도 5백 명도 채 안 되었다. 그러던 것이 3년 뒤인 1922년에는 4배 가까이 증가했다. 이들 중 상당수가 사회주의자였다. 국내에 사회주의 운동이 활발히 전개된 데에는 이들의 귀국활동이 결정적인 배경이 되었다.

여기에는 1920년대 중반의 정세가 크게 작용했다. 당시 토지조사사업으로 토지를 빼앗기거나 소작권을 잃은 농민들이 급증했다. 특히 1920년대에 이른바 산미증식 계획으로 인해 지주와 소작농의 양극화 현상이 더욱 격화되었다. 대부분 식료품이나 방직공업에 종사하는 노동자 숫자도 1920년에는 4만여 명에 불과했으나 1926년에는 7만여 명으로 급격히 늘어났다. 노동자와 농민의 각성은 교육의 증대와 야학의 발전과도 관련이 깊었다. 여기에는 인텔리겐차들이 대거 참여했다.

이로 인해 1920년부터 국내에서는 상해파 및 이르쿠츠크파 등 해외파의 움직임과는 별개로 이미 자생적인 사회주의 단체들이 서서히 등장해 활발히 움직이고 있었다. 가장 대표적인 단체로는 1920년 4월에 결성된 '조선노동공제회(朝鮮勞農共濟會)'를 들 수 있다. 1924년 4월에는 각종 사회주의 단체에 대한 사령탑을 자처하는 노농총동맹(勞農總同盟 : 약칭 노농총)과 청년총동맹(青年總同盟 : 약칭 청총), 조선공산당(朝鮮共産黨 : 약칭 조공) 등이 등장했다.

당시 우파가 주도하는 단체결성 움직임도 이에 못지않게 활발히 전개되었다. 그 중심에는 동아일보사 주간인 장덕수(張德秀)가 있었다. 독학으로 공부해 판임관(判任官) 시험에 합격한 뒤 일본으로 건너가 와세다대 정경학부에서 공부한 그는 김성수(金性洙) 및 송진우(宋鎭禹)와 깊이 사귀게 되었다. 전일본대학생 웅변대회에서 1위를 차지할 정도로 변설에 능했던 그는 1916년에 대학을 졸업한 뒤 일시 귀국했다가 이내 중국 상하이로 망명해 여운형 및 김규식 등과 신한청년단을 창당하고 항일운동을 전개했다. 이때 미국 윌슨 대통령의 민족자결주의 원칙이 발표되자 그는 신한청년단을 대표해 일본으로 잠입한 뒤 도쿄 유학생들이 주동이 된 2·8독립선언에 관여했다. 이어 서울로 잠입해 이상재를 비롯한 지도층 인사들을 접촉하다가 3·1운동 직전에 일경에게 붙잡혀 전남 하의도로 유배되었다.

3·1운동이 일어나자 일본 정부의 해외 식민지를 관장하는 척식국(拓殖局) 장관 고가 렌노조(高駕廉之造)는 수뇌부와 협의해 상하이에서 독립운동을 이끌던 여운형을 도쿄로 초청해 담판키로 결정했다. 이때 여운형이 자신의 통역은 장덕수여야 한다고 고집해 장덕수는 마침내 유배에서 풀려나게 되었다. 장덕수는 도쿄에서 여운형을 도와 일본 정부의 요인들을 상대로 조선독립을 강력히 주장했다. 조선총독부가 기왕의 무단통치에서 문화통치로 선회케 된 데에는 이들의 이런 노력이 크게 작용했다.

장덕수는 1920년 4월 1일에 《동아일보》가 창간되자 초대 주간으로 발탁되었다. 이후 그는 《동아일보》를 배경으로 국산품애용운동인 '조선물산장려운동' 등을 주도하면서 청년회 결성을 정력적으로 추진해 나갔다. 이해 12월에 장덕수를 지도자로 하는 '조선청년회연합회(朝鮮青年會聯合會)'가 발족되었다. 이 단체에는 113개의 청년단체가 가입했으나 여기에는 사회주의자 및 공산주의자들이 대거 참여하고 있었다.

1921년 1월에 '조선청년회연합회' 간사인 장덕수와 감사국, 김명식(金明植), 오상근(吳祥根) 등이 주동이 되어 서울 견지동(堅志洞)에서 '조선청년회연합회'의 하부조직인 '서울청년회'를 결성했다. 그러나 시간이 가면서 점차 김사국과 김한(金翰), 박형병(朴衡秉) 등을 중심으로 한 좌파 진영이 장덕수를 중심으로 한 우파 진영과 맞서게 되었다. 이들 좌파 진영은 서울청년회를 수중에 넣고 '조선청년회연합회'에서 이탈한 심산으로 이영(李英) 등과 결탁했다.

이영은 헤이그 밀사사건으로 죽은 이준 열사의 장남으로 훗날 중국 저장성(浙江省)의 군관학교에서 공부한 뒤 만주에서 조선독립군을 지휘했다. 그는 이후 시베리아로 가 상해파 조선인 빨치산 부대를 이끌고 반혁명군 및 일본군과 싸운 뒤 중국공산당 당원으로 만주에서 활동하다 일경에 체포되었다. 해방 후 북한에서 도시경영상과 사법상 등을 역임했다.

당시 조선 내에서 김사국을 중심으로 하여 장덕수와 대립했던 좌파 진영은 이내 서울청년회를 수중에 넣는 데 성공했다. 그러나 이들은 명분도 없이 곧바로 서울청년회를 '조선청년회연합회'에서 탈퇴시킬 경우 청년운동에서 고립될 우려가 크다고 보고 탈퇴시기를 엿보았다. 1922년 1월에 자작(子爵)을 지낸 김윤식(金允植)의 사망을 두고《동아일보》계열에서 사회장을 주장하고 나서자 서울청년회는 김윤식을 국적(國賊)으로 매도하면서 이를 맹렬히 반대하고 나섰다. 김사국 등은 이를 서울청년회가 '조선청년회연합회'에서 이탈할 수 있는 절호의 기회로 보았다.

얼마 후 김사국은 이른바 '공산주의선전비 남비(濫費)사건'이 터지자 이를 계기로 장덕수에게 맹공을 퍼부었다. 당초 1921년 5월에 이동휘는 상하이에서 열린 고려공산당대회에 국내 대표를 초청한 뒤 이 회의에 참석한 국내의 이봉수(李鳳洙)를 통해 코민테른으로부터 받은 자금 중 일부를 국내에 투입한 바 있다. 이 자금은 장덕수와 최팔용(崔八鏞), 오상근(吳祥根) 등 이른바 문화운동가들에게 전달되었다. 얼마 후 이 사실이 드러나자 여론이 들끓었다. 이것이 바로 '공산주의선전비 남비사건'이다.

당시 김사국 등은 장덕수 등이 거액의 돈을 착복해 개인적으로 남용했다고 맹비난하고 나섰다. 이들은 마침내 1922년 4월에 종로의 YMCA(기독교청년회) 회관에서 개최된 '조선청년회연합회' 제3차 정기총회에서 관련자의 제명안을 제출해 이를 통과시키는 데 성공했다. 이로써 장덕수는 서울청년회와 조선청년회연합회로부터 제명되고 말았다.

『역사비평』 1989년 여름호에 실린 「김철수(金綴洙) 친필유고(遺稿)」에 따르면 그 돈은 장덕수가 아니라 최팔용에게 전달되었다고 한다. 김방도 『성재 이동휘』에서 당시 김철수는 5만 원을 갖고 와 도쿄 유학생시절 비밀결사를 같이 했던 장덕수에게 이를 전달코자 했으나 장덕수가 이를 거절하자 최팔용에게 전달했다고 기술했다. 당시 최팔용은 이 자금으로 차를 구입한 뒤 남쪽으로 순회강연을 다니며 『아성(我聲)』 등을 발간해 공산주의 선전활동에 매진했다고 한다. 그러나 김철수의 이런 증언은 너무 늦게 밝혀진 셈이다.

당시 장덕수는 이 사건으로 인해 치명타를 입고 하루아침에 명성이 땅에 떨어지고 말았다. 그러나 그는 구구하게 변명하지 않고 1923년 4월에 도미 유학길에 올랐다. 그는 1936년에 미국 컬럼비아 대학에서 경제학 박사학위를 받은 뒤 곧바로 귀국해 김성수가 새롭게 일으킨 보성전문학교 교수가 되었다가 해방 후에는 송진우 등과 함께 한민당(韓民黨)을 창당하는 데 앞장섰다.

당시 우파 진영은 장덕수의 몰락으로 커다란 타격을 입었다. 이에 반해 김사국이 장악한 서울청년회는 1922년 11월에 '조선노동연맹(朝鮮勞動聯盟)'을 결성하는 등 그 세력을 더욱 확장시켜 나갔다. 1923년 3월에는 '신흥청년회(新興靑年會)'를 비롯해 174개 청년단체들을 망라해 '전조선청년당(全朝鮮靑年黨)' 대회를 개최해 사회주의 운동에 기세를 올렸다.

국내에서 서울청년회가 날로 세를 확산시켜 나갈 당시 일본에서도 도쿄 유학생을 중심으로 사회주의 운동이 활발히 전개되고 있었다. 도쿄 유학생의 운동단체는 1911년 10월 이후 10년 내에 우후죽순격으로 족출(簇出)하고 있었다. 이들 중 가장 영향력이 큰 단체는 1920년 1월에 발족한 도쿄의 '고학생동우회(苦學生同友會)'였다.

'고학생동우회'의 간부인 박렬(朴烈)과 김찬(金燦), 조봉암(曺奉巖) 등은 일본인 좌파 진영과 연합해 1920년 12월에 '흑도회(黑濤會)'를 발족시켰다. 얼마 후 김약수(金若水)와 정태신(鄭泰信) 등이 회원으로 가입했다. 김약수는 해방 이후 대한민국 제헌국회의 부의장이 된 인물로 조선의 사회주의 운동에 커다란 영향을 미쳤다.

당시만 해도 일본의 사상계는 소위 '무정부주의적 집산주의(Anarchosyndicalism)' 경향이 매우 강했다. 그 여파가 흑도회에 미치자 흑도회는 1921년 9월부터 무정부주의 진영과 마르크시즘 진영으로 분열되는 조짐을 보이기 시작했다. 1922년 1월에 '고학생동우회' 소속의 좌파 학생들은 국내에 공산주의를 선전할 목적으로 귀국해 2월 4일자《조선일보》에 「전조선노동자 제씨(諸氏)에게 격(檄)함」이라는 제목의 선전 광고를 게재했다. 김약수를 비롯한 12명의 유학생들은 연명으로 발표된 이 광고문에서 일본의 주요 노동단체 등과 연계한 국제적인 계급투쟁의 실행기관을 만들어야 한다고 주장했다. 이는 국내에서 공개문서를 통한 공산주의 선전의 첫 사례에 속한다.

이 선전광고의 여파는 대단했다. 국내의 급진적 청년들이 이들의 입경(入京)활동에 자극을 받아 이내 '무산자동지회(無產者同志會)'와 '신인동맹회(新人同盟會)'를 잇달아 발족시킨 사실이 이를 뒷받침한다. 얼마 후 이들 단체를 통합한 '무산자동맹회(無產者同盟會)'가 출현했다. 이에 고무된 김약수는 1923년 1월에 도쿄에서 마르크시즘을 추종하는 진영들을 모아 북성회(北星會)를 조직했다. 그러자 무정부주의 진영을 이끌던 박렬은 이에 맞서 풍뢰회(風雷會)를 조직했다.

그러나 일본 내의 사회주의 운동은 사실상 김약수의 북성회가 이끌어 나갔다. 김약수 진영은 국내에 운동기반을 구축할 목적으로 서울청년회가 중심이 되어 개최한 '전조선청년당' 대회에 간부를 파견하는 등 국내활동에도 열성을 보였다. 이들은 1923년 5월에 서울에서 마침내 '서울청년회'에 필적하는 좌파 청년단체인 '토요회(土曜會)'를 발족시켰다. 토요회는 북성회의 국내 지부에 해당했다.

당시 서울청년회와 토요회 간의 대립은 해외파 공산당 조직인 상해파와 이르쿠츠크파의 경쟁을 방불했다. 상해파와 이르쿠츠크파의 갈등은 1921년 6월에 터져나온 소위 '자유시참변'으로 인해 극에 달했다. 이 사건을 계기로 한인들의 공산주의 운동에 코민테른이 적극 개입하기 시작했다.

1922년 말에 코민테른은 이른바 '레닌테제'를 제시했다. '일국일당주의(一國一黨主義)' 원칙 아래 '조선공산당'의 명칭을 사용하는 당은 오직 하나여야 하고, 그 당은 조선 내에 존재해야 한다는 것이 골자였다. 이에 따라 이르쿠츠크파와 상해파 모두 1923년을 전후해 각각 국내에 자파의 밀사를 보내 자파 중심의 조직을 만들기 위해 치열한 경쟁을 벌였다.

이해 7월에는 김재봉(金在鳳)과 홍명희(洪命憙) 등이 모여 코민테른의 하부조직인 '꼬르뷰로'의 국내 정책수행기관으로 '신사상연구회(新思想硏究會)'를 결성했다. 이들은 기존의 '북성회'와 손을 잡고 전국의 무산자단체를 규합해 전국 규모의 '노농총동맹'을 결성코자 했다.

이에 김사국의 서울청년회도 급히 조직확대에 나섰다. 이들은 1923년 3월에 여러 청년단체를 망라해 '전조선청년당대회(全朝鮮靑年黨大會)'를 개최했다. 이들은 북성회계의 '노농총동맹' 조직계획에 대항해 '노동공제회' 등과 손을 잡고 이해 10월에 '노농대회' 준비를 발기코자 했다. 그러나 이내 북성회가 주동이 된 노농총동맹 집회가 일경에 의해 제지되고 서울청년회의 노농대회 준비도 불온문서를 살포하려 했다는 이유로 주모자들이 모두 검거되는 사태가 빚어졌다. 그러자 꼬르뷰로의 지령을 받고 국내에 잠입해 북성회의 막후에서 활동하던 자들이 1924년 2월에 '신흥청년동맹(新興靑年同盟)'을 발족시켰다. '신흥청년동맹'은 곧 정기총회를 열어 김찬(金燦)과 김단야(金丹夜), 조봉암(曺奉岩), 박헌영(朴憲永) 등 9명을 집행위원으로 선출했다.

원래 김찬은 본명이 김락준(金洛俊)으로 함경북도 명천군 출신이었다. 그의 부친은 군수와 일진회(一進會) 회원을 지냈다. 그는 경성의 학강습소에서 공부하던 중 도일하여 메이지(明治)대 전문부와 도쿄법전(東京法專 : 中央大의 전신)에서 법학을 전공했다. 그는 도쿄의 조선인 사회주의 단체들과 일본인 사회주의 단체들에 가입하면서 점차 공산주의에 빠졌다. 이후 여러 차례 소련을 방문해 코민테른과 교신 채널을 마련한 그는 1923년 4월에 서울로 돌아온 뒤 조선공산당 창당을 위해 동분서주했다.

김찬과 함께 활약한 김단야는 본명이 김태연(金泰淵)으로 주로 추성(秋星) 또는 김계(金桂) 등의 별명을 사용하며 활약했다. 경상북도 김천군 출신인 그는 서울에서 고등보통학교(高等普通學校 : 약칭 고보)를 나온 뒤 이후 독학으로 사회주의와 공산주의를 공부하면서 박헌영 등과 가까워졌다. 이들은 함께 상하이에서 '사회주의연구소'를 이끌던 중 1922년 4월에 함께 입국하다가 체포되어 형기를 마치고 2년 뒤에 출소했다. 이후 김단야는 조선공산당 사건을 거쳐 파란 많은 생애를 상하이와 소련 등지에서 보냈다. 8·15해방 뒤에는 소련과학원 한림학사로 활동한 것으로 알려졌으나 훗날 공개된 소련 측 문서에 따르면 스탈린이 한인들을 박해하던 때인 1938년에 소련당국에 체포돼 처형된 것으로 되어 있다.

당시 김찬 등이 결성한 '신흥청년동맹'은 무산계급의 해방을 꾀하고 당면한 이익을 위해 투쟁하는 것을 목표로 삼았다. 이들은 전남 광주와 대구 등지에서 '노농동맹'을 조직해 자파 진영을 급속히 확대하면서 서울청년회에 침투했다. 서울청년회는 이들의 침투로 조직의 일각이 급속히 무너지자 부득이 대세에 순응해 마침내 북성회와 함께 '전선노농총동맹(全鮮勞農總同盟)'을 결성케 되었다.

그러나 서울청년회는 이내 자파 세력을 만회하기 위해 다시금 전국무산청년을 통합해 '전선노농총동맹'에 대항코자 했다. 이에 서울청년회의 일부는 우파 민족주의 진영인 '조선청년회연합회'와 제휴했다. 이에 마침내 좌우합작의 새로운 청년단체인 '조선청년총동맹(朝鮮青年總同盟)'이 결성되었다.

이에 당황한 '전선노농총동맹'은 긴급수단으로 '신흥청년동맹'으로 하여금 '조선청년총동맹'에 무조건 참가토록 지시했다. '조선청년총동맹'과 '조선노농총동맹'에 각각 '신흥청년동맹'과 '노농대회'가 가담하게 되자 형식상 좌우 단체가 마치 하나로 통합된 듯했다. 그러나 사실은 두 개의 총동맹이 두 파에 의해 주도권이 장악됨으로써 대립이 더욱 격화되었다. 이를 타파하기 위해 서울청년회가 선수를 쳤다. 1923년 3월에 '전조선청년당대회'가 개최될 무렵 김사국이 비밀리에 서울을 빠져나와 북만주를 거쳐 모스크바로 갔다. 모스크바에 도착한 김사국은 곧바로 코민테른으로 가서 서울청년회가 중심이 되어 조선에 공산당을 조직할 터이니 이를 승인해달라고 청했다.

이에 코민테른은 김사국을 조선공산당 조직의 책임자로 지정하면서 은밀히 본부에서 근무하고 있던 조훈(趙勳)에게 명하여 부책임자의 자격으로 조선 상황을 점검케 했다. 1924년 봄에 북만주에 도착한 조훈은 동행하던 김사국을 기만해 현지에 잠시 머물게 한 뒤 국내로 잠입해 서울청년회의 주요간부인 이영(李英) 및 최창익(崔昌益) 등과 접촉했다. 조훈은 조선공산당 조직이 결성돼 있지 않은 사실을 확인하고 김사국의 행동이 코민테른으로부터 막대한 자금을 받아낸 고려공산당의 소행과 동일한 것으로 간주했다. 당시 신사상연구회는 1924년에 들어와 마르크스 생일이 화요일인 점에 착안해 단체의 이름을 '화요회(火曜會)'로 바꿔놓고 있었다. 조훈은 이내 화요회의 박헌영과 조봉암, 김찬 등과 만나 코민테른으로부터 지령받은 사실을 전하면서 화요회가 중심이 된 공산청년회 조직방안을 협의했다.

김사국은 이해 6월 하순에 서울로 돌아와 자파의 주요 간부로부터 그간의 정황을 보고받고는 자신의 계책이 실패로 끝난 것을 눈치챘다. 이에 부득이 화요회에 양파 공동의 공산당을 조직하자고 제의했다. 그러나 화요회는 이미 대세가 결정된 것으로 판단해 이를 일축했다. 이에 대노한 김사국은 곧 화요회보다 더욱 견실한 조직을 만들 것을 조직원들 앞에서 다짐했다. 당시 서울청년회는 김사국의 부재중에 북풍회(北風會) 및 화요회가 중심이 된 '조선노농총동맹'에 대항해 이미 자파 중심의 청년조직을 구성해 놓고 있었다.

원래 북풍회는 북성회(北星會)가 확대 개편된 조직이었다. 이들은 사카이 도시히꼬(堺利彥)의 영향을 받아 '계급해방'에 1차적인 관심을 두고 국내에 여러 방계조직을 만들다가 1924년 2월에 마침내 '신흥청년동맹(新興青年同盟)'을 발족시키는 데 성공했다. 이어 11월에는 단체 명칭을 '북풍회'로 개칭한 뒤 건설사동맹을 흡수했다.

당시 북풍회는 전라도와 경상도에 기반을 두고 있었다. 이와 관련해 김학준은 당시 이 지역이 지리적으로 일본과 가까워 일본 유학생 출신으로 구성된 북성회의 입김이 쉽게 먹혀 들어간 것으로 분석했다. 북풍회는 서울청년회와 대결하고 있는 화요회 쪽으로 접근하며 하나로 통합해 갔다. 그러나 당시 국내의 좌익운동에서 서울청년회가 약간 우세를 점하고 있었다.

1924년 4월 당시 북풍회와 화요회가 중심이 된 '조선노농총동맹'의 가입단체는 모두 182개인 데 반해 서울청년회가 중심이 된 '조선청년총동맹'의 가입단체는 모두 224개였다. 서울청년회는 국내 공산당 조직의 책임자는 어디까지나 김사국이고 조훈은 부책임자에 지나지 않는다고 주장하면서 '조선청년총동맹' 제1차 집행위원간담회 개최에 박차를 가했다. 이를 계기로 서울청년회와 화요회가 대립하여 모두 서로 자파 중심의 당 조직 경쟁을 벌였다.

이에 보이찐스키가 책임자로 있던 '꼬르뷰로'는 해외파 한인조직에 이어 국내조직마저 분열양상을 보이자 이에 따른 책임을 지고 1924년 2월에 해체되고 말았다. 그 대안으로 곧 단일한 조선공산당의 창당을 준비키 위한 '오르그뷰로(組織局)'가 개설되었다. '오르그뷰로' 개설을 계기로 코민테른은 조선 국내의 공산당 조직에 비중을 두었다. 이는 이동휘를 중심으로 한 상해파는 물론 그에 대립했던 이르쿠츠크파 모두 사실상 무대의 전면에서 퇴장케 되었음을 의미하는 것이었다.

당시 김사국과 가까웠던 김성숙은 시종 서울청년회 등과 거리를 두다가 1922년에 3월에 발족된 '무산자동맹회'에 가담했다. 김성숙은 왜 갑자기 이때에 이르러 '무산자동맹회'에 가입케 된 것일까. 원래 이 단체의 전신인 '무산자동지회'는 1922년 1월 19일에 서울에서 윤덕병(尹德炳)과 김한(金翰), 신백우(申伯雨) 등 19명의 발기인에 의해 발족되었다. 이해 3월 말에 유사한 성격의 단체들과 통합해 '무산자동맹회'로 확대 · 개편되었다. 이 단체는 초창기부터 국내 노동자들의 많은 관심을 모았다. 김준엽과 김창순은 『공산주의 운동사』에서 '무산자동맹회'를 무산자 해방을 목적으로 한 사상운동 단체의 효시로 평가하면서 단체의 성격을 이같이 설명해 놓았다.

"무산자동맹회는 국내 유일의 상설적인 사회주의 운동단체였다. 이 단체의 성원은 모두 국내에 상주하는 사람들로 언론기관과 청년회 및 노동단체 속에 들어가 있는 신사상운동의 이른바 '주의자(主義者)'들이었다. 당시 한국 사회에서 '주의자'라고 하면 광의로는 혁신적 민족주의자들까지 포함되어 있었으나 대부분의 경우는 신사상운동자, 곧 사회주의자들을 말하는 것이었다. 그러나 사실상 무산자동맹회는 '고학생동우회'의 분신적인 존재였다. 왜냐하면 무산자동맹회의 간부 중 태반이 일찍이 도쿄의 고학생이었고 무산자동맹회를 조직하고 나서도 '고학생동우회' 선언에 서명한 사람들과 밀접한 관계를 유지하고 있었기 때문이다."

이 설명에 따르면 당시 김성숙은 국내 최초로 발족한 '프롤레타리아 해방운동'의 전위부대에 가담한 셈이 된다. 그렇다면 김성숙은 사회주의 및 공산주의를 어떻게 생각하고 있었던 것일까. 훗날 김성숙은 이정식과의 면담에서 이 단체에 가입할 당시의 심경을 이같이 회상했다.

"나는 무산자동맹회뿐만 아니라 장동희(張東熙)가 회장으로 있던 '조선노동공제회'에도 가담했소. 그러나 당시 내가 사회주의나 공산주의를 받아들인 것은 아니었소. 그저 가난한 사람들을 돕는 일에 참여한다는 마음에서 그런 단체에 들었던 것이오. 그러나 그 경위야 어떻든 이 단체들에 가담함으로써 사회주의 운동에 발을 들여놓은 것은 사실이오."

그의 회상에 따르면 그는 당시 사회주의 내지 공산주의를 수용하지 않은 채 국내 최초의 '프롤레타리아 해방운동'의 전위부대인 '무산자동맹회'에 가입한 셈이 된다. 그렇다면 그는 '무산자동맹'을 사회주의 및 공산주의와는 거리가 있는 단체로 여겼던 것일까. '무산자동맹회'는 북성회가《조선일보》광고 등을 통해 전개한 선전활동에 자극을 받은 국내 청년들이 주동이 되어 만든 단체이다. 일제치하에서 공개적인 광고에 자극을 받아 조직을 결성했다는 것은 공산주의와 일정한 거리를 두었기 때문에 가능했다고 보아야 한다. 그렇다면 당시 '무산자동맹회'는 공산주의를 표방한 서울청년회 및 화요회 등과는 분명 노선상 차이가 있었다고 보는 것이 옳다.

대략 김성숙도 국내의 다른 열혈청년들과 마찬가지로 이념보다는 북성회 등의 선전에 자극을 받은 나머지 사회주의 운동이 조국혁명에 도움이 될 것으로 생각해 '무산자동맹회'에 가담한 것으로 짐작된다. 그가 이정식과의 면담에서 밝힌 다음과 같은 언급이 이를 뒷받침한다.

"내가 당시 사회주의나 무정부주의를 받아들일 때는 이론적인 면보다는 감정적인 측면이 컸소. 민족주의라는 면에서 줏대도 있고 또 한

편 들으니 그럴 듯하고 말이오. 당시 대개 경상도 방면으로는 일본의 영향이 컸던 데 반해 함경도 방면으로는 소련의 영향이 컸소."

김성숙의 증언에 따르면 그는 조선의 대다수 지식인 청년들이 그러했듯이 사회주의가 조국해방에 보다 유리할 것이라고 판단해 이들 단체에 가담한 셈이 된다. 사실 당시 그의 가장 큰 관심은 이념이 아니라 조국독립이었다. 사회주의의 이념은 그에게 조선독립을 성취하는 데 가장 그럴듯한 이론적 무기로 비춰졌을 뿐이다.

그의 이러한 증언은 그의 일관된 행보에 비춰볼 때 매우 신빙할 만하다. 그는 사회주의나 공산주의와 같은 어떤 이념에 편향돼 '무산자동맹회'에 가입했던 것이 아니라 오직 가난하고 헐벗은 동포를 돕는 일에 참여한다는 심경에서 이런 단체에 가입한 것으로 보는 게 옳다.

그러나 당시 김성숙이 '무산자동맹회'에서 구체적으로 어떤 역할을 했는지에 대해서는 자세히 알 길이 없다. 다만 『아리랑』에는 이를 짐작케 해주는 대목이 나온다. 김산은 『아리랑』에서 김성숙의 당시 행보를 이같이 기술해 놓았다.

"김충창은 몇 해 동안 일본어를 공부하여 칸트와 헤겔, 스피노자 등의 저작을 일본어로 읽었다. 그에게 헤겔은 하늘의 계시자였다. 그래서 그는 헤겔의 관념론에 열광적으로 심취했고 그의 변증법에 빠져들어 갔다. 당시 그는 아직 마르크시즘의 영향을 받지는 않았다. 그는 3·1운동 후 옥살이를 마치고 나와 '강연단'을 조직해 선전활동을 했다. 헤겔의 변증법 덕분에 그는 쉽사리 마르크시즘에 관심을 가지게 되었다. 자신의 가난과 천성적인 정의감 때문에 자연히 사회혁명에 대한 신념으로 돌아서게 되었다. 1921년에 그는 '조선무산자동맹'에 가입했고, 그때부터 공산주의 사상에 공감하게 되었다."

이 기록은 김성숙이 출소 이후 '조선무산자동맹'에 가입케 된 것은 어디까지나 독자적인 판단에 따른 것임을 시사하고 있다. 김성숙이 옥살이를 마치고 나와 '강연단'을 조직해 선전활동을 했다는 대목 등은 다른 자료에서는 찾아보기 힘든 내용이다. 김성숙이 '조선무산자동맹'에 가입하기 전후에 이미 탁월한 이론가로 활약했음을 짐작케 해주는 대목이다. 김성숙이 일본 번역서를 통해 칸트와 헤겔, 스피노자 등에 깊이 심취하고 특히 헤겔의 변증법에 열광했다는 김산의 증언이 이를 뒷받침해 준다.

이론적으로 볼 때 헤겔의 변증법이 곧바로 마르크시즘으로 연결되는 것은 아니다. 그러나 마르크스의 유물사관은 헤겔의 변증법에서 나온 것인 만큼 헤겔에 심취한 식민지의 젊은 지식인 승려가 마르크시즘에 관심을 기울인 것은 자연스러운 흐름으로 보아야 할 것이다. 불가사상에서는 삼라만상이 상호 밀접하게 연결되어 있다는 연기설(緣起說)과 무한대와 무한소가 사실은 하나라는 '일즉다(一卽多) · 다즉일(多卽一)'의 회통설(會通說)을 강조하고 있다.

당시 회통설에 정통한 김성숙에게 [정-반-합]의 논리구조로 구성돼 있는 헤겔의 변증법만큼 쉬운 것도 없었을 것이다. 헤겔의 변증법에 달통한 김성숙이 김산과 같은 젊은 혁명가들의 우상이 된 것도 1920년대의 지적 풍토에서 볼 때 하등 이상한 일이 아니었다.

김산의 증언을 통해 당시 김성숙이 '무산자동맹회'의 가입을 전후로 사회주의 방면의 책을 매우 체계적으로 읽었다는 사실을 확인할 수 있다. 김성숙이 이정식과의 면담에서 당시 자신이 탐독한 책으로 사카이 도시히코(堺利彦)와 야마카와 히토시(山川均) 등 일본의 대표적인 사회주의자들의 저서를 거론한 점이 이를 뒷받침한다. 그렇다면 당시 일본 사회주의 운동은 어떤 특징과 사조를 띠고 있었던 것일까.

1910년대에 들어와 일본에서 최초로 전투적인 입장에서 사회주의

운동을 전개한 대표적인 인물은 무정부주의자인 오오스기 사카에(大杉榮)였다. 1885년에 태어난 그는 1906년에 이른바 '아카하다(赤旗) 사건'에 연루돼 투옥되었다. 출소 후인 1912년에 『근대사상』이란 문예지를 창간하면서 '겨울의 시대에 정열적 주장'이란 표어를 내걸고 활발한 언론활동을 전개했다. 그러나 그는 1914년부터 『근대사상』 대신에 월간 『평민신문(平民新聞)』을 발행하던 중 1923년 9월의 관동대지진 때 헌병 대위에게 학살되고 말았다.

관동대지진은 일본 역사상 최대의 천재지변이었다. 이때 학생 1천 명을 포함해 일본에 거류하던 한인 6천 명이 잔인하게 살해되었다. 당시 중국인도 6백 명 가량 피살되었다. 이는 전적으로 일본의 위정자들의 간계에 의한 것이었다. 일본은 1918년의 소위 '쌀폭동'으로 데라우찌(寺內) 내각이 무너진 적이 있었다. 다시 폭동이 일어나면 농민뿐만 아니라 지진으로 인해 생계가 끊어진 공장노동자들도 가담할 우려가 컸다. 이에 일본의 위정자들은 일본 민중에게 겁을 주기 위해 소수민족에 대한 조직적인 테러를 결행한 것이다. 당시 일본에서 고학을 하던 김산은 『아리랑』에서 당시의 처참한 상황을 이같이 회상한 바 있다.

"어린 여학생과 부인들은 대못으로 고문을 당했다. 그리고 나면 남자들에게 죽을 때까지 헹가래를 당했다. 기차 안에서 한인을 발견하면 기차가 최고속력으로 질주할 때 밖으로 내던졌다. 도쿄에서 한인은 군사령부에 와서 보호를 받으라는 명령이 내려졌다. 8백 명의 한인이 그곳으로 갔다. 그들 전원이 사령부 안에서 살해되었다. 한인이 무참히 살해될 당시 한국에서는 총독부에 의해 '쌀을 무료 공출하여 일본인을 도와주어야 한다'는 구호가 난무했다."

이 사건으로 한인들은 일제에 기만을 당한 사실에 경악했다. 한인 중 자신의 일가친척이 일본에서 살해당하지 않은 경우가 거의 없을 지경이었다. 이 사건 이후 민족주의 운동이 과격해졌다. 민족주의자들의 분노는 너무 격렬해 공산주의자들이 일본 프롤레타리아와의 협력을 언급하려고 들면 늘 관동대지진을 들먹이며 말문을 막았다. 일제는 한인들의 반발에 크게 놀라 '아시아 공영권(共榮圈)'을 열심히 선전하기 시작했으나 한인들의 분노를 잠재울 수는 없었다.

관동대지진 당시 오오스기의 무정부주의적 사조에 맞서 마르크시즘의 입장에서 사회주의 운동을 전개한 대표적 인물로는 사카이 도시히코와 야마카와 히토시를 들 수 있다. 원래 사카이 도시히코는 1870년에 태어나 사범학교를 나온 뒤 고향에서 초등학교 교사로 지내면서 이타가키 타이스케(板垣退助)의 소위 '자유민권운동'에 참가했다. 이후 도쿄로 올라와《만조보(萬朝報)》의 기자로 활약하다가 1901년에 가타야마 센(片山潛)이 이끄는 사회주의협회에 가입해 마르크시즘을 받아들였다.

그는 1904년에 러일전쟁 가능성이 고조되자 적극적인 반전론을 전개했다.《만조보》가 주전론으로 돌변하자 이내 퇴사한 뒤 주간《평민(平民)신문》을 창간해 반전사상과 사회주의 고취에 애썼다. 1904년 11월에 마르크스와 엥겔스의 『공산당선언』을 일본 최초로 번역한 뒤 1906년에는 일본사회당 창립에 적극 가담했다. 이후 체포되었다가 1910년에 출소한 뒤 사회주의 단계를 넘어 공산주의로 접근해 들어갔다. 그러나 1923년에 대대적으로 전개된 제1차 공산당 검거 선풍 이후 이내 일본공산당과 관계를 끊었다. 그는 1933년에 세상을 떠나는 순간까지 일본의 만주침략을 극력 반대하는 모습을 보여주었다.

야마카와 히토시는 1880년에 태어나 교토의 도시샤(同志社) 대에 입학해 기독교적 인도주의의 영향을 강하게 흡입하면서 동시에 공산주의 사상도 받아들였다. 그는 1900년에 『청년의 복음』이라는 잡지를 창간해 황태자비를 비난함으로써 불경죄의 죄목으로 투옥되었다. 출소한 뒤 사회주의로 기울어진 그는 1906년에 일본사회당이 창당할 때 입당한 뒤 곧 일간《평민신문》의 기자로 활약했다. 1908년에 '아까하다' 사건으로 검거되어 투옥되었으나 출소한 뒤 사카이가 창간한 월간지《신사회(新社會)》에 참여하는 것을 계기로 마르크스주의 이론가로 두각을 나타내기 시작했다.

1919년에 사카이와 함께『사회주의 연구』를 창간하고 1921년에는『전위(前衛)』를 창간하면서 일본 내 최고의 마르크스주의 이론가로 필명을 떨쳤다. 그는 1917년에 일어난 러시아의 볼셰비키 혁명을 긍정적으로 평가하면서 이를 정력적으로 소개했다. 그러자 오오스기를 중심으로 한 무정부주의적 집산주의 진영이 중앙집권적 볼셰비즘 체제를 비판하면서 이들을 적극 견제하고 나섰다. 이로 인해 두 세력 간의 대립이 격화되었다.

1922년 7월에 코민테른의 적극적인 지원 아래 일본공산당이 비합법적으로 창당되었다. 일본공산당은 노동대중의 현실에서 동떨어진 채 공산주의 지식인들에 의해 운영된 까닭에 적잖은 실수를 저질렀다. 1910년대 중반 이후 서서히 등장한 보통선거운동을 부르주아적 운동으로 배격한 것이 그 대표적인 실례이다. 1922년에 야마카와는『전위』7-8월 합병호에「무산계급운동의 방향전환」이라는 논문을 발표하고 무산계급운동의 대중정치운동을 선언했다.

이후 야마카와는 노동농민당(勞動農民黨)의 결성을 적극 지원하고 나섰다. 1927년에『노농(勞農)』을 창간해 이른바 '노농파(勞農派)'의 최고 지도자가 되었다. 1937년에 이른바 '인민전선(人民戰線) 사건'으로 투옥되었다가 일제의 패전 이후 일본 사회당을 마르크시즘 계급정당으로 바꾸는 일에 진력했다. 1950년에 일본 사회당이 좌우로 분열

될 때 좌파 사회당에 입당한 뒤 이듬해에 『사회주의(社會主義)』를 창간했다. 그는 이 잡지를 통해 일본의 사회주의 혁명을 평화혁명으로 규정하고 소련의 대국주의를 비판하면서 일본의 비무장 중립을 옹호하고 나섰다. 그는 1958년 3월에 암으로 사망했다.

당시 김성숙에게 가장 큰 영향을 끼친 것은 야마카와가 1923년에 펴낸 『자본주의의 장치(裝置)』였다. 여기의 '장치'는 '착취도구'를 뜻한다. 야마카와는 생전에 저서를 모두 90권 가까이 썼다. 훗날 김성숙은 이정식과의 면담에서 당시의 상황을 이같이 회상했다.

"당시 국내에서 사상으로는 무정부주의가 제일 인기였소. 내 생각으로 그 속에는 모든 좌경사상들이 뒤섞여 있었던 것 같소. 나도 무정부주의와 관련해 크로포트킨의 『혁명가의 회상』(1899)을 읽었소. 그 책은 사회주의 운동 책으로 아주 좋은 책이었소."

김성숙의 증언을 토대로 추찰하면 그 역시 당시 조선의 지식인들이 대개 그러했듯이 무정부주의를 비롯해 사회주의 사상 등에 깊은 관심을 기울였음에 틀림없다. 그가 사회주의 운동의 기본 텍스트로 언급한 『혁명가의 회상』은 무정부주의자 크로포트킨(P. Kropotkin)이 1899년에 영국에서 쓴 '자서전 중의 자서전'으로 불리는 명저이다.

원래 크로포트킨은 1842년에 러시아 귀족집안에서 태어나 페테르부르크의 육사를 졸업하고 5년 동안 육군 장교로 일했다. 그는 제대한 뒤 생물학자와 지리학자로 활동하다가 러시아의 국제적 무정부주의자인 바쿠닌(M. Bakunin)과의 만남을 계기로 무정부주의로 기울어졌다. 이후 1886년부터 1917까지 30년 가까이 영국에서 망명생활을 하며 무정부주의 이론을 정치하게 다듬는 데 혼신의 노력을 기울였다.

그의 무정부주의 사상은 사실 인민들의 자발적 협력에 바탕을 둔 일종의 '상부상조(相扶相助)' 이론에 가까웠다. 그는 1917년의 2월혁명으로 임시정부가 들어서자 곧바로 귀국해 임시정부를 지지하면서 볼셰비즘에 반대했다. 이어 10월에 볼셰비키 혁명으로 레닌이 집권하자 이내 공직생활을 포기하고 미완성인 채로 남아 있던 『윤리학』의 집필에 전념했다. 레닌 정부는 그의 업적을 감안해 관대히 대했다. 그는 1921년에 죽었다.

그의 무정부주의 사상은 사유재산을 철폐해야 한다고 주장한 점 등에서는 공산주의 및 사회주의와 동일했다. 그러나 국가관에는 커다란 차이가 있었다. 공산주의 및 사회주의는 국가의 소멸을 일시 뒤로 미루고 있는 데 반해 그는 국가의 즉각적인 폐지를 주장했다. 무정부주의 사회의 건설은 권력의 간여 없이 노동자들의 자발적인 노력과 연합에 의해서만 가능하다는 게 그의 주장이었다.

김성숙은 크로포트킨의 『혁명가의 회상』을 탐독하고도 무정부주의에 기울어지지 않았다. 당시 조선 국내에도 크로토트킨과 유사한 입장에서 글을 쓴 인물이 있었다. 그가 바로 유자명(柳子明)이다. 그는 1924년 4월에 이회영 및 정현섭(政賢燮) 등과 베이징에서 무정부주의자연맹을 결성한 데 이어 1930년 4월에는 상하이의 프랑스 조계에서 무정부주의 운동의 선언과 강령을 발표한 대표적인 무정부주의자였다.

유자명은 본명이 유흥식(柳興湜)으로 1897년에 충청북도 음성군에서 태어났다. 수원고등농림학교에서 수학한 그는 3·1운동 후 중국으로 건너간 뒤 1923년에 의열단에 가입해 상하이와 광저우 등지에서 활약했다. 1924년에 '재중국조선무정부주의자연맹'에 가입하기도 했다. 상하이 등지의 학교와 농장에서 농업기술을 가르치다가 중일전쟁이 일어나자 조선민족전선연맹에 들어가 항일투쟁에 복귀했다. 1943년에는 임정의 의정원 의원으로 활동하기도 했다.

당시 해외파 중 독립혁명을 앞세우는 상해파는 서울청년회와 연계되었고, 계급투쟁을 중시하는 이르쿠츠크파는 화요회로 명칭을 바꾼 신사상연구회와 연계되었다. 이후 해외파와 연결된 국내의 서울청년회와 화요회는 주도권을 장악키 위해 한 치의 양보도 없는 치열한 경쟁을 벌였다.

이는 당시 일경의 탄압으로 인해 동지규합이 좁은 친분관계에서 전개된 사실과 밀접한 관련이 있었다. 이들의 움직임은 애초부터 인물중심의 분파적 결합 형태로 전개된 까닭에 소수 지식인 엘리트를 중심으로 하는 종파주의(宗派主義) 양상을 벗어날 수 없었다. 이러한 흐름은 일제의 탄압으로 사회주의 운동이 지하로 잠복하는 1930년대까지 지속되었다. 두 진영 간의 대립은 기본적으로 유학파와 국내파로 구성된 성원들 간의 차이에서 찾을 수 있었다.

당시 조선공산당을 조직하기 위해서는 기본적으로 코민테른의 허가를 받아야만 했다. 화요회는 자신들과 연계된 이르쿠츠크 공산당 계열이 코민테른과 깊은 관계를 맺고 있는 사실에 고무되어 있었다. 이는 사실이었다. 여러 모로 화요회는 유리한 고지를 선점하고 있었다.

이 무렵 서울청년회는 내심 불안감을 감추지 못하면서도 김사국이 코민테른 내에 깊은 관계가 있는 사람을 확보하고 있다는 말을 듣고 이를 위안으로 삼았다. 그러나 당시 화요회는 코민테른과 보다 긴밀한 교신 속에 조선공산당 창당사업을 극비리에 주도해 나갔다. 김성숙은 이러한 정황을 정확히 읽고 있었다. 당시 양파와 일정한 거리를 두고 있던 김성숙이 하루는 화요회 동료에게 이같이 타일렀다.

"너희들이 그렇게 하면 서울청년회하고 분열된다. 그러니 서울청년회와 서로 힘을 합쳐 같이 일하도록 하라."

그러나 당시 화요회를 이끌던 김단야와 김찬 등은 김성숙의 이런 충고를 무시했다. 김성숙은 이들의 편협한 태도에 실망한 나머지 이내 해외로 망명해 본격적인 독립운동을 할 생각을 품게 되었다. 여기에는 더욱 집요해진 일경의 감시로부터 벗어나 보다 자유롭게 독립운동을 전개하고자 하는 평소의 생각이 크게 작용했다.

당시 화요회가 조선공산당 창당과정에서 독선적인 모습을 보이자 서울청년회 영수인 김사국이 크게 반발했다. 그는 화요회를 무시하고 자기 식대로 문제를 해결코자 했다. 이로 인해 조선공산당 창당을 위한 양파간의 대립과 경쟁이 더욱 격화되었다. 1924년 10월에 이르러 마침내 서울청년회를 중심으로 조선공산당 중앙간부가 결정되었다. 책임비서와 조직부는 김사국, 선전통신부는 이영, 사회부는 박형병 등이 나눠 맡았다. 이들은 이어 전국 각 도별로 책임자도 선출했다.

서울청년회에 의해 결성된 이 최초의 조선공산당 조직은 화요회가 중심이 된 공식적인 조선공산당보다 대략 반년 가량 앞선 것이었다. 당시 이들이 당 중앙간부 회합에서 결정된 정책을 발표하는 등 활발한 움직임을 보이자 이에 자극을 받은 화요회도 바쁘게 움직이기 시작했다. 그러나 화요회는 공산당조직을 책임진 주동자들이 1924년 8월에 대거 검거됨으로써 일시 주춤하게 되었다.

이로 인해 화요회가 주동이 된 공산당 조직은 1925년 4월에야 비로소 등장케 되었다. 당시 화요회는 비록 서울청년회에 기선을 빼앗기기는 했으나 조심스럽게 조선공산당 결성을 추진해 나갔다. 이들은 일경에 검거된 일부 간부들이 석방되어 나온 것을 계기로 '전선민중운동자대회(全鮮民衆運動者大會)'를 개최하기로 했다. 이에 서울청년회는 '전선민중운동자대회'를 반대하는 연합회위원회를 개최하고 '조선사회운동자동맹'을 창립할 계획을 발표했다. 상황이 불리해진 화요회는 '전선민중운동자대회' 개최를 며칠 앞두고 급히 《조선일보》 기자들과 결탁해 '전선신문기자대회(全鮮新聞記者大會)' 개최계획을 발표했다. 이들은 조선의 지식인과 사회운동가들을 서울에 모아 조선공산당을 일거에 결성함으로써 일대 반전을 꾀한 것이다.

'전선신문기자대회'는 4월 15일부터 3일간 천도교기념회관에서 개최되었다. 이는 일경의 감시를 피하기 위한 교묘한 술책이었다. 주모자들은 '전선신문기자대회'를 온건하게 진행시켜 일경을 안심시킨 뒤 4월 17일에 대회가 끝나자마자 곧바로 그날 낮 1시에 황금정(黃金町 : 지금의 명동) 1번지에 있는 중국반점 아서원(雅敍園)에 모여 조선공산당을 전격 창당했다. 이날 창당대회에 참석한 인물은 김재봉과 조봉암, 김약수, 김찬 등이었다.

이날 대회에서 김약수가 조선에서의 공산주의 운동을 통일하기 위해 반드시 공산당을 조직해야 한다고 거듭 강조하자 참석자들 전원이 이내 당의 명칭을 '조선공산당(朝鮮共產黨 : 약칭 조공)'으로 정하기로 결정했다. 이날 대회에서 김재봉과 김찬 등 7명이 중앙집행위원으로 선출되는 것을 계기로 창당이 일사천리로 이뤄졌다. 이를 흔히 '제1차 조선공산당'이라고 한다.

다음날인 4월 18일 오후 7시에 훈정동(薰井洞)에 있는 박헌영의 집에서 화요회의 '고려공산청년회(高麗共產青年會 : 약칭 고공청)'가 조직되었다. 원래 고려공산청년회는 박헌영과 조봉암 등이 주동이 되어 1924년 8월경부터 조직을 추진하다가 상황이 여의치 않아 일시 중단된 상태였다. 그러던 중 '전선민중운동자대회'와 '전선신문기자대회'에 참석키 위해 전국 각지의 사회운동가들이 상경하자 이를 계기로 전격적으로 조직을 만들어낸 것이다.

화요회가 주도해 만든 제1차 조선공산당은 서울청년회가 완전히 배제되고 화요회 멤버만이 참석해 결성한 까닭에 흔히 '화요회공산당' 으로 불렸다. 제1차 조선공산당이 창당될 당시 북풍회(北風會) 회원들이 대거 가입했다. 그러나 훗날 김성숙은 이정식과의 면담에서 약간 다르게 증언하고 있다.

"당시 북풍회에서도 몇 사람만이 가담했을 뿐 모두 가담한 것은 아니었소. 서울청년회는 화요회 지도자들을 폄하했소. 특히 김사국은 굉장히 도도해 안하무인격으로 놀았소. 양측은 서로 비웃으며 네까짓 게 뭐냐는 분위기였소. 화요회공산당도 억지로 조직된 것인데, 만일 그 안에 이론적으로나 권위로나 지도자가 딱 한 사람이라도 있었어도 얘기는 달라졌을 것이오."

이는 당시 서울청년회는 말할 것도 없고 이론에 밝았다는 화요회조차 권위나 이론 면에서 탁월한 지도자가 부재했음을 지적한 것이다. 사실 이는 김약수를 중심으로 한 화요회의 한계를 지적한 것이기도 하다. 김성숙이 사회주의 이론에 독보적인 위치에 오르게 된 것도 당시 국내의 이런 사정과 무관치 않았던 것으로 짐작된다.

그러나 당시 김성숙이 자신과 가까운 김사국의 서울청년회를 옹호한 것도 아니었다. 김성숙이 김사국조차 인격적으로 문제가 있었음을 지적한 데서 알 수 있듯이 김성숙은 당시 조선공산당 창당을 주도한 각 세력의 한계를 통찰하고 있었다. 그가 이론적 토대가 척박한 국내를 떠나 해외로 망명해 본격적인 독립운동을 전개하고자 한 것도 이와 무관치 않았다.

제3절

창일당

1920년대 초기의 사회주의자들에게 민족혁명과 계급투쟁의 우선 순위가 뚜렷이 제시된 것은 아니었으나 이들이 내건 슬로건에는 계급투쟁이 우선과제로 제시된 것이 많았다. 이들은 국제주의에 입각해 소련과의 유대를 강조하고 있었다. 1919년 당시 블라디보스토크의 한인사회당과 신민단의 통합대회에서 불거진 계급논쟁이 이를 증명한다.

당시 좌익은 순수한 계급원칙을 견지해 전 세계 프롤레타리아 운동, 특히 일본 노동자와의 연계를 강조했다. 이에 반해 우익은 토착 부르주아와의 긴밀한 연계를 주장했다. 이 논쟁은 결국 항일투쟁은 국수주의적 민족혁명이 아니라 여러 나라 노동계급이 지원하는 인민해방운동이어야 한다고 주장한 좌익 쪽의 승리로 끝났다. 이 대회에서는 일제치하의 억압과 한인 부르주아로부터 받는 억압을 같은 비중으로 취급하고, 일제의 굴레와 자본주의의 착취로부터의 해방을 기본강령으로 채택했다.

사실 이는 커다란 모순을 안고 있는 것이었다. 계급투쟁이 일제로부터의 민족해방과 같은 비중으로 취급될 경우 독립운동 세력 간의 분열로 인해 효과적인 반제독립투쟁을 전개할 수 없는 것은 명백한 일이다. 조선의 독립운동 과정에서 중국의 국공합작과 같은 거국적인 좌우합작이 한 번도 이뤄지지 못한 이유가 바로 여기에 있다.

원래 중국의 국공합작 성사는 기본적으로 민족혁명에 최우선의 가치를 둔 데 따른 것이었다. 이는 중국의 역사문화적 배경을 바탕으로 하여 민족혁명을 우선시한 마오쩌둥의 노선이 중국공산당의 기본강령으로 채택된 결과이기도 했다. 당시 코민테른은 이를 적극 지지하고 나섰다.

그러나 조선의 공산주의 운동에는 이런 과정이 생략되어 있었다. 재만 빨치산 출신인 김일성(金日成)은 말할 것도 없고 비교적 이론에 밝았다는 박헌영 등도 시종 계급투쟁을 민족혁명보다 앞세운 교조적인 인물에 불과했다. 한반도 분단의 배경에는 바로 공산주의자들의 이러한 사상적 빈곤이 하나의 원인이 되었다는 사실을 직시할 필요가 있다.

노령의 한인공산당 선전강령에는 영토에는 국경이 있으나 이념에는 국경이 있을 수 없다는 입장이 거듭 확인되고 있다. 비록 제국주의 국가의 국민일지라도 공산주의를 찬성하는 자는 동료로 인정해야 한다는 국제주의가 한인 사회주의자 및 공산주의자들에게도 그대로 수용된 셈이다. 이는 1921년 5월에 상하이에서 열린 고려공산당대회에서도 그대로 채택되었다. 유물사관의 계급혁명론과 소비에트 정부의 수립을 주장한 강령이 그 증거이다. 이로써 조선민족의 해방운동은 사회혁명의 한 단계일 뿐 결코 목적이 될 수 없다는 원칙이 내외에 선포되었다.

그렇다면 당시 민족혁명을 우선시한 이동휘 등은 이를 어떻게 받아들였던 것일까. 과연 평소의 신념을 버리고 민족혁명보다 계급투쟁을 중시하는 교조적인 마르크스-레닌주의를 수용한 것일까. 노령의 일부 한인 공산주의자들은 그러했지만 이동휘와 여운형 등은 결코 그렇지 않았다. 이는 이들을 항시 감시해 온 일제 관헌들의 각종 보고서를 보면 쉽게 알 수 있다. 이들 보고서에는 이동휘와 여운형 모두 '공산주의 가면을 쓴 독립혁명가'로 기록돼 있다. 1920년대에 나온 조선총독부 경무국의 『고려공산당 및 전로 공산당의 개요』에 다음과 같은 기록이 나온다.

"고려공산당은 시대의 욕구에 답하는 공산주의를 표방하고 있으나 이를 통해 독립을 고취하는 것이 필경 독립사상을 왕성하게 하는 첩경이면서도 보편적인 방법이라는 근본 취지에 입각해 있다. 고려공산당은 이 근본 취지를 일관하여 수행하고 있는 자들이다. 그들에게 공산주의는 결국 일시적인 가면임을 면치 못한다."

이를 통해 알 수 있듯이 이동휘와 여운형 등은 반제국주의의 기치를 내건 소련의 지원을 얻어 독립혁명을 성사시킨다는 목적 하에 사회주의 이념을 조국독립의 도구로 활용코자 했던 것이다. 이는 김성숙이 국내에 있을 때 '무산자동맹회'에 가담한 취지와 동일한 것이기도 하다. 그러나 파벌싸움을 일삼는 국내 사회주의 계열의 노선투쟁 속에서 '무산자동맹회'를 통한 국내에서의 독립운동은 일정한 한계가 있을 수밖에 없었다.

서울청년회와 화요회 등의 사회주의 단체들이 조선공산당 창당을 둘러싸고 노골적인 대립을 표면화하기 전인 1923년에 김성숙이 서둘러 중국으로 망명한 것은 바로 이 때문이었다. 당시 김성숙에게 중국은 미지의 세계였다. 어렸을 때 독립운동을 하기 위해 동북지역으로 가려다가 실패한 뒤 불가에 몸을 담았던 김성숙에게 이제 광대한 중국 대륙을 조국독립의 활동무대로 삼을 수 있는 기회가 도래한 것이다. 김성숙은 먼저 베이징으로 갔다. 당시 김성숙이 어떤 경로로 베이징으로 가게 되었는지는 자세히 알 길이 없다. 다만 『약력』은 당시의 상황을 이같이 기술해 놓았다.

"서기 1923년에 왜적의 추구가 극심하므로 중국으로 망명했다."

훗날 김성숙은 이정식과의 면담에서도 베이징으로 갔다고만 밝혔을 뿐 더 이상 자세한 얘기를 하지 않고 있다. 그러나 김산은 『아리랑』에서 김성숙의 당시 행적을 이같이 기술해 놓고 있다.

"당시 승려로서는 상당히 진보적인 구석을 갖추었던 김충창은 1923년 다른 젊은 승려 5명과 함께 중국 베이징으로 건너갔다."

『아리랑』의 기술이 맞는다면 대략 김성숙은 동료 승려와 함께 일경의 감시를 따돌리고 중국으로 망명하는 데 성공한 것으로 보인다. 그와 함께 베이징으로 간 동료 승려가 모두 5명이었던 점에 비춰 김성숙은 베이징으로 가기 전에 국내에서 뜻을 같이 하는 승려들을 은밀히 규합했던 것으로 짐작된다.

불교계 인사의 항일운동을 집중 추적한 임혜봉은 『친일불교론』에서 김성숙과 함께 베이징으로 망명한 5명의 승려는 김규하와 김봉환, 김정완, 윤종묵, 차응준이라고 밝혔다. 임혜봉에 따르면 김성숙이 민궈대(民國大)에 입학할 당시 김규하와 김정완, 차응준은 베이징대(北京大), 김봉환은 원화대(文化大), 윤종묵은 핑민대(平民大)에 들어갔다고 한다. 이는 김성숙이 김규하 등을 비롯한 5명의 동료 승려와 함께 애초부터 유학을 겸한 망명길에 올랐음을 시사한다. 그러나 김성숙 일행이 구체적으로 어떤 경로를 통해 베이징으로 망명해 대학에 들어가게 되었는지는 알 길이 없다.

당시 소련정부는 김성숙이 중국으로 망명하는 1923년경부터 한인 무장독립군을 영외로 추방하거나 무장해제를 시키는 등 한인독립운동을 적극 제지하고 나섰다. 피압박민족의 민족독립운동을 지원하겠다고 다짐한 소련 정부가 왜 갑자기 이같이 방향을 선회하고 나선 것일까. 이는 레닌의 와병과 밀접한 관련이 있었다.

레닌은 1922년 4월에 병으로 자리에 눕게 되었다. 뒤를 이어 권력을 장악한 스탈린은 소비에트 정권을 공고화하기 위해 연해주 일대의 한인들에 대한 대대적인 탄압책을 구사하고 나섰다. 여기에는 연해주 일대의 한국독립군의 움직임으로 인해 일본과 마찰을 일으킬까 우려한 점이 크게 작용했다. 그러나 그보다는 외국의 간섭을 극소화해 내부의 힘을 축적코자 하는 의도가 보다 강하게 작용했다.

이런 상황에서 상해임정 내에서는 소위 개조파(改造派)와 창조파(創造派)가 계파 간 주도권 다툼을 전개했다. 창조파와 개조파 사이에서 양측을 절충코자 하는 중간파도 있었다. 안창호와 여운형이 중심이 된 개조파는 상해임정을 개조해 유지시키자는 주장을 편 데 반해 김규식과 원세훈이 중심이 된 창조파는 상해임정을 완전히 해체하고 새로이 구성해야 한다는 주장을 폈다.

원래 개조파와 창조파의 대립은 1922년 초에 모스크바의 극동인민대표대회에 참석하고 돌아온 여운형이 안창호와 함께 좌우를 망라한 소위 '국민대표회의(國民代表會議)'를 조속히 개최하려는 데서 시작되었다. 당시 함께 대회에 참석했던 김규식도 돌아오자마자 원세훈 등과 함께 국민대표회의를 성사시키기 위해 심혈을 기울였다. 당시만 해도 김규식은 여운형에 비해 보다 급진적인 입장에 서 있었다.

국민대표회의는 독립혁명을 하나로 규합코자 하는 독립혁명가들의 열망을 코민테른이 받아들인 데 따른 것이었다. 당시의 상황에서 볼 때 제1차 세계대전 종전과 함께 독립혁명의 무장진영을 통일적으로 재편성하여 효과적인 항일투쟁을 전개하는 것은 시대적인 당면과제이기도 했다. 상해임정 내에서 국민대표회의를 조속히 소집해야 한다는 목소리가 높이 인 사실이 이를 뒷받침한다.

이에 앞서 1920년 9월에 무력투쟁을 중시하는 신채호와 박용만, 신숙 등이 중심이 되어 북경군사통일회를 발기한 바 있다. 이들은 시종 효율적인 항일무력투쟁을 위한 독립군 무장진영의 통합을 높이 외쳐왔다. 결국 1921년 4월에 박용만과 신채호 등은 베이징에서 독립혁명의 무력을 통합시키기 위한 '북경군사통일회의(北京軍事統一會議)'의 준비모임을 결성했다. 그러던 중 2달 뒤인 이해 6월에 '자유시사변'이 터져나왔다. 이에 독립군 단체 모두 지금까지의 개별행동을 반성하고 항일무력 통일방안을 적극 검토하기 시작했다. 당시 북경군사통일회의에는 시베리아와 남북만주, 하와이, 국내외 10개 단체대표가 참여했다. 박용만과 신채호 등은 상해임정의 무기력한 모습에 이미 실망한 나머지 독자적인 무장진영의 통합운동을 전개했던 것이다.

원래 레닌은 이미 이동휘 및 여운형과의 면담에서 조선의 민족해방운동을 적극 지지하겠다는 뜻을 밝힌 바 있다. 이는 극동인민대표대회에서 거듭 확인되었다. 코민테른 제2차 대회에서 채택한 '민족 및 식민지문제에 관한 테제'는 조선의 부르주아 민족해방운동을 적극 지지했다. 이로 인해 곧바로 국민대표대회를 열기 위한 주비회(籌備會)가 결성되었다. 그러나 어찌된 일인지 주비회가 결성된 지 거의 1년이 지나도록 국민대표회의는 열리지 못했다. 이는 기본적으로 자금이 부족한 데 따른 것이었다.

결국 우여곡절 끝에 1923년 1월 3일에 140명의 대표가 참석한 가운데 안창호를 임시의장으로 하는 국민대표회의가 열렸다. 국민대표회의는 최초로 민족해방운동의 통일을 위한 독립당 결성을 목표로 삼은 최대 규모의 독립혁명가 대회였다. 그러나 참석자들의 의견은 이내 창조파와 개조파로 갈리게 되었다. 창조파는 이승만을 탄핵하고 안창호의 대표권을 불신임할 것과 임정을 해체할 것을 주장했다. 이에 대해 개조파는 임정의 정체(政體)는 그대로 유지하되 개조가 필요하다고 맞섰다.

당시 국민대표대회는 1923년 2월 3일에 '국민적 대단결을 꾀하고 독립전도의 큰 방책을 확립해 통일적 기관 아래에서 대업을 기한다'는 내용의 선언서를 채택했다.

그러나 국민대표회의는 대체로 여운형 등을 중심으로 한 사회주의자들이 주도했다. 이 회의에 참석한 독립혁명가들은 좌우를 막론하고 대부분 '연아용공(聯俄容共)'의 입장이었다. 이는 중국국민당을 이끌고 있는 쑨원의 입장과 동일한 것이었다. 국민대표회의 참가자 중 공산당원 및 공산당 관련자가 약 20% 정도에 불과하다는 점 등을 들어 본격적인 좌우합작으로 보기 어렵다는 부정적인 평가도 있으나 대략 이를 좌우합작 전단계의 민족대단합운동으로 평가할 수는 있다.

이 회의가 열릴 당시 상해파와 이르쿠츠크파의 대립은 뚜렷하지 않았다. 대체로 상해파는 창조파, 이르쿠츠크파는 개조파로 기울어져 있었지만 노선투쟁의 차이에 따른 것은 아니었다. 양파 모두 당면한 조국광복을 완수하기 위해서는 대승적인 결속이 필요하다는 점에 공명하고 있었다. 결과적으로 비록 큰 성과를 거두지는 못했으나 그 취지만큼은 좌우합작을 통한 민족대단합운동의 성공사례로 평가할 수 있다.

이 대회는 4월 11일에 이르러 여운형 등에 의해 '내외의 각 독립운동단체를 통합해 하나의 독립당을 조직하기로 결의한다'는 결의안이 채택되면서 보다 구체적인 모습을 드러냈다. 이에 따라 재정개혁안과 군사의안이 보고되었으나 구체적인 세부방침은 개조파와 창조파 간의 이견이 팽팽히 맞서 별다른 성과를 거두지 못했다. 당시 '북경군사통일회의'를 주도한 박용만과 신채호 등은 임정의 존립을 강력히 부인하며 창조파의 손을 들어주었다. 이에 대해 김동삼(金東三)과 배천택(裵天澤) 등 서간도의 독립군 단체들은 개조파를 지지했다.

결국 창조파가 무장투쟁으로 전환해야 한다는 입장을 고집하자 개조파는 1923년 5월 25일에 국민대표회의의 무효를 선언한 뒤 탈퇴하고 말았다. 이에 격분한 창조파는 이해 6월에 자파만으로 임정을 대치하는 '국민위원회'를 발족시켰다. 임정이 곧 이 기구의 해산을 명하자 이들은 마침내 상하이를 철수해 블라디보스토크로 무대를 옮겼다. 이를 계기로 임정은 시종 약세를 면치 못하게 되었다.

김성숙이 베이징에 당도했을 때는 베이징도 상해임정의 영향으로 계파 간 갈등이 고조되어 있을 때였다. 당시 김성숙은 베이징에 온 뒤 개조파보다 원세훈 등 창조파 인물들을 많이 만났다. 원래 춘곡(春谷) 원세훈은 함경남도 정평에서 소농의 자식으로 태어났다. 그는 1906년에 향리 유지들의 도움으로 상경해 대동법전(大東法專)에 입학한 뒤 이동휘와 안창호 등을 만나면서 국권회복을 위한 배일활동에 뛰어들었다. 그는 1911년 3월에 비밀결사 조직인 '독립단'에 참여해 활동하다가 구속되었다. 출소 후 만주 등지에서 학교를 세워 독립운동을 전개하다가 1915년 5월에 활동무대를 노령 니콜리스크로 옮겨 이동녕 등과 함께 활약했다.

1917년 12월에 블라디보스토크에서 전로한족회가 결성되자 31세의 원세훈은 상임위원과 재무장관을 맡았다. 전로한족회는 3·1운동이 일어나기 1달 전에 '대한국민의회(大韓國民議會)'로 그 명칭을 바꾸고

보다 활발한 움직임을 전개했다. 원세훈은 3·1운동이 일어난 직후 대한국민의회의 대표자격으로 상하이로 가 상해임정 요인 및 한성정부에서 파견한 이규갑(李奎甲) 등과 만나 임시정부의 통합문제를 논의했다. 이때 안창호가 원세훈 및 이규갑과 협의해 합의점을 도출해냈다. 골자는 상하이와 연해주에 세워진 임시정부를 해소하고, 한성정부의 법통을 계승하며, 한성정부가 임명한 각료들이 새 정부를 인계하는 내용이었다.

그러나 이후의 상황은 다르게 진행되었다. 해체선언문까지 발표한 대한국민의회와는 달리 상해임정은 파쟁과 재정난 속에서도 간판을 그대로 유지했다. 이에 격분한 문창범(文昌範)이 대한국민의회를 부활시키자 원세훈은 이에 대한 책임을 지고 재무부장직에서 물러났다. 이후 원세훈은 1921년 초부터 1923년 여름까지 약 2년 반 동안 '국민대표회의'를 소집키 위해 동분서주해 마침내 이를 성사시켰다. 그럼에도 국민대표회의는 또다시 상해임정의 개혁문제를 둘러싼 이견으로 뚜렷한 성과도 없이 그해 6월 2일에 막을 내리고 만 것이다.

김성숙이 베이징에서 원세훈을 만난 것은 바로 이때였다. 김성숙은 원세훈 등의 얘기를 들으면서 그의 주장에 일리가 있다고 생각했다. 그러나 김성숙이 볼 때 상해임정 내부의 다툼은 마치 국내의 좌파 진영이 그러했듯이 일종의 주도권 싸움에 불과한 것이었다. 당시 김성숙은 이승만의 고집스런 외교독립론이 상해임정 분열의 가장 큰 요인으로 생각했다. 이는 훗날 김성숙이 이정식과의 면담에서 밝힌 다음과 같은 회상이 뒷받침한다.

"임정이 분열된 원인들 중 하나는 이승만 자신의 행동이라는 사실이오. 이른바 조선에 대한 국제연맹의 위임통치를 청원했는데 그것이 큰 분열을 낳게 된 것이오. 이승만은 그것 때문에 임정에서 쫓겨났소.

당시 소련에서 나온 사람들은 이동휘를 중심으로 뭉쳐 있었소. 그들의 숫자가 매우 많았소."

이를 통해 김성숙이 이승만의 당시 행보에 관해 매우 부정적인 평가를 내리고 있음을 알 수 있다. 당시 상해임정이 분열된 데에는 참가자들의 지역감정과 이념적 차이 및 독립투쟁의 방략을 둘러싼 노선차이 등이 크게 작용했다. 이승만 세력은 미국 및 유럽 국가들과 국제연맹에 대한 외교와 선전을 중시하고, 안창호 세력은 민족의 실력배양을 중시하고, 이동휘 세력은 일제에 대한 무장투쟁을 중시했다. 이러한 노선 싸움이 바로 이승만의 위임통치 청원에 대한 시비로 이어져 이내 커다란 갈등요인으로 작용한 것이다.

당초 이승만이 1919년에 미국에 윌슨 대통령에게 조선을 국제연맹의 위임통치 아래 맡겨 줄 것을 요청한 사실이 알려지자 이동휘가 이승만 대통령을 맹렬히 비난하면서 상해임정의 국무총리직을 사직했다. 이는 마침내 각료들의 집단사퇴로 번졌다. 사태는 여기서 그치지 않았다. 1921년 4월에는 중국 북부에서 상해임정과 큰 관련 없이 독립투쟁에 참여하고 있던 54명의 지도자들이 이에 동조해 이승만에 대한 비난 성명을 발표했다. 이들은 이승만의 행위를 매국행위로 맹비난하면서 안창호는 이런 사실을 알고도 이승만을 임정의 대통령으로 밀어준 잘못이 있다며 안창호마저 비난하고 나섰다.

당시 이 문제를 더욱 복잡하게 만든 것은 레닌 정부가 제공한 독립혁명 지원자금이었다. 원래 이동휘는 1918년에 레닌을 만날 당시만 하더라도 공산주의에 대해 거의 아무 것도 모르는 순수한 민족주의자였다. 그는 오직 소련이 조선을 독립시키는 데 큰 도움을 줄 수 있으리라는 막연한 믿음밖에 없었다. 그가 레닌을 만나자 레닌이 이같이 물었다.

"한국의 공장과 철도, 농촌에는 노동자가 얼마나 있소."

이동휘가 대답을 못하자 레닌이 웃으면서 지노비에프를 불러 이같이 당부했다.

"우리는 여기 있는 이동휘 동지를 도와주어야 하오. 이동휘 동지는 한국 독립에 대한 뜨거운 피를 가지고 있기는 하나 방법을 갖고 있지 않소. 이는 동양의 자연적인 상태요. 그들은 혁명적 기지를 전혀 갖지 못하고 다만 테러리즘과 군사행동의 배경만을 갖고 있을 뿐이오."

레닌은 비록 볼셰비키 혁명을 주도했으나 당시의 세계적 정황에서는 기본적으로 식민지의 민족해방투쟁이 계급투쟁보다 우선돼야 한다는 생각을 갖고 있었다. 이것이 바로 그가 『제국주의론』을 저술한 배경이기도 하다. 레닌은 민족혁명을 우선시하는 이동휘를 적극 이해하고 그에 대한 지지를 분명히 하고 나섰던 것이다. 이동휘가 상해임정의 발족과 더불어 국무총리에 취임한 뒤 1920년 3월과 1921년 9월 사이에 모두 세 차례에 걸쳐 레닌 정부의 지원자금을 전달받은 사실이 이를 뒷받침한다.

당시 이동휘는 자신에게 전달된 자금을 임정보다는 자신이 조직한 고려공산당을 위해 쓰려고 결심했다. 이에 그는 자금수령 사실을 아예 임정에 보고조차 하지 않았다. 그러나 얼마 후 이동휘가 모스크바로 파견한 밀사 중 한 사람인 김립(金立)이 자금의 상당부분을 횡령한 사실이 알려지면서 이동휘의 위신이 크게 실추했다.

원래 김립은 러시아혁명 이전에 모스크바에서 공부한 인물로 1919년에 코민테른에 의해 상하이로 파견되었다. 이동휘를 도와 상하이에서 조선공산당을 조직한 그는 1922년에 이동휘를 수행해 모스크바에서 레닌을 만났다. 당시 레닌은 임시정부에 대항하는 대규모 한인 민족주의 정당 구성에 동의했다. 김립은 상하이로 돌아오자 곧 임시정부에

'조선인민대표자 대회' 의 소집을 요구했다. 이에 국내는 물론 러시아와 미국, 만주 등지에서 총 6백 명에 달하는 대표가 상하이로 왔다. 이때 김립은 20만 루블을 임시정부에 건네지 않은 채 인민회의 준비위원회 쪽으로 돌렸다. 상해임정의 불만이 고조된 가운데 김립은 1924년 6월의 어느 날 저녁에 인력거를 타고 가다가 상해임정 측 인사의 저격으로 사망하고 말았다.

당시 상해임정은 지역적으로 경기도와 충청도 등 소위 기호(畿湖) 지역 출신들이 주축이 되어 있었다. 이는 조선조에서 이율곡(李栗谷)을 추종하는 소위 기호학파(畿湖學派)가 2백 년 넘게 권력을 장악해온 사실과 밀접한 관련이 있었다. 수많은 독립혁명가들 중 상당수가 기호지역 출신인 것도 이와 무관치 않을 것이다. 이와 관련해 김성숙은 이정식과의 면담에서 당시의 상해임정을 이같이 분석한 바 있다.

"해외 독립운동의 중심 세력인 '기호파' 가 이승만을 추대하고 지지했소. 이승만이 상해임정의 초대 대통령이 된 것도 바로 이 때문이었소."

당시 상해임정에서 개조파인 안창호 지지세력은 주로 평안도 출신의 관서파(關西派)가 주축을 이루고 있었다. 이에 대해 창조파는 주로 함경도 출신 관북파(關北派)가 중심을 이루고 있었다. 해외 독립운동에 지역감정이 깊이 얽혀 있었던 것이다. 그러나 관서파와 관북파 모두 기호파를 당해내지는 못했다. 이들 기호파는 초기에 이승만을 지지한 데 이어 김구를 중심으로 끝까지 임정을 지켜내는 지주 역할을 수행했다.

당시 안창호는 흥사단(興士團)을 기반으로 활발한 독립운동을 전개하고 있었다. 1913년에 샌프란시스코에서 발족한 흥사단은 1920년에 극동위원부(遠東委員部)를 설치하면서 그 세력을 확장시켜 나갔다.

이승만은 하와이에서 동지회(同志會)를 결성한 뒤 이를 확대·개편한 동지식산회사(同志殖産會社)를 운영하고 과거 한성감옥의 옥중동지인 국내의 신흥우(申興雨)를 중심으로 흥업구락부(興業俱樂部)를 만들어 흥사단과 세를 다퉜으나 역부족이었다. 평생 도산을 존경한 이광수(李光洙)는 훗날 자신의 저서 『도산 안창호』에서 안창호와 흥사단의 관계를 이같이 평가한 바 있다.

"흥사단은 도산 안창호의 필생의 사업이고, 그의 민족운동의 근본이론이자 실천이었다."

그러나 흥사단을 이끌고 있던 안창호는 흥사단이 이승만의 동지회와 대립한 데 이어 기호파마저 이승만의 손을 들어주자 이내 고립되고 말았다. 그러나 당시의 상황에서 그 누구도 안창호를 완전히 고립시킬 수는 없었다. 안창호의 진영이 워낙 컸기 때문이다. 미국은 물론 만주와 간도에 있는 '대한인국민회'까지도 안창호를 지지했다.

당시 함경도 출신이 중심이 된 창조파는 상하이를 떠나 연해주로 간 뒤 이내 공산주의자들과 손을 잡았다. 창조파의 원세훈 등은 1923년 8월에 블라디보스토크에 도착해 이동휘 등과 협의해 새 정부를 노령에 설치하고자 했다. 그러나 기대와는 달리 이들은 오히려 소련 정부의 비난을 샀다. 창조파와 개조파로 민족해방운동이 양분된 것은 일제의 침공을 전 방위적으로 막아내고자 한 소련 및 코민테른의 기본입장과 어긋난 것이었다. 상해임정의 개조를 통해 통일된 한인의 민족혁명전선을 결성해 일제를 견제코자 했던 코민테른의 기본계획이 창조파의 '망동'에 의해 깨어진 셈이다. 1922년 말에 일본군의 시베리아 철병을 계기로 일본과의 국교수립 협상이 본격적으로 진행되자 소련은 조선인들의 독립운동을 더 이상 드러내 놓고 지원할 수 없게 되었다.

소련의 입장에서 볼 때 러시아령 밖에서의 일이라면 몰라도 러시아령 안에 조선인 독립혁명가들이 정부를 세우는 것을 허용하는 것은 일본의 새로운 도발을 유인할 위험이 컸다. 소련 정부의 이런 처사가 매우 기회주의적인 것임은 말할 것도 없다. 그들은 코민테른을 시켜 조선인의 공산주의 운동을 도울지언정 러시아령 안의 독립정부 설치는 허가하지 않았을 뿐만 아니라 창조파를 국외로 쫓아내기까지 했다.

이에 상해임정은 물론 해외 독립운동에서도 주도권은 완전히 기호파로 넘어가고 말았다. 1925년에 중국혁명이 고조될 무렵 임정 내에서 기호파 진영과 안창호 진영이 합세하는 한국대독립당(韓國大獨立黨) 결성운동이 전개되었다. 이광수의 『도산 안창호』 연보에 따르면 안창호는 1927년에 지린성에서 대한독립당 결성방안을 토의하던 중 경찰에 검거되었다가 20일 만에 석방되었다. 그는 이듬해인 1928년에 이동녕과 이시영, 김구와 함께 마침내 상하이에서 한국독립당(韓國獨立黨 : 약칭 한독당)을 발족시켰다. 이후 임정의 여당으로서 출발한 한독당은 1930년에 재조직되었고, 김구의 지도 아래 강력한 항일투쟁을 전개했다.

상해임정을 포함한 독립운동단체들이 이처럼 복잡한 양상을 보이고 있을 당시 김성숙은 베이징에서 사회운동의 전초기지로 '창일당(創一黨)'을 조직했다. 그가 '창일당'이라는 명칭을 사용한 것은 조선의 사회주의자 및 공산주의자들을 하나로 통일시키겠다는 의도에서 나온 것이었다. 이때 김성숙은 '창일당'의 기관지로 『혁명(革命)』이라는 잡지를 펴내면서 주필로 활약했다.

1924년부터 나오기 시작한 이 잡지는 지령(誌齡) 40호까지 나왔다. 이 잡지는 물론 한국어로 되어 있었다. 당시 김성숙은 베이징에 한국어 인쇄가 불가능했던 까닭에 손수 석판(石板)에 글자를 새겨 잡지를 인쇄했다. 이로 인해 김성숙은 극도로 시력이 약해져 병원에 입원해야 할 지경이 되었다. 『약력』은 당시 김성숙의 행보를 이같이 기록해 놓았다.

"서기 1923년에 왜적의 추구가 극심하므로 중국으로 망명해 북경 국민대에서 정치경제학을 연구하는 한편 장건상(張健相)과 양명(梁明), 김용찬(金容贊), 장지락(張志樂 : 김산) 등 모든 동지와 함께 혁명 단체인 '창일당'을 조직하고 기관지 『혁명』을 편집·간행했다. 또한 당시 사회운동 각 단체의 종파적 분열과 대립을 반대하고 통일적인 혁명정당의 창립을 주장했다."

『약력』의 기록이 맞는다면 당시 김성숙은 『혁명』 발간작업을 장건상 및 양명 등과 함께 한 셈이 된다. 원래 소해(宵海) 장건상은 1883에 경북 칠곡의 부유한 지주 장운원(張雲遠)의 네 아들 중 막내로 태어나 20세가 다 되도록 한학을 공부했다. 부산에서 1년 동안 영국 선교사 밑에서 영어를 배운 그는 1903년 서울에 공립 영어학교가 서자 부모의 만류를 뿌리치고 상경했다. 당시 《한성순보》 주필로 있던 장지연(張志淵)의 주선으로 공립 영어학교에 입학했다가 1년 만에 그만둔 뒤 미국인 선교사 게일(Gale) 밑에서 영어를 공부했다. 기일(奇一)이라는 한국명을 썼던 게일은 한국에서 30년 동안 선교활동을 한 목사로 최초의 한국어 성서를 간행한 인물이기도 하다. 게일은 훗날 장건상이 미국의 인디애나 주립대에 입학할 때 추천서를 써주었다.

장건상은 서울 체재 도중 러일전쟁이 일어나자 개화의 선봉에 설 생각으로 상투를 잘랐다. 그는 1905년에 일본 해군병학교에 입학하기 위해 도쿄로 건너갔으나 거부당해 이내 와세다대학 정경학부에 입학했다. 당시 일본에 유학 온 한인 청년은 거의 5백여 명에 이르렀다. 이때 천도교 계열의 학생 50여 명이 일본 육사에 지원했다가 거부를 당하자 혈서로 항의했다. 일본 언론이 이를 크게 다루자 주일 미공사관의 무관이던 이스트 레이크가 당시 일본에 체류중이던 박영효(朴泳孝)를 찾아왔다. 일본 육사에 지망한 한국 학생들의 미국 유학을 주선하겠다는 것이었다.

박영효의 중개로 장건상을 비롯해 한인 유학생 50여 명이 미군의 복장을 갖춘 채 레이크의 집에 모여 기초적인 훈련을 받았으나 이내 이 사실이 알려지자 일본이 압력을 가했다. 이에 장건상은 할 수 없이 현해탄을 건너 부산 집으로 돌아왔다. 이후 그는 1년 만에 부모를 설득해 미국 유학길에 올랐다. 그는 시베리아와 유럽대륙을 거쳐 미국으로 갈 생각으로 1908년 3월에 게일 목사의 추천장을 품에 넣고 부산을 떠난 뒤 청진에서 상선을 타고 블라디보스토크로 건너갔다. 그는 블라디보스토크 한인사회에서 따뜻한 대접을 받고 의병대장 유인석(柳麟錫)을 만났다.

그는 곧 한인거류민단에서 써준 소개장을 들고 이범진(李範晉)과 이위종(李瑋鍾) 부자를 만나기 위해 페테르부르크로 갔다. 당시 러시아 주재 조선공사(朝鮮公事)였던 이범진은 통감부가 설치되고 조선의 외교권이 박탈되자 아들 이위종과 더불어 페테르부르크에 눌러앉아 있었다. 이위종은 고종의 밀사로 헤이그 만국평화회의에 한국 대표로 참석한 인물이었다. 장건상은 이범진 부자의 집에서 사흘을 머문 뒤 독일과 프랑스, 영국의 배를 차례로 이용해 미국의 뉴욕에 도착했다. 여권이 없어 추방될 위기에 놓였을 때 헤이그 만국평화회의에 참석한 뒤 뉴욕에 머물고 있던 이상설(李相卨)의 신원보증으로 풀려났다.

그는 게일 목사의 추천장 덕분으로 이내 인디애나 주립대에 입학해 공부하던 중 유학생활 2년째에 한일합방의 소식을 들었다. 당시 도산 안창호는 미국에서 흥사단을 조직해 한국어 신문을 발간하고 있었다. 그 신문에 "미국 동부 주립대학에서 한인으로는 처음으로 장건상이 졸업했다"는 기사가 실렸다. 흥사단에서 장건상에게 같이 일하자는 제의가 들어왔으나 그는 중국으로 건너가 직접 항일투쟁에 투신할 생각으로 이를 거절했다. 그는 마침 상하이에서 활동하던 신규식(申圭植)으로부터 함께 일하자는 연락이 오자 이를 기꺼이 받아들였다.

원래 신규식은 호가 예관(睨觀)으로 충북 청주에서 출생했다. 관립 한어학교(漢語學校)와 육군무관학교를 나와 육군 부위(副尉)로 있던 중 1905년에 을사늑약이 체결되자 죽음으로 항거하기 위해 음독했다가 실패해 오른쪽 눈을 실명했다. 그가 예관이라는 호를 쓴 것은 바로 이 때문이었다. 1911년에 중국으로 망명해 쑨원(孫文)의 신해혁명에 가담한 그는 이후 중국 국민당 요인들과 함께 한 · 중 연합단체인 신아동제사(新亞同濟社)를 결성해 항일독립운동을 전개했다. 1919년에 임시정부가 수립되자 의정원(議政院) 부의장에 선출되어 법무총장을 거쳐 1921년에는 국무총리 겸 외무총장이 되었다. 이해 광둥(廣東)의 국민당 정부에 대사로 부임한 뒤 임시정부의 승인을 받고 중국의 북벌서사식(北伐誓詞式)에도 참가했다. 1922년 임시정부 안에 내분이 생기자 조국의 장래를 근심한 나머지 25일간 단식을 계속하다 목숨을 끊었다. 그는 열혈 우국지사의 표상이었다.

당시 장건상은 34세 때인 1917년에 상하이에 도착한 뒤 신규식 앞에서 조국의 독립운동에 몸바칠 것을 서약했다. 동제사에 가입한 장건상은 한때 만주 안둥현(安東縣)에 터를 잡고 조선으로부터 망명해 오는 사람들에 대해 길을 안내하는 임무를 맡기도 했다. 얼마 후 3 · 1운동으로 많은 사람들이 만주와 중국, 시베리아로 망명해 오자 그는 더욱 바빠졌다. 이때 그가 길안내를 해준 사람 중 특기할 만한 사람으로는 국내 대종교의 거물인 김두봉과 훗날 의열단을 주도한 김원봉 등을 들 수 있다.

당시 상하이에는 1917년 8월에 신규식이 스톡홀름 국제사회주의

자회의에 대비해 결성한 조선사회당(朝鮮社會黨)과 1919년 1월에 여운형이 파리강화회의에 대비해 결성한 신한청년단(新韓青年黨)이 있었다. 1천 명에 달하는 독립혁명가들이 상하이로 모여들었다. 만주와 노령에서는 김동삼과 이동녕, 이시영, 조성환 등이 왔다. 국내에서는 김구와 김철, 최창식, 선우혁, 서병호, 이원익 등이 왔다. 일본에서는 2·8 독립을 선언한 조선청년독립단(朝鮮青年獨立團)의 이광수와 최근우(崔謹愚) 등이 왔다. 미국에서도 여운형의 아우 여운홍(呂運弘) 등이 왔다.

1919년 3월에 프랑스 조계인 보창로(寶昌路) 329호 건물에 대한독립임시사무소가 문을 열자 장건상은 한인 거류민단의 국민대회 준비위원으로 김규식 및 이시영 등과 함께 바쁜 나날을 보냈다. 1919년 4월 11일에 마침내 상해임정 수립이 내외에 공포된 직후에 열린 22일의 임시의정원 결정에 따라 장건상은 이광수 및 여운형 등과 함께 외무총장으로 있는 김규식의 밑에서 일하게 되었다.

그러나 이승만이 이동휘 및 박용만과 갈등을 빚고 레닌 정부의 지원자금도 이내 흐지부지 사라지게 되자 상해임정은 곧 이름뿐인 조직으로 약화되고 말았다. 이승만은 미국, 이동휘는 연해주로 가버리고 다른 독립혁명가들도 각기 상하이를 떠나자 아무 파벌에도 가담치 않았던 장건상도 이내 상하이를 떠나 베이징으로 갔다. 1920년대 말에 코민테른에 근무하던 조훈(趙勳)이 장건상을 찾아와 이르쿠츠크의 고려공산당 집회에 참여할 것을 권하자 임정에 실망을 느끼고 있던 장건상은 이내 김철훈 및 오하묵 등 이르쿠츠크 한인들이 주도한 공산당 결성대회에 참여했다.

당시 장건상 등을 끌어들인 이르쿠츠크파는 상해임정과 달리 효과적인 항일투쟁을 위해서는 민중을 토대로 한 조직과 정치경제적 배경이 있어야 한다는 주장을 폈다. 그들은 레닌의 약소민족 해방에 큰 기대를 걸고 있었다. 1921년 봄에 베이징을 떠난 장건상은 3주 만에 몽골의 수도 우르가(庫倫 : 울란바토르)를 거쳐 이르쿠츠크에 도착했다. 장건상은 곧 남만춘 및 한명세 등과 함께 7인의 정치부 위원의 일원으로 선출되었다. 당시 군사부 위원에는 최고려(崔高麗)와 유동열, 이청천 등 5명이 선출되었다.

원래 백산(白山) 이청천은 본명이 지석규(池錫奎)로 1888년에 서울 삼청동에서 태어났다. 그는 구한말에 대한제국 육군무관학교를 졸업한 뒤 일본 육사에 유학했다. 1914년에 일본 육사를 졸업한 그는 이후 일본군 제10사단에 배속되어 중국의 칭따오(青島)에서 독일군과 전투를 벌여 전공을 세웠다. 얼마 후 3·1운동이 일어나자 병을 핑계 삼아 국내로 돌아와 있던 그는 1920년 4월 하순에 남만주로 탈출한 뒤 신흥무관학교 교관으로 활약했다. 이해 10월에 일본군의 침입으로 신흥무관학교가 폐쇄되자 곧 1백여 명의 재학생 등을 이끌고 백두산 근처로 이동해 봉오동 및 청산리 전투에 참여한 홍범도 및 김좌진 등의 독립군과 합세했다. 그는 자유시사변이 일어나기 직전에 바로 유동렬 등과 함께 군사부 위원으로 활약하고 있었다.

당시 장건상은 1921년 5월에 모스크바에서 열리는 코민테른 제3차 대회에 참석해 이르쿠츠크 대회의 경과를 보고한 뒤 레닌으로부터 독립자금을 지원받을 목적으로 6명의 정치위원과 함께 대표단을 구성해 모스크바로 떠났다. 장건상 일행은 레닌과 만나 물심양면의 지원을 약속받았다. 이때 장건상은 코민테른 극동사무국 책임자인 슈미아츠키와 업무를 협의하기 위해 다른 사람들과 달리 1개월 정도 모스크바에 머문 뒤 하얼빈을 거쳐 베이징으로 돌아왔다. 이후 그는 한동안 이르쿠츠크파의 연락부원 자격으로 베이징을 비롯해 화북과 만주에서 활약하는 여러 독립운동단체와의 연락업무에 몰두했다.

김성숙이 김산 등과 함께 혁명단체인 '창일당'을 조직해 기관지인 격월간 잡지 『혁명』을 간행한 것은 바로 장건상이 베이징으로 돌아왔을 때였다. 당시 장건상은 김성숙이 주필로 있던 『혁명』에 편집자로 참여했다. 1926년까지 발행된 이 잡지는 주로 진보적인 성향의 젊은 조선 유학생 독자층에게 커다란 호응을 얻었다.

이때 장건상은 1926년 10월에 베이징대학의 초빙을 받고 '약소민족과 항일'을 주제로 강연을 하고 나오다가 일본의 사주를 받은 장쭤린(張作林)의 중국 경찰에 체포돼 2년의 징역형을 선고받고 1928년 가을까지 베이징 감옥에 갇혀 지냈다. 장건상이 체포되어 영어생활을 하는 1927년에 김성숙은 '광저우(廣州) 코뮨'에 참여하게 되었다. 이로 인해 장건상은 출소 후 김성숙을 만나지 못하고 김원봉이 이끄는 의열단의 고문을 맡게 되었다. 이와 관련해 훗날 김성숙은 이정식과의 면담에서 당시의 상황을 이같이 회상했다.

"당시 나와 함께 일을 한 사람은 장건상과 양명, 김용찬 등이오. 그 중 주로 양명과 함께 했소. 양명은 공산당원이었소. 소위 'M-L당'의 선전부장으로 있었소. 양명은 안광천(安光泉)과 'M-L당'을 하다가 나온 뒤 나와 함께 일을 하게 된 것이오."

당시 장건상과 함께 김성숙의 『혁명』 발간에 도움을 준 양명은 경상남도 통영군 거제도 출신으로 1919년께 베이징으로 가 베이징대학 재학 때 공산주의를 수용한 인물이다. 그는 1925년에 귀국해 조선공산당에 입당했다가 제3차 '고려공산청년회'의 책임비서를 지낸 뒤 1928년에 다시 중국으로 망명했다.

양명이 일본 유학생 출신인 안광천과 함께 참여한 소위 'M-L당'은 제3차 조선공산당의 별칭이었다. 김성숙이 베이징으로 온 지 2년 뒤인 1925년 4월에 제1차 조선공산당이 창당되었으나 제1차 조선공산당은 이해 11월에 신의주에서 일어난 사건이 빌미가 되어 사실상 궤멸하고 말았다. 겨우 체포를 면한 간부들은 이해 12월에 강달영(姜達永)을 책임비서로 하는 제2차 조선공산당을 창당했다. 그러나 이 또한 1926년의 6 · 10만세 사건에 연루되어 이내 궤멸되고 말았다.

얼마 후 겨우 체포를 면한 김철수가 1926년 9월에 제3차 조선공산당을 창당했다. 이 3차당을 흔히 '마르크시스트-레닌이스트당' 또는 'M-L당'이라고 불렀다. 그러나 당시 김성숙이 같이 일했다고 술회한 안광천은 1923-1925년 사이에 중국이 아닌 국내와 일본에 있었다는 게 김학준의 지적이다. 대략 김성숙의 회상에 약간의 착오가 있었던 것으로 짐작된다.

그렇다면 김산이 김성숙과 함께 『혁명』 간행에 참여했다는 『약력』의 기록은 사실일까. 이에 대해 김성숙은 이정식과의 면담 때 아무런 언급도 하지 않았다. 그러나 『아리랑』에는 이를 뒷받침하는 다음과 같은 내용이 나온다.

"김충창은 1922년에 다른 젊은 승려 5명과 함께 자신들의 정치활동을 해나갈 자유가 있는 베이징으로 건너갔다. 이들 6명은 문학단체를 만들고 『황야(荒野)』라는 잡지를 냈다. 그 내용은 철학과 시, 단편소설, 문학 일반에 걸친 것이었다. 이 기간 동안 김충창을 포함해 3명의 젊은 승려가 공산주의자가 되었다. 나머지 3명은 혁명이란 도무지 잠꼬대 같은 소리라고 하면서 금강산으로 되돌아갔다. 1923년 겨울에 공산청년동맹에 가입함과 동시에 나는 김충창의 8명의 동지와 함께 힘을 합쳐 베이징에 최초의 공산주의 잡지인 『혁명』을 발간했다. 나는 격월로 발간되는 이 학생잡지의 3명의 편집자들 중 한 사람이었다. 이 잡지는 공산당 동조자, 좌익 민족주의자, 무정부주의자들한테서 지지를 받았다. 이 잡지는 32쪽짜리로 창간호는 8백부 찍었는데 6개월 이내에 3천 명의 고정 독자를 갖게 되었다. 이 잡지는 국내와 만주, 시베리아, 호놀룰루, 캘리포니아, 유럽에 있는 한국 학생들에게 발송되었고, 1926년까지 계속해서 발간되었다. 김충창은 이 잡지의 주필이었다. 그는 이 잡지를 위해 수많은 주옥(珠玉) 같은 논문을 썼다. 이 논문들이 내 사상에 커다란 감화를 주었다. 베이징에는 한국문자 인쇄소가 없었다. 그래서 김충창은 전 지면을 자신이 직접 판을 짜서 이를 석판(石板) 인쇄했다. 이 작업을 하느라 그는 거의 눈이 멀어 북경협화의학원(北京協和醫學院)에서 치료를 받아야만 했다."

이를 통해 김성숙은 『혁명』을 발간하기 전에 베이징으로 함께 망명한 승려들과 함께 『황야』라는 잡지를 이미 펴냈음을 알 수 있다. 이는 조선총독부 경무국의 조사보고서를 통해서도 확인할 수 있다. 김성숙과 함께 베이징으로 망명해 대학을 다니던 5명의 동료 승려 중 조선으로 돌아가지 않고 계속 『황야』 발간에 참여한 두 사람은 베이징대의 김규하와 원화대(文化大)의 김봉환이었다. 『아리랑』에 나오는 『혁명』의 3명의 편집자가 구체적으로 누구인지는 확실치 않으나 대략 김성숙과 장건상, 김산을 지칭한 것으로 짐작된다.

당시 김산은 김성숙보다 3년이나 빠른 1920년에 이미 중국 상하이로 건너와 있었다. 김산은 『아리랑』에서 당시의 자신을 약간의 무정부주의적 경향을 지닌 한 명의 민족주의자였다고 회상한 바 있다. 이로 미뤄 그 역시 김성숙과 마찬가지로 특정한 이념을 지니지 않은 열혈 애국청년이었던 것이 확실하다. 『아리랑』에 나와 있듯이 당시 김산이 다양한 인물과의 접촉을 통해 여러 혁명사상을 두루 접한 사실이 이를 뒷받침한다.

당초 김산은 우파 민족주의자의 문화그룹에 들어가 독립운동을 전개하면서 이광수 및 안창호로부터 깊은 영향을 받았다. 이광수와 안창호는 한국에서 사제지간으로 있을 때부터 친밀한 동지였다. 이광수는 김산이 일한《독립신문》의 편집장인 동시에 잡지『젊은 조선』의 편집장이었다. 그는 일제가 만든 교과서가 꾸며낸 왜곡된 역사를 깨뜨리기 위해 국사를 다시 집필할 목적으로 설치된 임시정부의 '사료편찬위원회' 주임이기도 했다. 당시 안창호는 임시정부의 노동총판으로 있으면서 흥사단의 지도자로 있었다.

이 무렵 김산이 이광수에게서 받은 영향은 일시적인 것이었으나 안창호에게서 받은 영향은 매우 컸다.『아리랑』에 따르면 김산이 몇몇 친구들과 함께 거의 매일같이 이광수와 안창호의 집을 찾아가면 이광수와 안창호는 이들에게 이같이 말하곤 했다.

"혁명은 아직 요원하다. 너희들은 지금은 장래를 대비해 공부를 해야만 한다. 너희 가족들이 생활비를 대주고 있으니 너희들도 그들을 도와주지 않으면 안 된다."

김산이 흥사단에 가입한 것은 바로 이 때문이었다. 당시 상하이에는 80명의 흥사단 단원이 있었다. 김산은『아리랑』에서 당시의 안창호를 이같이 회상했다.

"안창호는 정규교육은 하나도 받지 못했지만 독학을 했다. 그는 16세에 한국개혁운동에 참가해 오랫동안 사람들의 뇌리에 새겨질 만한 뛰어난 연설을 했다. 이동휘가 군사지도자가 되었던 반면 안창호는 정치지도자가 된 것이다. 그는 설득력 있고 영향력 있는 대중연설가였지만 일상생활에서는 습관적으로 조용했고, 조그만 일에는 별 말이 없었다. 그러나 일단 행동노선을 결정하면 결연히 의견을 개진했다."

김산의 안창호에 대한 평이 매우 우호적임을 알 수 있다. 안창호는 김옥균의 '3일천하' 당시 내각의 각료로 선임된 바 있다. 이후 내각이 붕괴하자 해외로 망명했다가 이내 귀국한 뒤《대한매일신보》를 창간했다. 이 신문은 결국 대한제국에 의해 이름이 바뀌어 인수되었다. 1907년 안창호는 시위운동을 조직하면서 대중에게 강연을 하는 등 매우 활발히 움직였다. 1907-1910년까지 그는 모든 한국 민족주의자들의 지도자였다. 1910년에 한일합방이 이뤄지자 그는 중국의 칭따오(靑島)를 거쳐 미국으로 망명했다. 그는 캘리포니아에 머물며 '대한인국민회(大韓人國民會)'를 결성했다. 이는 당시 미주뿐만 아니라 전 세계를 포함해 유일한 한인 해외단체이기도 했다.

1919년에 안창호는 상해로 돌아와 임시정부에 합류했다가 1924년에 임시정부와 사이가 틀어져 캘리포니아로 되돌아갔다. 그는 이때 샌프란시스코에서 공산주의 서적을 소지하고 있다는 이유로 검거되었으나 공산주의자가 아닌 까닭에 곧바로 석방되었다. 1925년 다시 상하이로 돌아와 많은 단체를 조직하다가 이듬해 봄에 프랑스 조계에서 체포된 뒤 일경에 인도되었다. 그는 서울로 압송되었으나 아무런 관련이 없어 석방되었다. 그러나 일경은 독립운동과 관련이 있다는 이유로 재차 그를 체포해 1년 동안 가두었다. 이에 이광수는《동아일보》를 총동원해 총독부를 압박한 결과 마침내 안창호를 석방시키는 데 성공했다. 당시 동아일보사는 안창호를 주필로 데려오고자 했으나 안창호의 거절로 실패했다.

『아리랑』에 따르면 1920년 당시 안창호는 상하이에서 김산 등에게 자신이 좋아하는 '올드블랙 죠'와 '켄터키 옛집'과 같은 흑인 영가를 들려주었다. 김산도 이를 매우 좋아했다. 김산은『아리랑』에서 안창호와 이광수를 이같이 평가해 놓았다.

"안창호가 부르주아 원칙을 따르는 민주적 대중운동을 대변하는 반면에, 이광수는 그것과 평행한 상층 부르주아 지식층의 자유주의적

문화운동을 대변하고 있다. 이광수는 프롤레타리아의 진영 증대에 반대하지만 안창호는 프롤레타리아의 혁명적 역할을 인정한다. 이광수는 가부장제 귀족주의적 경향을 가지고 있지만 안창호는 참으로 자유주의적이고 민주적인 지도자이다."

이를 통해 김산에게 미친 안창호의 영향이 지대했음을 쉽게 짐작할 수 있다. 당시 안창호는 개인적으로 김산에게 커다란 관심을 보이며 김산이 공부하는 것을 도와주었다. 그는 이내 김산이 다른 한국 학생 5명과 함께 텐진(天津)에 있는 난카이대학(南開大學)에 장학생으로 다닐 수 있게 손을 써주었다.

그러나 김산 일행이 1921년 10월에 텐진에 도착했을 때 김엄(金嚴)이라는 한국 학생이 가을 체육대회에 달리기 시합을 하던 중 사건을 일으켜 입교를 거부당하고 말았다. 김엄은 달리기에 뛰어난 재주가 있었다. 그가 다른 선수들을 훨씬 앞질러 선두를 달릴 때 갑자기 어떤 사람이 큰 소리로 이같이 떠들었다.

"저자가 저토록 잘 달리는 것은 조금도 이상할 게 없다. 저자는 일본의 주구(走狗)이다."

이 소리를 들은 김엄은 경주를 하다 말고 곧바로 달려가 소리 친 중국인을 때렸다. 이 일로 인해 김엄과 김산 일행 등 6명의 조선인 학생은 모두 난카이대학에서 철수해야만 했다. 이후 김엄은 중국 영화계에 들어가 영화계의 스타가 되었다. 당시 그의 예명은 '진찬(金燦)'이었다. 님 웨일즈도 『아리랑』 서문에서 '진찬'을 이같이 칭송한 바 있다.

"한인 중에는 아주 잘 생기고 이목구비가 뚜렷한 사람이 수두룩하다. 그 생김새는 보통 일본인과 중국인의 특징이 혼합되어 있는 듯하다. 한인은 영화배우로서 일본과 중국 양국에서 모두 수요가 높다. 그 중 머리를 말아올린 사람도 있어 미국 관객의 우상인 된 무성영화 시대의 하야카와 셋슈(早川雪州)를 연상시킨다. 그러나 지금 할리우드에 있는 한인 배우 필립 안(Philip Ahn : 안창호의 아들)의 얼굴이 더욱 전형적이다. 중국 제일의 인기 영화배우인 '진찬' 도 한인이다. 그는 뉴욕에서 공연된 바 있는 영화 『검은 매미』의 주역을 맡았다."

이를 통해 훗날 '진찬', 즉 김엄이 은막을 통해 중국에서 커다란 인기를 얻게 되었음을 쉽게 알 수 있다. 그러나 당시 '진찬' 을 비롯한 조선인 학생 6명은 자존심 때문에 장학생 자격을 잃어버려 커다란 곤경에 처해 있었다. 이들이 이내 베이징으로 가기로 결정하자 안창호의 친구가 이들에게 여비와 학비를 주었다.

이때 김산은 곧 북경협화의학원(北京協和醫學院)에 들어갔다. 이 의학원은 1906년에 영미 기독교재단에 의해 설립되어 1921년에 록펠러재단에 의해 정식으로 개교했다. 님웨일즈는 『아리랑』에서 김산이 국립 북경의과대학에 입학했다고 기록해 놓았으나 이는 잘못이다. 이후 김산은 1922년에 친구를 보러 상하이에 잠시 다녀온 것을 빼고는 1925년에 광저우혁명이 일어날 때까지 3년 동안 북경에서 의학도로 생활하면서 학생운동에도 적극 참여했다.

김산이 처음으로 김성숙을 만난 것은 바로 이때였다. 『아리랑』에 따르면 당시 김산은 우파 민족주의자의 독립운동 강령이 무기력하다고 느낀 나머지 이내 테러리스트와 무정부주의에 경도되어 있었다. 이때 김성숙이 김산에게 지대한 영향을 미친 것이다. 이는 『아리랑』에 나오는 김산의 수차례에 걸친 술회를 통해 쉽게 확인할 수 있다. 김산은 『아리랑』에서 자신의 사상적 스승인 김성숙과의 만남을 이같이 술회했다.

"내가 가장 강한 영향을 받은 사람은 금강산 승려 출신의 공산주의자 김창충이었다. 이 사람은 1922년에 북경에서 비로소 만나게 되었다."

김성숙이 1923년에 중국으로 망명한 점을 감안하면 김산의 기억에는 1년의 착오가 있었다고 보아야 한다. 원래 『아리랑』은 김성숙에 관한 소중한 정보를 담고 있으나 일부 내용에 부정확한 점이 있음을 주의할 필요가 있다. 일례로 김성숙의 나이를 두 살 많게 말한 점과 김성숙이 집을 나왔을 때의 나이를 18세가 아닌 16세로 말한 점, 김성숙이 옥살이 한 햇수를 2년이 아니라 1년이라고 말한 점 등이 그것이다. 그러나 사실 이는 사소한 문제에 불과하다.

『아리랑』은 김산이 일제의 감시를 피하기 위해 그만이 아는 암호로 기록된 일기의 내용을 토대로 하여 만들어진 책이다. 김산이 암호를 해독할 때 약간의 착오를 범했을 수도 있고, 님 웨일즈가 김산의 구술을 받아쓸 때 잘못 기록했을 가능성도 있다. 그러나 김산의 치열한 삶이 그러했듯이 『아리랑』의 기록 역시 약간의 내용을 제외하고는 거의 대부분이 사실(史實)에 충실한 것으로 보아도 대과는 없다.

『아리랑』에는 당시 김성숙이 김산의 결혼문제에 관해 언급한 내용이 상세히 실려 있다. 당시 김성숙은 의과대학을 다니는 김산이 의도적으로 결혼을 피하는 것을 보고 이같이 충고했다.

"자네는 나 같은 중보다도 더 지독하군. 자네는 금욕주의자야."

김산은 자신이 좋아하는 톨스토이의 말을 인용해 이같이 반박했다.

"사랑이란 무엇입니까. 사랑이란 단지 자신의 어린애를 위해 남의 집 젖먹이의 어머니를 빼앗는 것에 불과합니다. 잔인한 남자의 품속에서 여자를 구출해낸다는 명분 아래 한 사나이가 한 여자를 자신의 잔인한 품속으로 끌어들이는 것일 뿐입니다."

김성숙이 머리를 흔들었다.

"어떤 아가씨에게는 자네가 참으로 멋지고 깨끗한 표적이 될 걸세. 자네는 아무런 방어수단도 갖고 있지 못하네. 여자들에 대한 유일한 방어수단은 더 많은 여자를 사귀는 것이라는 걸 모르나. 자네는 단지 자기 자신을 여자가 공격하기 쉽게 만들고 있을 뿐이네. 불쌍하게도 언젠가 자네는 사랑에 빠질 것이네. 그러면 하늘이 무너지는 것 같겠지. 내 생각에는 그렇게 되기 전에 그 이론을 버려야 할 것 같네."

김산이 반박했다.

"하나의 위대한 사랑은 한 덩어리의 작은 사랑들보다 훌륭합니다. 하나의 커다란 비극은 서서히 일어나는 파멸과 의기소침만큼은 해롭지 않습니다. 무릎을 꿇고 살기보다는 차라리 죽는 편이 낫습니다."

"사내에게 가장 위험한 상태는 첫 여자를 위해 동정을 지키고 있는 것일세. 나 자신이 한때 승려로 있을 때 자네와 같은 생각을 가졌기 때문에 자네한테 주의를 주는 것이라네. 사랑이란 일종의 주사나 수혈, 또는 고독한 출혈이라고 생각되네. 자네는 둘 중 하나를 택할 수도 있겠지. 사실 나 자신은 진정한 사랑에 대해 아무 것도 모른다네. 그러나 여자에 대해서는 배워야만 한다고 결심했다네."

김산이 다시 말했다.

"헤겔은 25세에 부인을 잃고 재혼을 거부했습니다. 저의 변증법이 헤겔보다 못하지 않다면 저는 비난받을 이유가 없습니다. 비록 변증법적인 방식으로 하기 위해서는 수갑이 필요하겠지만 그래도 정신을 자유롭게 만들려면 먼저 육체를 자유롭게 만들어야 합니다."

김성숙이 충고했다.

"헤겔은 추상 속에서 살았네. 하지만 자네는 현실적인 사회 속에서 여자와 어울려 살면서 함께 싸우지 않으면 안 되네. 순수한 금욕주의자가 되기를 원한다면 금강산 속으로 들어가게나."

『아리랑』의 이 기록을 통해 당시 김성숙이 민족혁명에 대해 매우 현실적이면서도 유연한 사고를 하고 있었음을 확인할 수 있다. 그러나 한국의 혁명가들이 결혼을 해서는 안 된다는 김산의 주장에 김성숙도 동조했다는 김산의 회상에 따르면 김성숙 역시 당시만 하더라도 결혼을 할 생각이 별로 없었음을 알 수 있다. 당시 톨스토이의 경건한 금욕주의를 추종한 김산은 사나이라면 자신의 육체적 욕망을 제어해야만 한다고 생각했다. 그는 『아리랑』에서 톨스토이와 안창호를 통해 이런 확신을 얻게 되었다고 밝힌 바 있다.

"나는 톨스토이를 통해 희생의 철학을 배웠다. 그 희생은 생활의 희생뿐만 아니라 욕망의 희생도 포함한다. 나는 톨스토이의 금욕주의와 루소 사이의 어딘가에 진리가 있을 것으로 생각했다. 톨스토이는 처음에는 여자를 좋아했지만 창작활동을 하기 시작한 이후로는 여자와 관계를 일절 갖지 않았다. 나는 이 첫 번째 단계를 거치지 않고 곧바로 내 갈 길을 가려고 생각했다."

박애주의를 내세운 톨스토이 철학이 안창호를 통해 김산에게 일종의 금욕주의로 깊이 각인되었음을 짐작케 해주는 대목이 아닐 수 없다. 그러나 김산의 이러한 금욕주의는 김성숙의 생각과 다른 것이었다. 김성숙이 혁명을 하는 데 결혼이 방해가 된다고 생각한 것은 어떤 추상적인 이념에 의한 것이 아니라 전적으로 현실적인 이유로 인한 것이었다. 김성숙이 결혼생활을 통해 보다 현실적이면서도 합리적인 혁명노선을 걸은 데 반해 김산이 이상적이면서도 급진적인 혁명노선을 추구한 것도 이러한 차이와 무관치 않았을 것이다.

『아리랑』에 따르면 1919년에서 1923년까지 중국 내 한국 학생들의 사고가 중국 학생보다 훨씬 앞서가고 있었다. 일본과 직접 맞닥뜨리고 있는 상황에서 혁명의 필요성이 훨씬 절박하게 다가왔기 때문일 것이다. 당시 한국의 학생과 노동자들은 러시아혁명과 내전의 시기에 모든 형태의 투쟁에 참여했다. 당초 레닌이 중국보다 한국에 훨씬 큰 관심을 가진 것도 이와 무관치 않았을 것이다.

김성숙과 김산이 베이징에서 활약할 당시 이곳의 한인은 학생 3백 명을 포함해 8백 명 정도였다. 학생들은 우파 민족주의자가 통제하는 '조선학생회(朝鮮學生會)'와 좌파 사회주의자가 지도하는 '한인학생동맹(韓人學生同盟)'의 두 파로 갈라져 있었다. 두 단체의 회원수는 거의 비슷했다. 당시 이들 학생들 사이에서는 테러리즘이 커다란 관심거리였다. 이에 대한 논란이 계속되었다. '조선학생회'는 테러리스트 지지파였고 '한인학생동맹'은 공산당의 반테러리즘 방침에 따라 이를 반대했다. 당시 김산은 좌파 학생단체인 '한인학생연맹'은 물론 좌파 학술단체인 '조선사회과학연구소'에도 가입해 있었다.

이때 김성숙은 자신이 주필로 있는 잡지 『혁명』을 통해 사회주의 사상 보급과 항일독립운동 고취에 진력했다. 당시 베이징에서는 몇 안 되는 한인들이 한글 잡지를 모두 7개나 발간하고 있었다. 이는 모두 학생 인텔리겐챠들이 편집한 것이었다. 어느 것이나 이론과 전술문제를 깊이 천착했다. 이들 잡지는 방법론상의 이견에도 불구하고 조국의 독립과 인민의 자유를 기필코 쟁취해야 한다는 두 가지 목적론에서는 완전히 일치했다.

그러나 김산을 비롯한 유학생들이 볼 때 이는 '자유'의 개념으로 요약할 수 있었다. 모든 압제로부터의 자유, 결혼과 연애의 자유, 행복한 삶을 살아갈 자유, 자신의 삶을 개척할 자유 등이 학생들의 마음을 사로잡았다. 이들 모두 루소가 강조한 자유를 신성시했다. 무정부주의가 학생을 비롯한 인텔리겐챠에게 커다란 호소력을 갖게 된 이유가 바로 여기에 있었다. 당시 중국 내에서는 많은 한인 정당이 출현했음에도 불구하고 강력한 중앙집권적 조직을 발전시키지 못한 것도 바로 이 신성시된 자유 개념에서 비롯된 것이었다.

역사적으로 볼 때 프랑스혁명의 상징인 자유는 원래 앙시앙레짐을 타파한 제3계급 부르주아의 전유물이었다. 당시만 해도 자유는 진보의 상징이었다. 그러나 이내 평등을 절대시한 마르크시즘이 유행하면서 자유는 보수의 상징으로 여겨지게 되었다. 이론적으로 볼 때 제4계급인 프롤레타리아가 추구하는 인류의 평등 개념은 소수 부르주아의 기득권을 유지시키는 데 이용되고 있는 자유 개념과 대립되는 것이었다. 이후 투표권 확대조치와 더불어 정치적 민주 개념이 보편화하면서 부르주아와 프롤레타리아 모두 이를 적극 도입함에 따라 [평등민주 대 자유민주]의 도식이 성립했다. 이것이 바로 러시아의 10월 혁명 이후 계급평등을 지향하는 프롤레타리아 인민민주주의와 개인자유를 지향하는 부르주아 자유민주주의의 대립이 나타나게 된 역사적 배경이다.

당시 김산을 비롯한 학생들이 민족민주주의에 토대한 민족혁명과 인민민주주의에 토대한 계급혁명, 자유민주주의에 토대한 독립혁명 등의 모든 혁명 개념을 '자유'라는 단 하나의 개념으로 통일시킨 것은 이론적으로 볼 때 사실 커다란 모순이었다. 그러나 이는 비단 이들 학생들에 한한 얘기도 아니었다. 당시 모든 혁명가들이 이들 학생들의 수준을 넘지 못했다. 각 정파 모두 자신이 존재할 권리와 자유로운 정견을 발표할 권리를 고수한 것이 그 실례이다. 개인 역시 자신들의 신념의 자유를 지키기 위해 결사 투쟁했다. 김산은 『아리랑』에서 당시의 상황을 이같이 술회했다.

"우리 학생들 사이에서는 민주주의가 남아돌 정도로 많았다. 거의 아무런 규율도 없었다."

김산이 여기서 말한 민주주의는 바로 학생들이 그토록 신성시했던

'자유'를 의미했다. 당시에는 민족과 민주, 자유, 평등 개념 등이 하나로 뒤섞여 통용되고 있었던 것이다. 이같이 혼란한 사고체계 속에서는 민족혁명과 독립혁명, 인민해방혁명 등의 우선순위가 혼란스럽게 뒤엉킬 수밖에 없다. 김산을 비롯한 조선인 혁명가들이 중국혁명의 와중에 대거 희생된 이유도 이와 무관치 않았다.

러시아의 10월 혁명은 비록 겉으로는 반제계급혁명을 기치로 내걸었지만 사실은 권력투쟁으로서의 볼셰비키 혁명인 동시에 주변의 제국주의 국가로부터 러시아 민족을 지키기 위한 민족혁명의 성격을 띤 것이었다. 이는 소비에트 체제를 신봉한 볼셰비키들이 의회민주체제를 추구한 멘셰비키를 제압한 뒤 일본을 포함한 서구 열강의 제국주의자 및 차르 통치를 지지하는 봉건귀족의 백군세력과 동시에 전쟁을 치른 사실을 통해 쉽게 확인할 수 있다. 조선 독립군들이 적군에게 대거 참살을 당한 '자유시사변'을 비롯해 극좌모험주의자들이 계급혁명을 민족혁명보다 앞세운 것 등은 바로 10월 혁명의 기본성격을 제대로 읽지 못한 데 따른 것이었다.

중국공산당의 지도 아래 수십 년간에 걸쳐 진행된 중국의 공산혁명 역시 권력투쟁으로서의 국공내전인 동시에 일제를 비롯한 서구 열강의 제국주의로부터 중국민족을 지키기 위한 민족혁명이었다. 중국혁명에서는 소위 '리리산(李立三) 노선'과 같은 급진좌파의 '망동'이 일시 등장키는 했으나 시종 이 원칙에서 벗어나지 않았다. 김산이 국민당 내지 일제의 첩자로 몰려 억울한 죽음을 당한 것도 이와 무관치 않았다.

원래 리리산은 1930년에 중국공산당 중앙정치국위원 겸 선전부장이 되어 혁명시기가 임박했다는 판단 하에 도시 무장봉기와 홍군의 대도시 진격을 지시한 바 있다. 이로 인해 소위 '리리산 노선'이라는 말이 유행케 되었다. 그러나 리리산 노선은 철저히 실패로 끝나고 말았다. 다음해에 코민테른의 권위를 배경으로 한 왕밍(王明) 등이 당 중앙을 장악한 뒤 리리산 노선의 책임을 엄중하게 추궁했다.

당시 조선의 사회주의 혁명가들은 김산의 경우를 통해 짐작할 수 있듯이 리리산 노선과 같은 교조주의 노선의 문제점을 제대로 파악치 못하고 있었다. 조선의 경우는 러시아 및 중국과 달리 식민지라는 특수 상황으로 인해 독립혁명이라는 최우선의 과제가 존재했다. 계급혁명은 독립혁명의 하위개념에 불과했다. 이동녕 등의 기호파와 김구 등이 '반제항일' 의 기본노선에서 '반제' 보다 '항일' 에 무게를 두고 자주독립을 강력히 주장한 이유가 바로 여기에 있었다.

이들이 국제정세에 대한 깊은 통찰 등이 상대적으로 취약했음에도 불구하고 해방 전의 시기에 혁명의 기본방략에서 우위를 점한 것도 바로 이 때문이었다. 김성숙이 중일전쟁의 발발을 전후해 모든 좌파 독립운동단체를 하나로 묶어 충칭임시정부로 들어가려고 한 것도 바로 이를 통찰한 데 따른 것이었다.

그럼에도 당시 박헌영을 비롯한 국내의 조선공산당 세력은 해방 전은 물론 미소 양군이 한반도를 분할 점령한 해방공간에서조차 시종 계급혁명을 앞세운 채 권력투쟁의 일환으로 급진좌파의 망동을 일삼았다. 이는 이들이 시대상황에 따른 혁명의 우선순위를 완전히 거꾸로 읽은 사실과 무관치 않았다. 우선순위에서 볼 때 해방 전의 시기에는 조국독립혁명, 해방공간의 시기에는 민족통합혁명이 당연히 우선시되어야만 했다. 조선공산당이 맹종한 계급혁명으로서의 인민해방투쟁은 일본제국 치하의 시기는 말할 것도 없고, 대국주의에 입각한 미소 양군이 한반도를 분할 점령한 해방공간에서도 결코 우선시할 수 있는 것이 아니었다.

일제가 패망한 이후의 한반도 상황은 오히려 일제 때보다 더욱 위험한 상황이었다. 말로만 독립이었지 미소 양국은 이미 한반도를 분할 점령코자 하는 그들의 세계전략에 따라 유사시 분단을 전제로 한반도의 반쪽을 자신들의 세력 하에 두고자 하는 명백한 의도를 지니고 있었다. 그렇다면 일본 제국주의를 상대로 독립혁명투쟁을 전개할 때보다 더욱 견결히 우파세력과 힘을 합쳐 이에 적극 대처해야만 했다. 그럼에도 이들은 정반대의 방향으로 나아간 것이다. 이러한 비난은 사실 좌파세력과의 결속을 거부한 우파세력에게도 동일하게 적용할 수 있는 것이다. 그러나 국내의 조선공산당 세력은 먼저 극좌모험의 망동을 서슴지 않았다는 점에서 1차적인 책임을 면할 수 없다. 전대미문의 동족상잔인 6 · 25는 바로 인민해방투쟁을 우선시한 이들 극좌모험주의 세력의 반민족적 행보가 만들어낸 참사였다.

21세기의 현 시점에서는 분명 일제와 같은 제국주의 세력에 대한 독립혁명의 과제는 사라졌다. 그러나 나라와 민족을 하나로 통합시켜야 하는 민족혁명의 과제를 낡은 마르크시즘에 기초한 계급혁명으로 해결코자 해서는 안 된다. 결과로서의 평등을 추구하는 것은 부귀를 추구하는 인간의 본성을 억제하여 무한경쟁으로 상징되는 세계사의 격변 속에서 스스로 국가와 민족 전체의 궤멸을 자초할 뿐이다. 전국시대 말기에 비전겸애(非戰兼愛)의 논리로 치자와 피치자를 막론한 획일적인 근로와 근검을 강조하며 일세를 풍미했던 묵가(墨家)사상이 일거에 사라진 것은 바로 이 때문이었다.

동양의 역사와 다르게 전개된 서양사를 토대로 하여 만들어진 유물사관에서 도출된 계급혁명의 과제는 서양에서조차 이뤄진 적이 없다. 계급혁명은 국가의 파탄을 호도하기 위한 소수 집권세력의 인민기만술에 불과할 뿐이다. 1970년대 중반까지만 하더라도 남한보다 앞서

거나 동등했던 북한이 세계 최빈국으로 전락한 사실이 그 증거이다. 개인은 물론 국가 또한 끊임없는 자강불식(自强不息)의 자기 혁신이 이뤄지지 않는 한 도태될 수밖에 없다.

독립혁명의 과제가 소멸된 현재 민족혁명은 민족통합이라는 또다른 과제를 부과하고 있다. 민족혁명은 한민족이라는 역사문화 공동체가 만들어진 이래 현재에 이르기까지 한민족이 지속적으로 추구해야 하는 상시적인 과제이기도 하다. 앞으로도 『예기(禮記)』에서 말하는 '대동세계(大同世界)'가 도래해 국가와 민족 개념이 허물어지기 전까지는 최우선의 과제로 남을 수밖에 없다. 그러나 대동세계는 하나의 이념형에 불과할 뿐이다. 국가와 민족 개념이 잉존하는 한 해당 공동체의 최상의 공동과제는 영원히 민족혁명일 수밖에 없는 것이다. 계급혁명 자체가 실패로 판명이 난 만큼 이제 온 국민이 국가와 민족의 통합으로 상징되는 민족혁명을 위해 모든 지혜를 모을 필요가 있다.

그러나 1920년대의 젊은 유학생 김산이 모든 혁명을 무정부주의 이념에 기초한 '자유'로 일원화한 것은 당시의 기준에서 볼 때 자연스런 것이기도 했다.

당시 그는 『공산당선언』을 공부한 뒤 레닌의 『국가와 혁명』 등을 읽으며 과학적 대중투쟁의 중요성과 쿠데타와 테러행위의 무용성을 깨달았다. 이때 그는 테러리스트들의 영웅적인 희생에 찬탄을 금하지 못하면서도 그들의 노선은 필경 실패할 수밖에 없으리라는 사실을 분명히 인식했다. 이에 그는 1922년에 상하이로 돌아가 의열단원과 무정부주의자 동지들을 만났을 때 통음(痛飮)하면서 크게 괴로워했다. 그는 상하이에서 베이징으로 돌아오는 도중 조국 독립의 꿈을 실현시킬 수 있는 진정한 길은 무엇인지 진지하게 고민했다.

그러나 김산의 뇌리에는 아무런 전술 개념도 형성되어 있지 않았다. 경험도 일천했다. 그는 정치적 신념의 이론적 기초를 닦기 위해 고심했다. 김산이 1923년 겨울에 사상적 방황을 멈추고 공산청년동맹에 가입케 된 것은 전적으로 김성숙과의 만남으로 인한 것이었다. 김산은 『아리랑』에서 김성숙과의 만남을 다음과 같이 운명적인 일로 기술해 놓았다.

"나를 공산주의자로 만든 사람은 김충창이었다."

그렇다면 김성숙은 과연 어떤 과정을 통해 사상적 고뇌를 거듭하던 의과대학생 김산을 공산주의자로 만든 것일까. 『아리랑』에 따르면 두 사람은 우연히도 YMCA에서 열린 학생들의 집회에서 만나게 되었다. 당시 김산은 처음 김성숙을 보는 순간 강한 흥미를 느꼈다. 김산은 김성숙을 처음 보았을 때의 감격을 이같이 기술해 놓았다.

"당시 김충창은 검은 안경을 끼고 있어 나이보다 늙어보였다. 그는 날카롭고, 아주 지적인 모습이었다. 그는 강한 정신력을 내뿜는 사람이었고 매우 미남이었다. 당시 공산주의자와 민족주의자 간의 투쟁이 매우 날카로웠다. 김충창은 공산주의자 편이었다. 이론적으로 확실한 기초를 가진 사람은 김충창 한 사람뿐이었다. 그는 언제나 이론적으로 상대방을 눌러 이겼다. 서로 얘기를 나누자마자 우리 사이는 평생 변치 않는 우정이 싹트기 시작했다."

이를 통해 김산이 김성숙과의 해후 장면을 매우 감명 깊게 기억하고 있음을 확인할 수 있다. 김산이 『아리랑』에서 약술하고 있는 김성숙의 이력은 대략 다른 자료의 내용과 부합한다. 다만 『아리랑』에서 김성숙이 금강산의 유점사에서 수행한 것으로 기술해 놓은 것은 훗날 김성숙이 이정식과의 면담에서 밝힌 내용과 다르다. 대략 김산이 일기를 기록할 때 착오가 있었던 것으로 짐작된다.

당시 김성숙은 김산이 술회했듯이 예리한 지성과 훌륭한 인품, 가난한 생장배경과 천성적인 정의감에 기초한 혁명관 등을 지니고 있었다. 젊은 혁명가 김산이 자신의 삶에 가장 큰 영향을 끼친 인물로 '금강산의 붉은 승려' 김충창을 거론한 것은 자연스러운 일로 보아야 한다. 이는 『아리랑』에 나오는 김산의 다음과 같은 술회가 뒷받침한다.

"김충창은 한국 청년들의 생활이 가장 어려웠던 1922-1925년까지 나의 이론공부를 이끌어 주었다. 내가 처음 그를 만났을 때 내 나이는 18세였고 그의 나이는 25세였다. 김충창은 내가 알게 된 사람 중 나에게 가장 큰 영향을 준 사람이다. 이는 기본적으로 그의 예리한 지성과 훌륭한 인품 때문이었다. 여기에는 당시 내가 다른 사람의 감화와 새로운 사상의 영향을 가장 예민하게 받아들이는 사춘기에 그를 알게 된 사실도 적잖이 작용했다."

김성숙은 테러리즘과 관련해 동료들과 논쟁을 하며 무정부주의 노선에 회의를 품고 사상적 방황을 하던 김산이 민족혁명에 관한 개안(開眼)을 하는 데 결정적인 역할을 수행한 셈이다. 다만 김산이 김성숙과 만난 시점은 1923년 말기인 것은 확실하나 정확히 언제인지는 알 길이 없다. 『아리랑』의 전후문맥에 비춰 대략 김성숙이 베이징으로 온 지 얼마 안 된 시기였던 것으로 짐작된다.

김성숙이 중국으로 건너오게 된 데에는 화요회와 서울청년회의 갈등으로 요약되는 국내 사회주의 운동세력의 내부분열에 대한 염증이 크게 작용했다. 불가사상의 세례를 받은 김성숙의 입장에서 볼 때 사소한 문제를 갖고 극한 대립을 일삼는 국내 사회주의 운동세력의 내분은 헤게모니 쟁탈을 위한 추잡한 싸움으로밖에 보이지 않았다.

『아리랑』에는 김성숙이 이정식과의 면담 때 구체적으로 밝히지 않은 초기 망명시절의 일화가 제법 많이 수록돼 있다. 김산은 『아리랑』에서 김성숙의 초기 망명시절의 행보를 이같이 기술해 놓았다.

"1924년에 김충창과 나와 다른 8명의 『혁명』 창간 동지들은 이르쿠츠크파 공산당의 한 지부로서 '북경고려공산당(北京高麗共産黨)'을 창립했다. 이 시기 나는 초창기의 중국인 공산주의자도 몇 명 만났다. 그 중에는 스춘퉁(施存統)도 있었다. 그는 중국공산청년동맹의 창립자 중 한 사람이었다. 그는 1920년에 이 동맹의 초대 서기가 되었다. 1923년에는 중국공산당의 창립자 중 한 사람인 리따자오(李大釗 : 당시 베이징대 교수)도 만났다. 그는 우리 잡지 『혁명』에 정기적으로 기고하며 이따금 충고와 비판을 해주었다. 그후 쥐츄바이(瞿秋白 : 중국공산당 창시자 중 한 사람)도 알게 되었다."

리따자오는 1889년에 태어나 일본에 유학해 베이징대학 교수로 취임한 뒤 잡지 『신청년(新青年)』 등에 논문을 발표하며 신문화운동을 지도한 인물이다. 그는 중국공산당의 초기 형성과정은 물론 국공합작 과정에서도 매우 중요한 역할을 했으나 1927년 4월에 장쭤린(張作林)의 베이징 군벌정부에 의해 체포돼 처형되었다.

김산은 『아리랑』에서 김성숙의 베이징행 배경은 물론 베이징에서의 생활에 대해서도 매우 상세히 기술해 놓았다. 이는 김성숙이 이정식과의 면담에서 밝힌 내용과 거의 동일하다. 그러나 김산의 기술 중에는 약간의 의문이 뒤따른다. 먼저 『아리랑』에는 김성숙이 이정식과의 면담에서 밝힌 '창일당'에 대해 아무런 언급이 나오지 않고 있다.

그렇다면 『약력』 등에 나오는 '창일당'은 어떻게 된 것일까. 과연 이런 단체가 있었던 것일까. '창일당'의 당명은 어떻게 나온 것일까. 이와 관련해 김성숙과 베이징에서 같이 활동했던 장건상은 1966년 당시 김창순과의 면담에서 이같이 말한 바 있다.

"우리 모임의 원래 이름은 '혁명동지회'였소. 그러나 『혁명』에는 '북경반제대동맹(北京反帝大同盟)'으로 인쇄되어 있었기 때문에 세간에는 그 이름이 더 잘 알려져 있었소."

이는 '창일당'의 명칭과 관련해 김성숙의 술회와 약간 차이가 있다. 이에 대해 김학준은 『아리랑』에 나오는 '북경고려공산당'이 바로 '창일당'일 가능성이 높다고 추정한 바 있다.

김산이 말한 '북경고려공산당'의 공식 명칭은 장건상이 말한 '혁명동지회' 내지 '북경반제대동맹'과 김성숙이 말한 '창일당' 중 어느 것이 맞는 것일까. 김성숙이 이정식과의 면담에서 언급한 '창일당'의 성격과 전후맥락 등을 종합해 볼 때 김학준의 추론이 사실에 가까운 듯하다. 당시 김성숙이 『혁명』의 주필로서 당의 기본강령에 충실한 글을 게재한 사실 등에 비춰볼 때 '창일당'일 공산이 크다. 그렇다면 당시 김성숙은 잡지도 내고, 사람을 뽑아 국내에 침투시키며, 여러 단체들도 만들면서 이에 소요되는 막대한 자금은 어떻게 조달한 것일까. 김성숙은 이정식과의 면담에서 이같이 밝힌 바 있다.

"잡지 하는 것이 뭐 돈이 많이 들겠소. 사람 파견하는 것도 각자 자기네 집에서 갖다 썼소. 그런 일 하려고 중국으로까지 왔는데 그 사람들이 자기네 집이 다 괜찮게 사니까 자기 집에서 돈을 많이 갖다 쓴 것이오. 유지(有志)가 돈을 대준 적은 없었소. 어쩌다 국내의 돈 있는 사람이 돈을 좀 대는 일이 있기는 했소."

당시 『혁명』의 정기구독을 약속했던 보이찐스키도 김성숙에게 어떠한 재정지원을 하지 않았다. 당초 보이찐스키는 김성숙이 『혁명』을 발간할 때 코민테른의 각 기관 도서관에 비치할 예정이라며 매달 20부씩 보내주면 매달 이백 원을 주겠다고 약속한 바 있다. 그러나 그는 결코 대금을 보낸 적이 없었다. 김성숙 또한 처음부터 보이찐스키에게 기대를 하지도 않았다.

『아리랑』의 기록에 비춰볼 때 김성숙이 주필로 있었던 『혁명』에는 당시의 민족운동과 공산운동에 관한 내용이 많이 실렸던 것으로 추정된다. 1925년 5월 당시 조선총독부 경무국이 작성한 『재외 불령선인(不逞鮮人) 개황』은 베이징 주재 조선인들의 활동을 이같이 기록해 놓고 있다.

"베이징지역 불령선인을 좌지우지하는 한교동지회(韓僑同志會)는 「도보(導報)」, 불교유학생은 『황야』와 『혁명』, 조선학생회는 『해외순보(海外旬報)』, 고려학생회는 『신광(新光)』·『신인물(新人物)』·『시단(詩壇)』·『학원(學苑)』 등의 출판물을 계속 발행하여 맹렬히 공산주의와 민족주의를 고취하고 있다. 나아가 이들 공산주의와 민족주의는 그 목적을 달리해도 노선을 일치시킴으로써 알력투쟁을 저지하고 같이 힘을 모아 혁명의 완성을 위해 노력해야 한다고 절규하는 등 오로지 민심선동에 진력하고 있다."

당시 김성숙은 김규광(金奎光)이라는 이름으로 『황야』와 『혁명』을 발간하고 있었다. 조선총독부 경무국의 자료를 통해 알 수 있듯이 당시 김성숙이 주필로 있던 『황야』와 『혁명』의 노선은 민족주의와 공산주의의 통합을 통한 조선혁명의 완성이었다. 김성숙도 이정식과의 면담에서 이같이 강조한 바 있다.

"나는 민족적 공산주의자였소. 그 기본은 민족주의자였던 것이오. 그때나 지금이나 내 사상은 민족주의요. 내가 기본적으로 민족주의 입장에 있었다는 사실을 왜놈들도 잘 알고 있었소."

민족주의자를 자처한 김성숙은 당시 공산주의를 어느 정도나 받아들이고 있었던 것일까. 그는 '조선무산자동맹회'에 가입했을 당시만 해도 공산주의와는 일정한 거리를 두고 있었다. 혹여 중국에 망명한 이후 전술적으로 공산주의를 수용했던 것은 아닐까. 이와 관련해 김성숙은 이정식과의 면담에서 이같이 밝혔다.

"나는 소련으로부터 원조를 받아도 좋다고 생각해 공산주의를 수용했던 것이오. 나는 당시 국제주의가 너무 팽창해 있어서 그것을 경계하기 위해서도 민족주의가 중요하다고 생각했소. 그때 우리나라의 사회주의자들과 공산주의자들은 민족주의를 무시하고 있었소. 이들은 민족주의를 부르주와 이데올로기로 단정하고 프롤레타리아 국제주의를 강조한 마르크스-레닌이즘을 그대로 받아들인 것이오. 그러나 나와 내 동지들은 이에 맞서 역설하기를, '민족문제가 더 크다. 민족이 독립된 뒤에야 공산주의고 사회주의고 무엇이든지 되는 것이지, 민족의 독립도 없이 그 무엇이 되겠는가' 라고 했소. 또 강조키를, '우리가 독립하기 위해서는 전 민족이 단결해야 한다. 이것이 바로 민족주의이다' 라고 했소."

시종 민족주의의 행보를 걸은 김성숙의 가장 큰 사상적 특징이 선명히 드러나는 대목이 아닐 수 없다. 김성숙은 이미 『혁명』을 펴낼 때부터 이데올로기의 노예가 되어 민족을 부수 개념으로 파악하고 있는 좌파진영과 분명한 선을 긋고 있었던 것이다. 그의 혁명사상은 바로 조국독립과 민족통합에서 비롯된 것이고, 모든 사상은 이를 위해 추호의 모순도 없이 하나로 수렴될 수 있었다. 좌와 우를 포함한 그 어떤 이데올로기와 이념, 사상도 조국독립과 민족통합으로 요약되는 민족혁명 개념 앞에는 단지 부수적인 방법론에 지나지 않았다. 김성숙은 망명 후에도 시종 사회주의 내지 공산주의를 조국 독립혁명을 이루기 위한 수단으로밖에 생각지 않았던 것이다.

제4절

의열단

당초 김산은 중국의 상하이로 건너왔을 때만 해도 이광수 및 안창호의 영향을 크게 받았으나 이내 테러리즘에 크게 공명했다. 이는 그가 청년 테러리스트들과 잦은 접촉을 갖게 된 데 따른 것이었다. 김산은 이들 청년 테러리스트들과 어울리면서 그들의 활동에 크게 매료되었다. 그가 김성숙을 만나기 직전에 무정부주의에 경도된 이유가 바로 여기에 있었다. 당시 이들 청년 테러리스트는 대개 무정부주의자였다.

테러리즘은 한인의 항일투쟁에서 떼어놓을 수 없는 중요한 부분을 차지하고 있다. 원래 무정부주의와 테러리즘은 상존하는 억압에 대한 반발인 동시에 좌절감과 허무감에 대한 반발이기도 하다. 일찍이 신채호는 의열단 단장 김원봉으로부터 선언문을 집필해달라는 부탁을 받고 1923년 1월에 6천4백여 자에 달하는 장문의 『조선혁명선언』을 탈고한 바 있다. 그는 『조선혁명선언』에서 이같이 주장했다.

"의병(義兵) 10만이 일척(一擲)의 작탄(炸彈)만 못하고, 억천 장의 신문잡지가 일 회(一回) 폭동만 못하다. 민중은 우리 혁명의 대본영이고 폭력은 우리 혁명의 유일한 무기이다. 민중 속에 가서 민중과 손을 잡고 끊임없는 폭력과 암살, 파괴, 폭동 등으로 강도 일본의 통치를 타도해야 한다."

신채호는 먼저 강도 일본이 조선민족의 적임을 분명히 하고 오로지 혁명으로서 강도 일본을 살벌(殺伐)하는 것이 조선민족의 정당한 선택이라고 선언한 것이다. 그는 일제와의 타협 하에 전개되는 자치론과 내정독립론, 참정권론 등을 비롯한 국내 문화운동을 모두 '적'으로 규정했다. 이어 상하이임정이 중시하고 있던 외교론과 독립전쟁준비론 등을 비판한 뒤 일제를 몰아내고 조선민족의 생존을 획득하기 위해서는 혁명의 길밖에 없고, 그 혁명은 반드시 '민중직접혁명'이어야 한다고 역설했다.

이를 통해 짐작할 수 있듯이 『조선혁명선언』에는 민족주의와 무정부주의적 견해가 혼재해 나타나고 있다. 이는 집필 당시 신채호가 의열단의 이론가로 활약하던 유자명(柳子明)을 알게 된 사실과 무관치 않았다. 신채호가 무정부주의적 견해를 강하게 내보인 것은 바로 이때의 경험에서 나온 것이었다.

원래 신채호와 김원봉은 전부터 교분이 있었다. 김원봉은 신채호가 간부로 있던 신민회가 세운 신흥무관학교에서 군사훈련을 받았고, 이후 신채호를 스승처럼 존경했다. 신채호 역시 평소 무장투쟁에 매진하던 의열단에 커다란 친밀감을 느끼고 있었다. 『조선혁명선언』에서 일제와의 모든 타협을 거부하는 그의 단호한 결의를 읽을 수 있는 것도 이와 무관치 않을 것이다. 신채호의 민족주의 사상을 두고 무정부주의의 색채가 짙은 '혁명적 민족주의'로 규정하는 것은 바로 이 때문이다.

김산의 무정부주의도 바로 이런 '혁명적 민족주의'에 기초했던 것으로 보인다. 『아리랑』에 따르면 당시 일본인에게 테러를 가하고자 한 중국인들은 한인들 중에서 지원자를 물색했다. 당시만 해도 한인은 중국인과 일본인들 사이에서 가장 무시무시한 테러리스트로 알려져 있었다. 김산은 『아리랑』에서 이미 1919년 겨울에 의열단(義烈團)과 적기단(赤旗團)이라는 테러단체가 비밀리에 결성되었다고 기술해 놓았다. 그러나 여기에는 약간의 착오가 있다.

원래 적기단은 1923년경부터 소련 정부가 한인 무장독립군을 영외로 추방하거나 무제해제를 시키는 등 강압조치로 나오자 이에 대한 대안으로 이동휘가 간도를 중심으로 한 만주지역에서 결성한 단체였다. 이 단체의 조직총회는 1923년 1월 10일에 블라디보스토크 한인촌의 백산학교 강당에서 열렸다. 이 회의의 참가자는 46명이었고 조직위원 대부분이 상하이파 고려공산당원이었다. 이로 인해 적기단은 흔히 상하이파 고려공산당의 별동대로 여겨졌다.

이동휘가 세운 적기단은 한인들이 많이 거주하는 만주와 시베리아에 거점을 갖고 있었던 까닭에 1920년대 중반까지만 해도 북만주와 간도 일대에서는 그 활동이 여타 항일단체보다 훨씬 활발했다. 그러나 적기단은 1931년 9월 18일에 터져나온 일제의 만주사변(滿洲事變 : 중국의 9 · 18사변)에 의한 무력침공으로 더 이상 활동을 하지 못하고 이내 해체되고 말았다. 당시 상하이 등지의 중국 내륙지방과 국내에서는 적기단보다 의열단의 활동이 훨씬 활발했다. 의열단의 지부는 국내와 상하이, 베이징, 남만주 등지에 있었다. 나아가 의열단은 김성숙과 매우 밀접한 관련이 있었다. 『약력』에 나오는 다음과 같은 기록이 이를 뒷받침한다.

"선생은 서기 1923년에 베이징으로 가 창일당을 조직하고 한편으로 고려유학생회를 조직해 그 회장으로 피선되어 활약했다. 이후 신채호 선생과 유자명 동지의 추천으로 '조선의열단'에 참여해 선전부장에 피임되었다."

이 기록에 나오는 의열단은 김산이 말한 바대로 1919년 11월에 만주 지린성(吉林省)에서 항일의 깃발 아래 조직된 비밀결사였다. 이 단체는 김원봉이 이끌었다. 의열단은 폭력을 독립투쟁의 유일한 수단으로 보고 일제의 관리들과 친일 주구들을 처단하고 관청을 파괴하는 일에 종사했다. 김성숙은 의열단 참여를 계기로 항일투쟁을 보다 본격화했다.

『약력』에는 김성숙이 의열단에 가입한 시기가 나오지 않고 있으나 그의 술회 등에 비춰 대략 그가 중국으로 망명한 지 얼마 안 된 시기인 것이 거의 확실하다. 당시 김성숙은 입단한 뒤 김원봉과 곧바로 가까워졌다. 의열단에는 사람들이 제법 많았다. 김성숙은 이정식과의 면담에서 당시를 이같이 회고했다.

"당시 해외 사람들이 거의 모두 여기에 참여했소. 그때 젊은 사람들은 대개 피가 끓었으니까. 국내를 보니 독립투쟁이 끊긴 것 같고 해외의 임정을 보아도 창조파니 개조파니 해서 서로 싸우기를 그치지 않나, 지방색에 얽혀 다투지 않나, 모두 이런 한심한 모습이었소. 이제 우리 젊은이들이 나서야 한다. 별수 없다. 우리의 목숨을 내놓고 우리의 피를 쏟아 민족을 다시 경각시켜 새로운 민족운동을 벌어야 하겠다는 생각뿐이었소."

김성숙의 술회에 따르면 당시 의열단의 숫자는 도중에 가입했다가 타락한 사람도 있고 죽은 사람도 많았지만 그래도 통상 수백 명은 되었다고 한다. 젊은 사람들은 서로 내가 먼저 죽으러 국내로 들어가겠다는 자세로 폭탄을 들고 먼저 나가겠다고 자원했다. 그러나 국내로 한 번

나가려면 여비도 있어야 하고 돈이 많이 들었다. 그러니 나가겠다는 사람을 모두 내보낼 수는 없었다. 김성숙은 당시를 이같이 회상했다.

"결국 나중에는 제비를 뽑기도 했소. 먼저 죽으러 가겠다고 제비까지 뽑았으니 지금으로서는 상상할 수도 없는 일이오."

이 와중에도 당시 김시현(金始顯)은 국내에 몇 차례나 갔다 왔다. 김시현은 1883년에 경상북도 안동군에서 태어났다. 그는 의열단 단원으로 1923년 의열단의 밀명을 받고 국내에 잠입해 경기도 경찰부 경부 황옥(黃鈺)과 손을 잡고 전국적인 항일폭동을 일으키려다가 체포되었다. 그는 1929년에 석방되자 섭생(攝生)하며 감옥에서 쇠약해진 몸을 돌보라는 주변의 권고에 대해 '나의 섭생은 오직 독립운동뿐이다'라는 말을 남기고 다시 중국으로 망명해 투쟁했다.

해방 후 그는 김규식(金奎植)의 '민족자주연맹'에서 활약하다가 제2대 민의원으로 뽑혔고 1952년에 발생한 이승만 대통령 암살미수사건의 배후 주모자로 단죄되어 복역하다가 4·19혁명으로 석방되었다. 제5대 민의원으로 선출된 그는 늘 말하기를, "내가 국회의원의 자격으로 국무회의에 들어가 친일파의 소굴 장면 내각의 국무위원들을 모두 죽여야 하겠다"고 기염을 토하기도 했다. 그는 1966년에 서울에서 세상을 떠났다.

당시 의열단원들은 기본적으로 무정부주의에 가까웠다. 그렇다면 이들이 타격의 대상으로 삼은 것은 구체적으로 어떤 것일까. 일본 정부를 말하는 것일까, 아니면 모든 권력을 보편적으로 부인하는 것일까. 원래는 모든 권력을 부인한다는 뜻이나 당시에는 일본을 반대한다는 뜻이 훨씬 짙었다.

의열단을 이념적으로 이끈 사람은 신채호였다. 의열단 최초의 선언서를 쓴 신채호는 1880년 충청북도 청원군에서 태어났다. 그는 성균관 박사를 지내고 《황성신문》과 《대한매일신보》에 항일 논설을 쓰면서 독립정신을 고취시켰다. 이후 신민회 간부로 일하다가 1910년에 중국으로 망명했다. 임정에도 관여하여 임시의정원 전원위원장(全院委員長)이 되었다. 그러나 그는 임정 내의 '외교선전론' 및 '실력배양론'에 반대해 이내 1921년에 사직하고 말았다. 그는 철저한 '무장투쟁론자'였다.

당시 김성숙은 신채호와 함께 의열단 활동을 했다. 김성숙이 볼 때 신채호는 기본적으로 학자였다. 김성숙은 이정식과의 면담에서 신채호를 이같이 회고한 바 있다.

"단재는 '바보 영감'이었소. 사물을 전혀 모른다는 의미에서 말이오."

신채호는 김성숙이 역설적으로 표현한 바와 같이 오직 '조선독립'만 생각하며 혁명적 정의감으로 똘똘 뭉친 '바보 영감'이었다. 그는 옳은 일이라면 칼날 위에라도 올라서야 한다는 입장을 견지했다. 이로 인해 동지들에게 커다란 감화력을 지녔다. 남을 아주 격동시키는 얘기도 잘했다. 특히 그는 두뇌가 비상한 천재적인 인물이었다. 김성숙은 신채호의 비상한 두뇌를 이같이 회상했다.

"단재는 많은 고전을 그냥 줄줄 외울 정도였소. 예컨대 『삼국유사』를 한번 보았으면 좋겠는데 망명지에서 그걸 구할 수 없었소. 그래서 단재에게 물어보자 그는 그 자리에서 줄줄 외웠소. 필봉이 예리했고, 문장을 통해 남을 감복시키는 힘이 아주 컸소."

신채호의 글은 민족주의적이면서도 국수주의적인 성격이 많이 나타나고 있다. 그가 무정부주의를 받아들인 데에는 중국 내 무정부주의자들의 영향이 컸다. 그러나 그는 본질적으로는 민족주의자였다. 이는 김성숙이 이정식과의 면담에서 밝힌 다음과 같은 언급이 뒷받침한다.

"단재의 가장 큰 하나의 목표는 항일독립이었소. 무정부주의는 강력한 투쟁을 위한 이념적 무기였을 뿐이오."

신채호의 눈에는 기미독립선언문에 서명한 국내의 33인 대부분이 나쁜 놈들이 되어버렸고 심지어 왜놈의 앞잡이로 전락한 것으로 보였다. 그의 눈에는 상하이임정 역시 별반 나을 것도 없었다. 창조파니 개조파니 해서 싸우는 임정 요인들 역시 신채호의 눈에는 틀려먹었다. 김성숙의 술회에 따르면 당시 신채호는 늘 이같이 말했다고 한다.

"독립운동에는 별다른 길이 없다. 왜놈과 직접 1대 1로 싸우는 길밖에 없다. 그렇게 싸우다 보면 진정한 독립혁명가도 나오고 새로운 독립운동이 생긴다. 이렇게 하지 않고 무슨 정부니 단체니 해서 모양만 갖춰본들 아무 소용이 없다."

김성숙은 신채호의 이런 모습을 존경했다. 당시 신채호가 33인을 혹평한 것이 전혀 터무니없는 것은 아니었다. 33인 중 양한묵(梁漢默)과 박준승(朴準承)은 옥사했고, 천도교 쪽 인사인 손병희(孫秉熙)와 이종일(李鍾一)은 옥중 고문의 후유증으로 출옥한 뒤 병사했다. 이종훈(李鍾勳)과 홍병기(洪秉箕), 김병조(金秉祚), 박동완(朴東完)은 해외로 망명했다. 나머지 인물들 중 국내에서 항일자세를 계속 견지한 사람으로는 권동진(權東鎭)과 한용운, 백용성(白龍城), 김창준(金昌俊), 신석구(申錫九) 등을 들 수 있다. 최린과 박희도(朴熙道), 정춘수(鄭春洙) 등은 완전히 친일로 돌아섰고, 그외의 많은 사람들이 친일시비의 의혹을 받았다.

당시 의열단에는 신채호 이외에 유자명(柳子明)이 이념적 지도자로 있었다. 그의 무정부주의에 대한 이론 수준은 매우 높았다. 모든 암살과 파괴가 그의 기획이었다. 김원봉은 표면에 나선 사람이고 실제 일을 한 사람은 바로 유자명이었다. 그는 담대한 사람이었다. 김성숙의 이정식과의 면담에서 유자명을 이같이 회상했다.

"내가 가담하기 전의 의열단은 암살과 파괴에 치중했소. 내가 가담한 뒤 내 주장에 따라 하나의 정치단체로 바뀌었소. 그것이 의열단 역사에서 하나의 큰 전환이었소. 내가 가담한 이후 김홍일(金弘壹)도 의열단에 관계했소."

훗날 김홍일은 자신의 회고록 『대륙의 분노』에서 자신이 의열단 단원이었다고 말하지는 않았다. 그러나 그는 김원봉과 만나 그의 요청에 따라 '조선혁명군사정치간부학교'를 세우는 일에 협조했던 사실을 밝히고 있다. 김성숙의 의열단에 관한 회상은 『아리랑』의 기록과 거의 일치한다.

당시 김산이 가장 가깝게 지낸 테러리스트는 의열단 단장 김원봉과 행동대장 오성륜(吳成崙)이었다. 두 사람은 의열단의 핵심 인물이었다. 실제로 일경은 두 사람에 대해 산더미 같은 조사자료를 만들어 놓고 이 두 사람을 잡기 위해 혈안이 되어 있었다. 김산에게 김성숙 다음으로 가까웠던 인물이 바로 오성륜이었다. 김성숙과 김산, 오성륜은 피를 나눈 형제보다 더욱 가까운 동지이자 형제였다. 님 웨일즈는 『아리랑』 서문에서 이들 3인을 두고 이같이 평해놓은 바 있다.

"이들 삼인조는 지금 한인 지도부의 전위(前衛)이다. 한 사람은 유명한 테러리스트이며, 현재 만주에서 부대를 지휘하고 있는 행동가이다. 또 한 사람은 승려 출신의 인텔리 이론가이다. 나머지 한 사람은 한때 행동과 이론에서 그들의 제자였던 김산이다."

님 웨일즈가 『아리랑』을 두고 '3인조 조선인 혁명가에 관한 이야기'라고 말한 것은 바로 이 때문이었다. 『아리랑』의 이 기록은 당시 김성숙이 망명지인 중국에서 '인텔리 이론가'로 활약했음을 뒷받침하고 있다. 그러나 당시 김성숙이 단순히 이론가로만 활동한 것은 아니다.

그는 1927년 말에 오성륜 및 김산과 함께 중국혁명에 직접 뛰어들기도 했다. 이는 중국혁명의 성공이 조선독립의 실현을 앞당겨줄 것으로 판단한 데 따른 것이었다.

이들 3인이 가담한 '광저우(廣州) 코뮨'과 중국 최초의 소비에트인 '하이루펑(海陸豊) 소비에트'에 관한 얘기는 『아리랑』이 나오기 전까지만 해도 제대로 알려지지 않은 사건이었다. 중국 당국에서 볼 때도 『아리랑』에 나오는 내용은 매우 귀중한 사료에 해당한다. 현재 이 시기와 관련한 중국 당국의 공식 사료조차 상당부분을 『아리랑』의 기록에 의존하고 있는 실정이 이를 뒷받침한다.

당시 '광저우 코뮨'에 참여했다가 살아남아 그 비극적인 얘기를 들려줄 수 있는 사람은 겨우 서너 명에 지나지 않았다. 님 웨일즈는 가까스로 살아남은 사람 중 한 사람인 김산으로부터 당시의 상황을 소상히 전해듣는 행운을 얻은 셈이다. 김산의 증언에 따르면 당시 격전의 와중에 살아남아 생생한 얘기를 전할 수 있는 사람은 바로 김산과 김성숙뿐이었다.

원래 오성륜은 러시아의 허무주의와 무정부주의에 영향을 받아 1918년에 김원봉이 이끄는 의열단에 가입했다. 그는 의열단이 해체된 이후에도 이동휘가 만든 적기단에 가담해 시종 테러리스트로 활약하면서 일제의 간담을 서늘하게 만들었다. 김산은 『아리랑』에서 김원봉과 오성륜을 이같이 대비해 놓았다.

"김원봉은 두 개의 개성을 지니고 있었다. 그는 자신의 친구들에게 매우 점잖고 친절했으나 지독히 잔인할 수 있었다. 오성륜은 잔인한 사람이 아니라 정열적인 성격의 사람이었다. 뜨거운 피가 혈관 속에 흐르지 않는 사람은 테러리스트가 될 수 없다. 그래서 김원봉은 의열단의 지도자가 되었고, 오성륜은 때때로 김원봉에 반대해 투쟁했다."

이를 통해 김원봉과 오성륜은 전혀 다른 성격의 소유자임을 알 수 있다. 원래 김원봉은 고전적인 유형의 테러리스트로 냉정하고 두려움을 모르는 개인주의자였다. 그는 언제나 조용했다. 거의 말도 하지 않고 웃는 법이 없었다. 주로 도서관에서 독서를 하며 시간을 보냈다. 그는 대부분의 테러리스트가 그렇듯이 톨스토이의 글을 모두 읽었고, 특히 뚜르게네프의 『아버지와 아들』을 좋아했다. 그러나 그는 대단히 로맨틱한 용모를 지닌 미남이었음에도 불구하고 여자를 좋아하지 않았다. 김성숙은 이정식과의 면담에서 김원봉을 이같이 평한 바 있다.

"김원봉은 좋은 사람이오. 능력은 별로 없는 사람이지만 사람은 굉장히 좋았소. 혁명지조가 있는 사람이나 학식은 없었소. 순진한 군인이었는가 하면 그것도 아니었소. 나중에 군인이 됐지만 본래는 군인이 아니었소. 그는 식민지 청년으로 독립투쟁에 열성을 바쳤고, 자신의 목숨을 내놓았소. 김원봉이 그리 된 배경에는 밀양의 황상규(黃尙奎)라는 사람이 있소. 김원봉의 친척 어른이오. 황상규는 영남의 유명한 애국자로 항일운동에 참여해 신간회의 서기장으로 활약했소. 그가 어린 시절의 김원봉을 보고 귀여워했고, 아들로 취급하면서 이르기를, '너는 해외로 가서 독립운동에 참여하라' 고 했소. 황상규는 또 김원봉과 김두전(金枓栓), 이여성(李如星) 세 사람을 의형제로 묶어주면서 김원봉에게는 약산(若山), 김두전에게는 약수(若水)라는 아호도 지어주었소. 이여성의 '여성' 도 약산 약수에 맞춰준 아호일 것이오. '여' 와 '약' 이 모두 '같다' 라는 뜻이오. 이여성의 아버지가 황상규와 가까웠는데 대구의 큰 부자였소. 그는 땅을 팔아가면서까지 의열단에 돈을 많이 냈소. 김원봉도 이 돈과 황상규가 마련해 준 돈을 갖고 제일 먼저 만주로 들어갔던 것이오."

김성숙의 이런 증언은 대략 염인호의 『김원봉 연구』 기록과 일치한다. 김성숙이 증언한 바와 같이 김원봉은 족친인 황상규의 영향을 받아 독립운동에 뛰어들게 되었다. 김원봉이 행한 가장 유명한 테러사건으로는 1921년 9월 12일에 벌인 사이토 마코도(齋藤實) 총독의 암살기도를 들 수 있다. 당시 그는 우편배달부 옷을 입고 우편물 가방에 폭탄을 7개 넣은 채 서울에 있는 총독부로 들어갔다. 그러나 사이토 총독과 회의에 참석했던 고관들은 바로 한 시간 전에 떠나버렸다. 김원봉은 그곳에 가지고 간 폭탄 7개를 모두 집어던지고 나서 유유히 건물을 빠져나왔다. 경비가 현관을 빠져나오는 김원봉에게 물었다.

"이게 무슨 소리지."

김원봉이 천연스레 대답했다.

"잘 모르겠소."

그는 어부로 변장하고 3일 동안 한강 위의 조그마한 나룻배에 숨어 있었다. 그동안 비행기와 경찰이 총동원되어 전국적으로 그를 수배했다. 사흘째 되던 날 그는 만주로 건너갔다. 그는 1925–1927년 사이에 광저우에서 '조선청년혁명동맹'의 지도자가 된 뒤 1938년 중일전쟁 당시 '국제여단(國際旅團)'을 조직해 사령관이 되었다.

김성숙이 이정식과의 면담에서 밝힌 증언에 따르면 당시 의열단을 만들어 가는 방법은 대략 이러했다. 몇 사람이든 새로 들어오면 의형제를 맺었다. 의열단의 자금은 김원봉이 배분했다. 김성숙 등은 그를 당수와 단장이라고 부르지 않고 '의백(義伯)'이라고 불렀다. 이는 '의형제 집단의 맏이'라는 뜻이다. 그를 단장이라고 부른 것은 의열단을 보도한 국내 신문과 일본 경찰이었다.

김원봉은 굉장한 열정의 소유자였다. 동지들에 대해서도 뜨거웠다. 그는 자신이 만난 사람을 설득시켜 자신의 동지로 만들겠다고 결심하면 며칠을 두고 싸워서라도 모든 정열을 쏟아 뜻을 이뤄냈다. 그래서 동지들이 죽는 곳에 뛰어들기를 겁내지 않았다. 남을 격동시켜 자기 사람으로 만드는 것이 김원봉의 가장 큰 능력이었다. 김성숙은 이정식과의 면담에서 김원봉을 김구와 비교해 이같이 평한 바 있다.

"김원봉이 사람을 끌어들이는 점에서는 김구와 닮았소. 백범도 사람 하나 설득하는 데 최고였소. 이성적으로 하는 것도 아니고 어떤 이론을 갖고 하는 것도 아니고 완전히 정열을 갖고 감화를 시켜 앞으로 나아가게 했소. 1932년에 윤봉길(尹奉吉)과 이봉창(李奉昌)과 같은 의사를 민족적인 큰일에 내보낸 것도 김구가 아니었으면 어려웠을 것이오."

김원봉은 나름대로 사람을 끌어들이는 큰 마력을 지닌 인물이었음에 틀림없다. 그러나 당시 김성숙 및 김산과 가장 가까웠던 테러리스트는 김원봉이 아니라 오성륜이었다. 김성숙은 자신보다 2살 가량 많은 오성륜과 친형제처럼 가까이 지냈다. 김산도 김성숙 다음으로 오성륜과 가까이 지냈다. 이들 세 사람은 마치 친형제와 같았다.

김산이 상하이에서 오성륜을 만났을 때 김산은 16세였고 오성륜은 25세 전후였다. 이로 인해 처음에는 서로 친해질 수 없었다. 그러나 몇 년 후에 오성륜은 김산에게 김성숙 다음으로 가장 가까운 친구가 되었다. 오성륜은 김산을 총애해 자신의 특별한 부하로 생각했다. 1926년 이후에는 두 사람은 한 조가 되어 함께 일하기도 했다.

오성륜은 중국에서 한산(寒山) 또는 전광(全光)이라는 이름으로 활약했다. 김성숙에 따르면 오성륜은 '테러리즘의 걸물'이었다. 김산은 『아리랑』에서 오성륜과 자신의 관계를 이같이 술회했다.

"우리의 혁명사업에서 오성륜은 비밀 지도자였고 나는 공개적인 지도자였다."

오성륜은 전 생애를 비밀 속에서 살았다. 심지어 김산조차 그의 개인 경력을 자세히 알지 못했다. 그는 절대로 남의 말을 믿는 법이 없었다. 오직 자신의 행동만을 믿었다. 그는 오랫동안 사귄 뒤에야 비로소 믿었다. 한번 마음을 정하면 쉽사리 그것을 바꾸지도 않았다. 오성륜은 중키에 잘 생긴 편이었으나 미남은 아니었다. 광대뼈가 튀어나왔고 드넓은 이마에 짙은 머리카락을 한 그는 매우 건장했고 미술과 문학을 좋아했다. 고향에서 학교선생을 한 적도 있었다.

오성륜이 벌인 테러행위 중 가장 유명한 사건은 1922년 3월 28일에 상하이에서 일본의 남작인 육군대장 다나카 기이치(田中義一) 대장의 저격사건이다. 『아리랑』에는 이 사건이 1923년에 일어난 것으로 기록되어 있으나 이는 잘못이다. 당시 다나카는 육군대장으로 1918년 하라 다카시(原敬) 내각에서 육군대신을 지낸 뒤 1927년에는 세이유카이(政友會) 총재로서 내각총리대신이 되었다. 이때 그는 대중국정책과 국내 치안정책에서 강경노선을 견지했다. 특히 그는 일제 팽창의 지도적 이론가로 유명한 '다나카 상주문(上奏文)'을 쓴 인물이었다. 당시 그는 반동적 정복계획으로 인해 모든 중국인과 한인들로부터 커다란 증오를 받고 있었다.

원래 의열단은 다나카를 저격키 위해 그가 배에서 내릴 예정인 황푸탄(黃埔灘) 부두에 3명을 배치해 3단계 습격을 준비했다. 제1선은 피스톨을 가진 오성륜, 제2선은 폭탄을 가진 김원봉, 제3선은 칼을 가진 이종암(李種巖)이었다. 각자 자위를 위해 권총을 소지하고 있었다. 다나카가 배에서 걸어 내려올 때 다나카 바로 앞에는 한 명의 미국 여인이 있었다. 다나카가 8미터 거리까지 근접하자 오성륜이 방아쇠를 당겼다. 순간 미국 여인이 크게 놀라 돌아서서 다나카를 껴안았으나 오성륜은 같은 곳에서 계속 쏘아댔다. 이때 다나카가 쓰러져 죽은 척하자 오성륜은 저격에 성공한 것으로 생각하고 급히 도주했다. 김원봉이 이를 보고 수류탄을 던졌으나 영국 선원이 이를 발로 차 바다에 빠뜨렸다. 김원봉은 도망쳤고 칼을 가지고는 아무 일도 할 수 없었던 이종암도 도주했다.

훗날 김성숙도 이정식과의 면담에서 다나카 사건을 정확히 회상해 냈다. 그의 회상은 『아리랑』에 나오는 내용과 거의 일치한다. 다만 오성륜이 장덕진(張德震) 및 김사국과 함께 이 사건을 모의했다고 밝힌 대목은 사실과 어긋나는 듯하다. 김학준은 『혁명가들의 항일회상』에서 사건 당시 장덕진과 김사국 모두 서울에 있었던 점과 이경남의 『설산 장덕수』에 다나카 사건에 관한 언급이 전혀 없는 점 등을 들어 김성숙의 회상에 약간의 착오가 있을 것으로 보았다.

원래 장덕진은 장덕수의 아우로 1919년 3·1운동 직후 만주로 망명해 대한독립청년단에 가입했고, 이내 산하의 별동대에서 활약했다. 1920년에 국내에 잠입해 평안남도 경찰부 청사에 폭탄을 던진 뒤 다시 중국으로 건너가 1924년 8월에 상하이 프랑스 조계의 외국인 카지노를 습격해 투쟁자금을 마련하려다가 살해되고 말았다. 대략 다나카 사건은 『아리랑』의 기록과 같이 오성륜이 김원봉 및 이종암과 꾸민 것으로 보는 것이 타당할 것이다.

오성륜에게 저격당한 미국 여인은 미국 인디애나 주의 탄광회사 부회장인 쉬나이더(W. J. Schnider) 부인으로 그 전해 10월부터 남편과 함께 세계일주 여행단에 참가해 유럽과 아시아를 여행하던 중이었다. 당시 오성륜은 뒤쫓는 경찰 몇 명에게 부상을 입히고 황푸탄에서 한커우로(漢口路)까지 도주했다. 그곳에서 그는 자동차에 뛰어올라 운전수를 위협했다. 운전수가 이를 거부하자 할 수 없이 운전수를 차에서 내쫓은 뒤 운전을 할 줄 모른 탓에 막무가내로 차를 몰아 에드워드 7세 거리까지 갔다. 그러다가 이내 다른 자동차와 충돌해 영국인에게 체포되고 말았다.

영국 경찰이 오성륜의 거주지가 프랑스 조계인 까닭에 이내 그를 프랑스 측에 인도하자 프랑스 측은 곧 그를 일본 영사에게 넘겼다. 이에 그는 일본 영사관 3층에 있는 감방에 갇히게 되었다. 그 방에는 5명의 일본인이 있었다. 이들 중 한 명은 목수였고 한 명은 무정부주의자였다. 이들은 오성륜을 동정해 그의 탈출을 도와주었다. 일본 소녀 한 명이 바깥으로 통하는 창살을 통해 쇠칼을 넣어주자 오성륜은 목수의 충고를 좇아 문의 자물쇠 둘레에 구멍을 뚫고 야음을 틈타 붉은 죄수복을 입은 채 수용소 담장을 뛰어넘어 탈주했다.

그러나 오성륜의 탈출과정에 대해서는 『아리랑』의 기록보다 김성숙의 회상이 좀더 상세하다. 김성숙은 이정식과의 면담에서 오성륜으로부터 전해들은 얘기를 생생히 전한 바 있다.

"오성륜이 수갑을 찬 채 감옥 안의 목욕탕에 가자 조그만 못이 하나 있었는데 그걸 갖고 감방에 들어와 수갑을 여니까 곧바로 열리는 거야. 감방에는 높게 문이 있는데 철망을 해놓았어. 그 문을 깨고 나가야겠는데 그 문을 깨고 나가보아야 절벽이고 황푸탄(黃埔灘)일 뿐이지. 그러나 일단 그 문에 매달려 철망을 떼어내고 내려다 보니 조그만 배들이 오가고 있었어. 휘파람을 불었더니 선원들이 금방 알아채는 거야. 선원들도 감옥에 있는 이들에게 동정적이고, 이런 일들에 익숙했던 듯했어. 용기를 얻어 감방 안에 있는 노끈에 '칼을 올려 보내달라'는 쪽지를 내려보냈지. 여자들이 잡혀와 있을 때 허리끈을 모아 찢어서 만들어 놓고 때때로 은밀하게 썼던 것이지. 이 노끈에 칼이 매달려 감방 안으로 들어온 거야. 이 칼을 갖고 밤에 감방 문을 자르게 된 거야. 감방문이 나무로 되어 있었어. 이때 같이 있던 일본 죄수들이 소리를 지르겠다는 거야. 칼로 문을 자르는 것을 보고도 가만 있었다고 하면 자신들은 처벌을 받으니까 소리를 지를 수밖에 없다는 것이지. 할 수 없이 꾀를 내어 무엇을 하나 얻어 권총인 양 위장해 그들을 위협했지. '내가 탈옥하는 일을 방해하면 쏘아 죽인다' 고 했더니 '좋다. 그 대신 우리들을 먼저 노끈으로 묶고 입을 천으로 봉해다오. 그래야 우리도 변명할 근거가 있는 게 아닌가' 라고 하는 거야. 그렇게 해놓고 칼질을 하는데 묶여 있던 한 일인이 자신이 목수이니 돕겠다고 하는 거야. 함께 나오는데 간수들이 육혈포를 놓고 자고 있었어. 그것까지 빼앗아 갖고 도망쳐 배를 타고 강을 건너 마차를 타고 의열단으로 갔는데 누가 있나? 일이 틀려진 것을 보고 모두 이미 피했던 게지. 그래도 기다렸더니 가끔 일을 돕던 중국인이 왔어. 그래서 그를 따라 내가 있는 곳으로 온 것이지. 천만다행으로 살아난 셈이지."

김성숙이 밝힌 바와 같이 오성륜의 탈출과정은 매우 극적이어서 당시 세인들의 커다란 관심을 끌었다. 훗날 김산도 오성륜의 옥중 탈출과정을 소재로 단편소설과 시를 써 발표했다. 김산의 단편소설은 1930년 4월에 잡지 『신동방(新東方)』 제1권에 '옌광(炎光)' 이라는 필명으로 발표되었다. 잡지사 측은 이것에 「기묘한 무기(奇怪的武器)」라는 제목을 붙여 출간하면서 김산에게 원고료조로 30원을 지불했다.

당시 오성륜은 미국인 친구 집에 가서 3일 동안 숨어 있었다. 그동안 영국 경찰과 프랑스 경찰, 일본 경찰은 상하이에 있는 모든 한인 주택을 겹겹이 둘러싸고 가택수색을 벌였다. 그들은 그의 사진을 모든 곳에 배포하며 5만 달러의 현상금을 걸었으나 끝내 검거에 실패했다.

이때 오성륜은 김성숙의 권고를 받아들여 공부하기 위해 유럽으로 떠났다. 김성숙은 이정식과의 면담에서 당시 오성륜이 자신이 마련해 준 돈을 갖고 독일 유학을 떠났다고 밝힌 바 있다. 오성륜은 먼저 광저우로 간 뒤 그곳에서 여권을 위조해 독일로 갔다. 그러나 베를린에서 어떤 독일 아가씨와 연애에 빠진 그는 1년 동안 그녀의 가족과 함께 살았다. 가지고 있던 돈을 모두 쓰게 되자 그는 소련 영사를 찾아갔다. 영사가 그를 위해 수속을 밟아주어 그는 1925년에 모스크바로 갔다. 그곳에서 그는 공산주의 이론을 교육받고 사상이 바뀌었다. 이후 그는 공산당에 입당한 뒤 동양대학(東洋大學)에서 공부했다. 1926년에 오성륜은 블라디보스토크로 갔다가 다시 상하이로 돌아왔다. 김성숙은 이정식과의 면담에서 오성륜이 중국으로 돌아오게 된 배경을 이같이 설명했다.

"그는 소련에서 공부를 하다가 1926년에 소련에서 내보내 다시 중국으로 오게 되었소. 조선 사람 장교들을 내보내는 데 함께 묻어온 것이었소."

김성숙은 오성륜이 소련의 지령을 받고 중국으로 온 것으로 본 것이다. 대략 그의 주장이 타당할 것이다. 당시 오성륜은 상하이로 올 때 짐을 먼저 친구 집에 보내고 자신은 나중에 도착했다. 그가 도착하자마자 경찰이 비상경계망을 펴고 전 시가지를 포위하고 있다고 친구 부인이 일러주어 급히 몸을 빼내 체포를 면하기는 했으나 짐은 빼앗기고 말았다. 애인인 독일 아가씨 사진과 레닌 전집 한 질, 거기다 항상 가지고 다니던 현대 명화의 복사판까지 압수당했다. 오성륜은 이를 몰수당하고 크게 괴로워했다. 상하이로 돌아온 오성륜은 얼마 후 김성숙 및 김산과 함께 광저우 코뮨에 참여했다.

『아리랑』에 따르면 당시 의열단이 1919-1924년에 걸쳐 행한 테러는 국내에서만 3백 건에 달했다. 이로 인해 1919-1927년 사이에 3백 명의 의열단원이 처형되었다. 당시 의열단의 활동자금은 모두 한국의 유지들이 상하이임정을 통해 낸 것이었다. 상하이임정은 대한민국이 완전히 독립한 뒤 30년 이내에 상환한다는 조건으로 30만 달러의 공채를 발행키도 했다. 당시 의열단은 상하이에 12곳의 비밀 폭탄제조창을 갖고 있었다. 이를 지도한 사람은 독일인 마르틴(Martin)이었다. 1924년 의열단이 분열되었을 때 의열단은 마르틴에게 감사의 선물로 1만 달러를 주었다.

한국과 만주에서 수많은 테러를 행한 오성륜은 1922년에 독일인 마르틴과 둘이서 압록강 대교를 폭파시키려는 임무의 세부 계획을 짠 적이 있었다. 의열단은 8개의 전략적 건축물을 파괴하고 모든 대도시에 있는 일본인 관헌을 암살하기 위한 계획을 세웠다. 이들은 비밀리에 2백 개의 폭탄을 한국으로 들여가려고 했으나 도중에 일경에게 정보가 누설돼 50명이 체포되고 말았다.

1920년대 초반에 의열단이 활발하게 움직이자 이와 유사한 조직이 국내에도 나타났다. 1921년에 등장한 '흑색청년동맹(黑色青年同盟)'이 그것이다. 이해에 신채호에 의해 이 단체의 베이징 지부도 만들어졌다. 베이징 지부에는 소수인의 중국인과 대만인을 포함해 일본인도 있었으나 이 동맹은 1924년에 해체되고 말았다. 이는 대중운동을 중시하는 공산당이 흥기하자 테러를 위주로 한 무정부주의자들의 영향력이 감소한 데 따른 것이었다.

의열단은 1924년에 해체되면서 민족주의자와 무정부주의자, 공산주의자 등으로 3분되었다. 이들은 이전부터 무정부주의를 받아들여 세를 확대했으나 1924년이 되어 대중운동이 공산주의 쪽으로 기울어지면서 이내 분화하게 된 것이다. 공산주의에 의한 대중운동의 흥기는 개인적인 테러리즘이 발붙일 여지를 자연스럽게 제거하고 만 셈이다.

사실 여기에는 일제의 간교한 술책이 크게 작용했다. 당시 노동조합과 농민조합, 청년단체들이 다수의 회원을 확보해 대중운동을 활발히 전개하고 있었음에도 일제는 이를 탄압하지 않았다. 이는 이들 단체들이 테러리즘과 의열단에 반대한 데 따른 것이었다. 당시 일제는 선전과 대중운동보다는 폭탄과 총포를 훨씬 두려워했던 것이다.

이로 인해 1924년까지 3백 명에 가까운 의열단원이 일제에 의해 살해되고 말았다. 별로 성과도 없는 희생자가 늘어나자 단원들의 사기가 저하되었다. 이에 의열단원의 태반은 공산주의자와 합류해 대중적인 정치활동에 가담하기 시작했다. 이후 살아남은 의열단원 또한 대부분 1925–1927년 사이에 벌어진 중국의 국공내전의 와중에 중국공산당 편에 서서 싸우다가 죽었다. 이로 인해 의열단은 1927년 5월에 암살파괴운동을 종결짓고 무장군사운동으로 나아갈 것을 선언했다. 개인적 테러가 아닌 조직된 군중에 의한 무장투쟁을 선언한 것이다.

의열단의 행보에서 1927년 이후 가장 눈길을 끄는 것은 1932년 봄의 중일전쟁 직후에 상하이의 훙커우(虹口) 공원에서 벌어진 윤봉길 의사의 폭탄투척 사건이다. 이 사건으로 주중 일본군 총사령관 시라카와(白川)가 폭사하고 주중 일본대사 마모루 시게미쯔(重光葵)가 큰 중상을 입었다. 윤봉길은 한국에서 중학교를 마치고 상하이로 건너와 영어공부를 하다가 김구와 만나 이런 거사를 행한 것이다.

김산은 젊은 나이에 상하이로 망명해 이광수 및 안창호로부터 민족주의의 세례를 받은 이후 오성륜과 같은 의열단원과 만나면서 무정부주의 사상을 깊이 흡입했다. 그러나 김산은 안창호의 주선으로 공부하기 위해 북행하여 베이징으로 왔다가 이내 김성숙과의 해후를 통해 최종적으로 민족혁명사상을 확고히 다지게 되었다. 김산이 이내 김성숙이 주도한 '창일당'의 기관지인 『혁명』에 참여한 것은 바로 이 때문이었다.

당시 김성숙과 김산은 『혁명』 등을 통해 활발한 항일활동을 전개했다. 김성숙이 주도해 결성한 '창일당'의 회원은 대략 20명 가량이었다. 이때 김성숙은 '창일당' 및 『혁명』을 매개로 국내외의 수많은 공산주의자들과 활발히 교신했다. 그 중에는 조봉암을 비롯한 국내의 공산주의자들도 상당수 있었다.

그렇다면 김성숙이 『혁명』 등을 통해 활발한 항일활동을 전개할 당시 국내의 조선공산당은 어떤 상황에 처해 있었던 것일까. 김성숙이 『혁명』을 창간하는 1925년 4월경에 국내에서는 서울청년회가 주축이 된 공산당과 공청(共靑), 화요회가 주축이 된 공산당과 고공청(高共靑)이라는 두 개의 당과 청년회가 별개로 존재하고 있었다. 양파의 통합가능성은 전무했다. 이들은 코민테른으로부터 승인을 받기 위해 치열한 대립양상을 보였다.

이때 화요회가 선수를 쳤다. 1925년 5월에 화요회는 코민테른의 승인을 얻기 위해 조동우를 정대표, 조봉암을 부대표, 남만춘을 통역으로 하여 모스크바에 있는 코민테른에 파견키로 결정했다. 화요회의 정대표 조동우는 본명이 조동호(趙東祜)로 1892년 충청북도 옥천군에서 태어났다. 그는 이름에 어려운 한자인 '호(祜)' 자를 사용한 까닭에 사람들이 이를 '우(祐)' 자로 오독한 데서 흔히 '조동우'로 불렸다. 그는 1914년 중국으로 망명한 후 임정의 출범에도 관여하고 여운형이 1918년에 상하이에서 조직한 신한청년당에도 발기인으로 참여했다. 이후 이동휘가 주도한 고려공산당에도 참여했다. 그러나 1921년에 반이동휘파가 김만겸(金萬謙)을 책임비서로 하여 이르쿠츠크파 고려공산당 상하이 지부를 조직할 때 적극 가담해 여운형과 함께 위원으로 선출되기도 했다. 당시 김단야와 박헌영은 당원이었다. 1922년에 여운형이 '한국노병회(韓國老兵會)'를 조직했을 때에도 발기인으로 참여했다. 얼마 후 귀국해 화요회의 회원이 된 뒤 이때에 이르러 모스크바행 정대표가 된 것이다.

이에 서울청년회도 대응에 나서 김영만(金榮萬)과 최창익(崔昌益)을 모스크바로 급파했다. 이때 코민테른은 화요회의 손을 들어주면서 서울청년회에 대해서는 '일국일당(一國一黨)' 원칙을 좇아 '클럽'의 자격으로 화요회가 만든 공산당으로 결집할 것을 명했다. 당시 코민테른이 화요회의 손을 들어준 데에는 조봉암의 공이 컸다.

죽산(竹山) 조봉암은 1899년에 경기도 강화군에서 태어나 3·1운동에 참여한 뒤 1920년에 도쿄로 유학을 떠나 도쿄법전(東京法專)에 들어갔다. 그는 1921년에 무정부주의에 심취해 '흑도회'에 참여했으나 곧 사회주의로 돌아섰다. 이후 1925년에 조선공산당 창당과 고려공산청년회 창립에 깊이 관여하면서 항일공산주의 운동가로 일관했다.

1927년 5월에 조봉암은 중국 한커우(漢口)에서 열린 범태평양 노동조합 제1차대회에 조선대표로 참석했다. 그는 이 대회에 참석하는 과정에서 약간의 공금을 유용했다. 당시 국제 모플(MOPR : 국제혁명운동자 구원회)에서 조선 내 모플에 보내는 공작금 일부를 활동비 명목으로 유용한 것이다. 이로 인해 그는 훗날 박헌영과 소원하게 되었다. 그는 이때 자신을 찾아온 동향 출신 김이옥과 동거에 들어가 딸을 얻었다.

1932년 9월에 조봉암은 프랑스 조계의 한 공원에서 불심검문을 받고 곧바로 체포되어 일본 경찰에 넘겨졌다. 7년 만에 고국으로 돌아온 그는 곧바로 신의주 형무소에 투옥된 뒤 이후 7년간의 수형생활을 하게 되었다. 김이옥은 옥바라지 도중 병사했다. 1939년에 출감한 그는 오래 전에 헤어졌던 김조이와 다시 결합해 친지의 소개로 비강조합(粃糠組合)의 조합장으로 있다가 해방을 맞이하게 되었다.

해방 이후 그는 극우와 극좌를 동시에 비판하면서 사실상 전향을 선언했다. 이를 계기로 그는 건국에 참여해 이내 제헌국회에 진출하고 초대 농림부장관으로 기용되었다. 1950년에 제2대 민의원 부의장으로 당선된 뒤 1952년에 실시된 제2대 대통령선거에 입후보하여 차점으로 낙선했다. 그 뒤 좌파 혁신정당인 진보당을 창당하면서 1956년에 제3대 대통령선거에 입후보했다가 1958년 진보당 사건으로 체포되어 대법원에서 사형선고를 받고 1959년 7월에 처형되고 말았다.

조봉암은 1925년 중엽에 조동우와 함께 베이징에 있는 김성숙을 찾아온 적이 있다. 이들은 코민테른 극동서기국의 책임자인 보이찐스키를 베이징에서 만난 뒤 김성숙이 있는 곳을 잠시 들른 것이었다. 보이찐스키는 원래 상하이에 주재하고 있었으나 이때 잠시 북경으로 올라와 있었다. 김성숙은 이정식과의 면담에서 당시의 상황을 이같이 회상했다.

"내가 베이징에서 『혁명』을 발간할 당시 코민테른 극동서기국 책임자는 보이찐스키였소. 이 사람이 잠시 베이징에 와 있었소. 조봉암과 조동우는 조선공산당에 대한 코민테른의 승인을 얻기 위해 모스크바로 가는 길에 베이징에 들러 보이찐스키를 만나보려고 했던 것이오. 보이찐스키는 이미 『혁명』의 동지들과 여러 차례 만난 바 있었소. 『혁명』의 동지와 보이찐스키가 만난 것은 당시 베이징의 중국공산당에 리따자오(李大釗)라는 이론가의 주선으로 이뤄졌소. 보이찐스키와 잘 알고 지내는 리따자오는 우리 쪽의 장건상이 가까워 장건상도 보이찐스키와 더러 만나게 된 것이오. 이때 장건상이 『혁명』 얘기도 하고 그 책을 보여주기도 해서 결국 『혁명』 쪽 사람들도 보이찐스키를 가끔 만나게 된 것이오."

김성숙의 발언을 통해 당시 중국공산당 창당의 주역인 리따자오의 중개로 장건상을 비롯한 『혁명』의 멤버들 모두 코민테른 극동서기국 책임자 보이찐스키와 교류케 되었음을 확인할 수 있다. 김성숙은 보이찐스키를 여러 번 직접 만나보았다. 당시 보이찐스키는 조봉암을 만나는 자리에서 『혁명』을 발간하는 김성숙 쪽 사람들을 만나보도록 권했다. 이는 김성숙이 이정식과의 면담에서 밝힌 다음과 같은 증언을 통해 확인할 수 있다.

"우리 측은 평소 보이찐스키를 만나 조선공산당을 창당하면서 어느 한 파만으로는 안 되고, 모든 파들을 합쳐 통합된 하나의 운동으로 끌고 나가야 하고, 운동 내부에 분열이 있어서는 절대로 안 된다고 말했소. 이를 잘 기억하고 있던 보이찐스키는 조봉암과 조동우를 만나자 이내 『혁명』의 동지들을 찾아가라고 권한 것이오."

보이찐스키가 조봉암과 조동우에게 특히 김성숙 등 『혁명』의 멤버들을 만나보라고 적극 권한 것은 바로 김성숙이 말한 사회운동 진영의 통합 주장을 전폭 수용한 결과로 볼 수 있다. 김성숙에 대한 보이찐스키의 평가가 간단치 않았음을 짐작케 해주는 대목이다. 베이징에 온 조봉암은 김성숙을 만나자 크게 반가워하며 이같이 말했다.

"우리는 이미 조선공산당을 창당했네. 그래서 코민테른 인준을 받으러 가는 길에 보이찐스키를 만났더니 자네를 만나라고 하는데 자네 의사는 어떤가."

원래 김성숙과 조봉암은 이미 서울에서 만난 적이 있는 데다 나이도 비슷해 서로 말을 놓았다. 이때 김성숙은 전과 마찬가지로 반대론을 폈다.

"이번의 창당은 주로 너희들 화요회가 중심이 된 것이 아닌가. 그래서는 안 되네. 서울청년회 사람들과 함께 당을 만들었어야 하지 않겠는가."

성질이 급한 조봉암이 말을 잘랐다.

"아니야, 우리는 반드시 승인을 얻어내고야 말 걸세."

결국 조봉암은 모스크바에 도착해 코민테른에 조선공산당 성립 사실을 보고하고 승인을 얻은 뒤 10월께 상하이로 돌아왔다. 이때 조동우는 한동안 모스크바에 머물다가 이듬해인 1926년 6월에 상하이로 돌아왔다. 김성숙이 베이징에서 조봉암과 조동우를 만나 토론을 벌였다는 것은 이정식과의 면담 이전에는 전혀 알려지지 않았던 일이다.

조봉암은 권대복의 『진보당』에 실린 육필 자전(自傳) 「내가 걸어온 길」에서 상하이 체류시절에 만났던 13명의 혁명가 이름을 꼽으면서도 김성숙에 대해서는 아무 언급도 하지 않았다. 조봉암이 왜 김성숙에 관한 얘기를 하지 않았는지에 대해서는 자세히 알 길이 없다. 서울청년회와의 적극적인 교섭을 권한 김성숙의 제의에 커다란 불만을 품었기 때문인지도 모를 일이다.

조봉암이 김성숙과 헤어져 모스크바를 향해 떠난 지 얼마 안 돼 잡지 『조선지광(朝鮮之光)』에 관여하면서 김사국과 절친한 서울청년회의 박형병(朴衡秉)이 베이징으로 김성숙을 찾아왔다. 원래 박형병은 1897년에 경기도 안성군에서 태어나 1923년에 일본에서 대학을 졸업한 뒤 귀국해 사회주의 운동에 참여한 인물이다. 1927년 7월에 조선공산당에 입당한 그는 이듬해 4월에 신의주에서 일경에 체포됐다. 김학준은 박형병이 조선공산당에 입당한 시점에 초점을 맞춰 그가 김성숙을 방문한 시점을 대략 1927년 말과 1928년 초 사이로 추정했다. 그러나 이러한 추정은 조봉암과 헤어진 지 얼마 안 돼 박형병이 찾아왔다는 김성숙의 증언과 어긋난다. 대략 박형병은 조선공산당에 입당하기 전에 김사국으로부터 사적인 청을 받고 조봉암과 비슷한 시기에 김성숙을 방문한 것으로 보는 것이 타당할 듯하다.

박형병이 관여하고 있던 『조선지광』은 원래 좌파 주간지로 출발했다가 1928년에 이르러 박헌영을 비롯한 고려공산청년회의 간부들이 이를 인수함에 따라 조선공산당의 기관지가 되었다. 당시 박형병은 조봉암을 반대하기 위해 모스크바로 가는 길이었다. 이때 김성숙은 박형병에게도 조봉암에게 한 말을 다시 언급하면서 이같이 역설했다.

"모두 합작해야만 하오."

김성숙은 조국독립을 조속히 이루기 위해서는 반드시 모든 독립운동 세력이 이념을 뛰어넘어 하나로 합쳐져야 한다는 자신의 평소 소신을 박형병에게도 그대로 밝힌 것이다. 그러나 박형병 역시 이를 귀담아 듣지 않았다. 조선공산당 창건의 주도권을 둘러싼 화요회와 서울청년회의 갈등이 그만큼 깊었던 것이다.

당시 『혁명』의 동지들은 국내 사회주의 계열의 파쟁을 보면서 이제 조선공산당은 깨졌다고 판단했다. 이는 정확한 판단이었다. 사실 조선공산당은 계파 간의 갈등으로 와해상태에 있었다. 화요회에 극도의 적대감을 표시하고 있던 서울청년회는 대담하게도 '일국일당' 원칙을 내세우며 화요회에 합류할 것을 권한 코민테른의 지령을 거부한 뒤 1925년 9월에 독자적인 당 유지를 선언하고 나섰다. 이때 서울청년회는 책임비서에 김사국, 서무부에 이영, 사회부에 박형병 등을 선출한 뒤 잡지 『신생활』의 기자였던 이성태(李星泰)를 포섭해 청년회 조직인 공청(共靑)의 중앙간부로 삼았다.

그러나 서울청년회는 이내 일부 간부가 양파의 대립투쟁에 염증을 느끼고 간부직을 사퇴하면서 내부 분열의 조짐을 드러내기 시작했다. 그러자 마침 코민테른의 지령을 받고 1925년 9월에 입국한 한빈(韓斌)과 김월성(金越星) 등이 서울청년회의 공청에 가입한 뒤 화요회로의 통합공작을 시작했다. 한빈과 김월성은 공청의 간부인 조기승(趙紀勝)을 매수한 뒤 공청의 개편을 추진했다. 이에 공청의 책임비서에 조기승, 조직부에 한빈, 선전부에 김월성 등이 선임되었다.

이때 공교롭게도 화요회 역시 유사한 균열양상을 보였다. 화요회 주도의 제1차 조선공산당이 창당된 지 1달 후에 열린 제2차 중앙집행위원회에서 당 규약의 제정을 둘러싸고 화요회계와 북풍회계가 대립했다. 이후의 4단체 합동위원회에서도 대립이 계속되자 '신의주사건' 발생 후 김재봉의 뒤를 이어 당의 책임비서가 된 강달영(姜達永)이 김약수 등을 비판하는 보고서를 코민테른에 올렸다. '신의주 사건'은 화요회계 소속의 신만청년회원(新灣青年會員)들이 취중 실언으로 국내 공산주의 운동의 전모를 밝힌 데 따른 것이었다.

그러다가 1925년에 접어들면서 서울청년회가 '조선노동교육자대회' 개최를 발표하자 화요회계와 북풍회계는 다시 단합해 이에 대항하는 '전선민중운동자대회'를 발표했다. 그러나 막상 대회일인 4월 19일에 일경에 의해 불온하다는 이유로 대회가 금지되었다. 이어 대안으로 제시된 다과회 개최도 불허되자 이들은 다음날 파고다 공원에 모여 기념촬영을 하려고 했다. 그러나 이 또한 미리 출동한 일경에 의해 무산되자 이에 격분한 신철수(申哲洙)와 장순명(張順明) 등 1백여 명은 남산공원에 모여 만세라도 부르자고 모의한 뒤 오후 8시경에 우미관(優美館) 앞에 집결해 적기(赤旗)를 앞세우고 종로 단성사 앞까지 시위를 감행했다.

여세를 몰아 '화요회계'는 '북풍회계'와 함께 산하 주요 단체인 '노동당(勞動黨)' 및 '무산자동맹'과 합동으로 최고 기관을 설치하고자 했다. 그러나 합동총회가 금지되자 이들 4개 단체는 재동(齋洞)의 사무실에 4단체 합동위원회를 설치하고 서울청년회에 대항했다. 이해 7월에 화요회계는 이미 조직되어 있는 인쇄와 양말, 제화공 등의 각 노동조합을 망라해 '경성노동연맹(京城勞動聯盟)'을 결성했다.

그러자 이해 8월에 서울청년회는 기선을 제압할 심산으로 '경성청년연합회' 창립총회를 개최한 데 이어 '경기도청년연합회'를 개최했다. 화요회계도 자파의 청년단체를 규합하기 위해 '한양청년연맹'을 조직하고 인천과 개성 등지의 청년연맹을 자파에 흡수하는 공작을 전개해 나갔다. 이로써 서울청년회와 화요회 간의 세력다툼이 전국 단위의 하부단체로까지 확산되는 양상이 나타났다. 당시 베이징에 있던 김성숙은 이정식과의 면담에서 당시의 심경을 이같이 밝혔다.

"나는 이 소식을 듣고 '이래서는 안 되겠다. 당을 하나로 만드는 운동을 시작하자'고 생각했소."

이에 김성숙은 『혁명』의 동지들을 여러 곳으로 파견하면서 먼저 고려공산청년회의 '만주비서부'로 두 사람을 보냈다. 당시 '만주비서부'의 지도자는 최창익과 한빈이었다. 이어 양명 등을 국내로 보낸 뒤 다시 잡지 『현계단(現階段)』을 내던 도쿄의 일월회(一月會)에도 사람을 보냈다. 당시 일월회는 안광천과 최익한(崔益翰), 하필원(河弼源) 등이 주도하고 있었다.

원래 '고려공산청년회 만주비서부'는 1926년 5월 16일에 출범했다. 최창익과 한빈은 훗날 중국공산당과 제휴해 연안을 중심으로 항일투쟁을 벌인 '화북조선독립동맹'의 간부가 되고 해방 직후 북한으로 들어가 이른바 연안파의 지도자가 되었다. 그러나 이들 모두 1950년대 후반 김일성에 의해 숙청되고 말았다.

도쿄의 '일월회'는 북성회가 1925년 1월에 조직한 단체였다. 『현계단』의 책임편집위원은 한림(韓林)과 이우적(李友狄), 송언필(宋彦弼) 등이었다. 훗날 조선공산당과 고려공산청년회는 이 잡지들을 자신들의 공동기관지로 승인했다. 당시 김성숙은 국내에서 서울청년회와 화요회가 극심한 대립을 보이던 와중에 『혁명』의 동지를 만주와 국내, 일본 등지로 파견해 모든 세력의 통합운동을 전개했던 것이다.

이 와중에 1925년 11월 22일에 '신의주사건'이 터져나오자 이로 인해 신의주 경찰서에 의해 조선공산당원과 고공청 회원 등 모두 66명이 일제히 검거되고 말았다. 김찬과 김단야 등은 상하이로 도주해 그곳에 머물고 있던 조봉암과 조동우 등을 찾아갔다. 이들 모두 상하이 프랑스 조계에 있는 여운형의 집에서 신세를 지며 은신했다. 이로 인해 화요회는 심대한 타격을 입게 되었다.

'신의주사건'이 일어났을 당시 조선공산당 간부 김재봉과 김찬 등은 서로 접선해 김찬의 은신장소인 서울 낙원동(樂園洞)에서 비밀회합을 열고 강달영 등을 후계 중앙집행위원으로 천거하기로 의견을 모았다. 이에 새로운 책임비서에 강달영 등이 선임되었다. 이들은 1926년 2월부터 수차례에 걸쳐 중앙집행위원회를 열고 당의 재정비작업에 들어갔다.

당시 서울청년회는 신의주사건으로 화요회가 타격을 입자 이를 계기로 당세의 확장을 꾀했으나 공교롭게도 김사국이 폐병으로 자리에 눕게 되자 점차 심각한 균열상을 노정하게 되었다. 한빈과 김월성, 조기승 등은 서울청년회가 세운 당 내에 개혁파를 형성한 뒤 이내 이들을 앞세워 화요회계 조선공산당으로 합류할 것을 촉구하고 나섰다. 당 밖에서는 서울청년회에 속해 있다가 화요회계 공산당에 합류한 김철수(金綴洙)가 나서 화요회계 조선공산당에 합류할 것을 적극 권유하고 나섰다. 이에 서울청년회 내에서 마침내 당을 합치자는 의견이 대세를 이루게 되었다.

그러나 화요회 내의 원칙론자인 당 비서 이준태(李準泰)가 두 당의 합당을 적극 반대하고 나섰다. 그는 화요회계 조선공산당만이 코민테른으로부터 공식 승인을 받은 당인 까닭에 1대 1 통합은 있을 수 없다는 이유 등을 내세워 서울청년회 소속원의 개별입당을 주장하는 등 고

압적인 자세를 보였다. 이에 통합파는 1926년 3월에 종로 6가에 있는 중국반점 길순관(吉順館)에서 '조선청년총동맹' 중앙집행위원간담회를 갖고 두 파의 통합을 촉구했다. 이 모임에 서울청년회에서는 공청의 한빈과 김월성, 4단체 합동위원회의 후신인 정우회(正友會)의 양명(梁明), 서울청년회가 세운 공산당의 이정윤(李廷允)과 이인수(李仁秀) 등이 참여했다. 화요회에서는 고공청의 고광수(高光洙) 등 10명이 참여했다. 이 모임에서 참석자들은 각자 각 파 내에서 통합여론을 확산시키는 데 앞장 설 것을 결의했다.

이 회합이 있은 직후 한빈의 통합을 도모하기 위한 공작활동이 드러나자 병석에 있던 김사국이 격노했다. 이에 곤경에 처한 한빈은 이해 3월 하순 블라디보스토크로 돌아가고 말았다. 그러나 당시 이 회합에 참석했던 자들은 이에 아랑곳하지 않고 각자 서울청년회와 화요회의 통합을 위한 공작을 활발히 전개했다. 이에 이들의 권고를 받은 자들 사이에 오고가는 밀담 속에 '누가 마르크스주의단과 레닌주의단을 조직했다'는 말이 소리 없이 퍼지게 되었다.

이로 인해 양파 내에 통합을 기치로 하여 마르크스와 레닌의 첫 자인 'M'과 'L'을 딴 소위 'M-L계'가 새로이 등장하는 사태가 빚어졌다. 얼마 후 서울청년회의 거두 김사국이 폐병의 악화로 1926년 5월 8일에 사망하게 되자 M-L계의 활동은 유리한 상황에 놓이게 되었다. 김사국이 죽자 화요회는 이를 천재일우의 기회로 삼아 재빨리 M-L계와 긴밀한 연락을 취하며 서울청년회의 흡수통합을 꾀했다. 마침내 김사국의 장례식을 둘러싸고 서울청년회와 화요회는 양파 합동의 사회장으로 할 것을 합의했다.

이에 1922년 이래 수년 동안 대립을 일삼아 온 서울청년회와 화요회가 비록 일시적이나마 제휴하게 되었다. 그러나 김사국의 장례가 끝난 뒤 서울청년회를 고수하려는 세력의 반발이 만만치 않았다. 이에 당황한 M-L계는 곧 김사국의 뒤를 이어 서울청년회계 공산당의 책임비서가 된 김준연(金俊淵)을 비롯해 개혁파에 속하는 이정윤 등을 움직여 통합 반대진영에 대한 제압에 나섰다.

원래 낭산(朗山) 김준연은 1895년 전라남도 영암군에서 태어나 도쿄대학 법학부 정치학과를 졸업하고 베를린 대학에서 정치학을 연구했다. 그는《조선일보》모스크바 특파원과《동아일보》편집국장을 거친 뒤 이때에 이르러 제3차 조선공산당의 제3대 책임비서를 지내게 된 것이다. 그는 이후 일경에 검거되어 7년간 복역한 뒤 이내 공산주의를 버렸다. 건국 후 법무장관과 5선의 국회의원을 지낸 뒤 1972년에 세상을 떠났다.

신의주사건 당시 조선공산당은 간부들 대부분이 김철수만 빼놓고는 모두 잡혀가 사실상 궤멸상태에 처해 있었다. 겨우 체포를 면한 화요회 간부들은 이해 12월에 강달영을 책임비서로 하는 제2차 조선공산당을 창당했다. M-L계를 중심으로 통합운동이 활발히 진행되던 와중에 1926년에 들어와 조선공산당의 간부진이 6·10만세 사건에 연루되어 대거 검거되는 소위 '제2차공산당 사건'이 일어났다. 이 사건으로 화요회계 당과 고공청 간부 135명이 일시에 검거되고 말았다.

얼마 후 체포를 겨우 면한 김철수가 1926년 9월에 제3차 조선공산당을 창당했다. 이 3차당을 통상 '마르크시스트-레닌이스트당' 또는 'M-L당'이라고 부른다. 원래 이 명칭은 화요회가 김철수를 비난키 위해 만들어낸 것이었다. 사실 서울청년회를 이끌었던 김사국이 병사하고 연이어 화요회의 주요 간부가 모두 검거된 상황에서 창건된 제3차 조선공산당은 인적 구성면에서 이전과는 현격한 차이를 보이고 있다. 이와 관련해 김성숙은 이정식과의 면담에서 M-L계를 이같이 평가했다.

"당시 화요회 사람들은 김철수를 죽일 놈이라고 욕을 해댔소. 그러나 사실 김철수가 그렇게 욕을 먹을 짓을 한 것은 아니었소. 그를 두고 화요회 사람들이 중상모략을 많이 했소. 원래 M-L계는 마르크스-레닌주의 동맹이라는 비밀단체였소. 이는 고려공산청년회의 회원을 위주로 하여 조직된 것이나 이때 서울청년회 사람들이 많이 가담했소. 비단 서울청년회 사람들뿐만 아니라 신흥청년회 사람들도 많이 들어왔소. 이로 인해 당이 서울청년회 사람들 중심이 되다시피 된 것이오. 그러자 이에 분격한 화요회 사람들이 이를 두고 '이 당은 조선공산당이라기보다는 M-L과 애들이 조직한 M-L당이다' 라고 깎아내린 것이오."

제3차 조선공산당의 책임비서였던 김철수에 대한 호평이 아닐 수 없다. 이는 김철수가 시종 양파의 통합을 주장해 온 것을 높이 평가한 데 따른 것으로 짐작된다. 원래 김철수는 망명 중에 상하이파에 속해 있었다. 이후 귀국하여 서울청년회에 속해 있다가 신의주사건 발생 후 화요회의 간부가 되었던 까닭에 시종 서울청년회와 화요회의 통합을 주장해 왔다.

제3차 조선공산당의 책임비서인 김철수가 이끄는 소위 M-L당은 서울청년회와 도쿄의 일월회를 주축으로 삼고 있었다. 당시 만주의 고려공청이 여기에 참여했는지 여부는 불투명하다. 그러나 김성숙이 회상한 바와 같이 당시 화요회가 김철수를 격렬하게 비방한 것은 사실이다. 이는 훗날 김철수가 남긴 육필 유고에 나오는 다음과 같은 기록을 통해 쉽게 알 수 있다.

"나는 본래 상하이에 갔다가 1923년에 귀국해 제1-2차 조선공산당에 가담한 관계로 일부에서는 이른바 상하이파라고도 하고 일부에서는 화요회라고도 하나 나 자신은 파벌관념이 없었다. 동지면 그만이지 큰일을 하려는 사람들이 파벌에 얽매여 무조건 질시하는 것은 옳지 않다. 제2차로 당이 검거된 뒤 나는 당 재건방침을 각 파 규합의 동지조직에 두고 1-2차 검거 때 무관했던 서울청년회계 동지들을 많이 당 조직에 끌어들이려고 했다. 이는 그때의 상황으로서는 부득이한 일이었다. 결코 서울청년회계의 조선공산당을 만들자는 것은 아니었다. 뒤에 화요회의 해외간부가 나의 처사를 불쾌히 여겨 정면으로 도전해 온 사실이 있으나 어쨌든 조선공산당은 파쟁 때문에 망했다."

김철수의 이런 회고는 정확히 사실과 부합한 것이었다. 조선공산당은 파쟁으로 인해 스스로 궤멸상태에 빠지고 말았다. 당시 '신의주사건'과 '제2차공산당 사건'으로 화요회계 조선공산당과 고공청의 간부 101명이 모두 기소되었다. 두 사건은 1927년 9월부터 경성지방법원에서 병합-심리되어 1928년 2월에 확정되었다. 기소된 자 중 4명은 언도 전에 사망했고, 박헌영 등 2명은 병보석으로 출감했다. 이들을 제외한 95명 중 10명은 무죄, 나머지는 6년에서 8개월의 유죄선고를 받았다.

당초 제2차 조선공산당 사건 당시 검거망을 교묘히 빠져나간 고광수(高光洙)는 팔판동에 있는 과부집에 잠복해 있다가 1925년 8월 중순에 익선동의 김상윤(金相潤) 집에서 은신중인 노상렬(盧相烈) 등과 회합했다. 여기서 이들은 서울청년회와 화요회를 통합한 새로운 간부진을 조직하기로 결의했다. 이에 책임비서에 고공청의 고광수가 선임되었다. 새로 선임된 공청 중앙간부에는 M-L계의 주동자들이 핵심으로 포진해 있었다.

고광수를 통해 공청의 통합이 추진되는 와중에 별도로 김철수에 의해 통합이 추진되고 있었다. 그는 '제2차 공산당 사건'으로 통합을 반대하는 강경파가 일제히 검거되고 중앙간부로는 요행히 자신만이 검거를 피하게 되자 평소 자신이 주장해 온 양파 통합의 계기가 마련된 것으로 판단했던 것이다. 그러나 김철수는 자신의 전력으로 인해 화요회로부터 당을 팔아먹었다는 오해를 받을까 두려워한 나머지 화요회의 종전 주장을 좇아 서울청년회의 개별입당을 주장했다. 그는 곧 서울청년회의 이영과 박형병 등을 만나 자신의 입장을 설명하면서 통합을 설득했다.

이때 마침 일본 도쿄로부터 일월회파에 속하는 안광천(安光泉)과 하필원(河弼源) 등이 여름휴가를 이용해 귀국했다. 이들은 국내에서 벌어지는 양상을 보고 이내 주도권을 장악할 심산으로 '파벌청산'을 외치면서 4단체 합동위원회의 후신인 정우회(正友會)에 가입했다. 안광천 등은 일본의 후쿠모토 와오(福本和夫)가 내세운 소위 '후쿠모토주의'를 좇아 지금까지의 제한된 경제투쟁의 형태를 벗어나 대중의 정치투쟁으로 나아갈 것을 주장했다. 그래야만 통일된 정치전선을 조직할 수 있다는 것이 그 이유였다.

이들은 곧 정우회의 주도권을 잡은 뒤 1926년 11월에 모든 민족주의 진영의 통합을 겨냥한 소위 '정우회선언'을 발표했다. 이 '정우회선언'은 일경의 검거로 침체국면에 빠져 있는 운동에 적잖은 파장을 던졌다. 개혁파들이 이에 호응한 데 이어 일부 우파 민족주의자들까지 동조하고 나섰다. 이에 마침내 국내 최초의 좌우합작의 민족주의 통합조직이 나타나게 되었다. 그것이 바로 '신간회(新幹會)'였다.

당시 김철수는 1926년 10월에 이르러 자신의 파벌청산 주장에 동조하는 세력을 규합해 궤멸된 조선공산당 조직을 어느 정도 복원하는 데 성공했다. 이에 제3차 조선공산당이 세워지면서 책임비서에 김철수, 선전부에 일월회의 안광천, 조직부에 화요회계의 오의선(吳義善),

중앙간부에 화요회계의 원우관(元友觀)과 정우회의 양명 등이 선임되었다. 이후 김철수는 서울청년회 당원의 흡수를 위해 전력투구했다. 그 결과 이해 11월에 서울청년회의 책임비서인 김준연을 비롯해 권태석(權泰錫), 이인수 등의 고위간부들이 대거 입당했다. 이로써 사상 최초로 서울청년회와 화요회, 일월회계 등이 망라된 명실상부한 조선공산당의 결성 기반이 조성되었다.

이들은 1926년 12월 6일에 제2차 당대회를 개최하고 당중앙간부를 선출했다. 이에 책임비서에 일월회계의 안광천, 조직부장에 일월회계의 하필원, 선전부장에 서울청년회계의 김준연이 선출되었다. 또 중앙간부에는 서울청년회의 권태석과 정우회의 양명, 3 · 1운동 당시 기미독립선언서를 읽은 상하이파의 한위건(韓偉健) 등이 선임되었다.

안광천이 책임비서에 선임된 것은 표면상 파벌 색깔을 드러내지 않은 데 따른 것이었다. 중앙간부진 개편에서 김철수가 제외된 것은 그가 일경의 지명수배를 받고 있는 데다 개편된 중앙간부 명단을 코민테른에 보고하기 위해 모스크바로 가야 했기 때문이었다. 이로 인해 안광천 체제는 이듬해인 1927년 9월까지 계속되었다.

당시 김철수는 안내 겸 통역으로 김강(金剛)을 데리고 블라디보스토크를 경유해 모스크바로 갔다. 김철수는 도중에 블라디보스토크에서 김찬을 만났다. 이때 김찬은 두 차례의 검거가 있을 때 멋대로 당대회를 개최하고 간부진을 바꾼 것을 질책하면서 모스크바로 가지 말고 상하이의 극동부(極東部)로 가 보고할 것을 주문했다. 그러나 김철수는 이를 거부한 채 모스크바로 갔다. 이에 김찬도 반대의견을 진술하기 위해 그 뒤를 쫓아 모스크바로 갔다. 김철수가 1927년 3월에 도착하자 코민테른은 정식 대표인 김철수만을 상대하고 김찬을 상대하지 않았다.

김철수는 코민테른으로 가 제3차 공산당 간부조직을 보고할 때 새로운 간부들이 합세해 이른바 단일민족당인 '신간회'가 결성된 사실을 보고했다. 그러나 코민테른은 조선공산당의 새 간부들이 일본의 후쿠모토주의에 함몰돼 파쟁을 벌일 것을 우려한 나머지 행동방침과 관련한 소위 '11개 지령'을 시달하면서 당 내부의 정리를 명했다. 이에 김철수가 귀로에 블라디보스토크에 들러 김영만(金榮萬)에게 그 사유를 설명하고 서로 전후해 귀국했다.

이때 서울에서는 서울청년회계의 이영 등이 통합 참여를 미루고 있다가 김철수와 안광천의 설득으로 이내 가입하는 쪽으로 기울고 있었다. 그러자 김사국의 처 박원희(朴元熙)가 망부(亡夫)의 유지를 관철키 위해 맹렬히 통합 반대운동을 전개했다. 이에 안광천 일파는 공산대학(共産大學) 출신인 한상희(韓相熙)에게 밀명을 주어 박원희에게 접근케 했다. 임신을 하게 된 박원희는 낙태를 시도하다가 이내 병을 얻어 사망하고 말았다. 그러자 여성단체인 근우회(槿友會)의 발의로 32개 사회단체 대표 45명이 모여 박원희의 장례를 사회단체 연합장으로 치렀다. 당시 비난여론의 표적이 된 한상희는 1928년 가을에 블라디보스토크로 도망치고 말았다.

이를 계기로 통합 조선공산당의 책임비서가 된 안광천이 서서히 본색을 드러내기 시작했다. 그는 서울청년회계 인물을 극히 냉대하면서 친일단체로 지목된 영남친목회와 연계해 자파진영 부식에 진력했다. 이때 마침 1927년 7월에 모스크바에 갔던 김철수와 김영만이 귀국케 되었다. 안광천은 김철수의 귀국이 자신의 세력확대에 방해가 될 것으로 생각해 이내 그를 제거코자 했다.

마침 공교롭게도 김영만이 일경에 검거되자 안광천은 재빨리 김철수에게 거짓말을 하여 속히 은신토록 했다. 신변의 위험을 느낀 김철수는 이해 10월 초에 블라디보스토크로 도주했다. 안광천은 자신을 견제할 자가 없게 되자 노골적으로 자파세력으로 간부진을 구성하는 등 횡포를 부리기 시작했다. 이에 불만을 품은 서울청년회계의 권태석 등이 전국에 격문을 띠우고 안광천 공격에 나섰다.

안광천은 표면상 중앙간부의 총사퇴를 선언하는 방식으로 권태석을 제거한 뒤 책임비서 자리를 김준연에게 물려주면서 간부를 새로 선출토록 했다. 그 결과 책임비서에 김준연, 선전부장에 한위건, 조직부장에 최익한(崔益翰) 등이 피선되고 안광천은 선전부 부원이 되었다. 이에 격분한 서울청년회는 안광천에게 매수된 정백(鄭柏)과 이정윤, 최창익 등을 제외한 나머지 세력을 규합해 자파 출신인 김준연에게 '조선공산당의 현 간부는 파쟁에 몰두해 조선의 공산운동을 파괴했다'는 시말서를 쓰게 하는 등 폭력적인 방법을 동원했다. 그러자 이에 염증을 낸 이영 등이 서울청년회원을 이끌고 조선공산당에서 탈퇴했다. 이로써 모처럼 하나로 통합된 조선공산당은 또다시 분열되고 말았다.

이후 조선공산당의 재통합을 위한 여러 방안이 나왔으나 무위로 끝나고 말았다. 결국 당은 그대로 유지시키면서 후계 간부를 선임하되 비밀유지상 모든 사무를 양명에게 맡기는 절충안이 마련되었다. 이에 1927년 11월에 양명이 하필원과 상의해 김세연(金世淵)을 새로운 책임비서로 정하고 그에게 후계 간부조직을 의뢰했다.

본명이 김성현(金聖鉉)인 김세연은 충청남도 논산군 출신으로 1925년 와세다(早稻田) 정치경제학과를 졸업한 뒤 일월회 회원으로 활동했다. 일명 박석(朴石)으로 통한 그는 도쿄에서 대중신문 기자로 있던 최익한(崔益翰)을 귀국시켜 중앙간부로 삼는 한편 양명을 고문으로 하는 임시부서를 설치했다. 그는 또 서울청년회의 소장파를 포섭해 조직을 확장하는 기반위에서 1928년 1월 5일부터 5일간 예정으로 당대회를 개최하고 간부를 새로 선정코자 했다.

그러나 계속되는 당 내 파쟁으로 당대회를 연기하던 중 또다시 중앙간부진이 대거 검거되는 제3차 공산당 사건이 일어났다. 이에 김세연과 김준연 등을 위시한 M-L계가 대거 검거되어 제3차 조선공산당도 이내 궤멸되고 말았다. 이때 검거를 피한 안광천과 양명 등이 상하이로 도주한 뒤 최창식(崔昌植)이 운영하는 인쇄소를 이용해 『계급투쟁』이라는 한글 잡지를 발간했다.

『계급투쟁』은 3-4호밖에 나오지 못했으나 국내와 만주에도 보낸 까닭에 제법 많은 부수를 찍었다. 이때는 중국 내 조선인 혁명가들 사이에 중국공산당에 가담하기 위해 만주행 열풍이 크게 일던 때였다.

당시 김성숙도 만주로 갈 생각을 가졌으나 이내 포기했다. 김성숙이 만주행을 포기한 이유는 무엇일까. 김성숙은 이정식과의 면담에서 그 이유를 이같이 설명했다.

"조선인 공산주의자들이 만주로 가서 혁명운동을 많이 했지만 큰 과오도 범했소. 만주의 지주들을 상대로 폭동을 일으킨 '간도폭동' 사건과 같은 것이 바로 그것이오."

'간도폭동'은 당시 향후 중일관계를 가늠할 수 있는 매우 중요한 사건이었다. 원래 이 사건은 중국공산당의 '만주성위원회 옌볜당부(延邊黨部)'에 의해 추진된 것으로 이미 해체된 조선공산당과는 아무 관련이 없는 일이었다. 그러나 이 폭동에 참여한 사람들 대부분이 조선인 공산주의자들이었던 까닭에 처음부터 끝까지 조선공산당의 직접적 책임 아래 진행된 것처럼 전해졌다. '간도폭동'은 당시 간도지역을 둘러싼 여러 모순이 어떻게 중첩적으로 작용했는지를 잘 보여주고 있다.

당초 1920년 당시에 이미 재만 한인의 수는 약 46만 명에 달하고 있었다. 제1차 세계대전을 계기로 자본축적을 이룬 일제는 1920년대에 접어들면서 조선에 대한 투자를 증대했다. 그러나 만성적인 농업공황이 계속되자 조선 농촌에 토지집중 현상이 나타났다. 이에 농민들이 만주로 대거 이주했다. 그러나 만주지역에서도 중국인들이 국내의 일본인 못지않게 한인들을 약탈했다. 맨주먹으로 이주한 한인들은 중국인들의 소작인이 되어 가혹한 계약조건 하에서 근근이 생활을 영위하지 않으면 안 되었다. 당시 소작조건은 소작기간이 겨우 1년에 불과한 것이 전체의 9할에 가깝고 소작료도 절반을 넘나들 정도로 가혹했다.

만주지역에 거주하는 한인들에게 공산주의가 침투하기 시작한 것은 국내에 공산주의가 들어온 시기와 비슷하다. 그 경로도 매우 유사했다. 조선총독부 자료에 따르면 이동휘가 중심이 된 고려공산당에 의해 1921년 봄부터 간도지역에 「수매(水賣)」라는 내용의 문건을 포함한 다량의 공산주의 선전삐라가 살포되었다. 당시 이동휘 일파는 주로 한인들이 많이 거주하고 있는 간도지역을 비롯해 지린성(吉林省) 일대에서 활약했다.

그러나 1923년에 이르러 국내의 서울청년회와 북풍회가 마침내 이동휘 일파가 독주해 온 만주지역에 눈을 돌리기 시작했다. 서울청년회는 김사국이 중심이 되어 간도 용정촌(龍井村)에 있는 방한민(方漢旻)과 손을 잡고 용정촌에 동양학원(東洋學院), 영안(寧安)지역에 대동학원(大同學院)을 세웠다. 이들은 또 북만주의 신민부(新民府)와 남만주 참의부(參議府) 내에 조직원을 침투시켜 세력확장을 꾀했다. 화요회도 아성현(阿城縣)을 중심으로 활동하고 있던 권정필(權正弼)과 손을 잡고 기관지 『불꽃』을 발행했다.

1925년 11월에 제1차 공산당 사건이 일어나자 검거를 피한 김찬과 김단야, 김동명(金東明), 최원택(崔元澤) 등이 신변의 위험을 느끼고 상하이로 도피했다. 이들은 조봉암 및 조동우 등과 회동해 해외의 사무를 협의·처리한다는 명분으로 '중앙간부 해외부'를 새로 만들기로 결정한 뒤 김찬을 '중앙간부 해외부'의 책임자로 선임했다. 이에 김찬은 곧 당중앙집행위원회 앞으로 조봉암을 전권위원으로 하는 내용을 골자로 한 내지부(內地部)와 해외부의 협조방안 보고서를 보냈다.

그러나 당시 조선공산당 간부들은 제3차 중앙집행위원회를 열고 김찬에게 만주부의 조직에 관한 일체의 일을 위임하기로 결의해 놓고 있었다. 그러던 중 이들은 상하이로부터 중요 문제를 처리할 때에는 사전에 상하이의 해외부를 경유하라는 내용의 보고서를 접하고 크게 반발했다. 결국 당 책임비서인 강달영은 1926년 4월 6일에 해외부의 지시를 반대하는 내용의 서한을 보내면서 조선공산당 지령 제14호로 '만주부 설치에 관한 령'을 내렸다.

그러자 상하이에 있는 전임 중앙간부들도 곧 자신들의 계획대로 만주총국 조직전권위원 및 총국책임비서로 지명한 조봉암 등을 만주로 보냈다. 이들은 만주 지린성 웨이사현(葦沙縣) 이미엔포(一面坡)로 가 이곳을 근거로 조직사업에 착수해 만주총국을 조직한 뒤 곧 창립총회를 개최해 책임비서에 조봉암, 선전부장에 윤자영(尹滋英) 등을 선임했다. 이어 한인이 많이 거주하는 간도를 중심으로 옌지(延吉)와 허룽(和龍)을 제1구역, 훈춘(琿春)과 왕칭(汪淸)을 제2구역으로 하고 본부를 지린성 닝안현(寧安縣) 닝꾸타(寧古塔)에 두기로 결의했다. 이들은 한인들이 많이 거주하는 동만주 일대에 주력해 이내 동만청총(東滿靑總)과 고공청 만주총국을 설치했다.

이때 코민테른은 극동지역의 공산혁명을 중시해 코민테른의 극동부를 상하이로 옮긴 뒤 보이찐스키를 책임자로 하여 극동부를 확장했다. 이에 조선공산당이 조봉암을 대표로 선출하자 조봉암은 1926년 8

월 중순에 만주를 떠나 상하이로 갔다. 이를 계기로 상하이에 있던 해외부도 이내 해산되었다.

그러나 당시 만주지역의 공산주의 운동을 통일하는 방향으로 이끌어 가던 만주총국은 너무 조급하게 서두르는 바람에 비밀공작 계획을 누출하고 말았다. 일본의 간도 총영사관 경찰은 이 정보를 입수하고 만주총국이 조직된 지 약 5개월 뒤인 이해 10월에 이들에 대한 대대적인 검거에 나섰다. 이것이 소위 '제1차 간도 공산당 사건'이다. 이 사건으로 책임자 30명이 검거되자 만주총국은 일대 타격을 입었다.

그러자 화요회가 중심이 된 조선공산당의 만주총국과 고공청 산하의 만주총국은 이 사건을 계기로 오히려 간도지역에 세력확대를 꾀하고 나섰다. 방인후는 『북한 조선노동당의 형성과 발전』에서 제1차 간도 공산당 사건을 전후해 화요회가 자파중심주의를 고집한 것을 두고 국내에서의 몰락을 만주지역에서 회복코자 한 몸짓으로 해석했다.

당시 만주지역에서는 화요회가 자파 중심의 세력확대를 노골화하자 이에 격분한 상하이파가 이르쿠츠크파와 합세해 화요회에 대립했다. 이에 만주지역 역시 국내와 마찬가지로 각 파 간의 본격적인 각축장이 되고 말았다. 1926년 겨울에 접어들면서 상하이파의 윤자영 등이 탈퇴하자 화요회계는 이에 대한 보복으로 상하이파에 속하는 80여 명의 당원을 출당 조치했다.

그러나 이후 화요회계의 만주총국은 만주지역 한인 공산주의 운동을 재확립하기 위한 고육지책으로 전에 출당시킨 박윤서(朴允瑞)를 다시 입당시키는 등 재정비작업에 나섰다. 그러나 출당된 뒤 북만노동청총(北滿勞動靑總)과 동만청총(東滿靑總)을 접수하고 남만청총(南滿靑總)을 새로 조직한 박윤서 일파의 야심어린 행보로 인해 만주총국은 상하이파를 거세한 후에도 끊임없는 내분에 시달리게 되었다. 내분의 여파가 일본의 간도 총영사관에 포착됨에 따라 '제2차 간도 공산당 사건'이 빚어졌다. 1927년 9월부터 시작된 대대적인 검거로 72명이 검거되고 그 중 45명이 유죄판결을 받았다. 두 차례에 걸친 간도 공산당 사건으로 인해 만주총국은 심대한 타격을 받고 사실상 와해위기에 처하게 되었다.

이때 요행히 검거를 피한 자들이 다시 조직재건에 나서 이해 11월에 이동산(李東山)을 책임비서로 하는 새로운 당조직을 만들어냈다. 그러자 간부인선에 배제된 것에 불만을 품은 박윤서가 비밀리에 국내로 잠입한 뒤 조선공산당의 책임비서로 있는 안광천 일파를 찾아가 화요회의 횡포를 호소했다. 화요회의 몰락을 틈타 세력을 잡은 안광천은 크게 기뻐하며 종래의 만주총국을 해산하고 새로운 만주총국을 조직할 것을 박윤서에게 일임했다.

이에 박윤서는 1928년 초에 블라디보스토크에 있는 김복만(金福萬)과 이기석(李基錫) 등과 은밀히 만나 '조선공산당만주총국'을 조직했다. 이는 성격상 안광천이 이끄는 M-L계의 만주총국에 해당했다. 이 소식을 접한 화요회계의 김찬과 이동산 등은 격분한 나머지 박윤서 일파의 만주총국을 부인하는 동시에 이를 반동집단으로 매도했다. 그러자 이 틈을 타 만주총국에서 이탈해 나온 주건(朱建)과 김규열(金圭烈) 등이 1927년 중엽에 별도로 용정촌에서 주건을 책임자로 한 '재만 조선공산주의자 단체'를 조직했다.

이로써 만주에 3개 파의 조선공산당 만주지국이 대립하는 분열상이 나타났다. 만주에서의 공산주의 운동 역시 국내와 마찬가지로 지리멸렬한 파쟁양상으로 전개된 셈이다. 당시 중국 내 사회주의 계열 조선인 혁명가들 사이에 만주행이 크게 유행했음에도 불구하고 김성숙이 끝내 만주행을 포기한 이유가 바로 여기에 있었다.

이때 국내에서는 서울청년회계가 '제3차 공산당 사건'으로 김세연과 김준연 등의 M-L계가 대거 검거된 틈을 타 자파 중심으로 당을 재건코자 했다. 이들은 곧 '조선청년총동맹'의 중앙집행위원장인 박형병과 함께 '조선노동총동맹' 등과 은밀히 접촉했다. 이에 1927년 12월 21일 종로 다동(茶洞)의 요정 춘경관(春景館)에서 조선공산당 제3차대회를 열고 이영과 박형병 등을 새로운 중앙간부로 선임했다.

당시 통합에 찬동하는 서울청년회의 개혁파에 속해 있던 박형병이 M-L계에 반기를 든 것은 개인적인 이유와 밀접한 관련이 있었다. 원래 박형병은 일본 와세다대 재학시절에 애인이었던 이현경(李賢卿)에게 4년 동안 학비를 대주어 여자대학을 졸업케 한 뒤 전문학교 교원자격까지 얻게 해준 적이 있었다. 그러나 이현경은 졸업 후 안광천의 꼬임에 빠져 박형병을 버리고 안광천의 정부가 되었다. 이에 앙심을 품은 박형병은 이 사건을 계기로 안광천에게 등을 돌린 것이다.

박형병 등은 춘경관 회동이 끝난 뒤 마침 경찰에서 석방되어 나온 김영만을 시켜 새 간부진을 코민테른에 보고케 했다. 김영만이 청진을 경유해 블라디보스토크로 가 마침 그곳에 있던 김철수를 만나 함께 모스크바로 갔다. 두 사람은 1928년 2월 중순에 코민테른에 출두해 새로운 간부진에 대한 승인을 요구했다. 그러나 이미 신문보도를 통해 대대적인 'M-L당 검거사건' 소식을 접한 코민테른은 두 사람의 보고 내용과 신문기사에 차이가 있음을 지적하면서 승인을 유보했다. 이에 두 사람은 아무 성과도 얻지 못한 채 이해 3월 말에 블라디보스토크로 귀환했다.

제3차 공산당 사건에서 검거를 피한 안광천과 이정윤 등은 1928년 3월 17일에 제1차 중앙집행위원회를 열고 책임비서에 차금봉(車今奉), 정치부장에 안광천, 정치부원에 양명 등을 선임했다. 이로써 제4차 조선공산당이 결성되었다. 원래 노동공제회원으로 서울청년회에 속해 있던 차금봉은 제3차 공산당 사건이 일어난 직후 조선공산당에 가입했다가 이내 중앙집행위원 및 책임비서로 선임된 것이다. 그는 이후 제4차 공산당 사건으로 검거 · 기소되어 재판을 받던 중 1929년 3월에 옥사하고 말았다.

차금봉을 책임비서로 하는 제4차 조선공산당은 제1－2차 중앙집행위원회를 열고 상하이에 가 있는 양명을 당의 연락부원으로 임명했다. 중앙집행위원회에서는 이해 7－8월에 열릴 예정인 코민테른 제6차 대회에 양명을 대표로 보내기로 결의했다. 그러나 이때 양명은 코민테른 제출용 예산안 작성 등에 많은 시간을 소요한 나머지 이해 9월에 이르러 겨우 블라디보스토크에 도착할 수 있었다. 그는 우연히 여름방학을 이용해 모스크바로부터 블라디보스토크에 와 있던 한빈을 만나 함께 모스크바로 갔다.

형식적인 3파 합동에 의한 제4차 조선공산당이 이같이 분주한 움직임을 보일 때 서울청년회는 해외의 상하이파와 합세해 별도로 조선공산당 제3차 전국대회를 열고 '비이론파(非理論派) 조선공산당'을 조직했다. 이로써 다시 두 개의 조선공산당이 등장케 되었다. 이는 기본적으로 안광천의 횡포에서 비롯된 것이었다.

그러나 '비이론파 조선공산당'은 이내 박형병을 비롯한 간부 48명이 미리 정보를 입수한 신의주경찰서에 의해 1928년 4월에 대거 검거되자 큰 타격을 입고 말았다. 뒤이어 6월에 평양경찰서에 의해 이영을 비롯한 간부 28명이 검거되자 사실상 궤멸상태에 빠지고 말았다. 이 소식을 전해들은 블라디보스토크의 김영만과 김철수는 곧 윤자영(尹滋英) 등과 협의해 이동휘와 김규열(金圭烈)을 코민테른 제6차 대회에 대표로 보내기로 결정했다.

그러나 코민테른은 이동휘와 김규열에게 대표권을 인정하지 않고 방청권만을 허락했다. 이는 이동휘 일행이 '비이론파 조선공산당'의 궤멸로 인해 정식 위임장을 소지하지 못한 데 따른 것이었다. 이해 10월 초순에 제4차 조선공산당 대표인 양명과 한빈이 코민테른 동양부(東洋部)에 나타났다. 이들이 서울청년회의 '비이론파 조선공산당'을 매도하면서 이동휘 일행의 대표권을 부인하자 이동휘 일행도 이들의 대표권을 부인하며 강력히 반발하고 나섰다. 사실 이때는 제4차 조선공산당도 이해 7월에 경기도경에 의해 일당이 일제히 검거됨으로써 사실상 조직이 궤멸된 상태였다.

양파의 대립에 격노한 코민테른 동양부는 곧 중국 공산주의자 쥐츄바이(瞿秋白)와 일본 공산주의자 사노 마나부(佐野學) 등 4인으로 구성된 '조선문제위원회'를 구성해 이 문제를 다루게 했다. 사노 마나부는 도쿄제국대학 졸업 후 와세다대 강사가 된 인물로 당시 일본공산당 간부로 활약하고 있었다. 그는 1929년에 검거되었다가 1933년에 전향했다. 전후에는 반공적인 일국사회주의 운동을 전개했다.

당시 코민테른이 채택한 「식민지와 반식민지 국가들에서의 혁명운동에 대하여」라는 테제 속에는 조선의 공산주의 운동에 관한 결의사항도 포함되었다. 이 테제는 코민테른이 조선의 공산주의 운동에 대해 취했던 종래의 테제들과 취지상 커다란 차이가 있었다. 종래의 테제가 대체로 민족혁명투쟁을 존중한 데 반해 이 테제는 급진좌경 노선을 제시하고 있었다. 민족단체 지도자들을 '민족개량주의자'로 몰아 고립시킨 뒤 근로대중을 투쟁의 전면에 내세우는 내용이 골자였다.

이와 관련해 코민테른 제6차 대회에서 조선공산당에 대한 승인이 취소되었다는 주장도 있으나 김준엽과 김창순은 이에 대해 강한 의문을 제기하고 있다. 두 사람은 『한국 공산주의 운동사』에서 당시 코민테른은 조선공산당 자체에 대한 승인을 취소한 것이 아니라 단지 새롭게 당을 재조직하라고 주문한 것으로 분석했다. 코민테른이 이해 12월 7일에 정치부 서기국 명의로 된 '조선문제를 위하여' 라는 제목의 이른바 '12월 테제' 를 발표한 사실을 보면 대략 이들의 분석이 타당한 것으로 보인다.

'12월 테제' 의 정식 명칭은 「조선농민 및 노동자의 임무에 관한 테제」이다. '조선의 혁명적 노동자 농민에게' 라는 서문과 '조선문제에 관한 결의' 라는 본문으로 구성된 '12월 테제' 는 사실 당시 국내 공산주의 운동의 문제점을 적확히 지적하고 있었다. 공장노동자 수의 부족과 일제의 탄압, 파쟁 등을 공산운동 피폐의 원인으로 지적하고 있는 '12월 테제' 의 골자는 다음과 같다.

"과거의 공산당원은 거의 지식계급 및 학생뿐이었다. 그래서는 공산정치의 실현은커녕 필요한 조직적 연대의 실현도 곤란하다. 바로 그렇기 때문에 조선 공산운동의 첫 번째 사업은 과거의 오류를 청산할 필요가 있다. 당의 개조문제를 제쳐놓고 달리 긴박한 문제는 없다. 당을 부르주아 및 지식계급으로 조직하고 노동자와 교섭이 없었던 것이 현재까지 조선에서의 공산주의의 영구적 위기를 낳은 중요 원인이었다."

국내 공산주의 운동에 대한 통렬한 지적이 아닐 수 없다. 이로써 1924년 이래 지속돼 온 직계 및 방계 공산당은 사실상 종언을 고하게 되었다. '12월 테제' 는 이밖에도 조선공산당의 재건과 관련해 구체적으로 다음과 같은 방향을 제시했다.

"조선공산주의자는 공장노동자 및 생산과 관련된 빈농을 대열에 끌어들이기 위해 노력하지 않으면 안 된다. 조선공산주의자는 인텔리겐챠의 서클식 낡은 방식을 피하고 볼셰비키당의 대중활동 방향으로 나아가야만 한다. 공장과 노동조합 내의 활동에 자신들의 노력을 집중

할 때만이 커다란 임무를 완수할 수 있다."

'12월 테제'는 파쟁을 일삼으며 공산주의 운동을 직업으로 삼아온 조선 공산주의자들에게 커다란 충격을 안겨주었다. 당시 이동휘와 양명 일행 모두 새로운 차원의 조선공산당 조직을 조직하라는 코민테른의 결정서를 받아들고 각기 이해 12월에 블라디보스토크로 귀환했다.

이동휘는 블라디보스토크로 돌아오자마자 곧 초당파적인 회합을 갖고 조선공산당 재건방안을 논의했다. 이들은 일제의 탄압을 피해 우선 한국과 근접한 지린성 둔허현(敦和縣)을 근거지로 설정해 조선공산당 재건운동을 전개하기로 결정했다. 이에 이들은 1929년 1월 코민테른과 연락사무를 담당할 총지휘자로 이동휘만을 블라디보스토크에 남겨놓고 둔허현으로 가 조선공산당 재건준비위원회를 조직했다. 책임비서로는 김철수가 선출되었다.

조선공산당 재건준비위원회는 곧 기관지 『볼셰비키』를 발행하면서 12월 테제와 재건준비위원회 방침을 전달하기 위해 사람을 국내에 파견했다. 그러나 파견원이 아무 결실도 얻지 못한 채 체포되자 김철수는 중앙집행위원회에서 국내 침투 대신 만주에서의 세력강화를 위한 재건준비위원회 만주지부를 결성키로 했다. 그러나 곧 코민테른으로부터 '일국일당 원칙'에 위배되는 것이라는 지적이 나오자 재건준비위원회는 이내 만주지부를 해체하고 중국공산당에 입당하고자 히는 자와 국내로 잠입해 조선공산당을 재건코자 하는 자의 두 흐름으로 나뉘졌다. 이 와중에 중국공산당 당원들이 조선공산당 세력을 이용해 일본의 만주침공을 저지할 심산으로 만주지역의 조선공산당 조직에 침투해 들어오기 시작했다.

원래 중국공산당은 이미 1923년부터 만철(滿鐵) 직공에 의한 '따롄중화공학회(大連中華工學會)' 발족을 계기로 만주에 적극 개입하고 있었다. 이들은 1925년 4월에 터져 나온 푸따오(福島) 방적공장의 동맹 파업을 계기로 세력을 급속히 확장했다. 1927년 1월에 펑텐에서 제마회사(製麻會社)의 직공 2백 명이 파업을 일으키자 이듬해인 1928년 1월에 중국공산당 만주지부가 조직되었다.

이때 제남사건(濟南事件)을 계기로 격렬한 배일운동이 일어났다. 뒤이어 만주군벌 장쭤린(張作霖)이 일본군에 의해 열차에서 폭사(爆死)하자 중국공산당 세력이 더욱 급속도로 확장되었다. 중국공산당은 마침내 1928년 10월에 만주지부의 명칭을 중국공산당 만주성위원회로 개칭하고 본격적인 공산운동 기반을 형성했다. 당시 중국공산당은 전술적으로 소위 '관외주의(關外主義)'를 취했다. 이는 만주의 상황이 중국 본토와 동일하지 않은 까닭에 중국의 혁명운동 형태를 그대로 만주에 적용할 수 없다는 입장을 말한다.

이때 중국공산당 만주성위원회는 재만 한인 농민들 속에 뿌리를 박고 있는 한인 공산주의자들을 조직 안으로 끌어들이는 공작을 전개했다. 중국공산당은 한인 공산주의자들의 독자적인 만주활동은 코민테른의 '일국일당' 원칙에 위배된다고 주장하면서 중국의 공산혁명에 협조해 간접적으로 한국 공산혁명을 달성하는 것이 보다 효과적이라고 선전했다. 그러나 이는 명백한 거짓이었다. 당시 코민테른은 조선공산당의 만주총국에 대해서는 '일국일당' 원칙에 대한 예외를 인정하고 있었다. 중국공산당은 순진한 한인 공산주의자들을 대일전선에 대거 소모용으로 써먹기 위해 이런 거짓선전을 했던 것이다.

당시 중국공산당 중앙본부는 상하이 프랑스조계의 한인지부에 있던 홍남표(洪南杓)와 조봉암에게 지령을 내려 재만 한인공산주의자를 설득케 했다. 이에 재만 한인 공산주의자들은 중국공산당 휘하에 들어가자는 주장과 국내운동을 전개해 조선공산당을 재건하자는 주장으로 갈렸다. 전자는 주로 일본 유학파로 구성된 화요회와 M-L계가 지지한 데 반해, 후자는 순수 국내파가 주류인 서울청년회와 이동휘의 상하이파가 주장했다.

이때 코민테른의 '12월 테제'를 계기로 재만 서울청년회와 상하이파는 조선공산당 재건준비위원회를 조직해 서로 긴밀히 협조하고 있었다. 이들은 산하기관으로 '만주부'를 설치하고 조직원을 국내로 잠입시켰다. 이에 대해 화요회와 M-L계는 중국공산당 중앙본부로부터 밀파된 홍남표와 조봉암의 말에 설득되어 점차 중국공산당에 가입하는 방향으로 기울어지고 있었다. 당시 중국공산당 만주성위원회는 동만주 지역에 '옌볜당부(延邊黨部)'를 만든 뒤 재만 한인 공산주의자들을 적극 포섭하고 나섰다.

당시 중국공산당 중앙본부는 무장봉기를 통해 일시에 공산혁명을 이루자는 소위 '리리산(李立三) 노선'을 취하고 있었다. 만주성위원회도 급진 모험노선인 '리리산 노선'을 좇았다. 당시 상황에서 만주에서 무장폭동을 일으킬 수 있는 유일한 세력은 간도지역의 한인 농민밖에 없었다. 이에 만주성위원회는 한인 농민들을 폭동에 동원키 위해 조선인 공산주의자들을 매개체로 활용했다. 만주성위원회는 이를 교묘히 성사시키기 위해 하나의 구실을 만들어냈다. 그것은 바로 한인 공산주의자들의 파벌투쟁을 이용하는 것이었다.

만주성위원회는 '5·30운동' 기념일을 계기로 폭동을 일으키려고 하니 한인 공산주의자들은 투쟁을 통해 당성(黨性)을 표시하고 파벌을 청산한 뒤 개인별로 중국공산당에 가입하라고 주문했다. 이는 말할 것도 없이 파벌투쟁을 미끼로 중국공산당이 노리는 폭동에 한인 공산주의자들을 도구로 삼으려는 속셈에서 나온 것이었다.

당초 5·4운동에 비견되는 '5·30운동'은 1925년 2월에 상하이의 일본계 면방직 공장에서 발생한 노동쟁의에서 비롯되었다. 이해 5월 15일에 이 공장 노동조합 지도원이 피살되는 사태가 발생하면서 전국적인 차원의 반제운동이 전개되었다. 이 사건은 전국에 걸쳐 학생과 일반시민이 참가하는 대규모 시위로 진행되었다. 5월 30일에 상하이 공동조계에서 중국인 노동자 피살사건의 재판이 열리자 청년학생을 중심으로 대대적인 시위가 전개되었다. 이에 영국 관원이 발포해 13명이 사망하고 수십 명이 부상을 입는 불상사가 빚어졌다.

이 사건은 상하이의 노동자 학생뿐만 아니라 상인과 중소 기업인들까지 반제운동에 호응케 만들었다. 중국공산당은 이 과정에서 상하이총공회(上海總工會)를 조직한 뒤 6월 1일을 기해 상하이의 모든 노동자들이 일제히 궐기해 총파업에 참여할 것을 촉구했다. 이에 학생은 동맹휴학하고 중소 상인들이 일제히 철시하자 상하이가 마비되었다. 영국과 일본, 미국, 이탈리아 등이 군대를 동원해 무력탄압을 시도하자 곳곳에서 유혈사태가 빚어졌다.

이에 곧 반제운동을 통일적으로 지도하기 위해 상하이에 공상학연합회(工商學聯合會)가 결성되고, 이 조직이 주관이 되어 대규모 시민대회가 개최되었다. 이 대회에서 상하이 시민들은 서구 제국주의 군대의 철수와 영사재판권의 폐지 등을 요구하는 청원서를 조계당국과 베이징의 군벌정부에 제출했다.

특히 광둥과 홍콩에서는 국민당 정부의 지원으로 노동자와 농민, 학생과 일부 군인들이 가담하자 영국의 무력탄압에 반발하는 전면적인 파업이 나타났다. 광저우와 홍콩의 중국인 노동자들은 광둥 국민당 정부가 북벌을 단행하는 1926년 10월까지 약 16개월 동안 파업을 계속함으로써 남부중국에 대한 영국의 영향력에 심대한 타격을 가했다. 5·30운동의 특징은 청년학생들이 주도한 5·4운동과 달리 대도시의 노동자들이 운동의 전면에 나선 데 있다.

당시 중국공산당의 만주성위원회의 속셈은 말할 것도 없이 5·30 운동을 구실로 내세워 한인 농민들을 희생양으로 삼아 일제의 만주침공을 저지하려는 것이었다. 이때 한심하게도 화요회와 M-L계는 서로 중국공산당에 합류하기 위해 치열한 경쟁을 벌였다. 그 결과 일본군의 보복으로 지린성 옌지현 내의 각처에서 한인 농민의 민가가 습격을 당하고 방화와 살인 등이 횡행하는 잔혹행위가 빚어졌다. 이것이 바로 '간도폭동' 사건의 전말이었다. 이는 기본적으로 민족혁명보다 계급혁명을 내세운 극좌모험주의자들이 빚어낸 참화가 아닐 수 없다. 당시 반제민족혁명을 전개한 중국공산당은 소련 못지않은 대국주의자(大國主義者)였다. 식민지 시기의 독립혁명 과정에서 교조적인 계급혁명 주장이 얼마나 위험한 일인지를 극명하게 보여준 실례가 바로 '간도폭동' 사건이다.

당시 만주행을 포기한 김성숙이 사회주의 혁명가들의 무조건적인 만주행 풍조를 비판한 것은 바로 이 때문이었다. 그는 중국공산당이 자신들의 속셈을 알지 못하는 한인 공산주의자들을 이용해 한인 농민들을 폭동으로 내몰아 중국 공산혁명의 도구로 이용하리라는 것을 통찰하고 있었던 것이다. 이로 인해 당시 김성숙과 교신하고 있던 서울청년회와 상하이파의 만주부는 이 폭동에 가담하지 않았다. 그러자 교조적인 입장을 견지한 화요회와 M-L계는 오히려 이들의 행보를 두고 '반혁명적 행동'으로 맹비난했다.

그러자 서울청년회와 상하이파는 만주부를 해체하고 다시 '재만조선공산주의자동맹'을 조직했다. 이들은 화요회와 M-L계의 행보를 '블랑키스트(Blanchist) 폭동주의'로 비판했다. 블랑키스트는 파리코뮨에 참여했다가 체포되어 40년 가까이 수형생활을 했던 19세기 프랑스의 공상적 공산주의자인 오귀스트 블랑키(Auguste Blanqui)를 말한다. 당시 한인 농민을 볼모로 간도폭동을 주도해 중국공산당을 만족시킨 화요회계와 M-L계는 각기 만주총국을 해체한 뒤 다투어 개인별로 중국공산당에 가입했다.

이때 새로운 조선공산당을 창건하기 위한 재건준비위원회의 실질적 책임을 맡고 있던 김철수는 1930년 1월에 이르러 국내에 조선공산당을 재건하기 위해 잠입했다. 이해 말까지 모두 20여명의 재건준비위원회 소속 공산주의자들이 국내로 들어왔다. 김철수와 윤자영의 입국은 재건준비위원회의 활동무대가 국내로 옮겨졌음을 의미했다. 그러나 김철수는 입국 후 동지들과 연락하기 위해 1930년 2월 친구를 찾아 양산에 갔다가 그곳에서 체포되고 말았다.

당시 블라디보스토크의 이동휘는 이미 고령에 달해 코민테른 제6차 대회 및 조선공산당 재건운동에 참가한 후 뚜렷한 움직임을 보이지 않았다. 결국 그는 독감에 걸려 자리에 누웠다가 1935년 1월 31일에 세상을 떠나고 말았다. 이해 2월 4일의 장례식에 많은 한인들이 나와 그의 죽음을 애도했다.

김철수가 체포될 당시 국내의 공산주의 활동은 지리멸렬하기 그지없었다. 국내의 공산주의자들은 '12월 테제'에 따라 조선의 부르주아를 '기회주의자'로 규탄하고 그들과의 연합을 끊고 말았다. 이로써 어렵사리 만들어진 국내 초유의 좌우합작 단체인 신간회도 깨어지고 말았다. 이를 두고 김준엽과 김창순은 『한국 공산주의 운동사』에서 이같이 비판해 놓았다.

"코민테른 집행위원회의 '12월 테제'는 조선공산당의 과거에 대해 정치적 조적적인 측면에서 비판을 가하고 새 방침을 제시했다는 일반적인 가치에서는 부정할 수 없을지 모른다. 그러나 한편 코민테른의 세계전략을 유일하게 중시한 나머지 조선공산당의 재조직 방침을 결정적으로 좌경화시킨 것은 어찌 보면 코민테른의 오류일는지 모른다. 조선공산당은 코민테른의 '12월 테제' 이래 재조직되지 못했기 때문이다. 수많은 당 재건투쟁이 벌어지고 많은 주의자들이 '12월 테제' 이전 못지않게 검거되었으나 결국 조선공산당은 재건되지 못했다. 어떻게 보면 코민테른의 '12월 테제'는 조선공산당을 해체시켰을 뿐 재조직은 하지 못하게 만든 셈이다."

이들이 지적한 바와 같이 당시 국내 공산주의자들의 행보는 적잖은 문제가 있었다. 이들은 '12월 테제'와 이후에 발표된 조선공산당 노선과 관련한 소위 '9월 테제'의 치침에 따라 공장과 광산, 운송기관, 농장, 어장 등으로 침투해 음성적인 지하활동에 전념했다. 이는 일선에서 혁명적 노동조합과 농민조합을 형성한 뒤 이를 기반으로 당을 재건키 위한 것이었다. 그러나 국내의 공산주의자들은 '12월 테제'와 '9월 테제'를 받아들이는 과정에서 각 파별로 상이한 태도를 취했다. 이로 인해 신당 조직의 주도권을 장악키 위한 고질적인 파쟁이 재연되었다.

1929년에 들어와서는 조선공산당 재건을 둘러싼 계파 간 경쟁이 더욱 치열하게 전개되었다. 이해 초에 마침 M-L계를 중심으로 한 '후계 간부조직 사건'이 빚어졌다. 이를 시작으로 이준열(李俊烈) 등이 주동이 된 서울청년회계의 '후계 공산당 사건', 김단야 등이 주동이 된 화요회계의 '후계 공산당 사건', 이운혁(李雲赫) 등이 주동이 된 서울청년회계의 '조선공산당 재건건설정리위원회 사건' 등이 잇달아 터져 나왔다. 이후 해방 전까지 크고 작은 사건이 일어났으나 1940년에 박헌영이 주동이 된 화요회계 중심의 소위 '경성 콤그룹 사건'이 최종 대형 사건으로 기록될 만했다.

일제 때 마지막 국내 조선공산주의자 조직인 경성 콤그룹에는 김삼룡(金三龍)과 권오직(權五稷), 이관술(李觀述) 등이 있었다. 그러나 조선공산당은 해방 전까지 끝없는 파쟁으로 인해 지리멸렬한 상황을 면치 못했다. 그 이유와 관련해 방인후는『조선공산당 형성과 발전』에서 크게 4가지를 들었다.

"첫째 당시 조선에서는 노동계급의 계급적 성장과 구성이 빈약했다. 둘째 사회경제의 반(半)봉건적 낙후성으로 인해 운동의 주도권이 쁘띠부르주아 인텔리에게 쥐어지고 인텔리들은 대중적 기반과 조직도 없이 사상운동으로 일관했다. 셋째 지하활동을 행하는 과정에서 개인 영웅주의 의식이 만연했다. 넷째 일제탄압 하에서 초기부터 은밀한 형태의 결사운동이 전개됨으로써 인물 중심의 결속을 추진케 되었다."

방인후의 이러한 분석은 대체로 타당하다고 볼 수 있다. 그러나 사실 이보다 더 큰 이유가 있었다. 그것은 바로 전래의 역사문화에 대한 인식부족으로 인해 민족혁명을 최우선의 과제로 삼지 못한 사상의 빈곤이다. 이로 인해 박헌영을 비롯한 공산주의자들은 민족혁명보다 계급투쟁을 앞세운 코민테른의 '12월 테제'를 맹종한 결과 후계당 조직조차 착수하지 못하고 이내 국내조직이 자동 해체되는 곤경에 처하고 말았다. 중국공산당이 코민테른과 일정한 거리를 두고 독자적인 중국혁명의 길을 걸어간 것과는 너무 대조적인 모습이 아닐 수 없다.

이는 중국 내 한인 공산주의자들이 대거 중국공산당에 가입한 사실과 무관치 않았다. 조선공산당 만주총국이 1930년 3월에 해체를 선언하자 당원은 개인의 자격으로 중국공산당에 가입하게 되었다. 1931년 10월에는 조선공산당 일본총국과 고려공산청년회 일본부가 해체를 선언하자 당원들 모두 개인 자격으로 일본공산당에 가입하게 되었다. 사실상 조선의 공산주의자들은 민족혁명 대신 계급투쟁을 앞세운 나머지 국내외를 막론하고 궤멸상태에 이르게 된 셈이다.

당시 김성숙은 중국 내 한인 공산주의자들이 중국공산당에 입당하는 것을 반대했다. 그는 주변에 그 이유를 이같이 설명했다.

"그리 되면 조선해방은 취소해 버리는 것이 아닌가. 조선해방을 취소해 버리고 중국혁명에 가담하는 것이 아닌가. 중국혁명이 나쁘다는 것이 아니라 조선혁명이 먼저가 아닌가."

조국독립을 위한 민족혁명을 늘 강조해 온 김성숙으로서는 당연한 발언이었다. 그러나 김성숙은 이로 인해 안팎으로 크게 몰리게 되었다. 코민테른의 명령을 맹종하는 당시의 그릇된 풍조가 김성숙의 노선을 이단시하도록 만든 것이다. 당시 김성숙은 상하이에 있었다. 상하이에는 중국공산당의 후난한인지부(湖南韓人支部)가 설치돼 있었다. 여기에는 프랑스 조계에 머물고 있던 조봉암이 가입해 있었으나 김성숙은 이에 동참하지 않았다. 김성숙은 그 이유를 이정식과의 면담에서 분명히 밝혔다.

"나에게는 조선혁명이 더 소중했기 때문이오."

온갖 사상이 난무하는 가운데 식민지 조국을 일제의 마수에서 빼내어 민족을 노예상태에서 해방시키고자 한 김성숙의 철저한 민족혁명 정신이 약여하게 드러나는 대목이 아닐 수 없다. 조국이 식민지로 전락해 있는 상황에서 세상의 그 무엇보다 중요한 것은 말할 것도 없이 일제로부터의 해방이었다. 반식민지 상황에 처해 있는 이웃 중국 인민을 돕는 것도 중요하나 이는 기본적으로 중국의 공산당이나 국민당에게 맡길 일이었다. 그럼에도 수많은 조선 공산주의자들은 자신들의 기본 임무가 무엇인지도 모른 채 분위기에 휩쓸려 중국공산당에 대거 입당하고 만 것이다. 분단 이후 반세기가 훨씬 넘었는데도 아직까지 우리 민족 스스로 통일을 이루지 못하는 것 또한 민족혁명의 취지를 제대로 파악치 못한 당시의 상황과 별반 다를 게 없다.

제5절

광저우 코뮨

당초 김성숙은 의열단에 가담해 활동하면서 『혁명』을 발간하던 도중에 광둥으로 내려가 중산대에서 공부하게 되었다. 그는 왜 갑자기 중산대로 가 공부하게 된 것일까. 의열단원이었던 유자명의 증언에서 그 이유를 찾을 수 있다. 유자명은 의열단을 떠나 무정부주의자로 활동하다가 해방 후 중국에 남아 후난농학원(湖南農學院) 교수를 지냈다. 1984년 중국의 '랴오닝(遼寧) 인민출판사'가 발간한 그의 자서전 『나의 회상』에 다음과 같은 기록이 나온다.

"1925년 겨울에 나는 상하이에서 광저우로 가서 의열단을 개조하는 회의에 참석했다. 당시 의열단원들은 황푸(黃埔)군관학교와 중산대학에서 배웠다. 황푸군관학교는 1924년 1월에 중국국민당이 제1회 전국대표자대회를 열어 '연소용공(連蘇容共)'의 방침을 결정하면서 이해 6월에 소련의 원조로 광저우 교외의 황푸에 세운 학교이다. 분교는 후베이성의 우한(武漢)에 세워졌다. 후에 정식 명칭을 중앙군사정치학교로 고쳤다. 당초 교장에 장제스(蔣介石), 정치주임에 저우언라이(周恩來)가 취임하는 등 국공합작의 노선 하에 운영되어 국공 쌍방에서 많은 군인을 양성했다. 1925년에서 1927년까지 김원봉 등 34명의 조선인이 황푸군관학교 본교를 졸업했다. 오성륜은 소련에서 공부한 뒤 광저우로 와 황푸군관학교에서 러시아어를 가르치고 있었다."

이를 통해 당시 김성숙 이외에도 적잖은 의열단원이 테러리스트의 노선을 버리고 학업을 연마하는 쪽으로 방향을 틀어 중산대학에 다니게 되었음을 알 수 있다. 이에 대해 임혜봉은 『친일불교론』에서 김성숙이 베이징 정부의 추방으로 인해 광둥의 중산대학으로 옮기게 되었다고 주장했으나 뚜렷한 근거를 제시하지는 못하고 있다. 대략 유자명의 주장대로 테러리스트의 노선을 버린 데 따른 것으로 보는 것이 타당할 것이다. 그러나 당시 이들이 구체적으로 어떤 경로를 통해 입학하게 되었는지는 자세히 알 길이 없다. 김성숙의 1920년대 중반의 행적과 관련해 『약력』은 이같이 기록해 놓았다.

"서기 1925년 중국의 중산(中山) 쑨원 선생이 영도하는 국민혁명운동에 가담한 관계로 베이징 정부의 적시(敵視)가 되어 추방령을 받게 되었다. 이에 중국국민당의 원조를 얻어 광주(廣州)의 국립 중산대학(中山大學)으로 전교하여 정치학을 공부하게 되었다."

원래 중산대학은 1924년에 광둥(廣東)대학으로 개설되었다가 쑨원이 죽은 1926년에 그의 호를 따 중산대학으로 개칭된 학교이다. 국민혁명의 거점인 광둥에서 황푸군관학교가 무관을 양성한 데 반해 중산대학에서는 문관양성의 교육기관 역할을 수행했다. 당시 중산대는 중국혁명가들을 배출한 명문이었다.

김성숙이 명문 중산대학으로 가게 된 것은 대략 『약력』에 나와 있듯이 국민당의 지원을 얻었기 때문에 가능했던 것으로 짐작된다. 이는 당시 그가 공산주의에 크게 경도되지 않았음을 시사한다. 김성숙이 정치학을 전공한 것도 심상치 않다. 『약력』은 그의 학력을 이같이 기록해 놓았다.

"김성숙은 서기 1927년에 중산대학 정치학과를 졸업하고 법학사 학위를 획득했다."

당시 중국이나 일본에서는 정치학과가 법학부에 개설돼 있었던 관계로 정치학을 전공한 사람은 모두 졸업 후 법학사 학위를 받았다. 일본의 도쿄대(東京大)는 지금도 정치학 분야 박사학위 논문에 법학박사 학위를 주고 있다. 이는 정치학과가 법학부 내에 개설돼 있기 때문이다. 결국 도쿄대는 정치학 박사 학위가 없는 셈이다. 이는 정치학을 국가학(Staatslehre)의 일부로 간주하는 유럽의 학문 전통과 무관치 않다.

당시 김성숙이 중산대학 정치학과를 졸업한 뒤 법학사 학위를 받은 것도 이와 무관치 않을 것이다. 사실 현대정치학은 미국의 전통이라고 해도 과언이 아니다. 전 세계 정치학자의 70%가 미국에서 배출되고 있는 사실이 이를 뒷받침한다. 그러나 김성숙이 비록 법학사 학위를 받았으나 법조문 해석과는 거리가 먼 정치이론과 사상을 공부한 것은 말할 것도 없다.

그렇다면 김성숙은 왜 정치학을 전공코자 한 것일까. 원래 당시만 할지라도 조선과 같은 식민지 학생들은 정치학을 전공하기가 쉽지 않았다. 이는 일제가 식민지 지식인의 정치의식 고양을 우려해 식민지 내 대학에 아예 정치학과를 개설치 않은 사실과 무관치 않았을 것으로 보인다. 당시 조선 내 유일무이한 대학으로 존재했던 '경성제국대학(京城帝國大學)'은 비록 법학부를 두기는 했으나 오직 법학과만 설치하고 아예 정치학과를 두지 않았다. 식민지의 젊은이들이 정치학을 전공하는 것 자체를 위험시했던 것이다. 해방 이후 수많은 전문학교가 대학으로 전환하면서 앞다퉈 정치학과를 개설한 것도 일제의 정치학 전공 억제 정책에 따른 반작용으로 볼 수 있다.

원래 일제가 '경성제국대학'을 만든 이유는 간단했다. 3·1운동 이후 조선 내에서 대학건립 움직임이 활발히 전개되자 이를 제도적으로 차단하기 위해 나온 것이었다. 당시 일제는 메이지유신 직후에 세워진 '도쿄제국대학'을 비롯해 7개의 제국대학을 설립해 놓고 있었다. 와세다(早稲田)와 게이오의숙(慶應義塾) 등은 패전 이전까지만 하더라도 전문학교에 불과했다. 일제는 조선과 대만에 각각 일본 내의 7개 제국대학과 같은 수준의 '경성제국대학'과 '타이완제국대학(臺灣帝國大學)'을 세워 식민지인들의 대학설립 자체를 원천 봉쇄했다. 조선인이 세우는 대학 자체를 인정치 않았던 것이다.

이로 인해 해방 전까지 조선 내에는 유일하게 일본인 50%, 한인 50%가 다니는 '경성제국대학'만이 존재했다. 일제는 1930년대에 괴뢰국인 만주국(滿洲國)을 세운 뒤 신경(新京)에 같은 수준의 '만주제국대학'을 설립했다. 식민지인 조선과 대만에 각각 1개의 제국대학을 세운 전례를 좇아 만주에도 같은 수준의 제국대학을 1개 세운 셈이다. 만주국이 사실상 일제의 식민지였음을 반증하는 사례가 아닐 수 없다.

이는 비록 반(半)식민지 상태에 처해 있기는 했으나 독립국으로 존재한 중국과 큰 차이가 있는 점이기도 했다. 중국의 경우는 청조(淸朝) 최고의 유일무이한 국립대학이었던 '경사대학당(京師大學堂)'을 전신으로 한 베이징대학을 비롯해 모든 대학에 정치학과를 개설해 뛰어난 정치지도자를 양성했다.

김성숙은 바로 이런 상황에서 설립 초기의 중산대학에 들어가 정치학을 전공하며 식민조국의 독립을 위한 제반 이론을 널리 습득코자 한 것으로 짐작된다. 그는 시기가 무르익을 때까지 은밀히 칼을 갈며 실력을 배양할 것을 생각했음에 틀림없다. 그러나 『아리랑』은 김성숙의 광저우행 배경을 『약력』과 달리 기록해 놓았다.

"1925년 겨울에 김충창은 혁명활동을 하기 위해 광저우로 가기로 결정했다."

이 기록에 따르면 김성숙은 중산대학에서 정치학을 수학하기 위한 것이 아니라 혁명활동을 하기 위해 광저우로 간 셈이 된다. 『아리랑』과 『약력』의 내용을 종합해 볼 때 대략 김성숙은 중산대학도 다니면서 혁명운동을 동시에 전개할 생각으로 광저우행을 택한 것으로 보는 것이 타당할 듯하다. 『약력』은 중산대학 졸업 이후의 김성숙의 행보를 이같이 기록해 놓았다.

"김성숙은 중산대학 정치학과를 졸업한 서기 1927년 12월에 국공양당의 분규로 인해 발생한 광저우 인민폭동에 참여해 시가전을 지도했다. 광저우 인민폭동이 실패한 뒤 상해로 이거(移居) 했다."

김성숙은 광저우 인민폭동의 핵심 인물로 활동한 셈이다. 그렇다면 광저우 인민폭동이 지닌 역사적 의미는 무엇이고 김성숙은 왜 이 폭동에 가담하게 된 것일까.

『아리랑』은 김성숙과 김산, 오성륜 등이 광저우 코뮨에 참여한 이후의 행적을 소상히 묘사해 놓았다. 그러나 이들이 광저우 코뮨에 참여케 된 배경 등에 관해서는 거의 아무 것도 언급해 놓지 않았다. 이를 제대로 알기 위해서는 중국 공산혁명의 전개과정을 간략히 살펴볼 필요가 있다.

1911년 10월 10일에 쑨원이 이끄는 동맹회 소속의 혁명파가 우창봉기(武昌蜂起) 을 일으키자 삽시간에 전국 각지에서 청조에 반대하는 봉기가 접종(接踵) 했다. 이해 11월 말에 후난(湖南) 과 산시(陝西), 산시

(山西), 윈난(雲南), 장시(江西) 등 15개 성이 중앙정부의 지배를 부인하고 독립을 선언함으로써 실질적으로 청조는 붕괴했다. 마침내 1912년 1월 1일에 쑨원을 대총통으로 하는 '난징임시정부'가 수립되어 주권재민과 인권옹호, 민생중시를 표방했다. 이것이 소위 신해혁명(辛亥革命)이다.

당시 쑨원은 국민혁명의 이상을 실현코자 동분서주했으나 곧 유엔스카이(袁世凱)와 같은 군벌들이 득세하면서 뒤로 물러설 수밖에 없었다. 난징임시정부는 혁명파의 정권이라기보다는 혁명파와 입헌파, 구관료들이 제각기 서로 다른 이해관계를 가지고 잠시 편의적으로 이룩한 연합정권에 불과했다. 쑨원을 중심으로 한 동맹회의 혁명세력은 그들의 건국구상을 실현할 만한 실력을 갖추고 있지 못했다. 특히 막강한 북양군벌을 대표하는 유엔스카이를 무시하고는 명목적인 공화제조차 유지할 수 없는 상황이었다. 난징임시정부는 절충안으로 유엔스카이를 새로운 공화국의 수반으로 하는 내각책임제 정권을 창출하고자 했다.

그러나 유엔스카이는 국민당으로 개칭한 혁명파가 다수를 점하고 있는 의회를 무력을 탄압하고 군사독재체제를 강화했다. 그는 스스로 황제가 될 생각으로 공화제 폐지를 획책했으나 오히려 전국적인 반발을 사고 말았다. 얼마 후 유엔스카이가 사망하자 패권적인 지배를 행사하던 북양 군벌세력이 분열되고 각 지방에서 크고 작은 무수한 군벌들이 등장해 끊임없이 세력다툼을 전개했다.

유엔스카이가 사망한 1916년 이후 장제스의 국민당 정부에 의해 중국이 일단 통일된 1928년 사이에 중국 전역에서 군벌로 칭할 만한 사람이 무려 1300명에 달한 사실이 이를 뒷받침한다. 당시 이들이 일으킨 성 단위의 군벌전쟁만 하더라도 약 140회에 이르렀다. 이를 통해 알 수 있듯이 중국은 신해혁명 이후 시종 군벌들의 난립으로 인해 심각한 혼란에 빠져 있었다. 이러한 양상은 1930년대까지 지속되었다.

이 와중에 쑨원을 대원수로 추대한 광둥(廣東) 군벌조차 쑨원이 내세운 북벌과 국민혁명을 백안시했다. 쑨원이 내심 기대했던 서구 열강은 중국의 국민혁명을 지원키는커녕 오히려 군벌과 결탁해 자신들의 이권확장에 혈안이 되었다. 이런 상황에서 제국주의를 반대하는 신생 소비에트 정권의 '카라한 선언'이 터져나왔다. 이는 쑨원에게 소련과 공산주의를 새롭게 인식하는 계기를 제공했다.

당초 쑨원은 볼셰비키 혁명이 일어났을 때 레닌에게 축전을 보내 "소련의 선진적 경험에서 중국혁명의 방향을 찾아야 한다"고 주장한 바 있다. 그러나 쑨원은 여전히 마르크스-레닌주의는 중국의 현실에 적합지 않다고 생각하고 있었다. 국민당과 광둥정부 내에서도 반공적인 보수주의 세력이 주류를 이루고 있었다.

이런 와중에 중국공산당의 태동 움직임이 나타나게 되었다. 당초 중국 내에서 공산주의 운동을 최초로 전개한 사람은 소위 '신문화(新文化) 운동'을 주도한 리따자오(李大釗)와 천두슈(陳獨秀)였다. 당시 교조적인 천두슈는 중국 전래의 역사문화와 전통가치를 전면적으로 부인했으나 리따자오는 신문화 운동 과정에서 중국의 역사문화와 전통을 완전히 부정하지는 않았다. 리따자오는 1918년에 발표한 「동서문명의 근본적 차이」에서 동양문명을 서양문명과 마찬가지로 위대한 인류의 유산이라고 전제하면서 동서문명을 창조적으로 결합한 제3의 문명을 만들어내야 한다고 강조했다. 리따자오 사상의 근저에는 유가의 인간관과 도가의 세계관이 자리 잡고 있었다. 역사와 사회의 변혁과정에서 인간의지의 중요성을 강조하고 있는 리따자오 사상은 마오쩌둥에게 지대한 영향을 미쳤다.

당시 레닌을 비롯한 볼셰비키 지도자들은 세계 혁명과정에서 식민지 상태에 처해 있는 중국 인민의 민족해방운동이 차지하고 있는 중요성을 일찍부터 간취하고 있었다. 레닌은 일찍이 로자 룩셈부르크(Rosa Luxemburg)와의 논쟁에서 피압박민족의 민족자결운동이 세계 혁명과정에서 차지하는 진보적 성격을 강조한 바 있다. 그의 유명한 『제국주의론』도 식민지와 반식민지 지역의 변혁운동이 세계 혁명의 주요 구성 부분임을 분명히 하고 있다. 스탈린도 1918년에 「결코 동방을 잊지 말라」는 논문을 통해 무진장한 자원 공급지인 동방에서의 변혁운동을 무시하고는 세계 사회주의 혁명의 승리를 기대할 수 없다고 역설한 바 있다. 유럽에서의 프롤레타리아 혁명 가능성이 좌절된 1920년경부터 소련과 코민테른은 식민지와 반식민지 사회에서의 민족해방운동에 적극적으로 관심을 표명하기 시작한 것이다.

당시 동방에 관한 코민테른의 기본 정책방향은 1920년 7월에 개최된 코민테른 제2차 대회에서 채택된 레닌의 「민족과 식민지 문제에 대한 테제」에 잘 나타나 있다. 여기서 레닌은 피압박민족의 민족해방운동은 세계 사회주의 혁명의 불가결한 구성요소라고 지적하고 코민테른은 이런 진보적인 민족해방운동을 적극 지원해야 한다고 주장했다. 이에 코민테른은 이르쿠츠크에 극동서기국을 설치한 뒤 중국에 코민테른 대표단을 파견해 중국공산당의 창당작업을 지원하면서 쑨원과의 접촉을 통해 국공합작의 가능성을 모색했다.

이때 밀사형식으로 중국을 방문했던 보이찐스키와 달리 최초의 공식적인 코민테른 대표로 중국에 부임한 마링(Maring)은 1921년 7월에 상하이에서 개최된 중국공산당 창당대회에 참석해 국공합작 방침을 밝혔다. 마링은 같은 해 12월에 꾸이린(桂林)에서 쑨원을 만나 그의 삼민주의(三民主義)와 공산주의의 유사점을 강조하면서 국공합작 가능성을 타진했다. 당초 국민당은 물론 중국공산당 모두 마링의 제안에 회의적이었다. 그러나 코민테른의 끈질긴 설득과 1920년대 초에 급격하게 반전을 거듭하는 국내외 정세는 마침내 손문으로 하여금 '연소용공(聯蘇容共)'을 표방하게 만들었다. 중국공산당 역시 내부토론을 통해 국공합작방침 수락을 결정했다.

1922년 6월에 이르러 '광둥인의 광둥'을 강조하는 군벌 천즁밍(陳炯明)의 쿠데타로 제2차 광둥 정부가 붕괴하자 쑨원은 곧바로 상하이로 옮긴 뒤 베이징의 군벌정부와 국교정상화를 추진하기 위해 중국에 온 요페(A. A. Joffe)와 회동했다. 당시 소련은 베이징의 군벌정부가 냉담한 반응을 보인 데 이어 서구 열강과 일본이 워싱턴 회담을 계기로 중국과 극동지역의 소련의 영향력을 견제하는 데 합의하자 더욱 적극적으로 국공합작을 추진했다. 이에 요페는 곧바로 상하이로 가 쑨원을 만난 뒤 1923년 1월에 '카라한 선언'을 재확인하고 국민당 중심의 통일정부 수립을 위해 전폭 지원할 것을 약속하는 '쑨-요페 공동선언'을 발표했다. 이에 쑨원은 '연소용공'의 기조 하에 기존의 국민당을 명실상부한 혁명정당으로 개편하는 일에 착수했다.

그러던 중 1923년 2월 7일에 소위 '2·7대참사'가 발생했다. 이는 1923년 2월에 철도노동자들이 중국공산당 지도 하에 노동조합을 결성하기 위해 정저우(鄭州)에 집결한 뒤 군벌정권에 대해 노동조합 인정을 요구하면서 총파업을 시도한 데서 비롯되었다. 당시 낙양군벌 우페이푸(吳佩孚)가 무력진압으로 이를 분쇄하고 나서자 전국 각지에서 유사한 사태가 빚어졌다. 힘의 한계를 절감한 중국공산당은 좌우합작을 통해 노동운동과 민족운동의 새로운 활로를 모색코자 했다. 이에 중국공산당은 1923년 6월의 제3차 전국대표대회에서 「국민운동과 국민당 문제에 대한 결의안」을 채택하고 공식적으로 국민당으로 혁명역량을 결집해 국민혁명의 신속한 승리를 쟁취한다는 기본입장을 정했다.

중국공산당은 국공합작이 구체화되는 1923년 11월에 제3차 중앙위원회 제1차 집행위원회를 열어 국공합작 이후 국민당 내에 비밀조직을 유지해 모든 공산당원의 정치적 행동을 지도하기로 결의했다. 이로써 중국의 국민혁명은 새로운 전기를 맞이하게 되었다. 국민당 정권은 이를 배경으로 이후 1927년에 들어와 마침내 북벌을 단행할 수 있었다.

당초 제1차 국공합작의 시대는 1924년 1월에 국민당의 개조를 최종적으로 확인하기 위해 소집된 제1회 국민당 전국대표대회로부터 시작되었다. 당시 쑨원은 전국대표대회를 준비하기 위해 국민당 임시중앙집행위를 임명하고 국민당 개조와 관련한 선언문과 강령 등을 검토케 했다. 임시중앙집행위 위원에는 후한민(胡漢民)과 랴오중카이(廖仲愷), 탄핑산(譚平山) 등 14명이 선출되었다. 이때 탄핑산과 리따자오 등이 공산당을 대표하여 참가했다. 쑨원은 코민테른이 파견한 보로딘(M. Borodin)을 국민당 고문으로 임명하고 그에게 당장과 강령 초안을 작성하게 했다. 이에 제1회 전국대표대회는 쑨원의 연소용공 노선을 확인하고 그의 삼민주의를 국공합작의 지도이념으로 삼았다.

당시 국민당은 진보적인 당노선을 표방하면서 소련공산당 조직원칙을 도입해 소위 '민주집중제(民主集中制)'를 강조했다. 이는 당이 국가조직과 사회집단을 지도해야 한다는 원칙을 말한다. 제1회 전국대표대회에서 다수의 공산당원이 최고 정책결정기구인 중앙집위에 선임되었다. 24명 중 탄핑산과 리따자오, 유수더(于樹德) 등 3명의 공산당원이 포함되었고, 17명의 후보 위원 중에는 린쭈한(林祖涵)과 마오쩌둥(毛澤東), 장궈타오(張國燾), 취츄바이(瞿秋白) 등 7명의 공산당원이 선임되었다.

이때 국민당은 자체의 무장력을 보유키 위해 국민당 직속의 황푸

(黃埔)군관학교를 설립키로 했다. 사실 국민혁명군을 창설키 위한 군관학교 설립 논의는 1921년의 쑨원과 마링 회담 때부터 있었다. 이후 협의 끝에 소련의 지원이 거의 확실해지자 쑨원은 1923년 8월에 장제스를 단장으로 하는 대표단을 소련에 파견해 구체적인 협의를 진행케 했다. 이에 소련이 약 50여 명의 군사고문단을 파견하고 상당한 재정적 지원을 약속하자 마침내 1924년 6월에 장제스를 교장으로 하는 황푸군관학교가 설립되었다. 국민당의 북벌은 바로 이를 바탕으로 이뤄진 것이었다.

국공합작 시대의 정치체제는 당과 군, 대중조직의 3각체제로 이뤄졌다. 대체로 당은 국민당의 좌파와 우파가 양대 세력을 형성해 장악했다. 군은 당 내 좌우파와 일정한 거리를 유지한 장제스가 거의 독점적으로 장악했다. 대중조직 부분에서는 중국공산당의 영향이 압도적이었다. 중국공산당은 국공합작을 계기로 전국 각 지역에 노조 지역총연맹을 결성했다.

이에 1925년 5월 1일에 광저우에서 열린 제2차 전국노동대회에서는 노동자들에게 반제반군벌투쟁의 동참을 호소하는 선언문이 채택되고 중화전국총공회(中華全國總工會)의 성립이 선포되었다. 전국적으로 54만 명의 노조원을 대표한다고 주장한 중화전국총공회의 집행부는 거의 중국공산당원에 의해 장악되었다. 총공회의 위원장에 린웨이민(林僞民), 부위원장에 류샤오치(劉少奇) 등이 선출되었다.

얼마 후 '5·30운동'이 상하이에서 일어나자 중국공산당은 6월 1일에 상하이의 모든 노동자들에게 총파업을 전개할 것을 지시했다. 노동자 총파업에 이어 학생들의 동맹휴학과 중소상인들의 철시로 상하이가 마비되고 영국과 일본, 미국 등은 군대를 동원해 진압하는 과정에서 크고 작은 유혈사태가 잇달았다. 이에 상하이에 공상학연합회(工商

學聯合會)가 결성된 데 이어 대규모 시민대회가 개최되었다. 이들은 서구 제국주의 군대의 철수와 영사재판권의 폐지 등을 요구하는 청원서를 조계당국과 베이징 군벌정부에 제출했다.

이 운동은 과거 청년학생들이 주도한 5·4운동과 달리 대도시의 노동자들이 반제반봉건운동의 전면에 나섰다는 점에서 특기할 만했다. 당시 이들 노동자들은 중국공산당의 지도를 받으며 청년학생 및 중소상공인들과 연합전선을 구축함으로써 국민혁명을 전국적으로 확산시키는 데 중요한 역할을 했다.

중국공산당은 노동운동의 조직화를 적극적으로 추진하는 것과 동시에 농민운동에도 적극 개입해 전국에 걸쳐 농민협회를 조직하기 시작했다. 당시 공산당의 주요 활동무대는 대도시의 노동현장이었으나 평파이(彭湃)와 같은 일부 인사는 이미 국공합작 이전부터 농민운동에 몰두하고 있었다. 그는 1922년 7월에 이미 광둥성 하이펑현(海豊縣)에 농민협회를 결성하고 농민들의 감조감식(減租減息)운동을 이끌었다. 평파이의 농민운동은 인근지역에 급속히 확산되어 1923년에는 하이펑현과 인접한 루펑현(陸豊縣)을 비롯해 광둥성 내 6개현에서 약 20여 만 명의 농민들이 농민협회에 가담케 되었다. 이에 놀란 군벌세력은 무력으로 이를 진압해 평파이의 농민협회는 이내 와해되고 말았다.

그러나 평파이는 다시 국공합작을 계기로 국민당 농민부의 비서로 활약케 되자 농민운동 강습소를 설치해 농민운동 지도자를 배양하는 등 농민운동 확산에 심혈을 기울였다. 그의 이런 노력으로 광둥성과 후난성을 비롯한 남부 중국에서 농민운동이 매우 활발하게 전개되었다. 특히 국민당 정부의 북벌을 계기로 남부 중국에서는 훗날 마오쩌둥이 「호남농민운동 고찰보고」에서 기술하고 있는 것처럼 농민운동이 무서운 기세로 확산되면서 급진적인 경향을 보여주었다.

당시 국민당 내 우파는 반공주의적 태도를 숨기려고 하지 않았다. 중국 공산당 내에도 부르주아 계급과 국민당에 대한 불신은 여전했다. 그럼에도 군벌과 제국주의 세력에 대한 공동투쟁이라는 뚜렷한 목표의식과 국공합작에 대한 쑨원의 신념과 영도력으로 인해 국공합작 내부의 갈등은 억제되었다. 그러나 쑨원이 1925년 3월 12일에 사망케 되자 잠복해 있던 갈등이 표면화하기 시작했다. 당시 쑨원은 국민혁명의 최종목표를 달성하기 위해서는 끝까지 공동투쟁을 해야 한다는 유촉을 남기고 사망했다. 그럼에도 국민당 내 좌우파 사이에 치열한 권력투쟁이 전개되는 과정에서 국공합작에 대한 논쟁이 재연되었다.

소위 서산회의파(西山會議派)로 알려진 국민당 우파는 전통사상의 맥락에서 쑨원사상을 해석한 따이지타오(戴季陶)의 이론으로 무장한 뒤 공산당과 소련의 영향력을 배제코자 했다. 서산회의파는 다이지타오와 린선(林森), 쩌우루(鄒魯) 등이 중심이 되어 1925년 11월 23일 손문의 영정이 안치된 북경 서산 벽운사에서 회합해 반공노선을 밝힌 국민당 우파를 말한다. 이에 왕징웨이(汪精衛)를 중심으로 한 국민당 좌파는 장제스와 중국공산당의 지원을 받아 1926년 1월에 국민당 제2차 전국대표자 대회를 소집한 뒤 일부 극우파를 축출하고 쑨원의 '연소용공' 원칙을 재확인했다.

당시 국민당 좌파와 중국공산당이 합세해 당권을 장악함으로써 국공합작은 오히려 강화되는 듯했다. 그러나 중국공산당의 영향력이 날로 확산되자 일반 상인 및 자본가 사이에서 불안과 반감이 커져갔다. 이런 상황에서 1926년 3월에 중도파를 자처하던 장제스에 의해 소위 '중산함(中山艦) 사건'이 일어났다. 아직도 그 진상이 명확히 드러나지 않은 이 사건은 중국공산당원인 리즈룽(李之龍)이 지휘하는 중산함이 광둥에서 황포로 회항한 것이 발단이 되었다. 당시 장제스는 중산함의 회항을 자신에 대한 공산당의 반란음모로 규정한 뒤 광저우지역에 대한 계엄령을 선포하면서 리즈룽에 대한 체포와 보로딘을 비롯한 18명의 소련 고문단 철수를 명했다.

이는 국민당 제2차 대회에서 확인된 '국민당 좌파의 당과 장제스의 군, 공산당의 대중조직'으로 구성된 3각 협력구도의 와해를 의미했다. 장제스는 1926년 5월에 제출한 '당무정리안'을 통해 공산당의 영향력 축소와 군권을 바탕으로 한 당과 정부의 실권장악을 꾀했다. 사실 중산함 사건은 장제스가 주도한 일종의 '반공 쿠데타' 계책에서 나온 것으로 보는 것이 옳다. 당시 보로딘과 중국공산당 지도부는 장제스의 이런 실력행사에 정면대응을 자제하고 타협책을 찾고자 했다.

당시 소련과 코민테른 내에서는 처음부터 국공합작을 반대한 트로츠키파와 이를 지지한 스탈린 간의 치열한 권력투쟁이 전개되고 있었다. 스탈린은 아직 중국에서는 프롤레타리아 계급의 역량이 국공합작을 전면적으로 포기할 만큼 성숙한 단계가 아니라고 판단해 장제스의 도전에 타협책을 모색코자 한 것이다. 장제스 입장에서도 북벌을 실현하기 위해서는 아직 소련과 중국공산당의 협력이 필요했다. 불안정하나마 국공합작이 계속 유지된 것은 바로 이 때문이었다. 이런 상황에서 1926년 7월에 마침내 북벌이 단행된 것이다.

원래 북벌은 쑨원과 국민당의 숙원사업이었다. 당시 코민테른의 군사고문단은 성공을 낙관할 수 없다는 입장에서 이를 반대했고, 국민당 좌파와 중국공산당도 북벌을 이용해 장제스가 군과 정부의 실권을 장악하려는 것으로 보았다. 그러나 중산함 사건을 수습하는 과정에서 정치적 돌파구가 필요하다고 판단한 국민당의 모든 정파는 이내 북벌을 승인했다. 이에 1926년 6월에 국민혁명군 총사령관에 취임한 장제스는 이해 7월에 제1군으로부터 제8군에 이르는 10만 명의 국민혁명군을 총동원했다.

광저우를 출발한 국민혁명군은 먼저 직예파(直隷派) 군벌 우페이푸(吳佩孚)와 쑨촨팡(孫傳芳) 등이 장악하고 있는 양자강 일대로 북상했다. 이들은 양자강 일대를 점거한 뒤 후난(湖南)과 후베이(湖北)방면, 장시(江西)방면, 푸젠(福建)과 저장(浙江) 방면 등 3방향에서 파죽지세로 북상해 1926년 11월에는 창사(長沙)와 우한(武漢), 쥬장(九江), 난창(南昌) 등 주요 도시를 점거했다. 1927년 3월에는 마침내 상하이와 난징으로 진주해 북벌 6개월 만에 1차 목표를 달성했다.

북벌군이 예상 밖으로 신속한 군사적 승리를 거둔 것은 국민혁명군에 대한 광범위한 국민적 지지가 있었기 때문에 가능했다. 노동자와 농민들은 북벌에 적극 가담해 북벌군이 진격하는 지역에서 총파업과 사보타지를 일으키거나 무장투쟁을 전개해 북벌군의 진격을 도왔다. 1927년 3월 22일에 이뤄진 국민혁명군의 상하이 무혈입성은 중국공산당이 조직한 상하이 노동자들의 3차례에 걸친 총파업과 무장투쟁의 결과였다.

북벌을 계기로 농촌지역에서 농민들의 불만이 활화산처럼 터져나왔다. 당시 후난지역에서 32일 동안 머물며 농민운동의 확산을 시찰한 마오쩌둥은 「호남농민운동 고찰 보고」를 작성했다. 이 보고서에 따르면 1926년 9월까지 후난성 농민협회 회원은 30–40만 명에 불과했으나 북벌이 진행되면서 2백만 명에 육박했고, 마침내 1천만 명의 지지세력을 갖는 거대한 세력으로 성장했다. 순식간에 북벌전쟁의 1차 목표인 양자강 지역의 장악이 실현되고 국민혁명 세력에 의한 중국통일 가능성이 가시화하자 국공합작 과정에서 내연하고 있던 갈등이 일시에 증폭되었다.

북벌이 예상보다 신속히 이뤄지자 이에 고무된 국민당 좌파와 중국공산당은 국민당 정부의 우한(武漢) 이전을 제기했다. 그간 군벌세력에 눌려 남부의 광저우에 둥지를 틀었으나 이제 북벌이 1차 목표를 달성한 만큼 중국의 중심부 가까이 수도를 옮겨야 한다는 것이 그 이유였다. 그러나 장제스를 중심으로 형성된 소위 '신우파세력'은 장제스의 국민혁명군 총사령부가 위치한 난창이나 난징으로의 이전을 주장했다. 그러나 국민당 좌파와 중국공산당은 당시 노동운동의 중심부로 부상한 우한을 선호했다.

사실 당시 국민당 좌파와 공산당이 국민당 정부의 우한 이전을 제기한 것은 중산함 사건 이후 당과 정부 내에서 급격히 세력을 확장해 가고 있는 장제스의 신우파세력을 견제하려는 속샘에서 나온 것이었다. 북벌군이 상하이를 제외한 양자강 이남의 주요 도시를 점령한 1926년 11월 말에 국민당 좌파와 공산당은 광저우에서 국민당 중앙정치회의를 소집한 뒤 중앙당부와 정부의 우한 이전을 전격 결정했다. 이들은 곧 우한에 집결해 1927년 1월 1일을 기점으로 우한 정부의 성립을 공식 선포했다.

우한 정부는 북벌과 더불어 전국 각지에서 활화산처럼 터져나오고 있는 노동운동과 농민운동을 적극 지원해 국민혁명을 조기에 완수코자 했다. 그러나 농민운동은 중국공산당이 제시한 국공합작의 기본 테두리를 벗어나 급진화했다. 각 지방 농민들이 농민협회를 중심으로 실질적인 권력기구를 세우고 중소지주를 포함한 모든 지주의 토지를 몰수하는 사태가 빚어졌다. 도시지역에서도 노동자들의 공장접수와 같은 과격한 행동이 빈발했다. 심지어 한커우(漢口)와 쥬쟝(九江) 등지에서는 외국조계를 힘으로 접수하는 사태마저 벌어졌다. 국민당 우파와 국민당의 일부 좌파세력 내에 이를 우려하는 목소리가 높아져 갔다.

장제스의 신우파세력은 이를 이용해 동요하는 중간층의 지지를 얻고자 했다. 제국주의 세력 역시 보수적인 삼민주의자들과 합세해 좌파를 제거코자 했다. 공산당 내부에서도 민중운동의 급진화에 고무돼 국공합작을 유지코자 하는 지도부를 비판하는 목소리가 높아졌다. 그러나 중국공산당 지도부는 프롤레타리아 계급의 역량이 충분히 성숙되지 않은 단계에서 지나친 급진화 경향으로 인해 광범위한 반좌파 연합세력이 형성될까 크게 우려했다. 이에 중국공산당 지도부는 국민당 우파와 부르주아 계급의 의구심을 해소하기 위해 노동자와 농민의 자제를 당부했다.

그러나 이 와중에 중국공산당이 가장 우려했던 장제스의 상하이 반공 쿠데타가 발생했다. 앙드레 말로의 『인간의 조건』에 생생히 묘사된 바와 같이 당시 장제스가 주도한 상하이 반공 쿠데타는 중산함 사건으로 이미 표출된 바 있는 국공합작의 갈등이 일거에 폭발한 데 따른 것이었다. 당시 국민당 좌파와 공산당이 연합해 세운 우한 정부와 장제스의 관계는 급속도로 악화되어 있었다. 이때 국민당 좌파와 공산당은 1927년 3월에 우한에서 국민당 제2기 3중전회를 개최한 뒤 중앙집행위원회의 권한을 강화한다는 구실로 국민혁명군 총사령관직을 폐지하고 장제스를 군사위원회 위원으로 강등시키는 결정을 내렸다.

당시 국민혁명군은 총 30만 명으로 보강되어 있었다. 이들 대부분이 장제스의 휘하에 있었다. 단지 탕성즈(唐生智)가 지휘하는 5만여 명의 제8군만이 우한 정부를 지지하고 있었다. 이런 상황에서 장제스를 거세코자 한 3중전회의 결정은 분명 현실을 무시한 무리한 조치였다. 이로 인해 장제스와 우한 정부의 관계는 결정적으로 악화되었다. 북벌 중에 나타난 민중운동의 급진화로 인해 그간 국민정부에 유보적인 태도를 나타냈던 대도시의 자본가와 농촌지방의 지주들 모두 장제스에게 접근했다. 장제스는 이들의 재정적 지원을 기반으로 군사력을 더욱 강화하면서 이내 자신이 주도하는 정권을 창출할 수 있다는 자신감을 갖게 되었다. 그러기 위해서는 반공노선으로의 전환을 분명히 할 필요가 있었다. 장제스가 상하이를 중심으로 한 양자강 일대에 근거지를 두고 있는 저장성 일대의 재벌과 밀접한 관계를 가지게 된 것이 이를 뒷받침한다.

그러나 국민혁명군이 양자강 유역을 점거하는 과정에서 자신들의 이익이 침해될 것을 두려워한 서구 제국주의 세력의 무력간섭 가능성도 점고되었다. 당시 한커우와 쥬장 일대에서는 서구 열강의 조계를 접수하려는 과정에서 유혈충돌이 나타났다. 난징에서는 외국 영사관과 외국인 주택들이 습격을 당하는 와중에 영국과 미국, 프랑스인 6명이 살해되는 일이 빚어졌다. 이를 구실로 영국과 미국의 군함이 상하이 시내를 포격해 수천 명의 중국인이 폭사했다. 제국주의 열강은 자신들의 이권이 밀집되어 있는 상하이 조계를 지키기 위해 수많은 함정과 군대를 동원해 무차별 무력시위를 벌인 것이다.

당시 장제스는 공산당이 주도하는 노동자들의 무장봉기로 이미 해방된 상하이에 무혈입성한 뒤 약 3주일 동안 아무런 행동도 취하지 않았다. 이는 대략 일본과 미국 등 제국주의 열강과 교섭하면서 상해 쿠데타를 구상한 데 따른 것으로 추정되고 있다. 1927년 4월 12일에 장제스는 자신의 휘하에 있는 바이충시(白崇禧) 부대와 상해의 비밀결사인 청방(靑幇)과 홍방(紅幇) 등을 동원해 노동자와 공산당원들을 대대적으로 검거했다. 4월 12–15일 사이에 약 3천여 명의 노동자가 피살되고 5백여 명이 체포되었다.

장제스의 '상하이 반공 쿠데타'를 계기로 국민당 우파와 군벌세력이 지배하는 지역에서도 유사한 탄압이 공개적으로 자행되었다. 베이징의 군벌정권이 소련대사관에 피신한 리따자오 등 28명의 공산당원을 체포해 처형한 것도 바로 이때였다.

우한 정부는 이에 격렬하게 반발해 4월 17일에 장제스의 당적 박탈과 체포령을 내렸다. 그러자 장제스는 다음날에 자신이 주도하는 난징의 국민당 정부 수립을 선포하고 나섰다. 이로써 좌우합작을 통한 국민혁명을 내걸고 출범한 국민당 정부는 우한 정부와 난징 정부라는 두 개의 정부로 분해되었다. 국민당과 중국공산당 간의 국공합작도 타격을 입은 것은 말할 것도 없다.

당시 중국공산당 지도부와 코민테른은 장제스의 반공쿠데타를 전혀 예상치 못하고 있었다. 이후에도 국공합작에 대한 당의 입장을 정리하지 못하고 상반되는 방침을 결정해 국민당 좌파와도 헤어지게 되었다. 난징정부 수립이 선포된 직후인 4월 27일에 중국공산당은 우한에서 제5차 전국대표자대회를 열고 위기국면에 대응키 위한 당의 방침을 토의했다. 6만 명에 가까운 당원을 대표하는 80명의 대표들이 모여 당 노선을 검토했으나 결국 상반된 결정을 내리는 것으로 끝났다.

이들은 도시 노동자의 무장화와 토지문제의 해결 및 농민운동의 확산, 소자산계급과의 연합을 주장하면서도 국민당좌파와의 협력과 급진적 행동의 자제를 촉구하는 종래의 입장을 재확인했다. 이러한 상반된 노선은 1927년 5월에 개최된 코민테른 8차 집행위원회 전체회의에서도 거듭 확인되었다. 당시 코민테른은 노동자와 농민의 무장화 등을 강조하면서도 트로츠키파가 주장한 국공합작의 즉각적인 포기와 농촌혁명으로의 전환 등에 대해서는 비판적이었다. 이는 기본적으로 중국의 국공합작 유지를 통해 일제를 견제코자 하는 속셈에서 비롯된 것이었다. 결국 코민테른은 강력한 경고를 중국공산당에 전달했다.

"중국공산당이 국민당에서 이탈하거나 국민당이 이탈하도록 하는 입장을 취하는 행동은 결코 용인될 수 없다. 우한 정부를 과소평가하고 우한 정부의 혁명적 역할을 부인하는 것은 착오이다."

중국공산당과 코민테른 지도부는 국민당 좌파와 국공합작은 계속 유지하면서 노동자와 농민운동을 바탕으로 한 실력배양을 통해 주도권을 확립해 나간다는 기본방침을 정했다. 그러나 이미 북벌의 와중에서 폭발적으로 분출하기 시작한 혁명적 열기는 중국공산당 지도부의 기대와는 달리 당의 통제를 벗어나 매우 급진적인 모습을 보이기 시작했다. 농촌지역에서는 자생적인 혁명정권이 등장해 모든 지주와 부농에 대한 토지몰수와 계급투쟁을 전개해 나갔다.

설상가상으로 우한 정부를 지지하던 탕성즈의 제8군내에서도 반공정책을 지지하는 세력이 등장해 중국공산당을 곤경에 처하게 만들었다. 1927년 5월에 탕성즈의 직속부대인 우창(武昌)의 샤떠우인(夏斗寅) 군사와 장사의 쉬커샹(許克祥) 군사가 반공 쿠데타를 시도한 데 이어 6월에는 허젠(何健)의 군사가 반공선언을 발표했다. 우한 정부를 지지하던 군부가 속속 이탈하자 우한 정부를 이끌고 있는 국민당 좌파 내에서도 심각한 동요가 일어났다.

이때 공교롭게도 소위 '코민테른의 비밀전보 사건'이 발생했다. 당시 코민테른은 중국공산당에 보낸 비밀전보에서 2만 명의 중국공산당원과 5만 명의 노동자와 농민을 무장화하고, 국민당 중앙집행위원회를 개조하고, 토지의 국유화를 실시하라는 등의 지령을 내렸다. 이는 민중운동의 급진화에 대해 깊은 우려를 표명하고 있던 국민당 좌파로 하여금 중국공산당과의 결별을 결심케 만들었다. 1927년 7월에 마침내 국민당 좌파의 우한 정부도 반공노선을 선언하고 장제스의 난징정부에 합류했다.

이로써 제1차 국공합작은 마침내 붕괴되고 중국공산당은 제국주의 세력과 군벌세력, 통합된 국민당 연합세력 등과 다면적으로 대처해야 하는 창당 이후 최대의 위기에 봉착하게 되었다. 이에 반해 우한 정부의 난징정부 합류로 국민당은 장제스를 중심으로 통일되었다. 이를 바탕으로 장제스는 제2차 북벌을 단행했다. 이에 마침내 1928년 8월에 베이징에서 장제스를 수반으로 하는 중화민국이 수립되었다.

그러나 이는 명목적인 통일에 불과했다. 사방의 군벌세력은 여전히 잔존하여 국민당 정부에 끊임없이 도전했고 일제의 침략위협도 시간이 갈수록 더욱 증대했다. 그럼에도 장제스의 국민당 정권은 1928년 이래 국공내전이 본격적으로 전개되는 1945년까지 대외적으로는 중국을 이끌어 가는 중심세력으로서의 위치를 유지했다.

이로써 중국공산당은 생존을 위한 길고 험난한 투쟁을 전개하게 되었다. 당시 중국공산당은 먼저 노동자와 농민을 조직해 무장봉기를 감행해 중국혁명을 심화-발전시키는 쪽으로 가닥을 잡았다. 이에 1927년 8월 1일에 난창봉기를 일으켰다. 저우언라이와 리리산 등은 국민혁명군 내에서 공산당을 지지한 예팅(葉挺)과 주더(朱德), 허룽(何龍)의 부대들을 동원해 난창을 일시 점령했다. 이는 국공합작이 좌절된 후 중국공산당이 첫 번째로 시도한 무장봉기였다. 그러나 난창봉기는 국민당군의 반격으로 이내 실패하고 말았다.

당시 난창봉기가 실패로 끝나자 중국공산당은 이른바 '8 · 7긴급회의'를 소집했다. 이 회의는 1927년 8월 7일에 우한에서 쥐츄바이(瞿秋白)와 마오쩌둥(毛澤東), 쑤자오정(蘇兆徵), 장타이레이(張太雷), 차이허선(蔡和森), 샹중파(向忠發) 등 22명의 지도자와 코민테른의 대표가 참석한 가운데 개최되었다. 여기서 국공합작의 실패에 대한 책임을 천두슈의 '우경 기회주의 노선'에 돌리는 「전체 당원동지들에게 보내는 글」을 채택했다. 이들은 국공합작 시기에 천두슈가 대표로 있던 당 지도부가 멘셰비키처럼 민족해방운동과 계급투쟁을 서로 대립되는 것으로 파악해 실패를 가져왔다고 비난했다. 이 회의에서는 북벌로 노농의 혁명열기가 고조된 상황에서 국공합작을 유지해야 한다는 구실로 토지혁명의 심화를 저지하고 노동자의 무장화를 태만히 한 것을 신랄히 비판했다.

여기서 한발 더 나아가 이 회의에서는 천두슈의 퇴진을 결의한 데 이어 쥐츄바이를 총서기로 하는 임시정치국원을 선임한 뒤 노농의 무장화와 무장봉기를 촉구하는 새로운 당노선을 채택했다. 그러나 당시 중국공산당 지도부는 자신들의 실패원인이 어디에 있는지를 제대로 파악치 못했다. 쥐츄바이를 중심으로 한 지도부는 8 · 7긴급회의가 개최되기 전에 시도한 난창봉기의 정당성을 인정하는 잘못을 저지른 것이다. 이는 이후 유사한 봉기의 실패를 예고한 것이었다.

당시 쥐츄바이는 농촌지역에서 대대적인 9월 추수폭동을 일으킬 생각으로 임시정치국원을 각지에 파견했다. 8 · 7회의에서 임시정치국 후보위원으로 선출된 마오쩌둥이 후난성에 파견되어 후난지역의 추수폭동을 지휘하게 된 것은 바로 이 때문이었다. 그러나 9월의 추수폭동 역시 당 지도부의 예상과 달리 농민들의 소극적인 반응과 국민당 정부 및 지방군들의 반격으로 실패하고 말았다. 마오쩌둥은 후난성의 중심도시인 창사의 노동적위대와 농민자위대를 동원해 시가를 점령코자 했으나 군사적 열세로 인해 이를 중도포기하고 황급히 퇴각하지 않을 수 없었다.

쥐츄바이의 당 지도부는 난창봉기와 추수폭동이 모두 실패했는 데도 불구하고 이해 11월에 상하이 근교에서 임시정치국 확대회의를 개최하고 더욱 급진적인 정책노선을 추진하기로 결정했다. 당시 당 지도부는 추수폭동의 실패원인을 당 간부의 자각적인 노력부족에 기인한 것으로 보았다. 이에 이들은 마오쩌둥을 비롯한 추수폭동의 실무책임자들을 견책하고 광저우에서 또다시 무장봉기를 시도해 소비에트 정권을 수립할 것을 지시했다.

김성숙과 김산, 오성륜 등이 광저우 코뮨에 참여하게 된 것은 바로 이 즈음이었다. 그러나 이는 난창봉기와 추수폭동이 실패로 끝난 데서 알 수 있듯이 중국공산당의 오판에서 비롯된 것으로 시작부터 실패가 예고된 것이기도 했다. 수많은 한인 공산주의자들이 광저우 코뮨에 참여했다가 몰살을 당한 것은 바로 이 때문이었다.

당초 광저우 코뮨이 성립될 당시 일시적으로 성공을 거두는 듯했다. 이는 펑파이(彭湃)가 일찍부터 농민운동을 조직해 온 광둥성의 하이펑현과 루펑현에서 농민들이 봉기에 적극 호응해 소위 '하이루펑 소비에트'를 수립한 데 따른 것이었다. 이에 고무된 중국공산당 광둥성 위원회는 이해 12월 11일에 예진잉(葉劍英)이 지휘하는 군대와 광저우 지역의 노동자적위대에게 명하여 광저우를 점거케 했다. 이로써 일시적으로 이른바 '광저우 코뮨' 또는 '광저우 소비에트'의 수립이 선언되었다.

그러나 곧 국민당군의 반격으로 '광저우 소비에트'는 3일 만에 장타이레이를 비롯한 수천 명의 희생자를 내고 붕괴하고 말았다. 뒤이어 하이루펑 소비에트마저 이듬해인 1928년 2월 말에 이르러서는 국민당군에게 함락되었다. 이로써 이른바 '쥐츄바이 노선'에 의해 시도된 무장봉기는 모두 참담한 실패로 끝나고 말았다.

코민테른은 즉각 집행위원회를 열고 토지혁명의 확대와 홍군(紅軍)의 건설에 주력함으로써 새로운 혁명고조기를 대비해야 한다고 결의했다. 이를 바탕으로 중국공산당은 이해 6월에 모스크바에서 6차 당대회를 개최해 '쥐츄바이 노선'을 비판하고 홍군의 건설과 토지혁명, 농촌 소비에트 정권의 수립을 긍정 평가했다. 이로써 '쥐츄바이 노선'

은 '천두슈 노선'과 마찬가지로 좌경 모험주의 노선이라는 오명을 뒤집어쓰게 되었다. 얼마 후 취츄바이가 퇴진하고 리리산(李立三)을 중심으로 한 새로운 지도부가 등장했다.

당시 봉기가 잇달아 실패하는 와중에 홍군(紅軍)이 창군되고 농촌혁명의 근거지 건설이 추진된 것은 나름대로 평가할 만했다. 난창봉기의 잔여병력 중 주더(朱德)가 지휘하는 부대가 최초로 공농(工農)혁명군 제1사(師)로 개편되고, 둥랑(董郎)이 이끄는 부대가 공농혁명군 제2사로 개편되었다. 마오쩌둥도 추수폭동에 실패하고 퇴각하던 중 강서성 닝캉현(寧康縣) 싼완(三灣)에서 이른바 '싼완개편'을 단행하고 잔여부대를 공농혁명군 제1군 제1사 제1단(團)으로 개편했다. 이처럼 난창봉기 이후 각종 무장봉기에 참여했던 병력을 중심으로 편성된 공농혁명군은 1928년 5월에 발표된 당의 「군사공작대강」에 의해 모두 '홍군'으로 그 명칭을 바꿨다. 이후 주더의 공농혁명군은 마오쩌둥 부대와 징강산(井堈山)에서 합류해 주덕을 총사령관, 마오쩌둥을 정치위원으로 하는 홍군 제4군으로 개편되었다.

그러나 모스크바에서 열린 중국공산당 제6차 당대회는 취츄바이의 좌경 모험주의 노선을 철저히 비판하지 못해 결국 '리리산 노선'과 같은 또 다른 좌경 모험주의 노선의 등장을 가능케 했다는 점에서 적잖은 문제가 있었다. 리리산 노선은 여전히 도시혁명의 주도적 역할을 강조하면서 프롤레타리아 계급의 혁명의식 고양만을 계급혁명의 결정적 요인으로 간주했다.

리리산 노선의 논리적 근거는 취츄바이 이후 당 지도부가 제시한 소위 '혁명의 불균등발전론'에 있었다. 이는 장제스 정권과 제국주의 세력이 중국을 완전히 장악하지 못하고 내분을 겪고 있는 까닭에 일부 약한 고리를 형성하고 있는 지역에서 혁명을 우선적으로 성공시킬 수 있다는 논리였다. 이 이론은 일부 지역에서의 성공은 곧 중국혁명의 폭발로 이어지고, 제국주의 세력의 거대한 원료 공급지인 중국혁명은 이내 세계 혁명의 촉발요인으로 작용할 수 있다는 낙관론에 기초하고 있었다. 리리산은 1930년 6월에 상하이에서 정치국 회의를 소집한 뒤 이 같이 주장했다.

"혁명을 위한 객관적 조건은 성숙되고 광범위한 노동대중의 혁명투쟁은 급속하게 발전하고 있다."

그리고는 「새로운 혁명의 고조와 한 개 내지 수개의 성에서의 우선적 승리」라는 테제를 통과시켰다. 이는 1929년 이후 미국의 금융공황으로부터 시작된 세계자본주의 경제의 위기와 장제스정권에 대한 군벌세력의 도전, 농촌혁명 근거지의 확대와 도시 노동운동의 부분적인 회복현상 등에 기초한 것이었다. 실제로 일부 공산주의자들은 미국 월가의 증권시장 붕괴로부터 시작한 경제공황이 전세계로 파급되자 마르크스가 예견한 자본주의 세계 경제의 몰락이 도래한 것으로 착각했다.

이때 장제스가 중앙집권적 통치체제를 구축하려고 하자 기존의 군벌세력이 강력히 반발했다. 이에 국민당 정권은 커다란 위기에 몰리게 되었다. 1929년 9월에 장파퀴(張發奎)의 반란을 시작으로 10월의 펑유산(馮玉山), 11월의 광시군벌 리쭝런(李宗仁), 12월의 후난의 탕성즈, 이듬해 2월의 산시(山西) 군벌 옌시산(閻錫山)이 각각 반장(反蔣) 선언을 하고 나섰다.

이로 인해 1930년 초에는 장제스의 중앙군 25만 명과 반장 연합군 35만 명이 대치하는 양상이 나타났다. 이 와중에 중국공산당은 농촌지역을 중심으로 한 홍군의 건설과 소비에트 정권의 수립을 추진했다. 도시지역에서도 노동조직을 재건하려고 노력한 결과 어느 정도 성과를 거두었다. 주더와 마오쩌둥이 이끄는 소위 주마오군(朱毛軍)이 장악하고 있는 장시(江西) 소비에트를 비롯해 크고 작은 15개의 혁명 근거지가 생겨났고 홍군도 6만 명을 넘게 되었다.

이런 객관적인 조건은 리리산으로 하여금 자신의 신념을 더욱 강화케 했다. 그는 한 개의 성 내지 몇 개의 성에서 우선적 승리를 쟁취하면 이내 이를 바탕으로 전국적인 혁명도 담보할 수 있다고 확신했다. 리리산이 이끄는 당 지도부는 마침내 1930년 6월에 정치국 결의를 통해 농촌지역에 분산되어 있는 모든 홍군을 집결시켜 창사와 우한과 같은 대도시를 점령할 것을 명하고, 도시지역의 당 조직에도 노동자들의 총파업과 무장봉기를 지시했다.

그러나 마오쩌둥과 주더는 당 지도부의 명령에 따라 우한과 난창 공격에 가담했으나 국민당군의 강력한 방어벽을 깨뜨리지 못하고 이내 참담한 패배를 맛보고 퇴각할 수밖에 없었다. 다만 제3군이 주축이 된 홍군이 일시 창사를 점령하는 데 성공해 후난성 공농병 소비에트 수립을 선포하기도 했다. 그러나 이 또한 국민당군의 반격과 미국과 영국 등의 함포사격으로 9일 만에 철수하지 않을 수 없었다. 홍군은 전열을 정비해 재차 창사를 공격코자 했으나 성공가능성이 없다고 판단한 마오쩌둥과 홍군의 일부 지도자들은 홍군의 궤멸을 방지하기 위해 독단적으로 공격을 중지하고 퇴각했다.

이로써 대도시 공략을 위주로 한 리리산 노선도 취츄바이 노선과 마찬가지로 참담한 실패로 끝나고 말았다. 이는 기본적으로 국민당군에 대한 과소평가와 자신들의 혁명역량에 대한 과신에서 비롯된 것이었다. 당시 대도시의 노동자들의 호응은 리리산이 생각했던 것보다 훨씬 소극적이었다. 창사와 우한, 상하이, 텐진 등에서 공산당은 노동자들에게 무장봉기'와 총파업을 호소했으나 이에 호응한 노동자는 경우 1

천-2천 명 수준에 불과했다.

이에 리리산 노선의 실패가 거의 명확해진 1930년 9월에 중국공산당 제6기 3차 중앙위원회 전체회의가 개최되었다. 코민테른이 파견한 쥐츄바이(瞿秋白)와 저우언라이가 중심이 되어 소집한 3중전회에서는 리리산 노선의 전술상 과오를 비판했다. 그러나 3중전회 역시 리리산 노선의 과오를 철저히 비판하지 못했다. 중국공산당은 이해 11월 말에 중앙정치국회의를 서둘러 개최하고 3중전회의 결정을 수정해 리리산의 퇴진을 결의했다.

이듬해인 1931년 1월에 소집된 4중전회를 계기로 코민테른의 지원을 받은 천사오유(陳紹禹 : 일명 王明)와 친방셴(秦邦憲 : 일명 博古), 선쩌민(沈澤民) 등 이른바 소련 유학생파가 당권을 장악케 되었다. 이들은 리리산의 군사모험주의에 신랄한 비판을 가하면서 6차 당대회의 노선을 재확인했다. 농촌지역의 홍군 건설과 토지혁명을 통해 소비에트 정권을 수립하고 도시지역에서 노동운동의 회복과 당조직의 재건을 강조했다.

그러나 이 노선 역시 여전히 도시중심적인 혁명을 염두에 둔 것이었다. 1931년 11월 7일에 장시성 남부에 위치한 루이(瑞金)에서 610명의 소비에트 지역 대표가 모인 가운데 중화공농병 소비에트 제1차 전국대표대회가 개최되었다. 여기서 헌법과 토지법, 노동법, 홍군문제 및 경제정책에 대한 결의문이 채택되고 마오쩌둥을 주석, 장궈타오를 부주석으로 하는 중화소비에트공화국이 선포되었다.

이상 간략히 살펴본 바와 같이 중국공산당은 시종 커다란 시행착오를 거듭했다. 이는 쥐츄바이 노선과 리리산 노선과 같이 교조적인 노선을 추종한 데 따른 것이었다. 김성숙과 김산 등이 쥐츄바이 노선에 따라 진행된 광저우 코뮨에 참여한 것은 커다란 실수였다. 『약력』의 기록에 따르면 광저우 폭동이 일어나는 1927년 말에 중산대학을 졸업한 김성숙은 졸업 전후로 광저우 코뮨에 참여한 셈이 된다. 『약력』은 그가 광저우 코뮨에 참여케 된 배경을 이같이 기록해 놓았다.

"서기 1926년에 국내외 각지로부터 3백여 명의 조선인 청년이 중국혁명의 책원지(策源地 : 진원지)인 광저우로 회집했다. 김성숙은 이들을 규합해 유학조선혁명청년회(遊學朝鮮革命青年會)를 조직하고 기관지 『혁명운동』을 편집 · 간행하면서 일제 정책에 대한 반대와 피압박민족의 해방을 제창했다."

이 기록에 따르면 김성숙은 항일운동의 일환으로 중국공산혁명을 돕기 위해 조선인 유학생들을 이끌고 참여한 셈이 된다. 이는 조선혁명을 우선시하며 중국공산당 가입을 반대했던 김성숙의 기본입장과 다른 것이다. 그렇다면 그의 기본입장과 광저우 코뮨 참여는 어떤 관련이 있는 것일까. 『아리랑』에는 김성숙과 김산 등이 참담한 실패로 끝난 광저우 코뮨에 참여한 활동이 매우 상세히 기술돼 있다. 이를 토대로 당시의 김산과 김성숙의 행보를 추적해 보기로 하자.

당초 소련의 지원을 얻기 위해 쑨원은 소련공산당의 지침에 따라 국민당을 개조한 뒤 소련과 협약을 맺었다. 쑨원은 비록 1925년에 베이징에서 죽었지만 이 협약은 여전히 유효했다. 이로 인해 광저우는 중국혁명의 본거지가 되었다. 이해에 일어난 '5 · 30사건' 이후 소련의 행보가 더욱 빨라졌다. 소련은 군사고문과 정치고문의 광저우 파견을 계기로 황푸군관학교를 세워 혁명공작을 위한 군사 지도자 양성에 박차를 가했다.

이때 중국 내 한인 혁명가들은 좌우를 막론하고 중국에서 일어난 이 새로운 물결을 보고 조국해방의 청신호로 생각해 크게 기뻐했다. 김성숙과 김산을 비롯한 모든 한인 혁명가들이 광저우로 달려간 이유가 바로 여기에 있었다. 이념 때문이 아니라 바로 조선독립의 가능성을 배가시키기 위해 자진하여 참여했던 것이다. 그러나 이는 당시 중국공산당을 이끌고 있는 취츄바이의 좌경 모험주의의 내막을 제대로 파악치 못한 데 따른 실착이었다.

원래 1925년에 김성숙이 국립중산대학에서 정치학을 공부하기 위해 광저우로 갔을 때 김산은 다른 단체에 가담하고 있었다. 『아리랑』에는 이에 관한 기록이 나오지 않고 있으나 1927년 5월에 조선총독부 통역관인 기토 고쿠기(木藤克己)가 북경특파원으로 있으면서 작성한 『북경 재류 조선인의 개황』을 보면 그의 행적을 추적할 수 있다.

"베이징의 '사회과학연구회'는 1925년 11월 15일에 창립되어 현재 다음과 같은 임원을 두고 있다 … 사교부(社交部)는 장지락(본인은 현재 광둥에 가서 부재중임)이 맡았다."

이를 통해 김산은 김성숙이 중산대로 갔을 당시 베이징에서 사회과학연구회의 결성에 참여했고, 2년 뒤인 1927년 5월 당시에는 광둥에 있었음을 확인할 수 있다. 당시 베이징의 사회과학연구회는 사교와 운동, 문예 등의 활동을 하는 조선인 학생의 친목단체였다. 그러나 이 단체는 1926년 중반을 전후해 급진좌경으로 기울어지기 시작했다. 이에 김산은 이내 중국혁명의 본거지인 광저우로 내려가 김성숙의 뒤를 이어 중산대학에 들어간 것이다. 이는 『아리랑』에는 전혀 언급되어 있지 않으나 조선총독부 자료를 통해 확인할 수 있다.

당시 광저우에는 이미 많은 한인 혁명가들이 내려와 있었다. 김산은 『아리랑』에서 의열단원인 공산주의자에 의해 '조선혁명청년회'가 결성되고, 이후 의열단이 '조선민족독립당'으로 개칭되었다고 기술해 놓았다. 그러나 당시 조선총독부 경무국이 작성한 『조선의 치안상황 1927』에는 '조선혁명동지회'만 나타나고 있다.

"광둥지역에는 국민정부의 활약 이래 한때 많은 불령선인 중 혁명군에 투신하는 외에 군사정치학교인 황푸군관학교와 비행학교 등에 입학하는 자가 있었다. 그 수가 1926년 말에 일시 4백 명에 달하기도 했다. 이들이 1927년 5월에 '조선혁명동지회'를 조직했다."

이 기록에는 '조선혁명동지회'가 1927년 5월에 조직된 것으로 나와 있으나 실제로 이 단체는 그 전해 봄에 결성되었다. 이때는 김산이 광저우로 내려온 지 얼마 안 된 때였다. 이는 총독부의 『조선의 치안상황』(1927)에 나오는 조선혁명동지회에 관한 다음과 같은 기록을 통해 쉽게 확인할 수 있다.

"조선혁명동지회는 광둥지방에 거주하는 조선인을 조직한 가장 유력한 단체로 한때 회원이 약 2백 명에 달했다. 기관지로 『혁명운동』을 발행했지만 수령인 손두환(孫斗煥)이 러시아로 들어가는 것을 계기로 김원봉 일파가 상하이로 가게 되어 회원 사이에 알력이 생겼다. 1927년 4월에 중산대학에서 제2차 임시대회를 열어 임원을 개선했다. 집행위원으로 장지락과 이영준, 채원개, 이활(李活) 등이 당선되었다. 집행위원회를 열어 상무위원을 뽑았다. 이에 종래 의열단계를 전부 낙선시켜 비교적 온건한 사상을 가진 자로 아래 세 사람을 선출했다. 서무부는 이영준, 재무부는 정유인, 선전부는 장지락이 각각 맡았다."

조선혁명동지회의 지도자인 손두환은 황해도 출신으로 김성숙보다 두 살 많았다. 그는 메이지대학에서 법학을 전공한 뒤 중국으로 건너가 임시정부 의정원 의원과 군무부 군법국장을 역임했다. 1925년 경에는 광저우로 가 황푸군관학교 교관과 교장실 부관을 지내기도 했다. 해방 후 김성숙과 함께 근민당에 참여해 중앙검사위원을 지내고 좌우합작위원회 위원과 민족자주연맹 정치위원 등을 역임했다. 그러나 얼마 후 월북해 1948년 9월에는 북한의 최고인민회의 제1기 대의원으로 선출되었다.

당시 김산과 같이 중산대학에 다니고 있던 이영준도 의열단원이었고, 채원개도 황푸군관학교의 교관으로 있었다. 이들이 모두 온건사상을 갖고 있었는지 여부는 판단하기 쉽지 않다. 이 자료를 액면 그대로 믿기는 어렵다. 그러나 최소한 의열단계가 배제되고 온건사상을 가진 김산 등에 의한 집행위원회가 구성되었다고 한 대목은 눈여겨 볼 필요가 있다.

이때 김산과 함께 집행위원에 선출된 '이활'은 나중에 시인으로 유명해진 '이육사(李陸史)'를 말한다. 본명이 이원록(李源祿)인 그는 경북 출생으로 1925년에 의열단에 가입해 중국으로 건너갔다가 2년 뒤에 귀국했다. 이후 의열단의 폭탄테러 사건에 관여한 혐의로 체포돼 징역 3년의 형을 받았다. 1932년에 다시 중국으로 건너가 난징에서 조선혁명간부학교 제1기생이 되었다. 이듬해 귀국해 이활이라는 필명으로 시와 평론을 쓰며 중국문학의 소개에도 힘을 쏟았다. 1943년에 베이징에 갔다가 귀국 후 검거되어 다음해 1월에 베이징형무소에서 옥사했다. 그는 1927년 당시 광저우에 와 있다가 조선혁명동지회에 가담했을 공산이 크다.

원래 김산이 광저우에 도착했을 때 소위 '중국대혁명'에 뛰어들어 투쟁하기 위해 모인 한인은 겨우 60명에 불과했다. 그 대부분이 의열단의 테러리스트였다. 그러나 1928년까지 8백 명 이상의 한인이 광저우로 속속 몰려들었다. 조선의 활동적인 지도자들이 모두 여기로 모여든 것이다. 대부분 혁명적 인텔리겐차였다.

당시 만주의 독립군 중 약 4백 명이 의용군으로 왔다. 시베리아에서는 10월 혁명 이래 계속 투쟁한 경력을 갖고 있거나 다년간에 걸쳐 시베리아 유격대에서 활약한 경험을 가진 베테랑이 1백 명 이상 광저우로 모여들었다. 국내에서도 1백여 명이 광저우로 왔다. 모스크바에서 직접 훈련받은 학생 30명도 보로딘(M. M. Borodin) 고문단에 끼어 광저우로 왔다. 보로딘은 소련이 중국국민당의 고문으로 파견한 매우 무게 있는 인물이었다.

대한독립군 출신자 4백 명을 제외한 나머지 8백 명 대부분이 공산주의 사상에 동조하고 있었고 일부는 당원이었다. 민족주의자와 공산주의자는 대개 시베리아에서 온 사람들이었다. 조선공산청년동맹원은 70명을 헤아렸다. 정치적으로나 지리적으로 매우 잡다한 까닭에 통일된 지도부를 만들기가 쉽지 않았다.

당시 광저우에 온 사람들 중에는 일본의 노동운동 지도자도 20명가량 포함되어 있었다. 특히 만주에서는 공산청년동맹원이 많이 몰려왔다. 이들의 평균 나이는 23세 가량이었다. 한인들이 몰려들자 중국공산당 측은 자신들이 전체를 지도해야 한다고 생각해 그 이유를 이같이 설명했다.

"한인 운동은 분파주의와 지나친 무정부주의적 민주주의로 인해 끝날 줄 모르는 상호 비방이 전례 없이 악화되었다."

김산은 광저우에 도착하자마자 분파 간의 대립을 해소하는 일에 착수했다. 분파를 지양하고 모든 독립혁명 진영의 역량을 집결시키고자 한 김산의 이러한 노력은 김성숙의 노선과 같은 것이었다. 김산은 『아리랑』에서 당시 자신이 맞닥뜨린 문제점을 이같이 기술해 놓았다.

"조선인의 가장 나쁜 점은 함께 단결하여 원칙에 복종하는 것을 하지 않는다는 점이다. 그래서 개인주의적 무정부주의 경향과 파벌투쟁으로 곤란을 겪었다. 조선인은 자진해서 기꺼이 자신의 생명을 내던지는 위험을 무릅쓰지만 명령을 받거나 어떤 유형의 절대권 아래로 들어가는 것을 싫어한다."

김산의 지적과 같이 당시 좌우를 막론하고 한인 독립혁명가들의 파벌주의는 매우 심각한 수준이었다. 이는 해방 이후 김성숙과 여운형 등이 그토록 심혈을 기울인 좌우합작이 실패로 돌아가게 된 근원적인 배경이기도 했다. 당시 김산은 젊은 패기와 정열로 손에 닥치는 대로 일했다. 그가 중국의 국민당에 가담한 것도 바로 이 때문이었다. 이때 김산과 김성숙, 김원봉은 분파주의에 대항해 싸우고 파벌주의를 깨끗이 청산한 대중운동을 형성해야 한다고 생각했다. 이들 3인은 이같이 선언했다.

"우리는 모두 평등을 기초로 하는 혁명적 노동자이다."

이들 3인은 모든 것을 하나씩 준비해 나갔다. 1926년 늦봄에 각 정파를 하나로 묶은 '조선혁명청년연맹(朝鮮革命靑年聯盟)'이 결성되었다. 이 대회는 즉석에서 3백 명의 회원을 얻을 정도로 매우 성공적이었다. 김성숙과 김산, 김원봉 등이 이 연맹의 중앙위원으로 선출되었다.

이때 김성숙은 연맹의 기관지인 『혁명행동』을 창간한 뒤 주필이 되어 활발한 언론활동을 전개했다. 김산은 『혁명행동』의 간사로 활약했다. 당시 연맹의 모든 선언은 김성숙의 손을 거쳤다. 그의 논문은 매우 유명했고 영향력도 있었다.

그러나 연맹 내부에는 아직도 파벌들이 주도권 싸움을 벌이고 있었다. 의열단의 민족주의자들과 중국공산당의 세포, 상해파, 이르쿠츠크파 등이 서로 어지럽게 뒤엉켜 다투었다. 역량결집을 이루기 위해서는 특별한 조치가 필요했다.

이에 만주와 시베리아, 상하이, 베이징, 국내 등 각지에서 온 공산당원 80명이 하나가 되어 비밀결사인 소위 'K-K'를 구성했다. 이는 '한국 공산주의자'를 뜻하는 독일어의 머리글자를 딴 것이었다. 김성숙과 김산, 김원봉 등은 모든 분파를 때려 부수는 데 진력했다. 이들은 파벌청산이 성공하면 자신들의 '분파를 없애기 위한 분파'인 'K-K'도 이내 해산시키기로 했다.

이들은 곧 통일된 민족주의 정당을 만드는 것이 필요하다는 데 의견을 모으고 의열단을 중심으로 하여 이를 구체화하기로 했다. 이에 의열단은 명칭을 '한국민족독립당'으로 고치고 새로 11명의 위원을 선출했다. '한국민족독립당'은 혁명청년동맹과 민족독립당이라는 두 개 단체를 공개적인 조직으로 두었다. 비밀결사인 'K-K'는 이들 조직의 저변을 잇는 역할을 수행하면서 보로딘이나 모스크바에서 보낸 참모부와 직접 연락을 취했다.

한인 혁명가들은 모든 방면에서 중국인 사이에 끼어 활발히 움직였다. 이들의 직업은 매우 다양했다. 황푸군관학교 또는 중산대학의 강사를 비롯해 혁명군 사령부 근무요원 등의 직책을 맡았다. 나머지는 군대에 들어가 전투에 가담했다. 김산도 황푸군관학교의 교단에 서기도 했다.

당시 광저우에 온 가장 우수한 한인 혁명가의 전형은 박진(朴鎭) 부부와 그의 두 동생이었다. 이들 3형제는 모두 풍채가 좋았다. 'K-K'에 가입한 80여 명의 회원 중 박씨 형제가 끼어 있었다.

당초 박진과 그의 동생들은 연합국 간섭기였던 1919-1921년 사이에 시베리아의 유격대와 협력해 백군 및 일본군과 싸운 적이 있었다. 이때 소비에트 측은 블라디보스토크를 7차례 점령했고 6번 후퇴했다. 박진은 7번의 전투에 모두 참여했다. 1920년에 벌어진 전투에서 폭탄 파편으로 앞니가 모두 부러져 의치를 껴야만 했다. 그의 노부모와 조부는 이 기간 중 기한(飢寒)으로 운명했으나 전쟁 후 소비에트 정부는 이들 박씨 형제의 공을 높이 사 토지를 제공했다.

1920년 당시 시베리아에는 한인이 약 70만 명 가량 있었다. 1921년에 조선 소비에트 위원회 산하에 한인 자치정부가 수립되자 박진은 블라디보스토크 인근 소비에트의 위원으로 선출되어 동생들과 함께 적군의 유격대에 가담했다. 그의 부인은 1921–1925년 사이에 시베리아 지방위원회에서 활약했다. 그녀의 부친은 조선의 북부지역에서 가난한 아이들을 위해 세운 자신의 학교를 지탱할 자금을 마련하기 위해 30번에 걸쳐 부호를 턴 매우 유명한 인물이었다. '복면산적'으로 불린 그는 일경에 체포되었다가 이내 탈옥에 성공했으나 곧 시베리아에서 사망하고 말았다.

박진은 1927년 4월에 우한으로 가 혁명활동을 하다가 교도단(敎導團)의 장교가 되어 장파퀴(張發奎) 장군을 따라 광저우로 돌아왔다. 동생 두 명도 그와 함께 행동했다. 당시 박진의 부인은 임신중이었다. 그는 링난(嶺南 : 五嶺의 남쪽에 있는 廣東과 廣西를 지칭)에서 용감하게 활약했던 '비운의 대대'를 지휘하다가 그곳에서 전사했다. 이때 그의 아내는 너무나 상심한 나머지 아직 태어나지도 않은 아이와 함께 시베리아의 자기 농장으로 돌아가고 말았다. 그녀는 시베리아 농장으로 돌아가 박영일(朴英逸)을 낳았다. 현재 박영일은 조총련계 《조선신보사》 편집국에서 일하며 소설도 쓰는 재일동포 작가로 활약하고 있다.

당시 박진의 두 동생들은 교도단의 장교가 되어 하이루펑 소비에트로 갔다. 하이루펑 소비에트는 하이펑현(海豊縣)과 류펑현(陸豊縣)으로 이뤄진 하이루펑 전 지역을 포함해 인근 셰라이현(惠來縣)와 푸닝현(普寧縣)의 일부 지역을 포함하고 있었다. 이때 김성숙은 청년연맹 등과 긴밀히 협조하며 활발한 언론활동을 전개했다.

1926년 겨울에는 오성륜이 마침내 무정부주의를 청산하고 공산주의자가 되어 모스크바에서 돌아와 이들과 합류했다. 이에 오랜만에 김성숙과 김산, 오성륜의 3총사가 다시 합치게 되었다. 오성륜은 김산이 묵고 있던 여인숙에서 동거했다. 김산은 『아리랑』에서 당시의 상황을 이같이 기술해 놓았다.

"김충창은 우리의 정치이론가였고, 오성륜은 행동의 사나이였다. 나는 모든 면에서 그들의 어린 제자였다. 나는 공개적인 지도자였고 그들은 배후의 진영이었다."

김산이 김성숙과 오성륜으로부터 얼마나 큰 영향을 받고 있었는지를 짐작케 해주는 대목이 아닐 수 없다. 당시 러시아에서 돌아온 오성륜은 황푸군관학교로 나가 군사학과에서 러시아어를 가르쳤다. 그는 계급투쟁과 민족문제에 관한 논문을 쓰고 소련에 대해 강의하기도 했다. 그러나 그는 시를 싫어해 김산이 가끔 시를 쓰는 것을 매우 못마땅하게 생각했으나 이를 드러내지는 않았다. 얼마 후 'K-K'에 가입한 오성륜은 곧 청년연맹의 중앙위원으로 선출되었다.

그렇다면 당시 중산대에 재학중이던 김성숙은 구체적으로 어떤 생활을 하고 있었던 것일까. 그는 마침 같은 중산대에 다니는 중국인 아가씨와 열애에 빠져 있었다. 김산과 마찬가지로 결혼은 혁명에 도움이 안 된다고 생각한 김성숙은 왜 갑자기 격심한 연애에 빠졌던 것일까. 김산은 『아리랑』에서 당시의 상황을 이같이 묘사해 놓았다.

"1927년 늦여름에 김충창은 연애에 빠져 헤어나지 못했다. 첫사랑이면서 격심한 연애였다. 상대 아가씨는 중산대학에 다니는 아름다운 광저우 아가씨였다. 대단히 현대적이며 부르주아였다. 김충창은 오성륜과 내가 자신을 배반자로 생각한다는 사실을 알고 있었지만 어쩔 도리가 없었다."

김성숙이 사랑한 중국인 아가씨는 훗날 사실주의 작가로 명성을 떨친 두쥔셰(杜君慧)였다. 1904년에 태어난 그녀는 김성숙보다 6살 아래였다. 당시 뒤쥔셰는 저우언라이(周恩來)의 부인 덩잉차오(鄧穎超)

와 친자매처럼 매우 가깝게 지내고 있었다.

김성숙은 곧 두쥔셰와 결혼해 상하이에서 살림을 차렸다. 김성숙으로서는 고국에 초혼 아내를 둔 상태에서의 새 살림이었다. 그는 중국에 있는 동안 두쥔셰와의 사이에서 3명의 아들을 두었다. 깐(甘)과 지엔(建), 리엔(連)이 그들이다. 일제의 패망 이후 김성숙이 귀국하면서 그들은 모두 어머니의 성을 따라 중국에서 착실히 생장했다. 두깐(杜甘)은 음악가로 널리 알려졌고, 두젠(杜建)은 화가로 베이징대 교수를 역임했다. 두렌(杜連)은 중국 중앙정부의 궈쟈신스중신(國家信息中心 : 국가정보센터)의 부원장으로 활약하고 있다. 두쥔셰는 1981년에 별세했다.

원래 김성숙과 뒤쥔셰의 결혼이 순탄한 것은 아니었다. 막상 결혼에 즈음해 김성숙은 혁명과 결혼 사이에서 크게 고민했다. 이는 당시 그가 김산에게 자신의 괴로운 심경을 털어놓은 대목을 통해 쉽게 알 수 있다.

“자네가 연애를 한다면 나보다도 훨씬 나쁠 걸세. 전에 중이었던 녀석이 어떻게 되는지 자네는 알겠지. 도저히 돌이킬 수가 없네 그려.”

김성숙도 혁명과 연애 사이에서 매우 커다란 심적인 고통을 겪었음을 대략 짐작할 수 있다. 당시 오성륜과 김산은 베이징에서 김성숙 자신이 진단한 대로 이 연애방법이 저절로 치유되기를 기대했지만 도대체 수그러들 기미가 보이지 않았다. 김성숙은 전과 다름없이 열심히 활동하고 있었지만 두쥔셰와의 연애에서 빠져나오지 못했다.

주변의 혁명가들은 김성숙을 두고 낭만적이라고 비판했다. 그러나 김성숙은 이에 아랑곳하지 않고 매일 두쥔셰를 데리고 ‘72열사의 광장’이 있는 공원으로 갔다. 김산을 제외하고는 김성숙의 모든 동료들은 김성숙이 두쥔셰와 손을 끊기를 바랐다. 그러나 김산은 김성숙의

'멍청한 짓거리'를 지지하면서 힘이 닿는 한 두 사람을 도와주었다. 김산은 김성숙을 비판하는 사람들을 향해 김성숙을 이같이 비호했다.

"혁명가도 남자이고 인간이다. 어찌 되었든 이 연애는 진행될 것이다. 너희들에게 반하는 아가씨가 아무도 없기 때문에 너희들 모두 그를 질투하고 있는 것이다."

당시 많은 사람들은 두쥔셰가 도쿄로 유학을 떠나길 바랐다. 실제로 두쥔셰와 김성숙도 이에 동의해 결국 두쥔셰는 일본으로 건너갔다. 그러나 두쥔셰는 매일 김성숙에게 편지를 쓰다가 김성숙이 3주 동안 답장을 보내지 않자 이에 크게 놀란 나머지 돌연 도일한 지 3달 만에 귀국하고 말았다. 두쥔셰는 김성숙을 만나지 못하자 크게 당황해 이내 김산을 찾아갔다. 김산이 두쥔셰를 위로했다.

"그는 지금 우한(武漢)에 있어요. 하지만 비밀을 지켜주십시오. 1달 후면 돌아올 것입니다."

두쥔셰가 김성숙을 만나기 위해 우한으로 가려고 하자 김산이 극구 말렸다. 김산은 두쥔셰가 혁명가가 아니라 유감이기는 했으나 속으로 김성숙의 행복한 연애사업을 진심으로 부러워했다. 이로 인해 김산의 결혼관도 크게 변하게 되었다. 김산은 『아리랑』에서 당시의 심경을 이같이 술회해 놓았다.

"김충창의 연인은 내 결혼관을 결혼 쪽으로 바꿔놓기 위해 열심히 노력했다. 나에게 자신의 친구들을 많이 소개해 주었다. 그러나 마음에 드는 아가씨가 한 사람도 없었다. 나는 광저우에서 의대에 다니는 어느 한국 여학생에게 독일어를 가르치고 있었다. 그러자 김충창과 오성륜은 내가 이 아가씨와 사랑에 빠져들고 있다고 말했다. 그래서 나는 이 수업을 즉시 그만두었다."

김성숙과 오성륜은 왜 김산의 한국 여학생에 대한 독일어 교습을 제지하고 나선 것일까. 오성륜은 이미 베를린에서 독일 아가씨와 1년 동안 동거한 적도 있었고 김성숙 또한 두쥔셰와 깊은 사랑에 빠져 있었음에도 왜 김산이 한국 여학생과 가까워지는 것을 말린 것일까. 『아리랑』에 더 이상의 자세한 기록이 나오지 않고 있어 자세히 알 길은 없다. 대략 두 사람 모두 김산에게 독일어를 배우고 있던 한국 여학생이 김산의 배필로는 잘 어울리지 않는다고 생각했던 것으로 짐작된다.

당시 김성숙은 광저우에서 매우 바쁜 나날을 보냈다. 그는 중국혁명과 연대감을 보이기 위해 온 많은 외국인들과 만났다. 이들 대부분이 급진적 지식인이었다. 그 중에는 소련에서 파견한 보로딘과 미국의 얼 브라우더(Earl Browder)도 끼어 있었다. 얼 브라우더는 학교 교사로 사회생활을 시작한 뒤 점차 사회주의자와 공산주의자로 성장한 인물이었다. 그는 한때 미국공산당의 사무총장을 맡기도 했다.

보로딘은 볼셰비키 혁명에 가담한 공산주의자로 코민테른에 의해 중국국민당에 파견된 인물이었다. 김성숙은 보로딘과 그 전에 몇 차례 만난 적이 있었다. 보로딘은 중년의 뚱뚱한 사나이였다. 그는 공산주의 운동을 하는 열정적인 젊은 청년들에게만 익숙해 있는 동양인에게는 혁명가처럼 보이지 않았다. 그러나 그는 이론과 전술에 관한 조예가 깊었다.

김성숙은 이들 이외에도 인도차이나와 인도 및 대만 등에서 온 혁명가들과도 함께 독립의 방안을 놓고 토론했다. 이들 중에는 프랑스에서 교육을 받은 인도차이나 출신의 훌륭한 공산주의자도 있었다. 미국에서 온 얼 브라우더는 1927년 1월에 잠깐 그곳에 있었다. 그는 미국의 제국주의 행보에 반대론을 전개해 많은 사람의 사랑을 받았다. 당시 김성숙 일행은 이들과 함께 깊은 교감을 나누면서 국제적 연대감이 증명되었다는 사실에 흥분했다.

1927년 2월에 김규식과 유자명(柳子明), 이광제(李光濟), 안재환(安載煥) 등이 중국의 루꽝루(陸光錄), 왕디꺼우(王滌垢), 인도인 간다신 등과 함께 난징에서 '동방피압박민족연합'을 결성했다. 이 모임에서는 제국주의의 침략에서 벗어나 완전한 자유독립을 도모하기 위해 동양의 각 피압박민족이 연합체를 결성해 제국주의와 항쟁할 것을 결의했다. 한국과 중국, 인도, 대만, 베트남 등의 지사들이 결성한 이 단체는 김규식을 회장으로 선출하고 기관지로 잡지 『동방민족』을 발간했다.

이때 장제스를 중심으로 한 국민당은 북 벌전쟁에 박차를 가하고 있었다. 이 전쟁 중 한인 의용병들은 뛰어난 용맹과 지략으로 커다란 칭송을 받았다. 대부분의 한인들은 가장 훌륭한 군대였던 장파퀴 장군의 '철기군'에 가담했다. 그밖의 사람들은 주페이더(朱培德)가 이끄는 군대나 청첸(程潛)의 제6군과 행동을 같이 해 난징을 점령했다. 북벌이 그토록 휘황한 성공을 거둘 수 있었던 것은 뛰어난 정치공작에 있었다. 한인들은 주로 이 공작에 투여해 빛나는 성과를 거두었던 것이다. 김산은 당시의 감격을 이같이 기술해 놓았다.

"불과 6개월 이내에 장강유역까지 도달한 북벌군의 승승장구하는 진격이 한창이었을 때 모든 혁명가들이 느꼈던 환희와 열광은 지금도 기억해내기도 어려울 정도였다. 화북으로! 그리고 한국으로! 우리의 가슴이 미칠 듯이 기뻐 날뛰었던 것이다. '전 아시아의 자유를 위해 제국주의를 타도하기 위해 무기를 잡고 일어서려고 2천만 한인이 국내에서 그리고 만주에서 기다리고 있다.' 우리는 자신과 중국인들에게 이같이 말했던 것이다."

그러나 장제스가 도중에 반공 쿠데타를 일으키면서 제1차 국공합작이 깨어지고 말았다. 한국과 러시아, 일본, 기타 각국과의 혁명적 유대감도 깨어졌다. 사람들 모두 이 충격으로 산산이 흩어지게 되었다. 김산은 당시의 처참한 심경을 이같이 회상했다.

"우리 한인들은 우리나라 혁명의 지평선 위에 검은 구름이 뒤덮이는 것을 보았다. 이 검은 구름이 흩어지는 순간을 내다볼 수 없었다."

장제스가 국민당 좌파의 우한 정부에 대항해 난징정권을 세우자 한인 혁명가들은 즉시 우파 진영을 떠나 우한 정부로 달려갔다. 그러나 얼마 후 우한 정부가 쓰러지자 남아 있던 한인 혁명가들 모두 뿔뿔이 흩어지게 되었다. 국민당의 반동이 일어난 이후 소수의 우익인사들은 희망을 잃고 한국이나 만주로 돌아가 버렸다.

이때 김산을 비롯한 한인 1백여 명은 장차 혁명정권의 탈환을 도와주기 위해 광저우에 머물러 있었다. 이후 1927년 말까지 총 2백 명의 한인들이 재차 광저우에 모여 코뮨 투쟁에 가담해 싸웠던 것이다. 당시 김산은 김성숙과 마찬가지로 1925년에서 1927년 사이에 광저우를 떠난 적이 없었다.

상하이에 있는 공장노동자들을 학살하라는 장제스의 명령이 떨어진 지 사흘 뒤인 1927년 4월 15일에 광저우에 있는 그의 수하들이 본격적인 토벌을 시작했다. 노동자들이 무장해제당하고 많은 사람들이 체포되었다. 이 와중에 20명의 한인이 육군감옥으로 이송되었다. 광저우 코뮨이 성립될 당시 김산 일행이 감옥 문을 열었을 때는 겨우 6명만이 살아남아 있었다. 나머지는 모두 처형당한 것이다.

이해 4월 15일에서 18일까지 광저우에서는 많은 공산주의 조직과 대중조직이 붕괴되었다. 노동조합의 전 지도부가 검거되는 와중에 중산대학에서도 3백 명이 잡혀간 뒤 상당수가 비밀리에 살해되었다. 4월 15일부터 12월의 광저우 코뮨 때까지 중산대학에서만 2백 명의 학생이 처형되었다는 얘기가 나돌았다.

1927년 8월 1일에 홍군이 광저우성을 탈환하기 위해 남진을 시작했다. 그러나 이 부대는 광저우 부근에서 거의 섬멸되고 말았다. 그럼에도 광저우시의 봉기 계획은 그대로 추진되었다. 바로 근처에서는 펑파이(彭湃)를 중심으로 이미 중국 최초의 소비에트가 결성되었다. 당시 광저우는 1926년 이래 리지천(李濟琛) 장군이 지배하고 있었다.

장파쿠이 장군이 광저우로 진격해 리지천을 몰아내려고 했다. 1927년 11월 17일에 장파쿠이 장군이 불의의 일격을 가해 양측 사이에 내전이 일어났다. 공산당은 이 틈을 타 가능한 한 빨리 폭동을 일으키고자 했다. 당시 장파쿠이는 우한군정학교(武漢軍政學校) 출신의 급진적인 사관후보생을 주력으로 하는 교도단(教導團)을 이끌고 왔다. 봉기를 주도한 교도단은 중국공산당의 영향 아래 있었다. 교도단 대원 2천 명 중 80명이 한인이었다.

이들을 포함해 당시 광저우에 있는 한인 중 원래부터 광저우에 살고 있던 4명의 부인과 10명의 남자를 제외한 나머지 사람들 모두 광저우 코뮨 봉기에 참가했다. 대략 2백 명 가량인 이들은 주로 황푸군관학교의 광저우 본교와 우한 분교에서 수학한 자들이었다.

봉기 당시 김성숙은 핵심적인 역할을 수행했다. 봉기에 참여했던 조선인의 활약상은 훗날 중국공산당 광둥성위원회가 발행하는《양성만보》의 1982년 12월 8일자에 게재된 적이 있었다. '광저우 봉기에 참가한 조선동지' 제하의 기사는 이같이 기록해 놓았다.

"광저우 무장봉기에서 조선동지는 중국의 노동자, 혁명 병사와 생사를 같이 하며 영웅적으로 싸웠다. 이들은 피를 흘리고 죽어가면서 감동적인 인터내셔널 찬가를 불렀다. 광저우 봉기 때 광저우에 있었던 조선 동지는 광저우 봉기의 주력이 된 교도단에 주로 집중되어 있었다. 그들 중 제2사단 제5연대는 기본적으로 조선동지로 편성돼 김규광(金

奎光 : 김성숙)이 연대의 당 책임자를 맡고 있었다. 교도단 이외에는 포병 연대와 황푸군관학교 특무사단에서도 조선인 동지가 일부 있었다. 광저우 봉기를 전후해 코민테른 역시 군사훈련을 받은 한 무리의 조선청년을 조직해 광저우에 파견해 전투에 참가시켰다. 봉기 중에 많은 조선인이 군사참모와 지휘원, 포수, 기관수 등의 중요 임무를 맡았다. 예를 들면 박건웅(朴建雄)과 같은 이는 독자 임무를 띤 분견대장을 담당했다. 당시 광저우의 중산대학에 있었던 조선인 학생도 적극적으로 선전과 구호 등의 활동에 참가했다. 광저우 봉기에 참가한 조선인 동지는 적어도 250명 이상으로 보인다."

박건웅은 김산과 동년배로 평안도 출신이다. 황푸군관학교 제4기 보병과를 졸업하고 광저우 봉기에 참가했다. 이후 상하이와 난징 등지에서 활동하고 김성숙과 조선민족해방동맹을 결성했다. 1940년대에 충칭에서 임시정부에 들어가 의정원 의원과 군사부 비서가 되었다. 1946년 초에 귀국해 민주주의 민족전선 중앙위원과 좌우합작위원회 좌파 대표를 지냈다.

이 자료를 통해 '김규광'으로 나오는 김성숙이 연대의 당 책임자로 있었음을 확인할 수 있다. 당시의 봉기양상은 『아리랑』에 그려진 그대로이다. 훗날 중국에서는 김산의 행보를 증언하는 중국인의 회상이 제법 많이 나왔다. 광둥혁명박물관이 지난 1988년에 펴낸 『중국공산당 역사자료 총서, 광저우 봉기』에 수록돼 있는 허청(賀誠)의 증언이 그 실례이다. 그는 봉기 직전 국민당군의 군의관으로 있었다. 그는 당시의 상황을 이같이 회상했다.

"나는 베이징 시절의 동창생인 장지락을 광저우에서 찾아냈다. 그는 조선인으로 공산청년단원이었다. 봉기소식은 그를 몹시 흥분시켰다."

그러나 『아리랑』에는 허청에 관한 얘기가 전혀 나오지 않고 있다. 대략 허청의 회상으로 미뤄 그는 베이징의 협화의학원 동창생이었던 것으로 보인다. 『아리랑』에 따르면 1927년 12월 10일 밤 행동이 개시되었을 때 군정학교와 장파쿼 휘하의 한인들이 비밀리에 모여 교도단과 함께 무장투쟁을 시작했다. 다음날 아침에는 중산대학에 다니는 한인 학생 전원이 이 전투에 가담했다. 당시 김산이 묵고 있던 여관방에는 20명의 한인이 비밀집회를 가졌다. 오성륜은 새 권총에 기름칠을 하며 이제 막 시작하려고 하는 대규모 대중투쟁으로 인해 크게 기뻐했다.

이들은 성공을 위한 투쟁방안을 비롯해 권력을 장악한 뒤 이를 유지하는 방법 등에 관해 열띤 토론을 벌였다. 앞으로 몇 시간 뒤에 누군가가 죽을지도 모른다는 것에 대해서는 아무 말도 하지 않았다. 오로지 적을 쳐부수는 얘기에만 열중했다. 이때 오성륜이 총을 다루는 법을 가르쳐 주었다.

마침내 김산과 오성륜, 대포 전문가인 양달부(楊達夫) 등 3인은 캄캄한 밤중에 봉기의 첫 본부로 사용하기로 약정된 교도단 사령부를 향해 출발했다. 이들은 몰래 담을 넘어갔다. 사령부 안에 들어가 보니 봉기의 지도자들이 막 도착해 있었다. 광저우성 안에서의 패배로 노기등등한 예팅(葉挺)을 비롯해 유명한 중국공산청년동맹 지도자인 장타이레이(張太雷) 등이 모여 있었다.

김성숙보다 두 살 많은 예팅은 소련 유학 뒤 국민혁명군 제4군 독립단 단장으로 활약한 인물이다. 난창봉기와 광저우 코뮨의 군사지도자로 활약했다. 항일전쟁기 때 공산당 계열의 신4군 군장이 되었다가 1941년에 신4군에 대한 국민당군의 기습공격이 가해진 소위 '환남사변'에서 사로잡히고 말았다.

김성숙보다 1살 어린 장타이레이는 1920년 톈진에서 중국 사회주의 청년단을 결성했다. 이 단체는 5년 뒤 공산주의청년단(共産主義靑年團 : 약칭 공청)으로 개칭했다. 후에 중국공산당 중앙위원으로 선출되었다. 국공분열 뒤 중국공산당 중앙임시정치국 후보위원과 광둥성위원회 서기로 광저우 무장봉기를 지도했다.

당시 근 2천 명 가까운 사관후보생들이 빙 둘러서서 행동개시 신호를 기다리고 있었다. 김성숙 일행은 곧 세 명의 박씨 형제를 포함해 60-70명의 한국 동지들에게 둘러싸였다. 이때 장타이레이가 테이블 위에 올라가 큰 소리로 말했다.

"퉁즈먼(同志們 : 동지 여러분)! 오늘밤 우리는 지나간 역사에 종지부를 찍을 것이오. 오늘밤 우리는 우리의 앞길에 놓여 있는 마지막 빙산을 정복할 것이오."

예팅은 연설을 한 뒤 참가한 사관후보생들의 명단을 읽어내려 갔다. 반(班)마다 지도자를 뽑았다. 이어 혁명위원회 위원명단이 발표되었다. 예융(葉鏞)이 교도단의 새 사령관으로 선정되었다. 예융은 호남성 출신으로 황푸군관학교 제3기 졸업생이었다. 그는 국민혁명군 제4군 교도단 제1사단 단장을 맡아 광저우 봉기에 참가한 것이다. 이후 그는 하이루펑 소비에트 지구로 달아났지만 국민당군에게 잡혀 살해되고 말았다. 훗날《양성만보》의 '광저우 봉기에 참가한 조선동지' 기사는 당시의 상황을 보다 자세히 묘사해 놓았다.

"1927년 12월 11일 새벽, 광저우봉기는 먼저 교도단에서 시작되었다. 조선동지 양달부는 봉기 전에 군사총지휘관인 예팅을 따라 교도단 숙소에 와 궐기대회에 참석했다. 조선동지 이영은 제1사단 단장 예융 동지의 군사고문에 임명되어 백군의 광저우 공안국 공격의 지휘에 협력했다. 예팅은 직접 사허(沙河)의 백군 보병단과 옌탕(燕塘) 포병단 공격을 지휘했지만 양달부와 또 한 사람의 조선인 동지 장지락은 예팅의 군사참모를 맡았다. (중략) 총지휘부는 조선인 동지 박진과 오성륜 등을 파견해 1소분대를 이끌고 가 장파퀴(張發奎)와 천꿍보(陳公博) 등을 체포하고자 했다."

창파퀴는 국민당군의 장군으로 북벌 때 황푸군관학교 졸업생으로 이뤄진 교도단을 포함하는 철군(鐵軍)을 이끌고 활약한 바 있다. 천꿍보는 중국공산당 창립에 관여한 뒤 국민당으로 옮겨가 중앙농민부 부장 등을 지냈다. 중일전쟁 때 왕징웨이(汪精衛) 친일정권의 입법원 원장과 정부 주석이 되었다가 일본이 패망한 뒤 '스파이'로 처형되었다.

당시 이들은 교도단의 공격에 크게 당황해 주장(珠江)의 남쪽 강안(江岸)인 허난(河南)으로 달아나 있었다. 황푸군관학교 특무사단은 봉기에 참가하려고 배를 타고 황푸로 달려왔다. 특무사단의 제2연대장인 조선인 최용건(崔庸健)은 군관학교 내의 다른 조선인 동지와 함께 봉기에 참여해 전위부대를 지휘했다.

김성숙보다 2살 아래인 최용건은 평북생으로 중국 운남 강무학교를 졸업한 뒤 황푸군관학교 교관이 되었다. 광저우 봉기에 참가한 뒤 동북지역으로 가 농민운동에 몰두했다. 만주사변 후 소련 접경지역에서 조선인 항일유격대를 조직한 뒤 동북항일연합군 제7군 · 제2로군 참모장이 되었다. 1942년에 항일연합군 잔존 부대와 함께 소련 땅으로 들어가 동북항일연합군 참모장, 중국공산당 동북위원회 서기를 맡았다. 그는 해방 후 북한으로 들어가 1976년에 사망할 때까지 김일성에 뒤이은 서열 제2위의 위치에서 조선민주당 위원장과 조선인민군 총사령관, 부수상, 조선노동당 부위원장, 국가 부주석 등의 최고위직을 역임했다.

당시 중산대학의 학생들은 11일 아침에 총기를 접수해 교내의 국민당 우파 학생을 진압했다. 조선인 학생 김산 등이 이에 가담했다. 무장봉기가 승리를 거두자 광저우 소비에트 정부가 탄생했다. 이때 수명의 조선인이 소비에트 정부의 활동에 참가했다. 김성숙은 소비에트 정부의 숙반(肅反 : 반동숙청) 위원회에서 일했다.

당시 김성숙을 비롯한 조선인들은 봉기 성사 후 모든 활동부분에서 책임 있는 지위에 배치되었다. 이는 한인의 경험이 풍부했고 이영과 같이 모스크바에서 정치군사 훈련을 받은 사람이 많은데 따른 것이었다. 김산에 따르면 당시 많은 중국인들이 모르고 있었지만 광저우 코뮨 기간 중 한인들은 중국공산당의 정치위원들로 활약했다.

교도단의 명칭은 곧 홍군으로 개칭되었다. 여러 개의 대형 홍기(紅旗)가 봉기기간 내내 게양되었다. 이때 예팅은 무장진영의 총지휘관으로 봉기를 책임진 혁명위원회 위원장이었다. 마침내 예팅이 명을 내리자 각 대오가 자신들의 위치로 가 행동개시에 들어갔다. 이들은 성 안의 사령부와 병기고, 포대를 점령하고 있던 부대를 무장해제하는 임무를 맡았다. 노동자들은 경찰을 무장해제하고 경찰서를 점거할 예정이었다.

당시 성 안에 있는 국민당군은 숫자가 매우 많았다. 교외의 주장(珠江) 건너편에 있는 허난(河南)에는 리푸린(李福林)이 이끄는 7개 연대가 와 있었다. 리푸린은 토비(土匪) 출신이었다. 그는 전에 쑨원의 광둥정부를 떠받치는 군사력의 일단을 맡아 국민혁명군 제5군 군단장이 된 인물이다.

그러나 봉기군은 투항한 병사를 제외하면 고작 교도단 사관후보생 2천 명과 새로 교도단에 지원한 사람, 무장한 노동자 2천 명 등 총 5천 명을 넘지 않았다. 이들은 둥장(東江) 지역에서 파견되어 올 농민부대의 증원을 기대했지만 이들은 끝내 도착하지 않았다. 싸움의 승패는 이미 명백했다.

오성륜과 박진 등은 장파퀴와 그의 참모들을 체포할 임무를 띠고 출동했으나 정작 장파퀴는 잠옷을 입은 채 링난대학(嶺南大學)으로 빠져나간 뒤 주쟝을 건너 도망쳐 버렸다. 천꿍보(陳公博)와 황치샹(黃其翔)도 똑같은 방법으로 도주했다. 김산과 양달부는 다른 부대에 배속되어 20리쯤 떨어져 있는 사허(沙河) 포대를 점령키로 되어 있었다.

양달부는 모스크바에서 학교를 다닌 지하공산당 조직자였다. 그는 포술전문가로 장파퀴를 비롯해 여러 중국인 사령관들로부터 대단한 존경을 받고 있었다. 그는 허난성 전투에서 장파퀴의 포병을 떠맡기도 했고, 일본군에 의해 기차를 타고 가다 폭사(暴死)한 만주군벌 장쭤린(張作林)의 아들 장슈에량(張學良)에게 붙잡힌 포병부대를 완전히 재편성하기도 했다. 그는 중국말을 잘 하지 못해 김산이 통역을 맡았다. 이들은 성공적으로 적들을 제압했다. 노획한 소총은 자동차에 싣고 몇 문의 대포는 분해한 뒤 짐마차에 실어 운반했다.

양달부와 김산 등은 곧 성 안으로 달려갔다. 이때가 새벽 4시였다. 이들이 보고차 혁명위원회 사령부에 도착했을 때 마침 그곳에는 예팅을 비롯해 독일인 공산주의자인 노이만(H. Neumann) 등이 있었다. 노이만은 광저우 코뮨에 참가한 유일한 서양인이었다. 당시 공안국은 이미 점령되어 혁명위원회 사령부로 바뀌었다. 이곳에서는 노동자들이 대활약을 하여 경찰을 무장 해제시키고 있었다.

얼마 후 이들은 국민당군 제12사단이 수비하고 있는 장파퀴의 사령부를 향해 차를 몰았다. 당시 이 사령부를 제외한 중요 전략지점은 모두 점령되어 있었다. 제12사단 근처에 리지천 장군의 저택이 있었다. 이때 양달부가 말했다.

"저 안에는 체코슬로바키아에서 독일 배로 실어온 좋은 새 총이 많소. 이곳을 재빨리 손에 넣어야 하오."

그러나 수비가 워낙 견고해 이내 후퇴하지 않으면 안 되었다. 결국 양달부가 예팅의 허락을 받고 대포 일문과 포탄 5발을 끌고 가 이지천의 저택을 날려버렸다. 그러나 일부가 사령부 주변에 화염병을 던져 불길을 뚫고 건물 안으로 들어갈 수가 없었다. 혁명군은 이 사령부를 제외하고 모든 중요 거점을 점거한 상태였다. 강 건너 허난지구에는 이푸린 휘하의 7개 연대가 와 있었다. 멀리 떨어져 있지 않은 시쟝(西江) 지역에는 장파쿼 및 리지천 등과의 전투에 참가했던 수천 명의 병사들이 모여 있었다.

김산 일행은 오전 7시 반에 사령부로 돌아왔다. 양달부는 포병단의 지휘를 맡게 되었다. 포병단을 보강하기 위해 배치된 약간의 한인을 빼면 이 포병단은 모두 포로만으로 편성된 것이었다. 이때 김산은 '노동무장부'의 부원으로 배속되었다.

이날 오전 9시에 광저우 소비에트 정부의 임원을 선출하기 위한 대중집회가 열렸다. 대형 적기가 휘날리는 가운데 광장에 운집한 약 3만 명의 군중 대부분이 노동자들이었다. 이들 이외에도 많은 학생들과 상인들이 참여했다. 군중은 중국어로 번역된 인터내셔널 공산가를 부르며 구호를 외쳤다. 이 집회에서 소비에트의 집행부로 모두 11명의 위원이 선출되었다. 소비에트 의장에는 1925년 홍콩파업을 지도했던 광저우 출신 노동자 쑤자오청(蘇兆徵)이 선출되었다.

그러나 쑤자오청은 농민군을 조직해 광저우로 달려와 노동자 봉기에 합세할 목적으로 둥장(東江)으로 떠난 까닭에 이 집회에 참석치 못했다. 쑤자오청은 광저우 노동자들의 신망을 받고 있던 노동자 출신 지도자였다. 집회에 참석한 군중들이 입을 모아 합창하듯 구호를 외쳤다.

"농민에게 땅을, 가난한 민중과 노동자에게 먹을 것을, 병사에게 평화를 주자!"

채택된 강령은 노동자를 위한 하루 8시간 노동, 농민과 병사를 위한 토지분배, 빈민을 위한 식량의 보장, 여성을 위한 동일 임금과 법적 지위 보장 등이었다. 이는 코민테른 6차 대회의 결정을 구체화한 것이었다. 광저우 코뮨은 '노농(勞農)의 민주독재'를 실시할 생각으로 이내 소비에트 정부를 표방했다. 그러나 이는 국민당군의 반격으로 결국 실현되지 못했다.

당초 봉기가 일어난 11일 아침에 국민당 간부 30명이 혁명위원회 앞으로 보내져 재판을 받고 처형되었다. 이는 사흘 뒤 국민당군이 반격을 가할 때 엄청난 보복으로 나타나 무려 7천 명 가까운 사람이 살해되었다.

김산은 이날 오후 베이징협화의학원 시절의 학우가 수석의사로 있는 제4육군병원을 찾아갔다. 그의 친구가 그를 예팅과 장타이레이에게 소개시켜 주었다. 부상병을 위한 병원을 차리기로 의견이 모아지자 이날 저녁 그는 양달부 및 오성륜과 함께 한 대의 자동차를 타고 성 내의 여러 곳을 둘러보았다. 아무런 진전도 없는 상황에서 유사시를 대비한 후퇴준비가 전혀 이뤄지지 않고 있었다. 양달부가 이를 크게 우려했다.

"우리 한국 사람들은 모두 죽고 말거야. 우리들은 너무 열정적이야. 우리는 모든 것을 희생할 각오가 되어 있어. 우리는 앞으로 전진하는 것만 알고 후퇴하여 자신을 보존하는 방법을 모르고 있어."

이날 밤 늦게 한국 사람들이 한 자리에 모여 상의했다. 이들은 13일까지 한 잠도 자지 못했다. 13일에 조선청년연맹은 중산대학에서 회의를 열었다. 모두 12명이 참석한 이날 회의에서 김성숙을 비롯해 양달부와 오성륜 등이 연설을 했다. 이제까지의 행동은 아주 과학적이라고는 할 수 없다는 비판과 함께 더 많은 책임감을 가지고 한인 동료를 지도해야 한다는 점이 논의되었다.

이들은 오토바이를 한 대 사서 공동으로 사용키로 의견을 모았다. 봉기에 실패할 경우 누가 남고 누가 떠나야 할 것인지도 결정되었다. 이때 김성숙은 광저우에 남기로 했다. 김산과 오성륜, 양달부는 군대와 함께 철수키로 했다. 사실 이미 실패의 조짐이 눈에 띄게 드러나기 시작했다. 당시 공산당은 아주 빈약한 조직밖에 갖고 있지 못했다. 시위와 집회도 열리지 않았다. 장타이레이는 13일까지도 김성숙에게 이같이 말했다.

"실패할 걱정은 조금도 하지 말고 오직 승리만을 생각하시오."

그들은 실패할 경우에 대비한 준비를 전혀 하지 않고 있었던 것이다. 김성숙은 이를 크게 걱정하지 않을 수 없었다. 13일 오전 6시경 지도부가 모두 '72열사' 기념탑이 있는 황화깡(黃花崗)으로 갈 것을 명했다. 당시 리푸린을 돕기 위해 영국 군함이 함포 사격준비를 하고 있었다. 영국군은 이미 사멘(沙面)의 조계를 떠나 중국 영토로 들어와 있었다. 일본군도 이미 상륙해 있었다.《양성만보》는 당시의 상황을 이같이 기록해 놓았다.

"13일 아침 주장 천변에 있던 제국주의자의 군함이 우리 봉기부대의 진지에 포격을 개시해 백군의 상륙을 지원했다. 특히 두 척의 일본 군함은 아주 맹렬히 포격을 가했다. 조선 동지 이빈(李彬 : 황푸군관학교 제3기 졸업생) 등은 더 이상 명령을 기다리지 못하고 대포를 끌고 나와 반격을 가했다. 일본 군함 야마모토마루(山本丸)는 포탄을 맞고 도주했다. 그러나 격렬한 포격전 중에 이빈은 불행히도 탄에 맞아 희생되었다."

이와 관련해 김산의 의과대학 동기생인 허청은 훗날 당시의 상황을 이같이 회상했다.

"지도를 보고 있던 예팅(葉挺) 동지는 빨간 색연필로 책상을 두드

리며 '저기 육군 병원이 있소. 어떻게든 빨리 부상자 구호를 서두르시오' 라고 했다. 또 녜잉전(聶榮臻) 동지는 전투지점과 구호를 조직하는 방법 및 필요사항을 자세히 설명해 주었다. 그들의 지시를 듣고 나는 인사를 한 뒤 쏜살같이 달려나갔다. 주둔지로 돌아오자 의무처의 10여명이 당장 역할을 나눠 어떤 이는 육군병원으로, 또 어떤 이는 지방의 병원으로 갔다. 장지락 동지는 약 상자를 등에 지고 총소리가 가장 심한 쪽으로 달려갔다. 나는 그의 힘찬 모습을 보면서 마음 속으로 생각했다. 조선 동지가 이렇게까지 중국의 해방사업을 열망하다니 이 얼마나 감탄할 일인가."

김성숙보다 1살 어린 녜잉전은 쓰촨성(四川省) 출신으로 5 · 4운동에 참여한 뒤 프랑스로 건너가 고학으로 공부한 인물이다. 그는 모스크바 동방근로자공산대학에서 공부한 뒤 귀국해 황푸군관학교 정치부 비서로 일하다가 난창 봉기와 광저우 봉기에 참가했다. 1931년에 쟝시성 소비에트 지구로 들어가 홍군 제1군 정치위원 등을 지냈다. 장정 뒤에는 진차지(晉察冀) 변경지역의 사령관 등을 역임했다. 진차지 변경지역은 싼시(山西)와 내몽골의 차하르, 허베이(河北) 등지에 걸쳐 성립된 항일근거지를 말한다. 그는 공산혁명이 성공한 후 인민해방군 부참모장과 국무원 부총리, 당 중앙군사위 부주석 등을 역임했다.

중국 측의 이 자료는 당초 김산이 광저우 봉기의 구호부대에서 활동했음을 짐작케 해준다. 그러나 김산은 의료활동에 그치지 않고 실제 전투에 참가했다. 이는 당시 중국인들이 광저우 봉기에 참여한 조선인들을 어떻게 바라보았는지를 추정할 수 있는 귀중한 자료가 아닐 수 없다.

당시 김산은 오성륜과 함께 동지들을 찾기 위해 중산대학으로 가보았으나 아무도 만날 수 없었다. 사령부로 돌아오니 양달부가 기다리고 있었다. 세 사람은 곧 김성숙을 찾으러 나섰다. 김산이 김성숙을 만나 함께 교도단을 따라 도시 밖으로 나갈 것을 청하자 의외의 대답이 돌아왔다. 김성숙은 오히려 김산에게 자신과 함께 애인인 두쥔셰 집으로 피신하자고 청했다. 김산은 『아리랑』에서 당시의 상황을 이같이 기술해 놓았다.

"우리는 마음이 무거웠고 기분이 언짢았다. 하지만 김충창은 헤어지는 것을 나만큼 섭섭하게 생각하지 않는다는 것을 알았다. 그와 헤어지면서 나는 말하기를, '당신에게는 아직 연인이 있군요' 라고 했다."

결국 합의점을 찾지 못하자 김성숙은 광저우 코뮨이 영국군 및 일본군의 지원을 받은 국민당군의 공격으로 무너질 때 애인인 두쥔셰 집으로 피신해 위기를 모면했다. 그러나 김산과 오성륜은 도시 밖 탈출을 선택해 오전 7시에 교도단과 함께 타이꾸린산(太古林山)으로 행군했다. 다음날 아침에는 판유(番禺) 읍으로 이동했다.

14일 밤 화현(花縣)에 도착하자 집회가 열렸다. 중국공산당 광저우성 위원회로부터 재탈환의 명이 있을 때까지 전열을 정비키로 했다. 그러나 15일 오후가 되도록 광저우성 위원회로부터 아무 지시도 내려오지 않았다. 이들은 이날 저녁 충화현(從花縣)을 향해 떠났다. 충화현에서 집회를 열었으나 아무 연락이 없었던 까닭에 이내 하이루펑 소비에트로 가기로 결정했다. 《양성만보》는 당시의 상황을 이같이 기술해 놓았다.

"전화(戰火)가 치솟는 와중에 광저우 인민 소비에트 정부 옹호 대회가 열렸다. 김규광 등 7–8명의 조선인 동지가 대표로 대회에 참석했다. 오후에 장타이레이 동지가 포탄에 맞아 희생되었다. 저녁에 전세가 불리해지자 지휘부가 철수를 결정했다. (중략) 철수 과정의 전투에서 1백 명 이상의 조선인 동지가 마지막 피 한 방울까지 모두 흘렸다. 큰 강이 가로막고 있었기 때문에 허난에 진공한 돌격부대에게는 철수명령이 닿지 못했다. 가장 어려운 상황에서 돌격부대의 한 지휘관이었던 조선인 동지 박진은 변함없이 모든 조선인 동지를 격려해 마지막까지 전투를 치렀다. 결국 지휘부에 연락하기 위해 파견된 두 전사가 엄중한 포위망을 뚫고 그 중 한 전사가 운 좋게 탈출한 것을 제외하고는 모든 전사가 장렬히 전사했다. 광저우 봉기에서 보여준 조선인 동지의 혁명적 영웅주의와 국제주의 정신은 중국 인민의 마음에 영원히 새겨져 있다."

이를 통해 대략 김성숙은 광저우 코뮨이 무너지는 마지막 순간까지 조선인 대표로 활발히 활동했음을 짐작할 수 있다. 당시 박진이 이끄는 조선인 부대의 장렬한 산화는 '비운의 대대'로 명명되어 지금까지도 중국 인민의 인구에 회자하고 있다. 1964년 10월에 광저우시에 세워진 광저우 봉기 열사릉의 비문에는 다음과 같은 글이 새겨져 있다.

"광저우 봉기에 희생된 조선동지는 영원토록 불멸하리라."

당시 광저우 코뮨에 참여했다가 철수에 나선 생존자들은 1927년 12월 14일에 광저우를 떠나 이듬해 1월 7일에야 비로소 하이루펑 소비에트에 도착할 수 있었다. 다행히 행군 도중 중요한 전투는 한 번도 없었다. 수천 명의 하이루펑 소비에트 사람들이 수백 리를 걸어나와 이들을 맞이했다. 이들은 공산청년단 인터내셔널 노래를 부르며 하이루펑 소비에트로 들어갔다.

이들이 하이루펑 소비에트로 들어갈 무렵 김성숙이 머물고 있던 광저우 시내는 국민당군에 의한 테러가 난무하는 무법천지를 이루고 있었다. 김성숙은 애인 두쥔세의 집에 몸을 깊이 숨기고 있었다. 당시 총사령관 예팅은 중국공산당으로부터 홍콩으로 가라는 명을 받았다. 국민당군은 13일부터 도시를 점령하기 시작했다. 17일에는 아직 상당수의 노동자가 총을 가지고 있었으나 완전히 포위된 까닭에 무기를 효과적으로 사용할 수가 없었다. 노동자들은 소집단으로 나뉘어 싸웠으나 역부족이었다. 18일 저녁에 학살이 끝나자 시체는 모두 자동차에 실려 주장(朱江)에 버려졌다.

12월 13일부터 18일까지 대략 7천 명 가까운 사람이 죽었다. 대부분 노동자들이었다. 18일에 병사들이 소련 영사관을 포위하고 영사와 부영사 부부, 세 어린 자식을 붙잡았다. 이날 아침 병사들이 부영사를 데리고 나가 처형했다. 나머지 러시아인들은 풀려났지만 3일 이내에 철수하라는 명을 받았다. 영사는 독일영사관에 갔다가 그 뒤 독일 배를 타고 떠났다. 소련 측은 대부분의 책임이 영국에 있다고 믿고 영국 정부에 항의하는 한편 중국과의 외교관계를 끊어버렸다.

현재 광저우 시내 중심부에는 지난 1955년에 조성된 '광저우 봉기 열사릉'이 자리잡고 있다. 열사릉 안에는 광저우 봉기 때 살해된 소련 영사관원을 추모하는 '중소인민혈의정(中蘇人民血誼亭)'이 있고 그 맞은편에는 '중조인민혈의정(中朝人民血誼亭)'이 세워져 있다.

그렇다면 당시 하이루펑 소비에트의 상황은 어떠했을까. 광저우 코뮨에서 하이루펑 소비에트로 간 한인은 김산과 오성륜 등을 포함해 모두 15명이었다. 하이루펑 사람들은 한국 사람들이 중국인들과 함께 싸운 것을 알고 크게 기뻐하며 이들이 도착한 다음날 대규모 '한인동지 환영회'를 열어주었다.

오성륜은 곧 군사령부 참모부의 일원이 되어 공산당학교에서 교직을 맡았다. 김산도 공산당학교에서 학생들을 가르치며 정즈윤(鄭志雲) 휘하의 당조직부에서 일했다. 광둥성 사회과학회연합회가 지난 1988년에 발간한 『하이루펑 혁명근원지 연구』에는 장원유엔(張文淵)의 '도시혁명 초기의 둥장(東江) 당학교' 논문이 실려 있다. 이 논문은 당시의 상황을 이같이 묘사해 놓았다.

"1928년 초 광둥성 하이펑현에 세워진 중국공산당 둥장 당학교는 중국공산당 초기의 얼마 되지 않는 당 학교의 하나였다. 이 학교는 1928년 1월 21일부터 2월 21일까지 개설되었다. 이 학교는 교위(校委)를 두어 전교의 모든 활동을 관리했다. 교위에는 정즈윤과 류띵이(陸定一) 등을 비롯해 조선인인 함성(咸成 : 오성륜)과 장북성(張北星 : 김산) 등이 있었다. 교위 밑에 교무처와 경리처를 두었다. 교무처는 함성이 맡아 그 밑에 정치학과, 군사학과, 기술학과, 편찬학과를 두었다."

김산보다 1살 어린 류띵이는 미국과 소련에서 유학한 뒤 1924년에 중국공산당에 입당해 중앙소비에트구에서 공청단 총서기를 맡았다. 장정(長征) 뒤 홍군 제1방면군 선전부장과 제18집단군 정치부 부주임을 맡았고, 건국 후에는 전국인민대표대회 상무위원과 국무원 부총리 겸 문화부장 등을 역임했다. 문화혁명 때에 실각했다가 1978년에 복권되어 정치협상회의 전국위원회 부주석 등을 지냈다.

이름이 기록된 조선인 중 함성은 광저우 시절부터 오성륜이 쓰던 가명이고, 장북성은 김산의 가명이다. 이를 통해 오성륜과 김산이 당학교에서 중요한 교직자로 활약했음을 확인할 수 있다. 당시 하이루펑 소비에트를 건설한 중국공산당 둥장 특위가 광둥성 위원회에 보낸 1928년 1월 19일자의 보고서가 『하이루펑 혁명사료』 제2집에 실려 있다. 중국공산당 하이펑현과 루펑현의 당사 자료실이 지난 1986년에 펴낸 이 자료집은 조선인들의 활약상을 이같이 기록해 놓았다.

"당학교의 기간은 1개월로 하고 학생 수는 1백 명으로 하여 하이루펑현과 인근 셰라이현(惠來縣) 등 각지에 적절히 배분한다. 당학교에는 교위를 두어 전교의 모든 활동을 관리한다. 위원은 장북성, 함성, 류진한(劉今漢) 등 세 동지로 한다."

이를 통해 당학교 설립 당시의 교위는 오성륜과 김산을 비롯한 3인으로 구성되어 있었음을 알 수 있다. 오성륜과 김산은 '레닌주의'와 '소비에트 건설', '코민테른과 세계혁명', '각국 혁명사', '중국공산당사', '농민과 토지혁명' 등의 정치사상 및 이론을 비롯해 '군사학'과 '정찰술', '폭동술', '선전술' 등의 군사지식도 가르쳤다.

『아리랑』에는 이들 과목 대부분을 김산과 오성륜이 나누어 맡은 것으로 나오고 있다. 이는 중산대학 등에서 배우고 황푸군관학교에서 가르친 그들의 지식과 경험이 높이 평가된 데 따른 것으로 보인다. 이때 김산은 하이루펑 소비에트에서 정즈윤을 비롯해 펑파이(彭湃) 등과 가까이 지냈다.

당시 하이루펑 소비에트로 철수한 교도단은 3일 동안 휴식을 취한 뒤 다시 전선으로 출동했다. 하이루펑 소비에트에는 교도단 생존자와 새 지원병으로 구성된 2천 명 가량의 홍군 제14사단을 비롯해 8백 명의 홍군 제2사단, 지방에서 모집된 병사들로 구성된 공농혁명군(工農革命軍), 농민들로 구성된 농민적위대(農民赤衛隊) 등이 있었다. 그곳에는 총알을 만드는 병기창도 있었다. 또한 숙련된 철공노동자들이 2백 미터까지 날아가는 대포도 만들었다. 총사령관 펑파이는 성을 굳건히 지키며 적에게 한 톨의 양식도 남겨두지 않는 소위 '견벽청야(堅壁淸野)' 전술을 구사하고 있었다. 5만 명의 국민당군은 2달 가까이 소비에트를 포위하고 난 뒤 비로소 펑파이의 방어벽을 돌파하려고 시도했다.

교도단이 도착한 직후 국민당군은 하이루펑으로 증원군을 보내기 시작했다. 리푸린과 리지천, 유한머우(余漢謀)가 증원군을 이끌고 와 하이루펑 소비에트 지역을 포위하기는 했으나 어느 누구도 앞장서 들어오려고 하지 않았다. 이듬해 2월에 차이텅휘(蔡騰輝)가 이끄는 국민당군이 처음으로 소비에트를 점령키 위해 서쪽으로부터 공격군을 이끌고 와 츠스(赤石) 지구로 쳐들어왔으나 이내 홍군의 반격으로 패주하고 말았다. 『아리랑』은 차이텅휘를 차이팅제(蔡廷楷)로 기술해 놓았으나 이는 잘못이다. 차이팅제는 훗날 중일전쟁이 벌어지는 1932년에 상해를 수비한 유명한 광저우 제19방면군 사령관이다. 님 웨일즈도 김산의 말을 그대로 인용해 차이팅제가 하이루펑현에서 홍군과 조우한 것으로 각주를 달아놓았으나 이는 잘못이다.

이때 유한머우는 3천 명의 병력을 거느리고 있었다. 그는 늘 낮에는 높은 산에서 잠을 자고 밤이 되면 전선에 싸우러 나왔다가 동이 트기 전에 퇴각하는 전술을 구사했다. 2월 29일에 하이루펑 소비에트로부터 북쪽으로 20리 떨어져 있는 꿍핑촌(公平村)에 3만 명이 모여 대규모 집회를 열었다. 연설이 진행되는 와중에 유한머우 병사들이 몰래 접근해 와 마을을 점령한 뒤 군중을 향해 총을 쏘았다. 유한머우가 낮에 공격하리라고는 생각지도 못하다가 갑작스런 공격을 받고 수천 명이 죽었다. 많은 사람들이 가까운 산으로 도주했다.

그 사이 좌익을 맡은 노동자적위대가 대포를 동원해 반격에 나서 꿍핑촌에 성공적으로 돌입했다. 그러나 우익을 맡은 농민적위대가 격파되었다. 펑파이의 동생인 펑꿔(彭貴)가 이끄는 중앙군에는 공산당원 및 공산청년동맹원이 2천 명 있었으나 적의 공격으로 좌익과 떨어지게 되었다. 결국 좌익과 중앙군도 격파되고 말았다.

국민당군이 하이루펑으로 후퇴하는 홍군을 급히 추격해 근처의 산을 선점했다. 홍군은 메이롱(梅隴)이라는 높은 산까지 후퇴해 이곳을 방어하며 하이루펑과 꿍핑촌을 탈환하는 방법을 강구했다. 이때 국민당군이 하이루펑 전역을 포위한 뒤 포위망을 급속히 좁혀 들어오자 2천 명의 사관후보생으로 구성된 홍군은 수주일 동안 이들과 싸우다 이내 패주해 왔다.

3월 7일에 홍군은 하이루펑 소비에트를 탈환하기 위해 공격을 개시했으나 실패하고 겨우 산웨이(汕尾)만을 탈환하는 데 그쳤다. 홍군의 전 병력은 적위대를 포함해도 채 1만 명도 안 되었다. 메이롱과 산웨이를 제외한 모든 마을은 국민당군의 수중에 떨어졌다. 홍군은 곧 산웨이마저 포기하고 메이롱으로 철수했다. 이 사이 차이팅휘가 재차 츠스지역으로 들어와 메이롱을 향해 두 번째 공격을 가해 왔다. 홍군이 대패해 10-20명씩 짝을 지어 인근 마을로 궤산했다. 메이롱 전투에서 패한 홍군이 유격전으로 나서자 국민당군은 홍군의 식량보급을 차단하기 위해 마을을 불사르는 청야(淸野) 전술로 나왔다. 결국 홍군은 식량이 바닥나자 각자 산개(散開)하기 시작했다. 김산과 오성륜도 가파른 산을 오르내리며 급히 도주했다.

이때 김산은 죽을 것에 대비해 김성숙을 비롯해 중국인 친구인 황핑촨(黃平釧)에게 편지를 썼다. 황핑촨은 1930년에 김산의 도움으로 일본으로 도망친 뒤 장학금을 받으며 도쿄제대에서 의학을 공부한 인물이다. 그는 1933년 초에 일시 귀국했다가 그해 6월에 북경에서 장티푸스로 죽었다. 그는 김산의 막역한 친구였다. 당시 김산은 김성숙에게 보내는 편지에 이렇게 썼다.

"나는 이곳에서 행복하게 죽어갑니다. 노예의 땅에서 죽는 것과는 다릅니다. 그러나 여기가 우리의 빛나는 혁명투쟁과 같이 그렇게 자유로운 한국 땅이었으면 하는 마음 간절합니다."

이해 5월 3일은 홍군이 하이루펑 소비에트에서 마지막으로 버틴 날이었다. 식량은 완전히 떨어져 있었다. 이날 회의에서는 하이펑 소비에트 탈환을 위해 최후의 결전을 벌이기로 결정했다. 이 회의에 참석한 인원은 고작 6백 명뿐이었다. 홍군 병사는 4백 명, 나머지는 유격대원들이었다. 이들이 동원할 수 있는 인원은 농민지원자를 포함해 3천 명밖에 안 되었다.

5월 3일 밤에 이들은 각자 고구마를 한 개씩 먹은 뒤 새벽 0시 반에 작전을 개시했다. 이들은 하이평현 소비에트에서 30리 떨어진 곳까지 접근했다. 오성륜과 김산을 비롯한 한인은 서로 꼭 붙어다녔다. 교도단 제4사단 소속의 80명의 대원을 이끈 오성륜의 임무는 공산당학교의 탈환이었다. 국민당군 1사단은 현성 안에 있었다. 선봉대에 편성된 김산은 공산당학교에 성공적으로 잠입해 소총 1백정과 탄약 8상자, 기관총 1문을 탈취했다. 이어 감옥을 깨뜨리고 2백 명의 동지를 구해냈다.

당시 교도단 제2사단은 하이평현 소비에트에서 3리 떨어진 곳에 있는 우푸령(五福嶺)을 점령하고 국민당군 제2사단이 사령부로 사용하고 있는 중학교를 탈환키로 되어 있었다. 그러나 이들로부터 아무런 연락이 오지 않았다. 오성륜은 할 수 없이 후퇴해 우푸링으로 갔다. 우푸링에 도착해 보니 국민당군이 이미 군사요충지에 진을 치고 기다리고 있었다. 교도단 제2사단은 그때 겨우 고개 밑을 지나고 있었다.

날이 새자 국민당군은 홍군의 수가 얼마 안 되는 것을 알고 맹렬히 공격해 들어왔다. 이로 인해 고개 밑에 있던 교도단 제2사단은 거의 궤멸되고 말았다. 허룽과 예팅이 이끈 중국 최초의 홍군 병사들의 비참한 최후였다. 이때 오성륜의 조카는 부상을 입고 국민당군에 체포되었다. 김산과 오성륜은 요행히 몸을 빼내 급히 도주했다.

당시 교도단 생존자도 4분의 1 이상이 하이루펑 전투에서 사망했다. 광저우 코뮨을 떠날 때 2천 명이었던 병력 중 남아 있는 자는 3백 명도 채 안 되었고, 그나마도 모두 굶주리고 병들어 있었다. 이들은 젠여우링(劍遊嶺)에서 마지막 집회를 열었다. 달리 대책이 없어 전원 바이사(白沙) 쪽으로 후퇴하기로 결정했다. 이들은 곧 국민당군에게 추격당하기 전에 재빨리 바이사에서 2백 리 떨어진 레이양(雷陽)으로 가기로 결정했다. 레이양은 맑은 강물이 흘러내리고 산 위로 분지가 솟아 있는 매우 아름다운 곳이었다.

레이양까지 행군하는 데 꼬박 3일이 걸렸다. 도중에 죽는 사람이 적지 않았다. 당시 레이양은 국민당군 편도 아니고 홍군 편도 아니었다. 사람들은 이들을 환영하지도 않았지만 그렇다고 반대하지도 않았다. 이들은 이곳에서 1주일 동안 머물렀다. 낮에는 마을에서 음식을 먹고 밤이면 산에 올라가 숨었다. 대원들 중 절반 이상이 30리 떨어진 꿔컹(貴坑)으로 갔다. 일 주일 후 국민당군이 추격해 왔다. 레이양의 홍군 병력은 고작 1백 명밖에 안 되었다. 국민당군이 이내 산꼭대기의 분지를 제외한 모든 요충지를 점령했다.

국민당군이 총공격을 개시하자 김산과 오성륜은 급히 산위로 올라가 수풀 속에 몸을 숨겼다. 두 사람은 산꼭대기 근처에서 농부들을 만나 다행히 이들의 도움으로 인근 마을의 농민연맹 비밀 아지트로 갈 수 있었다. 두 사람은 아지트를 찾아가 회장에게 2백 리 떨어진 셰라이현(惠來縣)의 머우텐링(牟田領)에 있는 중국공산당 특별위원회까지 빠져나갈 수 있도록 도와달라고 청했다. 이에 농부 한 명의 안내를 받아 낮에는 산속에 숨어 있다가 밤에만 길을 서둘러 셰라이현 쪽으로 갔다. 농민들은 마을을 지날 때마다 릴레이식으로 이들을 안내해 주었다. 2달 동안의 행군으로 크게 지친 이들은 걸어가면서 잠을 잤다. 8일 뒤 이들은 머우텐링에 도착했다. 그곳에는 펑파이(彭湃)와 정즈윤(鄭志雲)이 있었다.

7월 23일에 김산과 오성륜은 홍콩으로 가기로 하고 중국인 4명과 함께 산판(舢板 : 거룻배)을 빌리기로 했다. 이틀을 꼬박 걸어 가까스로 한밤중에 조그마한 산판에 오르는 순간 물가에서 총알이 빗발치듯 날아왔다. 사람들이 모두 배에서 뛰어내려 도주했다. 병으로 약해진 김산은 이내 정신을 잃고 쓰러졌다. 얼마 후 정신을 차린 김산은 물속에 숨어 코만 내놓고 위기를 벗어난 뒤 낮은 포복으로 숲속으로 기어들어가 이내 머우텐링을 행해 떠났다. 다음날 밤에 한 농부가 김산을 다시 평파이가 있는 곳으로 데려다 주었다. 오성륜은 이틀이 지나도록 오지 않았다. 평파이가 김산에게 이같이 충고했다.

"육로로 산터우(汕頭)까지 가는 게 낫소. 그러면 배를 타는 모험을 하지 않아도 좋을 것이오."

머우텐링에서 산터우까지는 2백 리나 떨어져 있었다. 김산은 오성륜을 다시 볼 희망으로 잠시 평파이와 함께 그곳에 머물렀다. 그러던 어느 날 평파이가 김산에게 말했다.

"이제 그들이 모두 죽었다고 생각하는 게 좋을 것이오. 기다려 봐야 소용없소. 오동지가 오늘도 오지 않는다면 영영 돌아오지 않을 것이오."

7월 27일에 김산은 모든 희망을 버리고 농부 한 명의 안내를 받아 산터우로 갔다. 그는 8월 4일에 산양(三洋) 부근의 산 위에 있는 둥장(東江) 공산청년동맹위원회 본부에 무사히 도착했다. 김산은 그들과 함께 하룻밤을 지내고 나서 산판을 타고 3시간쯤 걸리는 산터우로 갔다. 8월 6일에 김산은 돈을 내고 일본 화물선 다카야마 마루(高山丸)에 올라타 홍콩으로 갔다.

홍콩에 도착한 김산은 자신이 알고 있는 타이안산(泰安三) 여인숙으로 가 머물다가 이내 상하이로 갔다. 김산은 지인의 도움으로 퉁런의원(同人醫院)에 입원해 요양한 뒤 이해 10월에 퇴원해 상하이의 프랑스 조계로 갔다. 그곳에 살던 한국 사람들을 찾아보았으나 아무도 만날 수 없었다. 하루는 김산이 노점에서 밥을 먹고 있을 때였다. 이때 한 한인 학생이 김산이 있는 곳으로 다가왔다. 그는 광저우에서 온 공산청년동맹원이었다. 그는 김산의 얼굴을 보고 크게 반가워했다.

"우리는 모두 당신이 죽은 줄 알았소. 광저우에서 죽은 사람들 중에 당신의 이름이 들어 있었소."

그날 밤 김산은 그의 도움으로 김성숙의 집을 찾아갈 수 있었다. 당시 김성숙은 광저우 코뮨이 무너진 후 애인 두쥔셰의 집에 은신해 위기를 피할 수 있었다. 이후 김성숙은 두쥔셰와 결혼해 함께 상하이로 빠져나와 신접살림을 차리고 있었다. 김성숙과 김산은 근 1년 만에 해후케 된 것이다. 김산은 당시의 감격을 『아리랑』에서 이같이 묘사해 놓았다.

"나는 너무 가슴이 벅차 한동안 말이 나오지 않았다. 김충창의 부인 역시 나를 반가이 맞이해 주었다. 김충창은 나를 만나자마자 오성륜의 안부부터 물었다. 나는 힘없이 '그는 살아 있기 어려울 거예요' 라고 대답했다. 당시 김충창은 상하이에서 다른 사람들을 지원해 줄 돈을 벌기 위해 글도 쓰고 번역도 하고 있었다. 만일 그의 도움이 없었다면 우리 친구들 중 당시 어려웠던 몇 달 사이에 굶어죽는 사람이 적잖이 나왔을 것이다."

이날 김성숙은 김산과 밤이 새도록 얘기했다. 김창충은 김산 일행이 하이루펑 소비에트로 후퇴한 뒤 광저우에서 일어난 일을 모두 얘기해 주었다. 당시 영사관 소속의 일경은 광저우 코뮨에 참가한 한인을 색출해내기 위해 혈안이 되어 있었다. 결국 1천 명의 한인이 이들에 의해 체포되었다. 김산이 프랑스 조계에서 한인을 한 사람도 보지 못한 것도 바로 이 때문이었다.

김성숙은 김산을 위해 자신의 집 근처에 방을 구해주었다. 두 사람은 매일 만나 그간의 일을 얘기하느라 시간 가는 줄 몰랐다. 이때 김산은 건강이 완전히 무너져 몇 주의 요양이 필요했다. 마침 김산이 시간을 내어 정크(Junk : 바닥이 평평한 배)의 무수한 돛대 사이로 열국의 군함이 빼곡히 들어서 있는 황푸강을 바라보면서 무작정 걷고 있을 때였다. 우연히 문득 고개를 들어보니 꿈에도 그리던 오성륜이 그를 향해 다가오고 있었다. 김산은 당시의 감격을 『아리랑』에 이같이 기술해 놓았다.

"그 얼굴은 꿈에 보던 아련한 모습처럼 점점 크게 부풀어 오르며 눈앞으로 성큼성큼 다가왔다. 그러더니 익히 알고 있는 뼈만 앙상한 손으로 내 손을 덥석 잡았다. 우리는 동시에 놀란 목소리로 말했다. '당신이 죽은 줄만 알았어.' 우리는 얼마 동안 못 박힌 듯 꼼짝도 않고 서서 아무 말도 하지 못했다. 이윽고 오성륜의 얼굴에 눈물이 흘러내렸다. 이때 나는 처음으로 오성륜이 우는 모습을 보았다."

테러리스트로 활약하면서 단 한번도 남 앞에서 우는 모습을 보이지 않았던 오성륜은 이때 처음으로 감격에 겨워 눈물을 흘린 것이다. 두 사람의 해후가 얼마나 극적이었는지를 짐작케 해주는 대목이다. 오성륜은 김산에게 지난 일을 자세히 얘기해 주었다.

당시 홍콩으로 가기 위해 두 사람이 산판에 오를 때 총격이 일어나자 오성륜은 사공과 함께 급히 그곳을 빠져나갔다. 그는 몇 차례나 김산을 찾아보았으나 보이지 않자 이내 단념하고 자신의 목숨만이라고 건지기 위해 정신없이 도주했다. 국민당군은 오성륜과 사공이 아닌 다른 중국인들을 뒤쫓았다. 두 사람은 두 자 깊이의 논물 속에 몸을 숨긴 채 코만 내놓고 위기를 벗어났다. 이내 동이 트기 전에 40리를 걸어 중국인 사공의 집으로 갔다.

오성륜은 그곳에서 1주일 동안 숨어 있으면서 요양했다. 당시 그 또한 김산과 마찬가지로 중병에 걸려 있었다. 몸이 어느 정도 회복되자 이내 그곳을 빠져 나와 셰라이현으로 갔다. 이내 그곳에서 감시망을 뚫고 조그마한 기선에 올라타 홍콩으로 갔다가 다시 상하이로 온 것이다. 오성륜은 김산보다 1달 뒤인 1928년 10월에 상하이로 왔다. 그러나 그 또한 한인 친구를 한 사람도 만나지 못했다.

김산은 다음날 오성륜을 데리고 김성숙의 집으로 갔다. 이들 세 사람은 3일 동안 김성숙의 집에서 함께 기거하며 그간 못다 한 얘기를 하느라 시간이 가는 줄 몰랐다. 그러나 이들은 곧 함께 있는 것이 크게 위험하다는 사실을 깨닫고 각자 자기 방을 비밀로 한 채 식사 때만 김성숙의 집에 모였다. 이때 오성륜과 김산 모두 오랜 도주생활로 인해 병에 걸려 몸이 몹시 쇠약해 있었다.

오성륜은 하이루펑에서의 고생으로 악성 심장비대증에 걸려 있었다. 그러나 그는 병원에 가려고 하지 않았다. 당시 김성숙의 부인 두쥔셰에게는 언니 한 사람이 있었다. 그녀는 인도차이나에서 혁명활동을 하다가 추방돼 집에 와 있었다. 오성륜은 뒤쥔셰의 언니를 좋아해 매일 그녀를 데리고 프랑스 조계의 공원으로 놀러갔다. 하루는 오성륜이 김산에게 고민을 털어놓았다.

"그녀는 곧 가버릴 거야. 그러면 모든 것이 그만이지 않겠어. 이 아가씨는 마치 사막에서 마시는 한 모금의 시원한 물과 같아."

김성숙과 오성륜, 김산은 한 형제 이상으로 가까웠다. 이들은 강한 형제애로 뭉쳐 있었다. 한 사람이라도 눈앞에 보이지 않으면 크게 불안해했다. 세 사람은 매일 만나 희생자들의 몫까지 열심히 일을 해나가자고 다짐했다. 이들은 누구보다도 시베리아에서 온 용감한 박씨 3형제의 죽음을 애도했다. 당시 박진은 광저우 코뮨 때 다른 한인 동지 50여 명과 함께 링난(嶺南)에서 분전하다가 죽었다. 세 사람은 박진의 두 동생이 하이루펑 소비에트를 지키다가 죽은 것으로 짐작했다. 김산이 상하이에 온 지 2달쯤 지났을 무렵 두 사람의 이름이 적힌 편지 한 통이

왔다. 겉에는 이같이 쓰여 있었다.

"우리는 삶을 위한 새로운 투쟁을 하려고 지옥에서 온 당신의 동지요."

다음날 김산이 약속장소로 가자 박씨 두 형제가 나와 있었다. 세 사람은 서로 얼싸안고 해후의 기쁨을 만끽했다. 당시 교도단이 메이롱에서 패전해 몇 사람씩 짝을 지어 분산할 때 박씨 형제는 후위에서 적들과 힘겹게 싸우며 후퇴했다. 오성륜과 김산이 바이사(白沙)에서 1달 동안 농부들과 숨어 지내며 고구마로 연명하는 동안 그들은 4명의 아가씨를 포함해 다른 20명과 함께 해안으로 빠져나가 조그만 나룻배를 타고 주푸항(祝府港)으로 갔다. 그러나 그곳에서 이내 차이팅훠 휘하의 대대장에게 붙잡히고 말았다. 대대장은 이들 중 한 아가씨가 대단한 미인인 것을 알고 그녀를 살려주려고 했다. 이 아가씨가 응하지 않자 대대장은 모두 죽여버릴 것을 명했다. 이들이 회의를 열어 그 아가씨에게 말했다.

"당신은 동지들을 구하고 싶소, 아니면 전원이 죽는 것을 보고 싶소."

결국 이 아가씨가 대대장과 결혼을 약속하자 배는 어느 날 밤에 자유로이 떠날 수 있었다. 대대장은 부하 장교들의 입을 막기 위해 나머지 3명의 아가씨를 주었다. 박씨 형제는 홍콩에 머물다가 이내 나룻배를 타고 상하이로 온 것이다. 이때 이들은 장차 지도자가 될 생각으로 모스크바로 가 교육을 받고자 했다. 그러나 두 사람은 1933년에 의용군과 함께 만주의 지린성에서 싸우다가 밀정의 고발로 인해 뒤를 미행한 일경에 의해 사살되었다.

당시 한인 혁명가들은 조선혁명 문제를 놓고 크게 두 가지 견해로 갈려 격심한 논쟁을 벌였다. 하나는 우파 민족주의자들과 연합전선을 지속하고 그들과 더욱 밀접히 활동해야 한다는 주장이었다. 다른 하나는 중국공산당이 우익과 결별했듯이 민족주의자들과 결별해야 한다는 주장이었다. 물론 김성숙은 전자를 지지했다. 조선혁명을 이루기 위해서는 모든 독립운동세력이 이념을 뛰어넘어 하나로 결집해야만 했다. 중국공산당이 제1차 국공합작이 결렬된 뒤 다시 제2차 국공합작을 한 것도 바로 이 때문이었다. 김산은 『아리랑』에서 김성숙의 당시 모습을 이같이 기술해 놓았다.

"김충창은 여전히 광저우 출신 부인에게 아주 깊이 빠져 있었다. 두 사람은 아기가 태어나기를 학수고대하고 있었다. 그는 내가 상하이에 머물며 책이나 논문을 저술하기를 바랐다. 언제나 내 문장실력을 크게 믿고 있었던 것이다. 하지만 나는 행동을 원한 까닭에 이론문제는 거들떠보지도 않았다."

당시 김성숙이 생각하기에 이제 광저우 코뮨과 같은 식으로 싸우는 것은 희생만 키울 뿐이었다. 더구나 당시는 백색테러가 횡행하고 있었다. 섣불리 움직이다가 해를 자초하느니 차라리 책 등을 쓰면서 좀더 유리한 시기가 오기를 기다리는 것이 긴 안목에서 볼 때 보다 합리적이라는 게 김성숙의 생각이었다. 하루는 김성숙이 김산에게 충고했다.

"자네는 잠시 동안 직접적인 행동을 멈추고 휴식을 취해야만 하네. 요즘처럼 백색테러가 자행될 때는 어떡하든 살아남아 장차 중요한 일을 지도하기 위한 준비를 하는 것이 보다 중요하다네. 자네가 여기서 이론작업과 연구를 하도록 하게. 그동안 자네를 먹여 살리는 데 드는 비용은 내가 충분히 벌 수 있다네."

그러나 김산은 요지부동이었다.

"당신은 너무 행복에 겨워 그러는 것입니다. 결혼을 하더니 당신은 변했어요. 나는 지금 실제적인 투쟁을 그만둘 수 없습니다. 오히려 더

강화하고 싶은 심정뿐입니다."

사실 당시의 상황에 비춰볼 때 일단 충분한 휴식을 취하며 때가 오기를 기다리는 것이 보다 현명했다. 그럼에도 조선혁명의 조기완수를 꾀한 김산은 젊은 혈기를 억누르지 못했다. 김산은 『아리랑』에서 당시의 심경을 이같이 술회했다.

"김충창은 결혼을 하더니 참으로 많이 변했다. 결혼하기 전까지만 하더라도 그는 아무 데나 자유로이 돌아다녔다. 이 아가씨를 만나지 않았더라면 그는 절대로 뿌리를 내리려 하지 않았을 것이다. 하지만 이제는 자기 집에 틀어 박혀 하루 종일 글 쓰는 일에 만족하고 있다. 나는 내 가장 친한 친구를 빼앗겨 버렸다는 느낌이 들어 기분이 좋지 못했다."

김산은 상하이를 떠나기 2주일 전에 김성숙과 두쥔셰를 만나 자신의 이런 입장을 솔직히 털어놓았다. 김성숙과 두쥔셰는 김산의 고집스런 모습에 화를 냈다. 며칠 후 김성숙이 김산을 찾아와 이같이 말했다.

"그래, 자네 말이 맞아. 사랑은 참으로 사람을 크게 변화시키는 것이라네. 하지만 지금 나를 질책하지 말게. 자네가 아가씨를 알게 된다면 나보다 훨씬 깊이 빠지고 말 걸세."

김산이 대꾸했다.

"나는 절대로 결혼을 안 할 것입니다. 어떤 아가씨도 내 적극적인 혁명활동의 자리에 대신 들어설 수는 없습니다. 내가 볼 때 당신에게는 자유가 없습니다. 당신 부인은 따뜻한 분이기는 하나 혁명가는 아닙니다. 당신이 그녀를 감화시켜야지 그녀의 감화를 받아서는 안 됩니다."

김성숙이 타일렀다.

"그래, 자네 말이 옳아. 하지만 자네는 한번도 여자를 감화시켜 보려고 노력한 적이 없지 않은가. 그것은 말처럼 그렇게 쉬운 일이 아닐세."

김산은 결국 상하이를 떠나게 되었다. 그가 떠나기 전에 상하이의 공원에서 조그마한 환송회가 열렸다. 그 자리에는 김성숙과 두쥔셰를 비롯해 오성륜과 박씨 형제, 김원봉 등이 참석했다. 당시 오성륜과 김산은 김성숙의 집을 '그의 집'이 아닌 '그녀의 집'으로 불렀다. 두 사람 모두 김성숙이 결혼으로 인해 현실에 안주하고 있다고 판단한 것이다. 이들의 이런 불만이 '그녀의 집'으로 표현된 것이다. 그러나 이는 김성숙의 깊은 뜻을 제대로 헤아리지 못한데 따른 것이었다. 당시 김성숙은 조국의 독립과 중국혁명을 긴 안목으로 내다보고 있었던 것이다.

환송회가 끝나자 다른 사람들은 김성숙의 집까지 따라가려고 하지 않았다. 이로 인해 오성륜과 김산만이 '그녀의 집'으로 가 밤새도록 얘기를 나누게 되었다. 이날 김산은 김성숙의 집에 머물러 잠을 잤다. 그러나 오성륜은 이내 자기 집으로 가버렸다. 다음날 마침내 김성숙과 김산은 작별인사를 하게 되었다. 두 사람의 눈에 눈물이 고였다. 김성숙이 침통한 얼굴로 김산에게 말했다.

"지금 간다는 것은 어리석은 짓이야. 너무 위험이 크단 말일세."

김산은 아무 말도 하지 않았다. 그는 마침내 상하이를 떠나 베이징으로 갔다. 당시 김산이 상하이를 떠나 베이징으로 간 이유는 분명치 않다. 『아리랑』에는 김산이 베이징에 도착하자마자 광저우 코뮨에서의 영웅적인 투쟁활동을 인정받아 '베이징 지부 당서기'와 '화북국 조직위원회' 위원이 된 것으로 기술돼 있다. 사실 그의 직함은 중국공산당 베이징시당위원회 조직부장이었다. 그러나 조직부장 역시 매우 중요한 자리였다. 김산은 『아리랑』에서 당시의 심경을 이같이 기술해 놓았다.

"나는 다시 활동적인 일에 종사하게 되어 기쁘기 그지없었다. 내 머리 속에는 우리의 혁명운동을 수행해 나갈 계획으로 꽉 차 있었다.

내 경력이 좋았기 때문에 중국인과 한인 할 것 없이 모두 나를 신뢰했다. 이로 인해 모든 일이 잘 풀려 나갔다. 나는 북경지부의 우두머리로서의 임무도 수행했다. 그러나 내 특별한 임무는 화북과 만주에 있는 모든 한인 및 중국인의 혁명활동을 조정하는 것이었다."

이를 통해 김산의 역할이 매우 컸음을 대략 짐작할 수 있다. 당시 중국공산당은 일제의 화북침공으로 인해 만주와 화북지역의 투쟁을 크게 중시하고 있었다. 이 지역에서 항일운동을 효과적으로 수행하기 위해서는 일본을 잘 아는 한인의 협력이 절대 필요했다. 김산이 화북조직위의 위원으로 선출된 이유가 바로 여기에 있었다.

당시 김성숙과 떨어져 베이징으로 온 김산은 당의 '활동가회의'에서 류링(劉玲)이라는 미모의 중국인 아가씨를 만나게 되었다. 훗날 류링은 김산과 헤어져 다른 사람과 결혼케 되었다. 그의 남편은 인민검찰원 간부로 있다가 퇴직했다. 재일동포 작가 이회성이 1980년대에 류링을 찾아가 만났을 때 류링은 당시를 이같이 회상했다.

"김산을 알고 지냈던 것은 1928-1929년경으로 내가 베이징여자대학에 다니던 때였습니다. 당시의 여대는 베이징 서쪽에 있었습니다. 예과 2년과 본과 4년제로 학생은 5백 명이었습니다. 대학에는 당지부가 비밀리에 조직되어 베이징시 당위원회 지도를 받았습니다. 당시 시위원회 서기는 후시퀴(胡錫奎)였고 조직부장은 김산이었습니다. 그는 자주 학교에 와 조직의 활동상황을 듣고 앞으로의 임무를 지시했습니다. 그는 그때마다 정치정세에 관한 얘기를 들려주었습니다. 그의 지도 아래 새로운 학생회를 조직했습니다. 그때 나는 학생회장에 추천되었고 3학년 때에는 학교 지부의 책임자를 겸하게 되었습니다."

후시퀴는 소련 유학 후 중국공산당 베이징시위원회 서기로 활동하던 중 5년간 투옥되었다가 출소해 러허성(熱河省)위원회 서기 등을 역임했다. 건국 후 중국인민대학 부교장과 당 중앙서북국 서기 등을 역임했으나 문화혁명 때 옥사하고 말았다.

류링의 증언을 통해 김산과 류링의 만남은 베이징여자대학에 조직을 만드는 과정에서 자연스럽게 이뤄졌음을 알 수 있다. 당시 김산은 류링이 적극적으로 접근하자 크게 당혹해 했다. 혁명과업을 완수하기 전까지는 결코 결혼을 하지 않겠다며 여인과의 접촉을 꺼려왔기 때문이다. 하루는 함께 토론하고 싶다는 내용의 류링의 편지를 받고 절대 그녀와 사귀지 않겠다고 결심한 김산은 그녀의 집을 찾아가 이같이 말했다.

"나는 곧 위험한 사명을 띠고 만주로 가게 될 것이오. 만일 당신이 나에게 얽매인다면 그것은 당신을 더욱 불행하게 만들 뿐이오."

원래 김산은 김성숙의 연애사건 이후 생각이 약간 바뀌어 만일 이상적인 아가씨와 만나기만 연애를 해도 괜찮다고 생각하고 있었다. 그는 류링이 같이 만주로 가겠다고 대답하자 황급히 손을 내저었다.

"아니, 그럴 수는 없습니다."

간신히 류링의 집을 빠져나온 김산은 숙소로 돌아온 뒤 잠을 이루지 못했다. 그는 며칠 밤을 잠을 이루지 못한 채 보냈다. 류링의 생각을 지우려고 하면 할수록 오히려 그의 머릿속에는 온통 류링의 생각뿐이었다.

"나는 저 '돌중' 보다 더 나빠. 나는 바보야."

김산의 독백 속에 나온 돌중은 김성숙을 말한다. 결국 그는 만주에 갔다 온 뒤 류링과 결혼할 생각을 갖게 되었다. 얼마 후 김산은 중국공산당과 조선공산당을 하나로 연결시키기 위해 중국공산당의 명을 받고 만주로 파견되었다. 당시까지만 해도 중국공산당과 조선공산당은 공식적으로 아무런 관계도 갖지 않았다. 김산은 1929년 8월에 지린성에서 열린 혁명청년연맹 대회에 참석했다. 김산은 김성숙과 달리 만주의 조선공산당 지부가 중국공산당 산하에 들어가는 것이 조선혁명에 유리하다고 판단했다. 그가 김성숙의 만류를 뿌리치고 베이징으로 간 것도 바로 이 때문이었다.

김산은 곧 지린성으로 가 조선공산당 지도자인 장일진(張日鎭)을 만났다. 장일진은 1926-1927년 사이에 광저우에서 김산과 만난 적이 있었다. 이들은 이 모임에서 한국 사람들이 만주에서 항일투쟁을 벌이면서 중국인 지주 및 지배계급과 투쟁하지 않는 것은 잘못이라는 결정을 내렸다. 당시 만주에는 한국 농민이 약 1백만 명이나 있었다. 이들은 중국농민과 합세해 중국인 지배계급에 대항하기로 결정하고 이내 '한인 · 중국인 농민동맹'을 결성했다.

조선공산당 만주지부는 중국공산당의 농민조직 창설을 도와주기 위해 바쁘게 움직였다. 곧 중국공산당 내에 농민부가 설치되고 여러 명의 한인이 거기서 일하게 되었다.

당시 조선에서는 1928년의 대대적인 검거로 조선공산당 조직이 궤멸된 가운데 각 파별로 주도권 다툼을 벌이고 있었다. 그러나 만주에서는 그런 단계는 이미 막을 내렸다. 이에 조선혁명청년연맹은 중국공산당 만주위원회 한국공산청년부의 지도 아래 독자적인 체제를 유지해야 한다는 결의를 받아들였다. 김산은 현지 정세를 면밀히 시찰하기 위해 2달 동안 지린에 머물렀다. 당시 재만 한인들은 중국 국적을 얻기 위해 투쟁하고 있었다. 그러나 일제는 모든 한인을 일본 국적 하에 두려고 했다. 김산은 1922년에 상하이에서 중국의 시민증을 얻은 적이 있으나 나중에 이를 없애버렸다.

1924-1931년 사이 만주에는 정의부(正義府)와 신민부(新民府)라는 민족혁명단체가 있었다. 이 두 단체는 자신들의 관할 지역에 학교를

세워 교과서를 찍어내고 독자적인 경찰과 재판소도 갖고 있었다. 정의부는 7만 명을 다스렸고 수도는 펑톈성(奉天省)의 신삔군(新賓郡)에 있었다. 지도자는 1910년 이전에 일본 무관학교를 졸업한 홍우찬(洪祐贊)이었다. 신민부는 3만 명을 다스렸고 그 수도는 지린성 북방에 있었다. 지도자는 김좌진(金佐鎭)이었다.

당시 이들 두 단체는 만주의 한인 공산당 조직에 반대했다. 그러자 1924년에 재만조선공산당은 농민청년으로 이뤄진 공청(共靑)의 동만청년동맹(東滿靑年同盟)을 조직해 이에 대항했다. 1924년에 이르러 만주의 한인 혁명가들은 우익과 좌익으로 분열되었다. 좌익은 중국공산당과 협력해 항일연합전선을 만들 것을 주장했으나 우익은 이를 반대했다. 이후 만주의 한인들이 두 단체에 세금을 내는데 염증을 내자 두 단체는 1931년에 문을 닫고 말았다. 당시 만주의 한인 공산주의자들은 대규모 항일연합전선의 필요성을 역설하며 두 단체의 붕괴에 일조했다.

결국 만주의 한인 민족혁명가들의 분열로 인해 우익은 대중적 기반을 상실하게 되었고, 좌익은 중국공산당의 프로그램에 동조하는 모습을 보이게 되었다. 1931년 9월 18일을 계기로 일본이 만주를 점령한 이후 빨치산 운동이 대대적으로 전개되었으나 중일전쟁이 일어나는 1937년 당시 재만 한인 사회에는 두 개의 조직밖에 없었다. 좌익 공산주의 조직과 우익 민족주의 조직이 그것이었다. 전자는 끊임없이 힘을 증대시킨 결과 1937년에 산하에 한인 빨치산 정규군을 7천 명 가량 거느리게 되었다. 우파 산하에는 약 3천 명 가량이 있었다.

만주의 군벌 장슈에량(張學良)은 1931년 이전까지만 해도 정의부와 신민부를 공산주의에 대항하는 데 이용했다. 그가 1928–1931년 사이에 수많은 한인 공산주의자들을 체포해 처형한 것은 바로 이런 속셈에서 나온 것이었다. 김산이 지린에 도착할 때에도 만주 동부의 허룽현(和龍縣)에서 40명의 한국 공산주의자가 처형되었다.

당시 만주에서는 중국농민들 대부분이 스스로 중국의 여타 지역보다 자신들의 생활이 개선되었다고 느끼고 있었기 때문에 억압받는 소수의 한인만이 혁명적이었다. 노동쟁의는 유일하게 일본인 소유의 남만(南滿) 철도를 비롯해 소련과 중국이 공동소유하고 있는 동지(東支) 철도의 철도노동자들 사이에서 일어났다. 이 두 철도회사는 만주의 2대 경제기관으로 만주의 전 경제를 장악하고 있었다. 당시 철도 노동자들의 생활은 농민보다 훨씬 낫기 때문에 급진적인 투쟁을 꺼렸다.

일본 공산주의자들은 만철 내에서 크게 활약했으나 1930년에 80명이 체포되면서 만주 내 일본공산당의 전 조직이 붕괴했다. 당시 이들의 활동은 매우 헌신적이어서 심지어 일본이 만주를 점령한 뒤에도 중국공산당은 감히 민족주의적인 구호를 내걸 수 없었다. 이는 일본 공산주의자들이 프롤레타리아 국제주의를 내건 데 따른 것이었다.

일제는 이미 1929년부터 만주를 점령키 위한 모든 준비를 마쳐놓고 있었다. 이들은 먼저 한인과 중국인을 이간시키기 위해 간교한 분열책을 구사했다. 만주 군벌 역시 여기에 놀아났다. 한인 공산주의자들은 이 적대적인 분열책을 막기 위해 애를 썼으나 역부족이었다. 이로 인해 한인 공산주의자들은 중국과 공동투쟁을 하고 있다는 객관적인 사실 이외에 중국공산당과 아무런 관계도 맺지 못했다.

김산은 1929년 말에 압록강 부근의 안둥(安東)으로 가 1달 동안 머물며 군수공장에 20명의 비밀 세포조직을 만들었다. 신의주에 있는 자매회사에도 세포조직을 만들었다. 그는 1930년 초에 그곳을 떠나 베이징으로 돌아왔다. 김산은 베이징으로 돌아온 뒤 여관방을 얻어 류링과 동거에 들어갔다. 동거에 들어간 이튿날 밤 김산은 김성숙과 오성륜에게 각각 편지를 띄웠다. 그는 김성숙에게 보내는 편지에 이같이 썼다.

"나는 당신의 낭만적인 넌센스를 모두 용서합니다. 실은 오늘밤 나는 어느 사람이 저지른 어떤 일이라도 용서해 주고 싶은 심정입니다. 당신이 내게 한 말이 맞았습니다. 유감스럽게도 그 말은 너무나 정확했습니다."

김성숙은 김산의 편지를 받아보고 어떤 생각을 했을까. 김산이 자신이 충고한 바대로 새 삶을 살게 된 소식을 접하고 크게 기뻐했을 것이다. 그렇다면 당시 김성숙은 어떻게 지내고 있었던 것일까. 『약력』은 김성숙의 행보를 이같이 기록해 놓았다.

"김성숙은 1928년에 광저우 코뮨에서 패퇴한 청년들을 중심으로 중국 각지에서 활약하는 혁명청년들을 총망라해 '재중국조선총동맹'을 조직하고 그 투쟁 중심을 남북만주로 전개했다. 1929년에 상하이에 계속 잠복하면서 중국문화총동맹과 작가연맹에 가입해 신문화운동의 전개에 적극 노력했다."

이를 통해 1927–1929년 사이 김성숙 또한 김산 못지않게 상하이에 머물며 매우 활발한 활동을 전개했음을 짐작할 수 있다. 『약력』의 이러한 기술은 『아리랑』에 나오는 김산의 기술을 요약해 놓은 것이다. 『아리랑』의 기록은 말할 것도 없이 김산이 김성숙으로부터 직접 들은 바대로 기록한 것인 만큼 사실에 부합하는 것으로 보아야 할 것이다.

제6절

만주사변

김성숙이 상하이에서 활발한 혁명활동을 전개할 당시 조선에도 커다란 움직임이 있었다. 그것은 바로 1927년 2월에 최초의 좌우의 민족혁명가들로 구성된 신간회(新幹會)의 출현이다. 이는 1926년의 광주학생운동에서 촉발된 것이었다. 원래 1920년대 후반 이후 국내 운동의 중심지는 고등보통학교(高等普通學校 : 약칭 고보)였다. '민족유일당'을 자처한 신간회의 출범은 기본적으로 광주고보 학생들이 일으킨 학생운동에 자극을 받은 것이었다. 김성숙은 이정식과의 면담에서 신간회 출현 당시의 심경을 이같이 회상했다.

"북경에서 나라 안을 보니 3·1독립선언에 서명한 33인이 자꾸 줄어지는 것 같았소. 33인 중 끝까지 똑똑히 일한 사람은 한용운이오. 그는 자유에 미친 사람처럼 끝까지 국내에서 싸웠소. 그 나머지 사람들은 모두 이리저리 헤어졌소. 안타까운 일이었소. 그러나 1927년에 국내에서 민족 유일의 단체로 '신간회'가 발족하는 것을 보고는 무척 기뻤소. 다른 독립운동가들도 그렇게 생각했소."

신간회에 대한 김성숙의 기대가 얼마나 컸는지를 짐작케 해주는 대목이다. 신간회의 성립은 시종 좌우합작 노선을 추구해 온 김성숙의 노선과 일치하는 것이기도 했다. 신간회가 결성될 당시 김성숙은 광저우에 머물러 있었던 까닭에 이에 참여할 수 없었지만 신간회가 이념을 떠나 민족혁명세력을 총결집시키는 구심체 역할을 수행해 주기를 간절히 바랐다.

국내에서 이뤄진 최초의 좌우합작인 동시에 최대 항일독립운동 단체였던 신간회는 해방이 되고 60년이 넘도록 그 취지가 제대로 알려져 있지 않다. 21세기인 현재까지 해방 전과 마찬가지로 하찮은 이념논쟁의 통폐에서 벗어나지 못하고 있는 것도 이와 무관치 않을 것이다. 중도민족주의를 파악하는 데에는 신간회의 결성배경과 임원진 구성, 활동방향, 해산과정에 대한 이해가 반드시 필요하다.

원래 신간회의 출범은 많은 혁명가들에게 강력한 독립투쟁을 벌여나갈 수 있으리라는 믿음을 주기에 충분했다. 김성숙 역시 그런 희망을 품고 있었다. 일제 강점기의 최대 민족운동단체였던 신간회는 1927년 2월 15일 오후 7시 종로 YMCA 대강당에서 밀려드는 회원과 방청인들로 둘러싸여 성황리에 발족했다. 국내외의 모든 한인 혁명가들은 이념적인 갈등을 극복하고 민족의 앞날을 개척하기 위해 좌우가 합작해 일제에 맞서고자 하는 신간회의 이념에 전폭적인 지지를 보냈다. 신간회는 '민족유일당 민족협동전선'이라는 표어 아래 민족주의 진영과 사회주의 진영이 손잡고 창립한 단체였다.

당시 이상재(李商在)와 안재홍(安在鴻), 백관수(白寬洙), 신채호(申采浩), 신석우(申錫雨), 이석훈(李錫薰), 조만식(曺晩植), 한용운(韓

龍雲), 김준연(金俊淵), 허헌(許憲), 홍명희(洪命熹) 등이 신간회의 발기인으로 참여했다. 이들은 조선 민족의 정치경제적 각성을 촉진하고 단결을 공고히 하고 기회주의를 부인하는 것을 강령으로 내걸었다. 조선일보 사장으로 있던 이상재가 초대 회장에 선출되고 주필과 부사장으로 있던 안재홍과 신석우 등이 참여해 신간회의 간부와 발기인 51명 중《조선일보》출신이 모두 12명이나 되었다. 이로 인해 조선일보는 신간회의 기관지로 여겨졌다.

당시 신간회 결성을 실질적으로 주도한 사람은《조선일보》의 사실상의 사주인 부사장 신석우였다. 김성숙보다 4세가 많은 그는 호가 우창(于蒼)으로 일찍이 중국 상하이로 망명하여 여운형과 손잡고 고려교민친목회를 조직해 등사(謄寫)로 만든 신문인『아등(我等)의 소리』를 발간한 바 있다. 그는 임시정부 교통총장직을 맡던 중 1924년 일제의 훼방으로 경영난에 빠진 조선일보사를 인수하여 이상재를 사장에 추대한 뒤 민족지로 성장시키는 데 큰 공을 세웠다. 해방 후에는 주(駐)자유중국 대사를 지내기도 하였다.

신석우가《조선일보》를 떠나게 된 것은 1928년 5월 9일부터 장기간 정간을 당해 경영난에 봉착한 데 따른 것이었다. 당시 총독부는《조선일보》간부들의 신간회 간부직 사임을 무기정간 해제의 조건으로 내걸었다.《조선일보》는 경영난 때문에 총독부와 타협하지 않을 수 없었다. 이때 만주동포 의연금 유용사건으로 사장과 영업국장이 구속되자 편집국장이 신문경영을 떠맡게 되었다. 신문용지를 공급하던 화신의 박흥식(朴興植)은 현찰을 주어야만 종이를 내주었다.

이 와중에 전에 영업국장을 맡았던 인물이 총독부에 가까운 고리대금업자 임경래에게《조선일보》의 판권을 맡기고 2만 원을 빌렸다. 사원들이 임경래의 사옥출입을 봉쇄하자 밀려난 임경래는 지금의 명동에《조선일보》 간판을 내걸고 따로 신문을 발행했다. 이로 인해 일시 두 개의《조선일보》가 나오게 되었다. 이때 광산으로 돈을 번 방응모(方應模)가《조선일보》를 인수해 현재에 이르게 된 것이다.

당시 신간회는 한때 전국 140여 곳에 지회가 설립되고 회원수가 4만 명에 달할 정도로 활발히 움직였다. 그러나 일제의 탄압으로 1929년에 관련자 수십 명이 연행·구속되는 사태를 맞아 이내 세가 약화되다가 마침내 1931년에 해체되고 말았다.

신간회가 출범할 당시 중국에서는 소위 '중국혁명의 아버지'로 불리는 쑨원이 밝힌 '삼민주의(三民主義)'가 크게 유행하고 있었다. 원래 '삼민주의'는 쑨원이 1905년 당시 도쿄에 있었던 중국 혁명단체인 '퉁멍후이(同盟會)'의 기관지『민빠오(民報)』에 처음 발표한 데서 세상에 그 모습을 드러냈다. '구국주의(救國主義)'로 불린 삼민주의는 민족(民族), 민권(民權), 민생(民生)의 이념으로 구성되어 있었다.

1924년 제1차 국공합작으로 중국국민당이 개편되면서 삼민주의는 통일전선의 강령으로 채택되었다. 삼민주의는 지금도 대만의 국민당 정치 강령으로 되어 있다. 중국 공산당 역시 마오쩌둥의 신민주주의가 삼민주의를 계승해 발전시킨 것이라고 주장하고 있다. 이와 관련해 김성숙은 이정식과의 면담에서 당시를 이같이 회상했다.

"한국독립당이 창당될 때는 벌써 그 지도자들이 중국혁명의 영향을 받아 사상적으로 윤곽이 생겼소. 특히 쑨원의 삼민주의 영향을 받아 안창호가 삼균주의(三均主義)를 들고 나왔소. 안창호가 삼균주의를 한국독립당의 기본사상으로 만들자 훗날 조소앙(趙素昂)이 이를 말하고 나왔소."

김성숙은 안창호가 삼균주의를 처음으로 제창했고 조소앙이 이를 발전시켰다고 회고한 것이다. 이는 지금까지 학계에서 조소앙이 처음으로 삼균주의를 제창한 것으로 알려진 사실과 약간 다른 내용이다. 이광수의 『도산 안창호』 등 관련 서적에는 조소앙이 안창호의 영향을 말한 대목은 나오지 않고 있다.

그렇다면 안창호가 삼균주의를 처음으로 제창했다는 김성숙의 회상이 잘못된 것일까. 안창호도 비록 '삼균주의'라는 용어를 구사하지는 않았으나 그와 유사한 내용의 말을 자주한 것은 사실이다. 김성숙은 바로 이 점에 착안해 안창호가 삼균주의를 정립했다고 본 것이다. 그러나 삼균주의는 조소앙의 독창적인 사상이라고 보는 것이 보다 타당할 것이다.

본명이 조용은(趙鏞殷)인 조소앙은 성균관을 거쳐 황실유학생의 자격으로 도쿄부립(東京府立) 제1중학과 메이지대 법학부를 졸업한 뒤 중국과 미국에서 망명생활을 하며 독립운동을 전개한 인물이다. 그는 1918년에 중국 지린성(吉林省)에서 이시영 및 김좌진 등과 함께 「대한독립선언서」를 기초해 발표했다. 이를 흔히 '무오(戊午)독립선언서'라고 한다. 그는 이듬해에 3 · 1운동이 일어나고 상해임정이 세워지자 처음부터 참여해 임정의 헌정 기초를 잡는 데 주도적인 역할을 수행했다.

그렇다면 조선 내에서 신간회가 결성돼 활발히 움직이고 있을 당시 김성숙은 어떻게 지내고 있었던 것일까. 그는 자신의 본업이라고 할 수 있는 언론활동 이외에도 활발한 저술작업을 병행하고 있었다. 김산은 『아리랑』에서 당시의 김성숙을 이같이 회상했다.

"1928년부터 1930년까지 김충창은 언론출판 일에 종사하며 파시즘에 관한 책을 여러 권 번역했다. 그는 식민지의 학생문제와 그밖의 여러 가지 주제에 관한 논문을 묶은 훌륭한 책을 냈다. 또한 여러 가지 필명을 사용해 도합 20권의 책을 출판했다. 그는 조선혁명의 중요한 이론적 지도자였다. 그는 비밀이 요구되는 일은 결코 좋아하지 않았고 공개적인 활동을 즐겨 했다. 그것이 그의 특성이었던 것이다. 그렇기 때문에 그는 백색테러의 기간에 지하활동을 하고 싶어하지 않았던 것이다."

공개적인 활동을 좋아하는 김성숙의 성격이 잘 드러난 대목이 아닐 수 없다. 『아리랑』에 따르면 1920년대 말 당시 김성숙은 매우 활발한 언론출판 활동을 전개한 셈이다. 그렇다면 당시 김성숙이 펴낸 관련 서적의 수준은 어느 정도였을까. 이를 두고 김학준은 『혁명가들의 항일회상』에서 이같이 추정했다.

"김성숙의 이론 수준은 꽤 높았던 듯하다. 이론가로서의 소양은 중산대학 정치학과에서 공부하면서 이미 쌓였고, 실제의 정치투쟁을 통해, 꾸준한 독서와 집필생활을 통해 두터워졌을 것이다. 여기에 더해 많은 지식인들 및 혁명가들과의 교우가 그의 이론적 깊이에 많은 도움을 주었을 것이다."

김학준의 이러한 추정이 사실에 부합할 것이다. 당시는 물론 지금의 기준에서 볼지라도 사회주의 계열에서 김성숙과 같이 이론과 실제를 겸한 폭넓은 지식과 경험을 갖춘 인물은 거의 전무했다. 현재로서는 당시 그가 펴낸 논문과 책들을 찾아볼 길이 없어 추정만 할 뿐이다.

당시 김산은 김성숙과 달리 류링과의 동거생활이 원만치 못했다. 이는 김산과 류링 모두 자신의 주견이 너무 뚜렷한 데 따른 것이었다. 류링은 김산 못지않게 남에게 지기를 싫어하고 성정이 매우 강직했다. 『아리랑』에는 나와 있지 않지만 김산은 1929년 가을에 뜻밖의 일로 인해 장지락이라는 그의 본명이 조선에 널리 알려지는 사태에 직면케 되었다. 당시 조선의 신문에 그의 이름은 소위 '북평살인사건'이라는 제명 하에 크게 보도되었다. 사건의 발단은 《조선일보》 기자 이관용(李

灌鎔)이 베이징에서 일본 영사관원으로 있는 기토 고쿠기(木藤克己)를 접촉했다고 비난을 받은 데서 시작되었다.

이관용은 일본의 아오야마(青山) 학원과 영국 옥스퍼드 대학, 스위스 취리히 대학에서 정치학을 공부한 인물이었다. 3·1운동 때 유럽에 파견된 조선대표의 한 사람으로 활약한 뒤 귀국해 연희전문학교 교수를 하는 한편《동아일보》와《조선일보》의 기자로도 활약하고 신간회에도 관여했다. 그는 광주학생운동에 관한 '민중대회사건'으로 투옥된 뒤 출옥해《조선일보》편집고문을 지내던 중 해수욕 사고로 숨졌다.

1929년 가을에 그는 기토를 접촉했다. 이를 놓고 국내 여론이 비등했다. 이때 장지락 등 4명의 조선인이 반대파에게 총살되었다는 내용이《조선일보》를 비롯한 국내 신문에 대대적으로 보도되었다. 이는 말할 것도 없이 오보였다. 그러나 당시 국내 일간지가 매일 이를 대대적으로 보도하자 서울의 신간회가 '북평사건조사회'를 만들 정도로 국내 여론이 뜨겁게 달궈졌다.

얼마 후 김산이 조선일보사를 통해 신간회의 '북평사건조사회'에 편지를 보냄으로써 한동안 세상을 떠들썩하게 만든 '북평살인사건'은 근거 없는 허위사실로 판명되었다. 당시 김산의 편지는《동아일보》와《중외일보》에도 소개되었다. 그렇다면 무슨 이유로 허위사실에 불과한 '북평살인사건'이 이토록 커다란 파문을 일으켰던 것일까.

이와 관련해 재일동포 작가 이회성은 당시 베이징의 조선인 사이에 복잡한 대립이 있었던 것으로 추정했다. 님 웨일즈는『아리랑』에 싣지 못한 김산의 구술내용을 토대로 펴낸『조선과 김산에 관한 각서(覺書 : 이하 각서)』에서 당시 베이징에 있었던 조선인 공산주의자가 민족주의자를 처벌하기 위한 '조선인 법정'을 설치했다고 밝힌 바 있다.『각서』는 원래 님 웨일즈가 수제(手製)로 편집한 것으로 지난 1984년에 일본어에서 번역되었다. 2년 뒤인 1986년에 학민사가 『아리랑 2』로 번역 · 출간한 바 있다.

1928년 10월에 임시정부 외교총장을 지낸 박용만이 '일제의 밀정' 혐의를 받고 저격당한 사건이 베이징에서 일어났다. 이는 『각서』에 나오는 김산의 주장을 뒷받침하는 것이기도 하다. 이회성은 당시 베이징의 한인 혁명가들 사이에 사상적 대립이 있었던 까닭에 김산이 여기에 휘말려 든 것으로 추정했다.

사실 『아리랑』에도 김산 자신이 민족주의자들의 집회에 나가 연설했다가 이내 '머리가 깨져 죽을 뻔했다' 고 회상한 대목이 나오고 있다. 이로 미뤄 당시 중국공산당의 지하활동에 종사하고 있던 김산은 이 사건으로 일본 당국에 자신의 존재가 알려져 적잖이 어려움을 겪었을 것으로 짐작된다.

당시 김산의 베이징 생활은 매우 분주했다. 그는 소설이나 시를 쓰기도 하고 김성숙과 같이 사회주의 및 공산주의와 관련된 일본어책을 중국어로 번역해 출간하기도 했다. 김산이 쓴 『기묘한 무기』는 1930년 4월에 베이징에서 나온 잡지 『신동방』의 제1권에 게재되었다. 김산이 쓴 시 중 현재 남아 있는 것으로는 '동지여, 싸우자' 는 중국어 시 한 수뿐이다.

살아 있는 한은
혁명의 길을 걸어
이 세상의 적을 쓰러뜨리기 위해 총칼을 손에 들고
빛나는 내일의 세계를 위해
자, 붉은 홍기를 높이 들고 힘차게 춤추는 것이다

당시 김산은 시와 소설을 쓰는 것 외에 여러 권의 번역서를 냈다. 그 중 하나가 장북성이라는 필명으로 펴낸 사노 마나부(佐野學)의 『포이에르바흐 · 마르크스 · 레닌의 인생관』이었다. 김산의 중국어 번역본은 1932년 8월에 출간되었다. 김산은 이밖에도 몇 권의 책을 더 번역해 출간했다. 1932년 8-10월 사이에 『마르크스의 기초이론』, 레닌의 『종교론』, 포이에르바흐의 『종교의 본질』 등 모두 4권의 책이 나왔다. 김산은 베이징에 간 직후부터 저술과 번역에 몰두한 듯하다. 대략 그는 2년 가까이 베이징의 중국공산당 서기로 근무하면서 성공적인 지하활동의 임무를 수행한 셈이다.

그러나 그는 1930년 11월 20일에 베이징의 시청(西城) 구역에서 중국공안에게 체포되고 말았다. 광저우 코뮨 기념일을 추도하기 위해 한 꿍유(公寓 : 하숙 아파트)에서 열리는 비밀집회에 참석하다가 이미 정보를 입수하고 잠복중인 사복경찰에 의해 격투 끝에 붙잡히고 만 것이다. 이후 김산은 베이징 주재 일본 대사관에 인계된 뒤 안둥에 있는 일본 경찰서로 이송되었다. 지독한 물고문 등에도 입을 굳게 다문 김산은 곧 3년 동안 중국으로 돌아가서는 안 된다는 조건 하에 무죄판결을 받고 출소했다. 김산은 이때의 물고문으로 인해 폐가 망가져 건강을 잃고 말았다.

김산은 평양 근처에 있는 고향으로 돌아가 2달 동안 요양한 뒤 1931년 6월에 베이징으로 돌아갔다. 그러나 류링은 이미 김산이 몇 년 동안 옥살이를 할 것으로 생각해 칭따오(青島)로 일하러 가고 없었다. 당시 중국공산당원들은 김산이 너무 빨리 석방된 것을 이상하게 생각했다. 결국 김산은 이들의 의심을 해소하고 당원으로 복귀하기는 했으나 이후 좌경 모험주의자로 매도되고 있는 '리리산(李立三) 노선'의 추종자로 몰렸다. 이에 중국공산당은 김산에게 건강을 회복하고 잠시

대기할 것을 명했다. 김산은 베이징대학 근처에 있는 냥냥묘(娘娘廟)의 도서관으로 가 공부도 하며 자신의 노선을 철저히 생각해 보았다.

리리산 노선은 국민당 장악 지역에서의 무장봉기와 홍군에 의한 대도시 점령을 추구한 노선이다. 리리산은 자신의 계책이 잇달아 실패하자 이내 재훈련을 받으러 모스크바로 갔다. 당시 김산은 오직 현지의 전술에 대해서만 골몰했기 때문에 중국공산당 지도부에서 명령이 오는 대로 이를 수용하기에 급급했다. 리리산 노선과 같은 이론문제로 골머리를 앓아본 적이 전혀 없었던 것이다. 그럼에도 불구하고 일제의 첩자라는 의심과 '리리산주의자'라는 비난을 받게 되자 자신의 신념에 대해 철저히 고민하기 시작한 것이다.

결국 김산은 국민당군이 점령하고 있는 백구(白區)에서는 봉기가 일어나도 섬멸되는 결과만 초래하므로 슬로건을 활용하고, 적구(赤區)에서는 소비에트를 만들기 위한 투쟁을 견지해 나가야 한다는 의견을 제시했다. 그러나 중국공산당 지도부는 그의 이런 제안을 거부했다. 내전을 하는 동안은 민주주의가 불가능하다는 것이 그들의 입장이었다.

당시 김산이 제시한 방안은 훗날 '인민전선(人民戰線)'으로 불린 전술과 유사한 것이었다. 그것은 적구에서의 소비에트 운동을 지원함으로써 잠재진영으로 존재하는 모든 전략적 맹우(盟友)들을 동원코자 하는 것이었다. 실제로 이는 1935년에 실시되었다. 그의 선각자적인 혜안이 여실히 드러나는 대목이 아닐 수 없다. 그렇다면 김산이 '리리산주의자'로 몰려 큰 곤경을 당하고 있을 당시 김성숙은 어떻게 지내고 있었던 것일까. 『약력』은 당시 김성숙의 행보를 이같이 기록해 놓았다.

"서기 1931년에 중국의 반제국주의 동맹의 간부로서 기관지 『봉화(烽火)』와 『반일민족(反日民族)』의 편집위원으로 활약했고, 특히 당시 채정해(蔡廷楷) 장군이 지휘한 19로군(路軍)의 항일전쟁에 적극 가담했다. 서기 1932년에 이 항일전쟁이 실패한 뒤 왜적의 공세가 상하이를 제압하게 되어 부득이 광서성(廣西省)으로 가서 백숭도(白崇禱) 장군의 추천으로 성립사범대학에서 1년간 교수생활을 했다."

당시 차이팅카이(蔡廷鍇)와 바이충시(白崇禧)는 모두 장제스의 신망을 받고 있었다. 특히 차이탕카이는 1933년 11월에 장제스의 대일유화정책에 불만을 품고 자신이 지휘하는 국민당 제19로군을 중심으로 국민당 내 일부 반장제스 세력 및 제3당 세력과 연합해 '푸젠(福建)인민혁명정부'를 수립한 인물이다. 그는 이내 공산당과의 연합전선을 청했으나 공산당 지도부는 이를 회색정권으로 비난하며 그의 제안을 거부했다. 이는 결국 장제스에게 신속히 복건인민혁명정부를 진압하고 총력을 기울여 중국공산당의 거점지역에 대한 제5차 포위공격을 가할 수 있는 절호의 기회를 제공했다. 당시 중국공산당 지도부는 유연한 모습을 보이지 못함으로써 스스로 화를 자초했던 셈이다.

훗날 김성숙은 이정식과의 면담에서 차이팅카이의 19로군의 항일전쟁에 가담한 일에 관해 아무런 언급도 하지 않았다. 이는 이정식이 김성숙의 당시 활약에 관해 아무런 질문도 하지 않고 지나친 데 따른 것으로 크게 아쉬운 대목이 아닐 수 없다. 대략 김성숙은 일본군이 만주사변을 일으킨 뒤 상하이로 진격할 당시 19로군과 밀접한 관련을 맺고 항일문필활동을 전개한 것으로 짐작된다.

『아리랑』에는 김성숙이 광시성의 성립사범대학에서 교수로 지낼 때의 얘기가 간략히 소개되어 있다. 김산은 이 시절을 김성숙에게는 예외적으로 매우 행복했던 세월로 묘사해 놓았다. 그러나 당시 김성숙이 뒤췬셰와의 행복한 결혼생활로 인해 독립혁명의 소임을 잊어버린 것은 아니었다. 김산은 김성숙의 결혼생활을 매우 부러운 표정으로 바라보았다. 이는 『아리랑』에 나오는 김산의 다음과 같은 술회를 통해 쉽게 알 수 있다.

"장충창에게는 이제 3명의 자식이 있었다. 그는 소음과 행복이 가득찬 집에서 아주 열심히 일하고 있었다."

이 기록을 토대로 보면 당시 김성숙은 중국공산당과의 관계개선 문제로 크게 고민하고 있던 김산과 달리 제법 평온한 생활을 한 것으로 짐작된다. 당시 김산은 커다란 곤경에 처해 있었다. 그가 자신의 이념 문제로 갈등을 겪는 사이 베이징의 중국공산당 조직이 붕괴되는 바람에 당과의 모든 연락이 끊어지고 말았다. 더구나 하이루펑 소비에트 탈출 당시에 얻은 병으로 인해 건강이 크게 악화되었다. 그는 자신이 다녔던 북경협화의학원의 자선진료소를 찾아갔다가 폐결핵에 걸렸다는 충격적인 통보를 받았다. 한때 자살도 생각한 김산은 한동안 사이가 나빴던 한위건(韓偉健)이 보낸 20원으로 하숙집에서 요양하며 지냈다. 이때 그는 자오야핑(趙婭平)이라는 중국 아가씨를 만나 사귀게 되었다.

그가 자오야핑을 만나게 된 것은 1932년 초에 빠오띵푸(保定府)에 있는 제2사범학교에서 초청강연을 한데서 비롯되었다. 이 학교는 중국공산당의 창립자 중 한 사람인 리따자오(李大釗)가 설립한 곳으로 그 명성이 높았다. 이해 5월에 그는 학생단체로부터 강의초청을 받고 강의를 하던 중 이를 수상히 여긴 중국경찰이 일본 경찰을 데리고 와 체포하려는 바람에 위기에 처하기도 했다. 간신히 학교 측의 도움으로 위기를 벗어난 뒤 그는 학생들의 도움으로 인근 까오양(高陽)소학교에 새로운 직장을 잡게 되었다. 자오야핑은 바로 이들 학생들 중 한 사람이었다.

당시 까오양에는 농촌교사 교육을 하는 학급이 하나 있었다. 학생들은 주로 나이 16–27세 사이의 농촌청년들이었다. 김산은 그들에게 역사학과 정치학, 철학 등을 가르쳤다. 이해 8월에 중국공산당 화베이성(華北省) 위원회에서 김산에게 사람을 보내 즉시 무장봉기를 위한 조직에 나설 것을 주문했다. 이에 놀란 김산은 곧바로 학교에 사표를 낸 뒤 베이징의 화베이성위원회로 가 무장봉기의 무모성을 역설했다. 그러나 화베이성위원회는 이를 받아들이지 않았다.

결국 김산은 마지못해 무장봉기를 위한 조직에 나서기 위해 까오양으로 돌아왔다. 그러나 무장봉기를 주도한 민단(民團) 병사들이 마을을 점령한 지 얼마 안 돼 장슈에량 군사들이 마을을 포위했다. 무장봉기를 주도한 민단 병사 30명이 사살되고 계엄령이 실시되자 모든 것이 끝나버렸다. 김산은 자신이 손수 훈련시켰던 농민청년들의 헛된 죽음을 지켜보면서 마음에 커다란 상처를 입었다.

당시 화베이성위원회는 주변의 철도노동자들이 파업을 일으켜 까오양의 구원에 나설 것을 기대했으나 파업은 전혀 일어나지 않았다. 노동자들은 개혁의 슬로건은 갈망하고 있었으나 무장봉기에는 참여할 생각이 없었던 것이다. 까오양 사태 이후 화베이성위원에서 비슷한 무장봉기를 관할지역 내에서 다발적으로 시도했으나 모두 실패하고 말았다. 이로 인해 허베이성(河北省) 남부에 있는 처난(冊南)지역을 제외하고는 전혀 대중운동을 전개할 수 없게 되었다. 처난의 홍군 유격대 또한 1935년에 들어와 쑹저유엔(宋哲元)이 이끄는 국민당군에 의해 궤멸되고 말았다.

김산은 1932년 말에 베이징으로 돌아와 무장봉기를 단호히 반대하는 자신의 입장을 분명히 밝혔다. 그러나 이로 인해 그들은 오히려 김산을 '우파(右派)'로 단정해 버렸다. 화가 난 김산은 중국공산당과의 관계를 완전히 끊을 생각마저 했다. 이는 김산이 김성숙의 충고를 거부하고 중국혁명을 통해 조선혁명을 이룰 수 있다고 고집한 데 따른 후과

이기도 했다. 같은 항일반제투쟁을 벌이면서도 민족의 문제는 이토록 중대한 갈등을 낳는 요인으로 작용하고 있었던 것이다.

당시 김산은 자신의 생각에 동조하는 동지 25명과 함께 연서(連署)로 자신의 생각을 담은 의견서를 당에 제출했다. 그러자 화베이성위원회는 이들을 모두 '우파'로 몰아가면서 심지어는 '트로츠키주의자' 내지 '장제스 추종자'로 매도했다. 김산은 화베이성위원회의 이런 경직된 모습에 크게 실망했다. 이로 인해 그는 1935년 5월 이후에는 중국공산당의 당적을 회복하는 절차를 밟지 않았다. 『각서』에 따르면 당시 화베이성위원회가 김산에게 당적 회복의 의지를 타진했으나 김산은 이같이 단호히 말했다.

"나는 당적회복을 바라지 않는다. 조선인 쪽에서 일하고 싶다."

이는 그가 조선혁명을 우선시한 김성숙의 노선으로 복귀했음을 뜻하는 것이다. 그러나 1986년에 나온 『조선족혁명열사전』의 김산 관련 서문은 단순히 '당내에서 온갖 박해와 오해를 받아 조직관계까지 회복할 수 없었다'고 기록해 놓았다. 이는 주객이 전도된 표현이 아닐 수 없다. 당시 김산은 중국공산당의 당적을 회복할 생각을 전혀 갖고 있지 않았다. 이는 그가 김성숙과 미리 연락해 상하이에서 협의한 뒤 무정부주의자 및 우파 민족주의자 일부를 포함하는 '조선민족해방동맹'을 발족시킨 사실을 통해 확연히 알 수 있다. 『아리랑』에는 김산이 중국공산당을 탈당케 된 배경이 제대로 기술돼 있지 않아 오히려 김산이 공산당적의 회복을 원한 것이 아닌가 하는 오해를 낳을 소지가 크다.

당시 김산이 중국공산당 지도부가 있는 옌안(延安)으로 간 것은 전혀 다른 이유였다고 보아야 한다. 김산은 이미 상하이에서 발족한 '조선민족해방동맹'의 중앙위원으로 선출되었다. 이 동맹의 행동강령은 항일투쟁을 위한 '조선혁명의 부르주아 민주주의 단계를 실현한다' 고 되어 있다. 김산은 이 동맹을 기반으로 하여 중국내 한인 혁명가들을 총결집시키는 소위 '조선민족연합전선' 을 구축코자 했다. 이는 말할 것도 없이 김성숙의 평소 지론이기도 했다.

그러나 당시의 상황에 비춰볼 때 이에 관한 지지를 끌어내기 위해서는 옌안에 있는 중국공산당의 승인이 절대 필요했다. 아무리 자신들이 결정했어도 이런 일은 옌안의 승인이 없으면 세상에 널리 알려질 길이 없었기 때문이다. 이는 사실 약소민족의 혁명가들이 겪어야만 했던 독립운동의 현주소이기도 했다. 당시에는 싫든 좋든 코민테른의 '일국일당의 원칙' 을 좇지 않을 수 없었던 것이다. 중국공산당 역시 상대적인 자율을 확보키는 했으나 결코 코민테른으로부터 완전히 자유로울 수는 없었다.

『각서』에 따르면 당시 김산이 코민테른에 대해 매우 비판적인 입장을 취한 것이 거의 확실하다. 그는 코민테른이 1924년 6월의 5차 대회까지는 바른 노선을 걸어왔으나 그 이후는 옳지 않다는 생각을 하고 있었다. 1928년 7월의 6차 대회 이후의 노선에 대해서는 일부만 찬성하는 입장이었다. 동방의 식민지 혁명가들의 민족혁명 노선을 시종 지지해온 레닌은 1924년 1월 21일에 죽었다. 이는 계급투쟁을 앞세우는 소련정부 및 코민테른의 잘못된 노선변경으로 연결되었다. 여기에는 스탈린과 트로츠키 사이의 대립이 크게 작용했다.

두 사람의 대립은 이론상 '일국사회주의 혁명' 대 '영속혁명' 의 대립이었다. 김산은 『각서』에서 중국혁명을 둘러싼 두 사람의 이견을 분석하면서 자신은 1927년 12월의 광저우 코뮨을 혁명진영의 패배로 간주하는 트로츠키의 부정적 견해에 반대하는 입장을 표명했다. 그 점에서 그는 오히려 광저우 봉기를 '영웅적 후퇴' 로 간주하는 스탈린의 평가를 따르고 있는 것처럼 보인다. 그러나 김산이 스탈린주의자는 아니었다.

『각서』에는 김산이 코민테른 제6차 대회 이후의 운동노선에 대해 어떤 점을 찬성하고 반대했는지가 분명히 나타나지 않고 있다. 코민테른 6차 대회에서는 스탈린의 뜻을 살린 부하린의 전략전술이 채택되었다. 이를 계기로 스탈린에게 권력이 더욱 집중되었다. 이때 나온 코민테른의 강령은 '사회주의 달성'을 강조하면서도 사회민주주의를 파시즘의 쌍생아로 간주하는 소위 '사회파시즘'을 주장하는 등 모순되는 내용이 매우 많았다. 이에 대해 김산은 '지금은 모든 것을 스탈린이 결정한다'고만 기술해 놓았다. 이는 스탈린에 대한 완곡한 비판으로 이해된다.

광저우 코뮨 당시 김산은 25세에 불과했다. 더구나 그는 스탈린과 트로츠키의 치열한 노선투쟁을 거의 알 길이 없었다. 복잡한 상황 속에서 그가 얼마만큼 혁명에 대해 정확한 이론무장을 하고 있었는지는 의문이다. 그의 비참한 죽음은 사실 조선혁명을 우선시하는 김성숙의 노선을 좇지 않은 데 따른 후과로 볼 수 있다.

당시 중국에서는 1932년이 되면서 고도로 훈련된 국민당정권의 '비밀경찰'이 본격적으로 활약하기 시작했다. 이들은 유럽의 파시즘에서 많은 방법을 차용했다. 그들은 투항한 자들에게 자유를 주어 공산당원의 사기를 저하시키는 방법을 구사했다. 당시 장제스의 특별경호원인 제3헌병대는 모두 '란이서(藍衣社)'로 불리는 정치사찰단으로 구성돼 있었다. 여기에 소속돼 있는 좌익전향자들이 활발한 정탐활동을 전개했다. 당시 이들은 중국 내 최고의 사찰단으로 손꼽히고 있었다.

본래 '란이서'는 반공과 항일을 기치로 내걸고 장제스 정권을 유지·강화하는 데 기본목표를 둔 국민당의 비밀결사조직을 말한다. 그 명칭은 국민당의 예복인 남의(藍衣)에서 유래한 것으로 '질실(質實)'을 뜻한다. 이 조직은 1931년에 황푸군관학교 출신의 우파들이 국공합작에 반대하여 황푸군관학교에서 결성한 '쑨원주의학회(孫文主義學會)'가 모태로 '삼민주의(三民主義)'를 표방했다.

이들은 공산당의 세포조직 전술과 파시스트의 철혈정신 등을 원칙으로 삼았다. 장제스가 사장(社長)으로 있었고, 그 밑에 총사(總社)와 각 성에 설치된 분사(分社), 각 현과 시에 설치된 구분사(區分社), 각 향과 진에 설친된 소조(小組) 등이 피라미드식으로 조직되었다. 이들은 간부 이외에는 횡적인 연락을 금함으로써 철저한 보안을 유지했다. 당시 이들은 요인에 대한 체포와 암살 등을 자행한 까닭에 공포와 혐오의 대상이 되었다. 최고위직 간부로 활약한 따이리(戴笠)와 후중난(胡宗南), 탕언보(湯恩伯), 류젠췬(劉健群) 등이 악명을 떨쳤다. 이들은 중일전쟁이 발발한 뒤 '삼민주의청년단'에 편입되었다.

당시 이들은 장제스의 조카라고 하는 장샤오셴(蔣孝先)에 의해 통솔되어 주로 혁명운동을 하는 학생들을 체포했다. 그러던 중 이들이 베이징 소재 학생들에 의해 궤멸되는 일이 빚어졌다. 당시 일본군의 만주침공으로 인해 근거지를 잃고 효과적인 항일투쟁을 위한 제2차 국공합작을 갈망하고 있던 만주군벌 장슈에량은 이들에게 환영메시지를 보내기도 했다. 김산은 『각서』에서 당시의 상황을 이같이 기술해 놓았다.

"나는 장샤오셴과 그의 란이서 대부분이 죽었다는 소식을 들었을 때 베이징의 학생 모두가 기뻐했던 모습을 결코 잊지 못한다. 장샤오셴은 가학적인 잔인성과 영리한 파시스트 술책 때문에 화북에서 가장 미움을 받은 인물이었다."

장샤오셴은 당시 가장 잔인하면서도 머리가 잘 돌아가는 파시스트로 악명을 떨쳤다. 그는 새벽에 자동차 정거장에서 잡혔다. 제1사단의 병참 장교가 누구냐고 물었다. 그의 신분이 밝혀지자마자 그는 즉시 총살당했다. 국민당 지도자들은 공공연히 히틀러와 무솔리니를 찬양하며 그들을 추종하라고 부추겼다. 1933-1934년 사이에 국민당군은 홍군에 대한 제5차 토벌에 나섰다.

당시 장제스는 무려 1백만 명을 동원해 중국공산당이 머물고 있는 장시성(江西省) 소비에트 지구를 철저히 봉쇄했다. 홍군은 살아남기 위해 고난어린 '장정(長征)'에 나서지 않을 수 없었다. 이 틈을 노려 일본군이 상하이를 침공해 들어오자 국민당 정부는 경악했다. 차이팅카이(蔡廷鍇) 장군을 비롯한 장제스 정부의 몇몇 장군들이 결사항전의 자세로 맞섰으나 부득이 후퇴할 수밖에 없었다.

일본군은 순식간에 상하이를 점령했다. 이런 상황에서 임정의 지도 아래 윤봉길 의사가 상하이의 일본군 수뇌들과 외교관들을 폭사시키는 쾌거를 이뤘다. 이를 계기로 장제스의 국민당 정부는 김구가 이끄는 상해임정을 적극 지원하게 되었다. 김성숙은 이정식과의 면담에 당시 자신이 편 주장을 이같이 술회했다.

"이제는 의열단이 지난날처럼 암살과 파괴에만 치중해서는 안 되고 정치단체로 탈바꿈해 독립투쟁을 이끌 간부를 훈련하자."

당시 의열단 단원들은 누구나 다 폭탄을 들고 국내로 들어가기를 바랐으나 자금이 떨어져 폭탄을 마련할 수가 없었다. 그뿐 아니라 재원이 고갈되어 전부 굶어죽을 지경이 되었다. 당시 김성숙이 장기적인 투쟁노선을 제시한 것은 바로 이 때문이었다. 그러나 테러리스트로 명망이 높은 유자명이 김성숙의 이런 주장에 맹렬히 반대하고 나섰다. 결국 총회가 열리게 되자 총회 직전에 유자명이 김성숙에게 이같이 선언했다.

"나는 이제부터 의열단을 탈퇴한다. 그러나 같은 항일의 입장인 만큼 우리가 분열되었다는 기록은 남기고 싶지 않다. 나는 총회에서 다투기보다는 이 자리에서 떠나고자 한다. 그러니 자네들은 총회를 열어 자네들의 노선대로 나가도록 하라."

이 총회를 계기로 의열단은 노선이 바뀌었다. 의열단을 이끌던 김원봉 스스로 황푸군관학교에 입교했다. 다른 동지들도 그의 뒤를 이어 군관학교나 일반 대학을 나왔다. 김원봉은 황푸군관학교를 졸업한 이유로 중국인 동창들로부터 많은 도움을 받았다. 한때 테러리스트로 명성이 높았던 유자명은 중국에서 출간된 자서전 『나의 회상』에서 당시의 상황을 이같이 술회했다.

"우리 의열단원들은 학습을 하면서 이제 과거와 같이 단순한 폭력운동으로는 성공하지 못할 것을 깨닫고 혁명정당을 만들고자 했다. 그래서 의열단을 혁명 정당으로 개조하는 문제를 논의했다. 우리는 여러 차례 회의를 열어 토의한 결과 의열단을 조선민족혁명당으로 바꾸기로 하고 당 강령을 채택하고 정책을 마련했다. 이 회의에는 나와 김원봉을 비롯해 오성륜과 장지락 등이 참석했다."

유자명의 회상은 김성숙과 약간의 차이가 있다. 김성숙은 이정식과의 면담에서 유자명이 의열단의 방침전환에 반대해 계속 테러리스트로 활약할 것을 주장했다고 회상했다. 의열단원을 중심으로 '민족혁명당'이 결성된 시기는 1935년이다. 당시 김성숙이 이 모임에 참석했는지 여부는 불투명하다. 유자명의 회상에는 김성숙이 참석치 않은 것으로 나오고 있어 대략 김성숙의 회상이 맞을 것으로 보인다. 김성숙은 유자명의 강경 입장으로 인해 이 모임에 나타나지 않은 것으로 짐작된다.

원래 김원봉은 황푸군관학교를 나온 뒤 상하이로 갔다. 이 무렵 요행히 일경의 체포를 피한 조선공산당의 안광천과 한위건이 상하이로 망명해 와 있었다. 한위건은 이내 중국공산당에 가입해 철부(鐵夫)라는 필명으로 글도 쓰고 공산주의 이론도 제시했다. 이로 인해 중국공산당 안에서 '철부노선'이라는 말이 나돌기도 했다. 김원봉은 1928년 상하이에서 안광천을 만나 조선공산당 재건운동을 전개하다가 이내 베이징으로 가 조선공산당 재건위원회를 세우고 레닌주의 정치학교도 개설했다. 1929년 4월부터 1931년 2월 사이에 이 학교는 19명의 학생을 훈련시켜 국내로 보내기도 했다. 그들 대부분은 서울의 공산청년동맹 준비위원회 및 강릉농민조합운동와 관련해 활동하다가 1934년에 일경에 체포되었다.

당시 국내에도 이와 유사한 일을 한 사람이 있었다. 조영규(曺泳珪)가 바로 그 사람이다. 그는 전라남도 영광군 출신으로 베이징대 정치학과를 거쳐 독학으로 의사가 된 인물로 해방 이후 한민당(韓民黨)과 민국당(民國黨), 민주당(民主黨)으로 이어지는 야당에서 4선 의원을 지냈다. 조기상(曺淇相) 전 국회의원에 따르면 그의 부친 조규상은 베이징시절 마르크시즘-레닌이즘을 배웠으나 공산주의가 좋아서는 아니고 항일투쟁의 이론적 방편으로 배웠다고 한다.

이를 통해 짐작할 수 있듯이 김원봉의 레닌주의 정치학교 역시 그저 국내의 항일청년들을 이끌기 위해 그나마 학교라는 것을 세워야 하니까 이름만 레닌주의 정치학교로 한 것으로 짐작된다. 김성숙도 이정식과의 면담에서 "레닌주의 정치학교는 반드시 공산주의 간부를 양성하겠다는 것은 아니고 항일청년을 양성하자는 취지였다"고 회상한 바 있다. 당시 레닌주의 정치학교에는 학생수가 얼마 되지 않아 그저 간부들을 모아 가르치는 강습소와 같았다. 일본 경찰의 기록에는 제2회 졸업생까지 모두 20명 가량에 불과한 것으로 되어 있다.

레닌주의 정치학교는 일종의 항일투쟁 간부들을 양성하는 사설 학원과 비슷했다. 안광천이 주동이 되어 거의 혼자 다 가르쳤다. 그는 마르크시즘과 레닌이즘의 기초이론들을 가르치기도 했다. 그러나 재정적 어려움으로 학교를 오래 유지할 수가 없었다. 이에 국민당 정부에 접근해 비밀정보기관인 란이서(藍衣社)에 선을 댔다.

당시 란이서의 책임자 장토(江瀵)는 김원봉의 황푸군관학교 동창 회장이었다. 그는 '삼민주의청년회(三民主義青年會)'를 조직해 장제스 정부를 뒷받침하고 있었다. 김원봉은 그의 도움을 받아 난징에 조선혁명군사정치간부학교(朝鮮革命軍事政治幹部學校 : 일명 조선혁명훈련반)를 세웠다. 김원봉은 1932년 5월에 난징으로 가 국민당 정부와 접촉해 두 나라의 항일동맹을 제의했다. 장제스가 이를 받아들이자 이후 김원봉은 란이서로부터 매달 3천 원 가량을 지원받게 되었다. 그는 난징 교외에 군사학교를 세운 뒤 중국군사위원회의 지도 아래 한인을 훈련시키면서 일본인들의 눈을 피하기 위해 이 학교를 '난징 중앙 군관학교 제6지대'라고 불렀다. 그가 모든 것을 지원하겠다는 조건을 내세워 국내에 있는 젊은이들까지 불러들이자 일본 당국은 이를 눈치 채고 국민당 정부에 심한 압력을 가했다.

당시 김원봉이 공산주의가 된 데에는 안광천의 영향이 컸다. 안광천은 해외 조선인들 중 마르크스-레닌주의의 첫째가는 이론가로 꼽혔다. 그는 일본에 있을 때부터 공산주의 이론을 제법 깊이 연구했다. 그러나 그는 세밀하기는 했으나 성정이 유약하고 여러 가지로 타락했다. 김성숙은 이정식과의 면담에서 안광천을 이같이 평했다.

"그는 나중에 자기 마음대로 제 마누라하고 무엇(아편을 지칭)을 했소. 나중에는 아예 중국사람이 되고 말았소. 안광천이 해방 후 귀국했는지 여부는 확실치 않으나 그의 공산당운동은 그저 그렇게 되고 말았소."

1930년대 초에 중국으로 망명한 양명과 한위건은 상하이에서 고경흠(高景欽)과 만나 공산주의 운동을 이끌면서 요원들을 국내로 잠입시켰다. 이들은 특히 1930－1933년 사이에 대구지역을 집중 공략했다. 고경흠은 1930년에 베이징에서 도쿄로 돌아와 김남천(金南天)이라는 이름을 쓰던 김효식(金孝植) 등과 출판사 '무산자사(無産者社)'를 결성하고 기관지 『무산자』를 발간했다. 『무산자』가 1930년 6월호를 끝으로 폐간되자 '무산자사'는 이후 부정기의 팸플릿 간행으로 간신히 명맥을 이어갔다. '무산자사'의 창립 동기는 합법단체를 가장해 조선공산당을 재건한다는 데 있었다. 그러나 이내 일경에 비밀이 탐지되어 1931년에 간부들이 대거 체포됨으로써 이들의 계책은 무산되고 말았다.

김원봉이 공산주의와 가까워진 것은 레닌주의 정치학교를 운영할 때였다. 그러나 원래 김원봉은 공산주의에 대해 어느 정도 지식을 갖고 있었다. 그가 다닌 황푸군관학교 자체가 공산주의를 많이 가르쳤던 것이다. 제1차 국공합작 당시 중궁공산당의 저우언라이(周恩來)가 황푸군관학교의 정치부 주임으로 있었다. 황푸군관학교의 교원 절반가량이 공산주의자였다. 김원봉도 이미 거기서 상당한 수준의 공산주의 이론을 접했다고 보는 것이 옳다. 그러나 김원봉의 공산주의 사상에 대한 신념은 그리 크지 않았다. 이는 김성숙이 이정식과의 면담에서 밝힌 다음과 같은 언급을 보면 쉽게 알 수 있다.

"대개 김원봉은 우리 정도의 민족과 국가가 앞으로 잘 되려면 이런 방법으로 이런 방향으로 나아야 하는가 보다 하는 수준에서 공산주의를 받아들였을 것이오. 김원봉은 기본적으로 민족주의자요. 그는 애국자로 항일을 늘 앞세운 투사였소. 공산주의가 좋아 거기에서부터 출발한 사람은 아니었소."

한위건이 활발한 활동을 전개할 당시 그와 갈등을 빚었던 김산은

1933년 4월 26일에 배반자 장원슝(張文雄)의 밀고로 인해 두 번째로 체포되고 말았다. 당시 그는 자오야핑(趙婭平)과 함께 하숙집에 있가가 갑자기 들이닥친 란이서 대원들에 의해 체포되고 말았다. 훗날 김산의 부인 자오야핑 여사는 그 배경을 이같이 증언했다.

"그는 당에서 의심을 받아 무고한 죄명을 쓰고 있었다. 나는 그에게 문제가 있다고 믿을 수 없었다. 그가 체포된 것은 베이징에서 리따자오(李大釗)의 위령(慰靈)을 위해 대중을 동원하는 공작을 하였을 때였다. 당시 조직에 잠입해 있던 스파이의 밀고로 많은 동지가 체포되었다. 꽤 많은 이가 배반하면서 지하조직이 파괴되었다."

리따자오에 대한 '위령'은 베이징 시내의 절에 보관되어 있던 리따자오의 유해를 베이징 교외의 묘지에 안장하기 위해 행해진 '꿍짱(公葬 : 사회장)'을 말한다. 1933년 4월 23일에 베이징의 좌익작가연맹과 좌익극작가연맹, 사회과학가연맹 등이 중심이 되어 개최된 리따자오의 '꿍짱'은 국민당 정권에 저항하는 시위운동으로 전개되었다.

좌익작가연맹은 1930년에 상하이에서 루쉰(魯迅) 등이 참가해 결성된 좌익작가들의 연합체이다. 연맹 소속 작가들은 국민당 지배 하에서 혁명문학운동을 전개했다. 이들 단체가 중심이 된 '꿍짱'이 시위운동으로 전개되자 베이징을 비롯해 상하이와 난징 등지에서 지식인에 대한 탄압이 전개되었다. 이로 인해 김산이 가담해 있던 좌익작가연맹의 중심인물 다수가 검거되었다.

당시 자오야핑의 부친은 정부의 고관으로 있었다. 그녀는 곧 석방되어 김산을 도와줄 수 있다는 것을 알았다. 김산은 란이서 대원들에 의해 경찰서로 끌려가는 동안 한국 테러리스트들이 으레 부르던 유명한 노래를 불렀다. 그 가사는 한국의 무정부주의자 임사(林舍)가 지은 것이었다.

흰 새 두 마리가 두터운 구름 속으로 날아가네
저 아래 세상이 달걀 만하게 보이네
그 자유롭던 날개가 지금은 우리 속에 갇혔구나
태양이 떠오르기를 기다리지 말지어다

김산은 일경에 인계되어 모진 고문 끝에 재판에 회부되었다. 그러나 김산에게서는 1930년에 체포된 뒤 3년 동안 중국으로 돌아가서는 안 된다는 명령을 어긴 것 이외에는 아무런 혐의도 찾을 수가 없었다. 결국 그는 전에 중국으로 돌아가서는 안 된다는 명을 받은 기간이 만료되는 1934년 1월까지 한국을 떠나지 않아야 한다는 명령과 함께 징역 1개월 및 벌금 20원의 병과처분을 받았다. 김산은 1달 동안 가족의 간호 속에 병원에서 요양해야만 했다. 그러나 그는 몸이 어느 정도 회복되자 다시 베이징으로 가 자오야핑을 완벽한 혁명가의 아내로 만들 생각으로 그녀와 결혼했다.

두 사람은 베이징의 시즈먼(西直門)에 있는 방이 네 개 달린 조그마한 집 한 채를 얻어 신접살림을 꾸미고 몇 달 동안 평범한 결혼생활을 했다. 당시 김산은 가정교사 등을 하며 중국에서 막 시작되고 있던 중국어의 로마문자 표기에 관심을 기울여 연구했다. 『각서』에는 '중국대(中國大)에서 라틴화 연구회를 조직했다'로 되어 있다. 당시 이 학교는 루쉰도 그곳에서 강연을 한 적이 있을 정도로 좌익 학생이 많은 학교였다.

김산은 1934년 겨울에 스쟈좡(石家莊)으로 가서 월급 40원을 받고 1달간 일간지 편집을 한 뒤 학교 교사로 취직했다. 그는 1935년에는 철도노동조합에서 철도노동자들의 학업을 도와주면서 '어떤 정당을 위한 선전도 일체 하지 않는다' 는 슬로건 아래 여러 개의 공개적이면서도 합법적인 정치교육반을 조직했다. 김산은 이해 5월에 이 조직을 중국공산당 화북위원회의 직접적인 지도 하에 두었다. 자오야핑도 학교 교사로 취직해 이일을 적극 도와주었다. 지난 1986년에 나온 『석가장 당사 자료』 역시 이해 12월에 베이징에서 항일을 위해 모든 진영의 단결과 민주화를 외치는 소위 '12.9학생운동' 이 일어났을 때 김산이 보여준 활동을 높이 평가한 바 있다.

그러나 당시 김산이 구축한 노동자 조직은 중국공산당으로부터 높은 평가를 받았지만 김산 자신의 당적은 회복되지 않았다. 재일동포 작가 이회성은 그 점이 바로 스쟈좡에서의 활동을 계속하는 데 장애가 되었을 것으로 추정했다. 그러나 당시 김산은 중국공산당 당적을 회복할 생각을 하지 않았다. 그는 김성숙의 영향을 받아 당적의 회복에 전혀 관심이 없었다. 그는 오히려 조선독립을 위한 조선혁명가들의 결집에 보다 큰 관심을 기울이고 있었다. 이는 『아리랑』과 『각서』에 분명히 나오고 있다. 그가 오랜만에 다시 김성숙과 만나게 된 것도 바로 이 때문이었다. 그렇다면 당시 김성숙은 무엇을 하고 있었던 것일까. 『약력』은 당시의 상황을 이같이 기록해 놓았다.

"1934년에 상하이로 다시 돌아와 지하생활을 계속하며 저술에 진력했다. 역서로는 『일본경제사론』, 『변증법론』, 『통제경제학』, 『산업합리화』, 『중국학생운동』 등이 있다. 이밖에도 신문과 잡지에 수많은 단편논문을 기고했다."

책 이름에서 보듯이 당시 김성숙은 일본 파시즘, 특히 새로이 대두되던 사회주의 경제체제 등에 커다란 관심을 기울였음을 알 수 있다. 당시 김성숙은 모두 20권에 가까운 책을 펴낸 것으로 알려져 있다. 여러 어려운 상황 때문에 그의 저술은 각기 다른 필명으로 나왔으나 현재까지 발굴된 그의 저서는 아직 하나도 없다.

당시 김산은 자오야핑을 스쟈좡에 둔 채 김성숙을 비롯한 한인 혁명가들과 접촉하기 위해 상하이로 왔다. 상하이에 도착하자마자 김산은 곧바로 김성숙을 만나러 갔다. 오랜 만에 해후한 두 사람은 그간 지나온 얘기를 나눈 뒤 앞으로의 노선 등에 관해 깊이 의논했다. 김성숙은 김산으로부터 결혼을 하여 거의 집안일에 빠져 있다는 얘기를 듣고는 곧 자오야핑에 대해 꼬치꼬치 캐묻더니 이내 머리를 흔들며 한숨을 내쉬었다.

"몇 해를 통틀어 자네와 짝이 될 만한 아가씨를 꼭 한 사람 만났네. 지금 그녀는 이곳 상하이에 와 있다네. 무엇 때문에 그렇게 빨리 타협해 버렸나. 나는 이곳에서 세기의 사랑을 맺어주었으면 했는데."

김산이 말했다.

"그녀를 만나고 싶지 않습니다. 내 조그맣고 귀여운 마누라를 참으로 사랑하고 있습니다. 예전에 가졌던 그 모든 설익은 환상들은 모두 잊어버렸습니다. 충성과 관용, 선량의 측면에서 나는 도저히 그녀를 따라갈 수 없습니다."

그리고는 그 엄청난 아가씨를 소개해 주겠다는 김성숙의 제의를 거절했다. 김성숙이 몹시 침통한 어조로 말했다.

"내게는 자식이 셋이나 있다네. 나는 가정의 행복에 빠져버린 구제될 수 없는 중년층의 전형일세. 그러나 자네는 아직 자유롭고 겨우 30세밖에 되지 않았나. 자네는 어떤 것에든 포부를 가질 수 있다네. 그런데도 자네 마음은 슬프고도 쓸쓸해. 자네에게는 어린애 같은 마누라가 필요한 것이 아니라 헌신적으로 봉사하며 자네를 어루만져 주는 반려자가 필요하다네."

그러나 김산은 상하이에 있는 많은 한인 동지와 중국인 동지들과 만나 토론에 몰두하느라 김성숙의 충고를 잊어버렸다. 하루는 김산이 몇몇 중국공산당 동지들과 비밀회의를 하다가 우연히도 김성숙이 말한 예의 그 여인과 조우하게 되었다. 김산은 『아리랑』에서 당시의 상황을 이같이 기술해 놓았다.

"나는 한 친구와 대화에 열중해 있던 중 문득 고개를 들었다. 그러자 한 줄기 빛처럼 빛나는 갈색 눈동자가 내 얼굴 위에 못 박혀 있다는 사실을 발견했다. 그것은 방 반대편에 앉아 있는 어떤 아름다운 중국 아가씨의 눈동자였다. 나는 하던 말을 갑자기 멈추고 마법에 걸린 듯이 그녀에게서 눈을 떼지 못했다. 그녀는 재미있다는 듯 내게 미소를 보내고는 딴 데로 눈을 돌려버렸다."

『아리랑』에는 그녀의 성인 '리(李)'만 나오고 있다. 당시 김산의 중국인 동료의 표현에 따르면 그녀는 지식이 풍부하고 가장 유능한 인물로 알려진 여인이었다. 김산은 곧 동료의 소개로 그녀와 대화를 나누게 되었다. 김산은 당시의 분위기를 이같이 기술해 놓았다.

"그녀는 곧 대화에 끼어들어 재기발랄한 여성답게 자연스러운 기지와 매력을 발휘했다. 나는 거의 숨도 못 쉴 지경이 되었다. 갑자기 내가 폭삭 늙어 초라하기 짝이 없고 지칠 대로 지쳐버렸다는 느낌이 들었다. 내가 아주 오랫동안 자신과 자신의 문제에 반(半) 매장되어 왔다는 사실을 그녀가 일깨워 주었다. 자신의 뛰어난 아름다움과 지성, 매력을 의식하고 있는 여성만이 가질 수 있는 그러한 몸가짐과 확신을 나는 이제까지 결코 본 적이 없었다."

김성숙이 왜 그토록 그녀를 김산에게 소개해 주고자 했는지를 짐작케 해주는 대목이 아닐 수 없다. 그날 오후 김산은 자신의 처 자오야핑에게 장문의 편지를 보냈다. 결혼이 자신의 안정과 평형을 유지하는데 얼마나 많은 기여를 했는지를 길게 쓴 뒤 언제나 자오야핑 당신을 생각하면 행복한 느낌이 든다는 말로 끝맺었다. 그러나 자오야핑은 편지 속의 행간을 읽었다. 그녀의 답장은 김산을 경악케 만들었다. 그 답장은 이러했다.

"저는 당신과 걸맞지 않는 사람이에요. 당신은 저보다 훨씬 뛰어납니다. 저는 당신이 어떤 다른 아가씨와 만날까봐 항상 두려웠어요. 이미 만났는지도 모르겠어요. 만일 당신이 다른 아가씨를 사랑하고 있다면 저 때문에 고민하지는 말아주세요. 당신에게 부합하는 수준으로 당신을 행복하게 해드리는 것이 나로서는 불가능하다는 것도 알고 있어요. 진실로 저는 당신의 행복을 염려하고 있습니다. 당신이 어디선가 행복을 찾게 된다면 저는 슬퍼하지 않을 것입니다."

김산은 자오야핑의 답장을 보고 다시는 절대 리샤오제(李小姐)를 보지 않는 동시에 어떤 희생을 치르더라도 자신의 처에게 충실할 것을 다짐했다. 그러나 김산은 공동활동을 통해 몇 차례에 걸쳐 리샤오제와 어울렸다. 얼마 안 돼 어떤 음모가 진행되고 있다는 것을 눈치 챘다. 김산이 김성숙에게 물었다.

"혹시 리샤오제를 알고 있습니까. 나를 위해 '발견했다'고 한 그 아가씨가 바로 리샤오제가 아닙니까."

김성숙이 고백했다.

"맞네, 바로 그 아가씨일세. 하지만 그녀는 내 계획을 전혀 알지 못하고 있네. 나는 단지 그녀에게 자네의 훌륭한 점만을 이따금 말해줄 뿐이라네. 나는 그녀가 이미 자네를 깊이 사랑하고 있다고 확신하고 있네. 내가 보기에 두 사람은 둘도 없는 훌륭한 짝이라네."

김산이 화난 듯이 소리쳤다.

"과연 그렇군요. 그렇다면 그녀와는 이걸로 끝입니다. 나는 즉시 내 처를 불러오겠습니다."

당시 김성숙은 말할 것도 없고 모든 한인 동지들이 자오야핑과 헤어질 것을 설득했다.

“자네는 앞으로 다시는 이런 아가씨를 찾을 수 없을 걸세. 자네는 바보야. 자네의 어린 부인은 곧 잊어버릴 걸세. 그러나 리샤오제는 절대로 잊지 못할 걸세.”

김산은 마치 자신에게 소리치듯 대꾸했다.

“이런 것은 낭만주의의 잠꼬대야. 자네들 혹시 어떻게 된 것 아냐. 자네들 이제는 좀 더 어른스러워져야지.”

이 일이 있은 지 얼마 후 자오야핑이 상하이로 내려왔다. 그녀는 곧 리샤오제를 찾아냈다. 자오야핑은 두 사람 사이에 아무런 일도 없었다는 사실을 알아내고는 크게 좋아했다. 몇 달 후 김산은 빨치산과 더불어 일본군과 싸우기 위해 김성숙의 만류를 뿌리치고 다시 만주로 떠날 계획을 세웠다.

1932년 당시 조선공산당과 만주의 한인 공산당은 상호 별개로 존재해 왔다. 이는 중국공산당이 조선문제를 제대로 이해하지 못한 데 따른 것이었다. 중국공산당은 재만 한인들을 항일반제투쟁의 수단으로만 생각했다. 사실 조선혁명은 그들의 안중에도 없었던 것이다. 조선공산당의 만주지부가 지리멸렬한 틈을 타 만주의 한인 공산당원을 중국공산당 휘하로 끌어 모은 것은 바로 이 때문이었다. 그러나 만주는 중국혁명 뿐만 아니라 조선혁명과 불가분의 관계를 맺고 있었다.

당초 중국에 거주하는 한인 사이에는 중국공산당만이 있을 뿐이었다. 조선인 공산주의자들이 세운 조직은 하나도 없었다. 1930년대에 들어와 김성숙과 김산 등을 중심으로 우파 민족주의자와 무정부주의자, 공산주의자 등의 모든 혁명가들을 항일전선에 모으는 소위 ‘민족전선’을 결성코자 하는 움직임이 나타났다. 당시 김성숙 등은 중국에 거주하고 있는 한인으로서 연락이 닿을 수 있는 모든 사람과 이 문제를 상의했다. 혁명가들은 이구동성으로 적극 찬동했다. 특히 중국의 혁명운동 속에 매몰돼 완전히 자신을 잃어버렸다며 공산주의자들을 비판해 왔던 민족주의자들은 쌍수를 들어 이를 환영했다. 이들은 이제 중국혁명만을 위해 희생할 것이 아니라 먼저 조선혁명을 이뤄야 한다는 데 의견을 모았다.

1935년에 들어와 중국 내에서 다시 국공합작의 기운이 점고(漸高)하자 한인들도 '민족전선'을 결성하기 시작했다. 그 결과로 나온 것이 바로 상하이에서 결성된 '조선민족해방동맹'이었다. 중앙위원회에는 민족주의자들과 공산주의자, 무정부주의자 등이 모두 포함되어 있었다. 이 동맹의 강령은 항일투쟁의 기초 위에서 자유공화국을 건설해 조선혁명의 부르주아 민주주의 단계를 달성하는 것을 골자로 하고 있었다. 보다 구체적으로는 일제와 국내 기득권의 타도, 민주주의적인 시민자유의 보장, 민중의 교육받을 권리의 보장, 생활조건의 개선과 가혹한 세금의 폐지, 공공사업과 독점기업의 국유화, 한국민족의 해방에 동정적인 모든 민족 및 국가와의 우호정립 등으로 이뤄져 있었다. 행동강령은 1936년 7월에 정식으로 작성되었다. 이를 기초로 이내 '조선민족연합전선'이 구축되었다.

민족혁명 지도자들은 이 강령에 대한 광범위한 지지를 확보하기 위해 각기 한국과 만주, 일본, 중국 각지로 돌아갔다. 이 강령의 제15번째 항목은 '계급과 정당, 정치신념, 종교와 관계없이 한국 독립의 원칙에 동의하는 모든 한국 사람들의 단결'을 규정하고 있다. 이로 인해 계급투쟁은 민족혁명에 종속되었다. 일제의 지배 아래 있는 모든 노동자는 무제한으로 조직될 것이 요청되었다. 광범위한 경제개혁과 여성의 평등을 포함한 폭넓은 대중운동이 적극 장려되었다. 이와 관련해 당시 중국공산당 수뇌부는 이같이 결의했다.

“우리는 더 이상 물속에 녹아 있는 소금처럼 우리 자신을 잃어서는 안 된다. 우리는 분산된 개인이 아니라 다른 진영에 가담하는 하나의 진영으로 중국에 가세해야 한다. 일제가 빠른 속도로 움직이고 있기 때문에 장래의 행동을 위해 한인의 운동을 건설하고 준비하는 방향으로 속히 우리의 역량을 결집해야 한다.”

이로써 중국의 항일반제운동과 소련과 일본 등의 반파쇼 인민전선 및 반파시스트 운동이 상호 연결된 거대한 국제적 공동전선의 구축 필요성이 제기되었다. 조선독립으로 요약되는 한인들의 민족혁명도 여기에 포함되는 것이었다. ‘조선민족해방동맹’의 결성을 계기로 조선독립이라는 뚜렷한 단일 목표가 정해지자 모든 운동은 새로운 차원으로 접어들었다. 이러한 운동의 한 가운에 바로 김성숙이 서 있었던 것이다.

1935년 여름과 겨울에 조선의 장래문제를 논의하기 위해 조선혁명 지도자들이 비밀리에 상하이로 모여들었다. 이들은 광저우 코뮨 이래의 역할을 검토하고 중국은 물론 한국과 일본, 만주의 현황을 면밀히 검토한 뒤 마침내 새로운 혁명정세가 도래했고 이에 대처할 준비를 해야 한다는 것을 결의했다. 이제는 내부투쟁으로 힘을 분산시키지 말고 힘을 하나로 합쳐 일제와의 투쟁에 지도역량을 강화해야 한다는 게 골자였다.

실제로 당시 한국과 만주에서의 운동은 1931년 9월 18일에 시작된 일제의 만주침공으로 더욱 중요해졌다. 이제는 한국의 민족혁명 지도자들에게 운동의 중심은 중국이 아니라 만주였다. 모든 혁명가들이 만주로 가기를 열망했다. 오성륜과 박씨 형제는 이미 만주로 가 있었다. 그러나 그들 중 상당수가 박씨 형제처럼 이미 고인이 되어 버렸다. 만주로 간 오성륜은 해방 후 북한의 최고 지도자가 된 김일성(金日成)의 상관이 되어 대일무장투쟁을 전개했다.

원래 김일성은 1930년대부터 등장하고 있다. 본명이 김성주(金成柱)인 김일성은 1912년 4월 15일생으로 되어 있으나 출생지는 북한의 출판물이 시기마다 다르게 기록하고 있어 추정하기가 쉽지 않다. 대략 평안남도 대동군 내의 마을인 것만은 확실한 듯하다. 그의 부친은 김형직(金亨稷)으로 김일성이 출생할 당시에는 빈농이었다. 김형직은 만주로 건너가 의학공부를 하여 린장(臨江)에서 병원을 개업한 점에 비춰 쁘띠부르주아로 성장한 것이 거의 확실하다.

소년시절의 김일성은 부친을 따라 만주로 갔다고 하나 그 시기는 출판물마다 다르게 나타나고 있다. 초기 출판물에는 14세 때 중국 동북지방으로 간 것으로 되어 있다. 김일성이 중학교를 졸업하고 공산주의 운동에 관계한 시기도 각기 다르게 나타나고 있다. 김일성이 14세 때인 1926년에 가입했다고 하는 공산청년동맹은 구체적으로 어느 단체를 의미하는지 확실치 않다. 이종석은 『인물로 보는 항일무장투쟁사』에 수록된 「압록강, 두만강을 뛰어넘어라」 논고에서 김일성이 줄곧 1928년에 해체될 때까지 조선공산당과 연관되어 있다가 이후 1931년에 중국공산당에 가입했다고 주장했다. 만일 이종석의 주장이 맞는다면 대략 김일성은 화요회에 속하는 조선공산당 만주총국 산하의 '고려공산청년회'의 일원으로 활약했던 것으로 짐작된다.

그렇다면 김일성은 조선공산당이 해체된 후 중국공산당의 어떤 조직에서 활약했던 것일까. 방인후는 『북한조선노동당 형성과 발전』에서 김일성이 1931년에 중국공산당에 가입할 당시는 한인 공산주의자들의 만주총국이 해체된 시기에 해당하는 까닭에 대략 중국공산당 만주성위원회 옌볜당부(延邊黨部)일 가능성이 크다고 보았다.

김일성이 중국의 군벌에게 체포되어 감옥에 갔다는 시기는 초기 출판물과 후기 출판물 사이에 커다란 차이가 있다. 방인후는 김일성의 투쟁경력을 과시하기 위한 조작과 밀접한 관련이 있는 것으로 보았다. 당시 간도 일대에 거주하던 한인 공산주의자 및 동조자들은 중국공산당의 지시에 의해 5 · 30폭동을 일으켰다. 그렇다면 14세 때부터 공산주의 운동을 한 것으로 미화된 김일성이 나이 18세 때 터져나온 '5 · 30폭동'에 가담하지 않았다는 것은 앞뒤가 모순된다. 방인후는 북한이 이를 합리화하기 위해 후기 출판물에서는 당시 김일성이 중국군벌의 감옥에 갇혀 있었던 것으로 조작한 혐의가 짙다고 분석했다. 대략 그의 분석이 타당할 것이다.

원래 김일성은 1926년 10월의 '제1차 간도공산당사건'을 계기로 등장한 공비(共匪)의 일원이었다. 당시 간도의 연변지방에서는 소규모의 자연발생적인 공비조직이 많이 나타났다. 만주성 위원회의 직접적인 지도 아래 무장공비가 조직된 것은 1932년 이후인 것으로 알려져 있다. 만주성 위원회의 하부조직인 판스현(盤石縣) 위원회는 만주사변 이듬해인 1932년 봄에 당내에 군사부를 설치하고 그 밑에 유격대를 편성했다. 이어 농촌에 적위대(赤衛隊)를 조직해 군사훈련을 시작하고 점차 대중을 끌어들여 군사행동을 개시한 것이다.

이후 판스현 위원회는 적위대와 유격대를 기본으로 하여 만주사변 이후 부대를 이탈한 중국군경 2천여 명을 항일전선에 끌어들였다. 이해 5월에 판스현 위원회는 안기창(安基昌)을 총지휘자로 하는 '동북의용군(東北義勇軍)'을 조직해 곧 '동북농공의용군(東北農工義勇軍)'으로 개칭한 뒤 창평춘(常鳳春)을 총대장으로 삼았다. 이어 이해 10월에 공비조직인 지하이(吉海)의 철도노동자를 규합해 '중국홍군 제32군 남만유격대(南滿遊擊隊)'로 개칭한 뒤 '동북항일구국군 대도회(大刀

會)' 와 제휴해 공동전선을 펼치게 했다. '대도회' 는 원래 만주 퉁허현(通和縣)을 중심으로 비적의 습격을 방비하기 위해 각지에 조직되어 있던 농민자위단으로 출발했다가 1931년의 만주사변 후 항일을 기초로 내걸고 빨치산으로 변신한 단체이다.

이듬해인 1933년 1월에 중국공산당 본부는 만주성위원회에 대해 '항일민족혁명전' 을 전개할 것을 명했다. 이에 만주성위원회는 판스현 위원회에 남만주지역의 적화공작을 가속화하고 '홍군 제32군 남만유격대' 를 '동북인민혁명군' 으로 개편할 것을 지시했다. 판스현 위원회는 마침내 이해 9월 18일에 이르러 양징위(楊靖宇)를 총사령관으로 하는 빨치산 조직인 '동북인민혁명군' 을 조직했다.

그러나 1935년 7월에 접어들자 코민테른은 만주성위원회에 대해 중국공산당 본부 대신 코민테른 중국대표의 직접 지휘를 받을 것을 지시했다. 이는 코민테른이 1934년 4월에 만주성위원회 간부가 일제히 검거된 사건을 내부첩자의 소행으로 판단한 데 따른 것이었다. 코민테른은 이어 중국공산당에게 '항일인민전선' 을 결성하고 조선공산당이 결성될 때까지 한인 공산주의자들에 대한 지도와 관리를 하도록 위임했다. 이는 모스크바에서 개최된 코민테른 제7차대회에서 결의된 '반파시즘 인민전선운동' 방침에 따른 것이었다.

이에 중국공산당은 중국 전역에 걸쳐 전개되고 있던 항일구국운동의 흐름과 한인들이 갈망하는 독립운동을 교묘히 이용해 중국공산당 지도 하에 항일운동을 인민전선에 통일시키는 소위 '8 · 1선언' 을 발표했다. 이 선언은 모든 항일부대의 긴밀한 상호 연락과 정치군사적 행동의 통일을 골자로 하고 있었다. 이에 따라 1936년 1월에 이르러 동북인민혁명군을 중심으로 옛 동북의용군과 비적단들을 총망라한 '동북항일연군(東北抗日聯軍)' 이 결성되었다.

코민테른은 1937년에 중일전쟁이 발발하고 일 · 독 · 이 3국의 방공협정(防共協定)이 체결됨에 따라 긴장이 고조되자 일본의 배후를 교란할 의도로 '동북항일연군'에 대한 통제를 더욱 강화했다. 당시 하바로프스크에 있는 소련 제2 독립적기군(獨立赤旗軍)은 하얼빈에 있는 소련 영사관을 통해 만주성위원회 및 동북항일연군을 소련극동군의 일익(一翼)으로 삼았다. 이들은 동북항일연군 간부에 대한 임면과 공비에 대한 고문파견, 자금제공, 입소(入蘇) 공비훈련 등을 지휘했다. 훗날 김성숙은 이정식과의 면담에서 당시 오성륜의 행보와 관련해 이같이 증언했다.

"오성륜은 만주로 가서 만주의 중국공산당 정치부에서 일했소. 그때 오늘날 북한의 김일성(金日成)과 함께 일했는데 김일성의 부하였소. 그러나 오성륜은 결국 만주에서 어느 일 때문에 숨어 있다가 투항을 강요한 조선인도 있고 하여 왜군에게 투항했소. 그래서 여관을 하며 정보 제공도 했소. 해방 뒤 조선독립동맹에서 그를 쏘아 죽였소. 총살한 것이오."

김성숙의 술회에 따르면 오성륜은 1930년대에 만주로 가 항일투쟁을 하던 중 부득이 일본군에게 투항해 첩자노릇을 하다가 죽임을 당한 셈이 된다. 그러나 김학준은 『혁명가들의 항일회상』에서 김성숙의 회상에 약간의 착오가 있었던 것으로 보았다. 그는 오성륜이 김일성의 부하가 아니라 상관이었고, 일제에 투항했으나 적극적으로 협력하지는 않은 채 항일진영과 일정한 관계를 유지한 까닭에 일제가 패망한 뒤 총살을 면하고 병사한 점 등을 들었다. 김성숙이 오성륜이 항일무력투쟁을 위해 만주로 간 이후 만나지 못한 점 등에 비춰볼 때 김학준의 분석이 타당할 듯하다.

『아리랑』에 나오는 오성륜의 행보에 비춰볼 때 그는 비록 부득이

하여 일본군에 투항하기는 했으나 일제의 앞잡이 노릇을 했을 가능성은 희박하다. 이는 김학준이 지적한 바와 같이 오성륜이 일제 패망 후 총살을 면하고 병사한 사실 등이 뒷받침한다. 오성륜이 김일성의 부하로 있었다는 김성숙의 술회 역시 당시 북한의 권력자로 군림하고 있던 김일성의 전력에 비춰 대략 그랬을 것으로 짐작한 데 따른 것으로 보인다.

당시 김성숙은 상하이로 내려온 김산을 비롯해 황푸군관학교 출신인 박건웅 등과 함께 '조선민족해방동맹'을 결성했다. 현재 이 조직에 대해서는 자료가 없어 자세한 내용을 확인하기가 어렵다. 그러나 여러 자료를 종합해 볼 때 1936년 초에 상하이에서 김성숙과 김산 등 20여 명의 혁명가들이 주축이 되어 '조선민족해방동맹'을 결성한 것만은 분명하다.

이 단체는 비록 '공산주의'의 깃발을 내걸기는 했으나 중국공산당이나 코민테른과 직접적인 관련을 맺고 있었던 것은 아니다. 오직 조선해방을 위한 통일전선 형성을 목표로 삼고 있었다. 이는 전적으로 이 단체를 만든 김성숙의 사상이 그대로 투영된 데 따른 것이었다. 당시 김성숙은 일제의 대륙침략이 본격화하면서 중일전쟁의 가능성이 점고된 상황에서 조국해방을 위한 통일전선의 형성이 매우 시급하다고 판단했다. 그러기 위해서는 국내외에 있는 모든 진영을 총망라한 좌우합작이 절대 필요했고 그 전단계로 우선 공산주의를 비롯한 좌파진영의 결집이 필요했다. 민족혁명을 최우선시하는 김성숙의 사상이 여실히 드러나는 대목이 아닐 수 없다.

당시 '조선민족해방동맹'은 그 어떤 단체보다 독립적인 입장에서 가장 먼저 만들어졌다. 이 단체는 이후 중국 주재 조선인의 연합전선으로 결성되는 '조선민족전선연맹'이나 '조선의용대'를 구성하는 핵심

단체가 되었다. 1940년대에 들어와서는 대한민국 임시정부에도 가담하게 됨으로써 기왕의 공산주의 노선과는 완전히 다른 행보를 보이게 되었다.

그러나 당시 좌익진영에서는 김성숙의 이러한 행보에 곱지 않은 시선을 보냈다. 이는 김성숙의 노선을 좇아 상하이에서 조선민족해방동맹 결성에 참가한 김산을 둘러싸고 복잡한 문제가 발생한 사실을 보면 쉽게 알 수 있다. 당시 김산은 1929년의 '북평살인사건'과 한위건과의 대립, 중국공산당으로부터의 제명 등 여러 문제를 안고 있었다.

김찬정의 『아리랑이 들려온다』에는 당시 김원봉이 세운 난징 교외의 조선혁명군사정치간부학교에 다녔던 문정일(文正一)의 증언이 실려 있다. 문정일은 중국공산당 지도 하에 조선독립동맹에서 활동하다가 해방 후 중국에 머물면서 중국내 조선인 중에서 매우 높은 지위에 오른 인물이다. 훗날 퇴직 후에 베이징에 살고 있던 그는 당시의 상황을 이같이 회상했다.

"상하이에서 조선민족해방동맹을 발전시켰는데 김규광(金奎光 : 김성숙)과 박건웅, 장지락이 중심이 되었다. 김규광과 박건웅은 당시 중국공산당을 탈퇴해 있었고, 장지락만이 당적이 확실치는 않으나 당원이었다. 탈당한 사람들과 같이 활동하는 데도 장애가 있었던 듯하다. (중략) 당시 난징에는 장지락 등이 상하이에서 조직한 조선민족해방동맹의 사람도 와 있었다. 그 조직은 난징으로 이동해 있었다. 조선민족해방동맹의 동맹원들에 대해서는 나도 잘 알고 있었고 교제도 있었다. 그런 일로 장지락도 난징에 왔던 것이 아닌가 싶다. (중략) 장지락이 난징에 왔을 때 우리 동료가 그의 분명치 않은 당적을 거론했다. 우리도 그의 주변 상황에 대해서는 확실한 것을 알 수 없었고 그것을 알 수 있는 입장도 아니었다. 다만 조선인 공산당원으로는 상하이에서 이유민

(李維民)이 지도하러 와 있고, 그가 장지락을 알고 있어 같이 지냈다. (중략) 두 사람이 뭔가 서로 여러 얘기를 하는 것 같았다."

문정일의 증언에 나오는 이유민은 화북조선청년연합회 조직부장 등을 역임하고 해방 후 북한으로 들어가 최고인민회의 부의장 등을 지내다가 1958년 연안파 숙청으로 해임당한 인물이다. 당시 난징에서 조선인 동포에게 미덥지 않게 여겨진 김산을 친한 친구로 맞아준 것은 베이징과 스자좡에서 김산의 지도를 받은 뤄칭(羅靑)이었다.

뤄칭은 중화인민공화국 건국 후 재정부 물자관리총국 국장 등을 역임하고 1979년에 베이징시 정치협상회의 부주임을 맡다가 1985년에 은퇴한 인물이다. 당시 뤄칭도 공산당과의 관계가 끊어져 있었다. 뤄칭은 『석가장 당사 자료』에서 이같이 증언한 바 있다.

"김산은 1936년 4월에 난징으로 나를 찾아온 적이 있다. 당시 나는 활동하고 있지 않았다. 난징에 온 뒤 김산은 자신의 문제가 아직 해결되지 않았다고 했다. 그래서 나는 그에게 옌안으로 가 중앙에서 해결할 것을 권했다. 상하이에 있을 때 그는 김규광의 집에 머물고 있었다. 김규광은 김산에게 상하이의 통일전선 공작도 불투명하고 상하이에서는 그의 문제로 인해 언제라도 사람들과 부딪칠 수 있다고 말했다고 한다. 김산은 난징에 와서 나의 거듭된 권유로 드디어 옌안행에 동의했다. 1936년 8월 1일 나는 그에게 옷을 사주고 난징의 역에서 기차를 타는 것을 배웅했다. 출발 시 그에게 2백 원을 여비조로 건네주었다."

뤄칭의 이런 증언은 두 가지 가능성을 시사하고 있다. 당시 김성숙이 김산에게 상하이를 떠날 것을 권했을 가능성이다. 다른 하나는 김산이 당적 회복을 위해 옌안으로 갔을 가능성이다. 첫 번째 가능성은 다른 자료에서는 찾을 수 없는 것이다. 만일 김성숙이 김산에게 상하이를 떠날 것을 권했다면 대략 자신이 추구하는 좌우합작의 통일전선 구축에 중국공산당의 의심을 받는 김산의 당시 처지가 걸림돌이 될 것을 염려해 김산에게 공산당적의 회복을 권했던 것은 아닐까. 이는 두 번째 가능성과 더불어 전혀 억측으로 간주할 수만은 없다.

두 번째 가능성은 1936년 5월 당시 정율성(鄭律成)이라는 조선인 청년이 김성숙과 김산의 소개로 난징에 있는 뤄칭을 찾아간 사실이 뒷받침하고 있다. 정율성은 항일구국을 취지로 하는 '오월사(五月社)' 에 가담해 음악활동을 해온 인물이다. 김산보다 15세 연하인 정율성은 전남 태생으로 1933년에 난징의 조선혁명간부학교에서 수학한 바 있다. 그는 이후 상하이와 난징에서 항일활동에 종사하며 음악을 배운 뒤 1937년에 옌안으로 갔다. 항일군정대학과 루쉰예술대학, 조선혁명군정학교에서 가르치며 '8로군행진곡' 등을 작곡했다. 8로군은 1937년 8월 22일에 제2차 국공합작에 기초해 깐수성과 닝샤성의 공농홍군(工農紅軍)을 국민혁명군으로 개편한 부대이다. 당시 8로군의 총지휘는 주더(朱德), 부지휘는 펑더휘(彭德懷), 참모장은 예젠잉(葉劍英)이 맡았다.

정율성이 작곡한 '8로군행진곡' 은 훗날 '중국인민해방군 행진곡' 이 되어 지금까지 널리 연주되고 있다. 정율성은 해방 후 북한으로 들어갔지만 이내 중국으로 되돌아가 중국국적을 취득한 뒤 중앙악단 등에서 작곡가로 활약했다. 그는 '조선인민군 행진곡' 도 작곡한 바 있다. 그렇다면 김성숙과 김산은 왜 정율성에게 뤄칭을 찾아가라고 말한 것일까. 뤄칭은 《난징일보 중간주말》 1983년 9월 24일자에서 이같이 증언했다.

"정율성을 나에게 소개한 장명(김산)은 내가 맨 처음 알게 된 조선 친구이다. 1930년 내가 베이징에서 상부의 당조직과 접촉했을 때 그를 알게 되었다. 그때 그는 베이징의 지하 시위원회 조직부장이었다. 그는 처음에 일본제국대학 의과대학에 다녔지만 졸업 전에 중국에 와서 혁명에 참가했다. 광저우 봉기와 하이루펑 소비에트 폭동에도 참가했다. 후에 베이징에서 지하투쟁에 종사하다가 체포되어 일제에 인도된 뒤 평양의 감옥으로 보내졌다. 얼마 뒤 그는 탈옥해 다시 중국으로 돌아왔다. 1936년 6월에 장명은 초청을 받아 내가 살고 있던 난징의 집에 와서 한 달 정도 살았다. 난징의 유적을 돌아보면서 장명과 정율성, 나 세 사람에게서는 쉴 새 없이 한숨소리가 새어 나왔다. 장명은 평양에서 탈옥할 수 있었다는 것을 증명하지 못했기 때문에 당과의 관계를 잃었고, 그 때문에 옳든 그르든 옌안으로 가야 한다고 생각했다. 8월 초에 나와 정율성은 김산이 난징역에서 출발하는 것을 배웅했다. 아무도 그것이 영원한 이별이 될 줄은 몰랐다."

김산의 전력에 관한 뤄칭의 증언 중 약간 사실과 다른 점이 있으나 이는 사소한 것에 불과하다. 대략 당시 김산이 옌안에 가게 된 이유를 정확히 증언하고 있는 셈이다. 따라서 김산이 옌안에 간 것은 자신의 결백을 증명하기 위한 것임을 알 수 있다. 그렇다면 한 해 전만 하더라도 당적회복에 전혀 관심을 보이지 않았던 김산은 왜 갑자기 당적회복 문제로 옌안행을 택한 것일까.

여기에는 김성숙의 권고가 크게 작용했을 것으로 짐작된다. 당시 김성숙은 중일전쟁이 박두한 새로운 상황에서 민족통일전선의 구축이 절대 필요하다고 생각했다. 그런데 자신이 아끼는 김산의 전력으로 인해 통일전선 구축에 적잖은 어려움을 겪었을 공산이 크다. 뤄칭의 증언을 토대로 추정할 때 김성숙이 김산에게 옌안으로 직접 가서 이 문제를 깨끗이 해결키를 권했을 가능성을 배제할 수 없다. 당시 김산은 이 얘기를 듣고 정율성 및 뤄칭 등과 만나 난징의 유적들을 돌아보며 이 문제를 깊이 논의했을 공산이 크다. 그렇다면 뤄칭의 증언은 두 가지 가능성을 모두 시사하는 것으로 보아야 한다.

이와 관련해 재일동포 작가 이회성은 김산이 중국 공산당원의 당적을 회복하기 위해 스스로 옌안행을 택한 것으로 해석했다. 그러나 이는 전체 맥락에서 볼 때 본말이 바뀐 것이다. 당시 김산은 중국공산당의 당원자격을 회복할 생각이 없었다고 보는 것이 옳다. 그보다는 새로운 상황에 대응키 위한 절체절명의 과제인 통일전선을 구축키 위해서는 우선 좌익진영을 총결집시킬 필요가 있었다. 그러나 김산에 대한 좌익진영의 의구심이 걸림돌로 작용했다. 이런 정황 등을 감안할 때 김성숙은 김산에게 직접 옌안으로 가 이 문제를 깨끗이 해결할 것을 권했다고 보는 것이 보다 합리적이다. 『약력』의 다음 기록이 이를 뒷받침한다.

"서기 1936년에 독 · 이 · 일 독재국가에 대한 반대운동이 전 세계에 고조되고 전 중국 인민의 항일구국운동이 극도로 긴요(緊要)하게 되어 반일민주통일전선을 결성하기 위한 국공 양당의 합작운동이 급속도로 전개되었다. 이때 중국 각지에 잠복하고 있는 혁명동지들을 규합해 조선민족해방동맹을 조직하고 기관지 『민족해방』을 편집 간행해 전 민족의 반독재투쟁과 해외 각 혁명단체의 통합을 주장했다."

이 기록은 중일전쟁이 일어나기 1년 전의 상황을 전하고 있다. 당시 김성숙은 제2차 국공합작의 기운이 치솟자 항일통일전선의 구축이 시급하다고 판단해 한인 독립혁명가를 하나로 결속시키는 데 앞장섰다. 사실 이는 김성숙이 오래 전부터 바라던 바이기도 했다. 중일전쟁의 발발이 이를 구체화하는 결정적인 계기로 작용한 셈이다.

제7절

중일전쟁

1937년 7월 7일에 일본의 선공으로 마침내 중일전쟁이 발발했다. 일본군은 백만 대군을 동원해 일시에 중국 관내(關內 : 산해관 안쪽)로 쳐들어갔다. 관대의 대부분을 차지하고 있던 장제스의 국민당군은 초전부터 일본군에 밀려 이내 상하이를 잃고 수도인 난징마저 해를 넘기지 못하고 빼앗겼다. 일본군은 이듬해에 화북지방을 거의 석권한 뒤 장강 깊숙이 쳐들어가 국민당의 거점인 우한지역까지 장악했다.

당시 김성숙은 조선민족해방동맹을 조직해 이를 토대로 중국의 조선인 혁명가들을 집결시켜 나가고 있었다. 중일전쟁 발발을 계기로 조선인 혁명가들 내에서 우파는 우파끼리, 좌파는 좌파끼리 독립운동 세력을 하나로 통합해 나갔다. 당시 조선인 혁명가들 스스로도 통합의 필요성을 절실히 느꼈지만 중국의 국민당 정부와 중국공산당도 이를 원하고 있었다. 이는 말할 것도 없이 조선인 혁명가들을 중국혁명의 도구로 이용하겠다는 속셈에서 나온 것이었다.

그러나 당시 한인 혁명세력은 사분오열되어 있었다. 우파의 경우 한국국민당(韓國國民黨)은 김구와 이동녕, 이시영, 조완구, 차리석(車利錫) 등이, 한국독립당(韓國獨立黨)은 조소앙과 조시원(趙時元), 홍진(洪震) 등이, 조선혁명당(朝鮮革命黨)은 이청천과 유동열, 김학규(金學奎) 등이 이끌었다.

한국독립당은 신민부 및 사회주의 계열의 인사가 주동이 된 북만주의 한족총연합회를 지도하는 당으로 휘하에 한국독립군을 두었다. 조선혁명당은 정의부 후신으로 나온 남만주의 국민부(國民府)를 지도하는 당으로 휘하에 조선혁명군을 두었다. 한족총연합회는 기호나 남부지방 출신이 많았고 조선혁명당은 평안도 출신이 많았다. 이는 당시 북만주에는 삼남지역 출신 농민들이 많이 이주해 온데 반해 남만주에는 평안도 출신 농민들이 많았던 사실과 무관치 않았다.

여기서 주목할 인물은 조선혁명군에서 활약한 벽해(碧海) 양세봉(梁世鳳)이다. 북한 측 자료에 따르면 양세봉은 1896년에 김성숙의 고향인 평안북도 철산군에서 가난한 농부의 아들로 태어났다. 1916년에 결혼과 함께 랴오닝성 싱징현(興京縣 : 지금의 新賓縣)으로 이주한 그는 3·1운동에 자극을 받아 독립운동에 투신하게 되었다. 1929년에 조선혁명군이 결성되자 이청천 휘하에서 부사령관의 직책을 맡았다. 1983년에 북한에서 나온 『대조선역사』에는 김일성이 조선혁명군을 창건한 것으로 기록해 놓았으나 이는 사실과 다르다.

당시 김일성이 관계했던 부대는 조선혁명군의 예하부대인 길강지휘부(吉江指揮部)였다. 김일성은 이종락(李鍾洛)이 지휘하는 이 부대의 참사(參士) 직책을 맡은 일개 병사에 불과했다. 당시 길강지휘부는 점차 사회주의 이념을 수용하면서 조선혁명군 본부와 대립하게 되었다. 이 와중에 김일성 등이 조선혁명군 본부에서 파견한 대원 몇 명을 암살했다. 이때 양세봉은 김일성을 처단해야 한다는 부하들의 주장에도 불구하고 동포인 점을 감안해 살려주었다.

얼마 후 뛰어난 결단력을 지닌 그는 만주사변이 발발하자 이내 조선혁명군 총사령관이 되어 중국인 자위단과 함께 치열한 항일전을 전개했다. 그는 1934년 7월에 퉁허현(通和縣) 콰이다마오즈(快大茂子)에서 일본군 및 만주국 연합군을 섬멸하는 대공을 세웠으나 일제에 포섭된 첩자의 꾐에 빠져 횡사하고 말았다. 이후 조선혁명군은 급속히 약화되어 1937년 중반에 이내 해체되고 말았다.

당시 김일성은 중국공산당원의 자격으로 동북항일연군의 일원으로 활약하다가 1940년 11월에 연해주로 피신해 소련군에 가담케 되었다. 이종석은 「압록강, 두만강을 건너뛰어라」 논고에서 김일성이 1940년 3월에 일본군 토벌대를 섬멸하고 소련영내로 이동케 되었다고 주장했다. 당시 김일성이 소속해 있던 동북항일연군 제2군에는 조선인 대원들이 많았다. 이들은 간혹 국내에 들어왔을 때 스스로 '조선인민혁명군'을 자처했다. 북한 측은 이를 토대로 김일성이 조선인민혁명군을 창설한 것으로 기록해 놓았으나 이는 사실을 과장한 것이다.

당시 좌파의 경우 조선민족혁명당(朝鮮民族革命黨)은 김원봉, 조선민족해방동맹(朝鮮民族解放同盟)은 김성숙, 조선혁명자연맹(朝鮮革命者聯盟)은 유우근이 이끌었다. 김성숙과 김원봉, 유우근은 과거 의열단을 함께 한 동지들이었다. 김성숙을 비롯한 모든 혁명가들은 일본군의 공격을 피해 우창(武昌)으로 와 있었다. 세 사람이 모이자 김성숙이 먼저 운을 떼었다.

"우선 당은 함께 하지 못할지라도 우리끼리 연합전선을 펼치도록 합시다."

이구동성으로 흔쾌히 화답했다.

"좋소."

이에 마침내 '조선민족전선연맹(朝鮮民族戰線聯盟 : 약칭 민선)'이 만들어지게 되었다. 날자는 1937년 11월 2일이었다. 민선(民線)은 중앙 집행기관으로 이사회를 구성했다. 김성숙이 상임이사 겸 선전부장으로 피선되어 『민족전선』이라는 중국어 잡지를 냈다. 이에 앞서 1937년 8월 17일에 우파의 한국국민당과 한국독립당 및 조선혁명당 등 3개 정당은 대한독립동지회 등 6개 단체와 연합해 '한국광복전선(韓國光復戰線 : 약칭 광선)'을 결성했다. 광선(光線)은 민선과 대립하는 입장에 서 있었다.

당시 김성숙이 김원봉의 민족혁명당에 들어가지 않고 따로 '조선민족해방동맹'을 만든 것은 민족혁명당과 사상적 차이가 있거나 개인적 감정이 있었기 때문이 아니었다. 훗날 김성숙은 이정식과의 면담에서 조선민족해방동맹을 만든 배경을 이같이 밝혔다.

"우리 공산주의자들이 전부 중국공산당원이 되어 버렸소. 조선공산당은 중국공산당이 되었소. 이래서는 안 된다. 나 혼자만이라도 중국공산당에 들지 말고 조선 혁명을 하도록 노력하자. 나 말고도 중국공산당에 들어가지 않은 채 조선의 공산운동이나 조선의 혁명에 몸을 바치려는 동지들이 있지 않느냐. 이들이 함께 일할 곳을 만들자."

김성숙은 바로 이런 생각으로 '민선'을 만든 것이다. 사실 김성숙의 언급에 분명히 표명되지는 않았지만 김원봉은 난이서(藍衣社)로부터 비자금을 받아 군관학교를 세운 바 있다. 김성숙의 '조선공산당은 중국공산당이 되었다'는 언급에는 사실 이에 대한 비판이 담겨져 있다고 보아야 한다. 그가 별도의 단체를 만든 이유가 바로 여기에 있었던 것이다.

당시 김성숙은 민선을 결성하면서 이름 안에 의도적으로 '공산주의' 또는 '공산주의자'라는 말을 넣지 않았다. 그 이유는 바로 공산주의보다 조국의 광복이 더욱 중요하다고 보았기 때문이다. 그러나 다른 사람들이 이 단체를 공산주의 단체로 본 것은 사실이다. 임정도 민선을 그런 시각으로 바라보았다. 그러나 이는 민선의 결성취지를 제대로 파악치 못한 데 따른 것이다. 이는 김성숙이 이정식과의 면담에서 밝힌 다음과 같은 언급을 보면 쉽게 알 수 있다.

"나는 공산당원 노릇을 한 일이 없소. 중국공산당이고 조선공산당이고 간에 공산당에는 가입하지 않았소. 나는 민족문제의 해결이 공산주의의 실현보다 중요하다고 생각했소."

그렇다면 당시 김원봉은 왜 민선결성에 흔쾌히 동조했던 것일까. 공산주의에 경도된 그는 이제 공산주의를 포기하고 모든 독립운동단체들을 합치자는 취지에 동조한 것일까. 김성숙은 왜 김원봉의 조선민족혁명당에 가입해 이를 중심으로 통합운동에 나서지 않은 것일까. 혹여 김원봉과 개인적인 의견차이가 생겼던 것은 아닐까. 김성숙은 이정식과의 면담에서 그 이유를 이같이 밝혔다.

"그와의 사이에 무슨 의견 차이라는 게 있었겠소. 그런데 무슨 일이 하나 있기는 있었소. 김원봉이 홍콩에 가서 쟝토(江瀋)의 남의사(藍衣社)로부터 돈을 받는 것을 보고 나는 속으로 반대했소. 나는 장제스를 탐탁하게 여기지 않았소. 남의사라고 하면 기가 막힌 파쇼단체이고 악명 높은 정보기관 아니오. 거기서 무슨 돈을 얻어다가 학교를 만들어 뭣을 한다는 것도, 공산주의 운동을 한다는 것도 말이 되지 않는다고 생각해 민족혁명당에 가지 않았던 것이오."

여기서 김성숙은 바로 자신의 속마음을 털어놓고 있는 것이다. 그렇다면 당시 란이서로부터 돈을 얻어 쓰는 김원봉은 왜 중국공산당과 가깝다는 의심을 산 것일까. 사실 김원봉은 중국공산당하고 가까운 것도 아니었다. 김성숙의 증언에 따르면 란이서로부터 여유 있게 지원금을 받은 김원봉이 이를 토대로 국내에서 온 공산주의자들을 돌봐주자 이들이 민족혁명당에 많이 가담하게 되었고, 아무래도 이들이 중국공산당과 가깝게 지내자 이내 그런 오해를 샀던 것이다. 민족혁명당 안에 좌파와 우파가 함께 동거하면서 그 중 좌파가 중국공산당과 가깝게 지낸데서 이런 오해를 산 셈이다. 김원봉을 공산주의자라기보다 민족주의자로 간주하는 김성숙의 시각이 뚜렷하게 드러나는 대목이 아닐 수 없다.

당시의 국제정세는 1935년의 코민테른 제7차 대회를 즈음해 급격히 변화하고 있었다. 코민테른은 반파쇼 인민전선 결성을 촉구하면서도 각국 공산당의 조직적 독립성을 유지할 것을 당부했다. 이는 중국공산당에 그대로 수용되었다. 당시 중국 내의 한인 혁명가 대부분은 조선독립을 위해 자유롭게 활동하기를 갈망하고 있었다.

그러나 이때 조선의 혁명운동 중심은 이미 중국의 동북부인 만주로 옮겨가 있었다. 한인 혁명가들은 심리적으로도 조국에 가까운 만주로 가 일본군과 싸우며 조선혁명을 위해 헌신코자 했다. 대표적인 인물이 바로 오성륜이었다. 그는 벌써 만주로 가 중국혁명군의 항일연군 제1군 제2사단의 정치대표로 있었다. 오성륜은 김산에게 연락해 속히 만주로 올 것을 촉구했다.

그때까지만 해도 중국 내 한인 공산주의자들은 '일국일당의 원칙'에 입각해 중국 내 각지에서 싸워왔다. 이는 코민테른의 입장을 좇은 것이기도 했다. 김산이 광저우 코뮨 이래 중국공산당에 가입해 목숨을 걸고 싸운 것도 바로 이 때문이었다. 그는 1930년 11월에 일경에 체포되었다가 석방된 후 중국공산당의 의심을 받으면도 당적 회복에 회의적인 입장이었다. 그러나 가는 곳마다 중국공산당의 조직 확대를 위해 나름대로 모든 노력을 기울였다.

당시 그가 맞닥뜨린 가장 큰 문제는 역시 민족문제였다. 그가 '일국일당의 원칙'에 점차 회의를 갖게 된 것은 바로 이 때문이었다. 이는 『아리랑』에 나오는 그의 독백을 통해 분명히 확인할 수 있다. 민족문제는 시공을 뛰어넘어 보편적으로 존재한다. 이는 스탈린의 영향 하에 있던 코민테른이 끝내 해결하지 못한 문제이기도 했다. 김산의 죽음도 따지고 보면 바로 이 때문이라고 할 수 있다.

김산은 이미 1936년 8월에 조선민족해방동맹에 의해 중국공산당 지도부가 있는 산시성(陝西省) 북단의 빠오안(保安) 파견 대표로 선출된 바 있다. 그는 중국인으로 가장해 단신으로 위험한 여행길에 올랐다. 그가 잠시 시안(西安)에 머물 당시 홍군 밀사가 만주군 출신인 장슈에량의 동북군이 장악하고 있는 옌안까지 통과할 수 있도록 배려해 주었다. 빠오안까지는 숙소도 없어 험한 산길을 숨어서 가야만 했다. 이때 김산은 결핵이 다시 도져 매우 허약해졌다. 그는 빠오안에 도착한 뒤 2달 동안이나 침상에서 일어나지도 못했다.

김산이 도착하기 몇 주 전에 에드가 스노우(Edgar Snow)가 소비에트에 들어와 빠오안에 있었다. 김산은 병 때문에 그를 만나보지도 못했다. 서북 봉쇄선을 뚫고 지나간 외국인은 에드가 스노우가 최초의 인물이고 김산이 두 번째였다. 1936년 12월 12일에 국공합작에 미온적인 장제스를 만주군벌 장쉐오량이 연금하는 소위 '시안사변(西安事變)'이 발생한 직후 홍군은 옌안을 탈취한 뒤 수도를 빠오안에서 옌안으로 옮겼다. 김산도 다른 사람들과 함께 옌안으로 옮겨갔다.

당시 김산은 건강이 좋아지자마자 군사위원회의 간부특별학급에서 강의를 해달라는 요청을 받았다. 당시 옌안에 한인으로는 김산과 '이(李)'라고 하는 어린 학생 등 단 2명이 있었다. 1980년대에 재일동포작가 이회성은 『아리랑』에 나오는 '이' 라는 젊은 학생을 만나 당시의 상황에 관한 증언을 들었다. '이' 는 김산의 옌안시절을 이같이 증언했다.

"나는 1937년 봄 옌안에 도착해 홍군대학(紅軍大學) 2기생으로 배웠소. 무정(武亭)은 제1기를 졸업한 뒤 다시 홍군전선 지휘부의 작전과장으로 돌아와 있었소. 당시 홍군 총정치부의 주임은 양상쿤(楊尙昆)이었소. 그의 소개로 무정을 만난 적이 있었소. 장지락은 옌안에 있는 외사처의 초대소에서 일본에 관한 문제를 연구하고 있었소. 무엇인가 혁명에 관한 자료를 쓰고 있었소. 그에 관해서는 그 이전에도 이름을 들은 적이 있었지만 직접 만난 것은 옌안에서의 상면이 처음이었소. 그 뒤 당 대표 대회가 있을 때 이철부(李鐵夫 : 한위건)가 참가하자 그는 참가하지 않았소."

'홍군대학' 은 중국공산당이 항일간부를 양성하기 위해 설치한 교육기관이다. 장정 뒤인 1936년 6월에 옌안의 북쪽에서 '중국항일홍군대학' 이라는 이름으로 설립되었다. 마오쩌둥이 교육위원회 주석, 린퍄오(林彪)가 교장을 맡았다. 이 학교는 1937년 1월에 옌안으로 옮겨가 '중국항일군사정치대학' 으로 이름이 바뀌었다.

김산보다 두 살 아래인 양상쿤은 사천성 출신으로 1926년 상하이대학 재학 중에 중국공산당에 가입해 학생운동에 종사했다. 그는 소련 유학 후 상하이에서 노동운동과 항일운동을 지도했다. 1933년에 중앙소비에트구에서 당학교 부교장과 홍군 제1방면군 정치부 주임이 되었다. 장정 뒤 야전군 정치부 주임과 통일전선 공작부장 등을 역임했다. 건국 후에는 전인대 상무위원과 정치협상회의 상무위원 등을 지냈으나 문화혁명 때 실각했다. 1978년에 복권돼 전인대 상무위원회 부위원장과 당 중앙군사위 비서장 등을 역임하고 1988년에 국가주석이 되었다.

원래 '이'는 장제스가 린퉁(臨潼)에서 체포되었을 때 그 부대에 소속해 있었다. 그는 시안사건 이후 군정대학(軍政大學)에서 공부하기 위해 옌안으로 왔다. 당시 전선에서는 무정(武亭)이 펑더화이(彭德懷)의 참모장으로 있었다. 본명이 김무정(金武亭)인 무정은 1905년에 함북 경성에서 태어났다. 서울의 중앙학교를 중퇴한 그는 1923년에 중국으로 건너가 중국의 군관학교를 졸업하고 중국공산당에 입당해 1931년에 루이진(瑞金) 중화소비에트정부 수립에 가담했다.

'이'씨의 증언을 통해 당시 김산은 평소 사이가 나빴던 한위건이 당대표 대회에 참가하자 이내 대회에 참가하지 않았음을 알 수 있다. 두 사람간의 갈등이 계속 확대되고 있었던 것이 아닌가 하는 추측을 낳기에 충분한 대목이 아닐 수 없다. 그렇다면 김산은 옌안으로 가서 소기의 성과를 거두지 못한 셈이 된다. 그러나 『석가장 당사 자료』에 나오는 뤄칭의 증언은 이와 약간 다르다.

"1937년에 김산은 옌안에서 나에게 편지를 보내 옌안의 항일군정대학에서 가르치고 있고 매우 건강하다고 했다. 또 그의 문제는 해결되었다고 했다."

뤄칭의 증언은 문맥상 당적회복 문제를 포함해 김산의 결백문제가 해결되었음을 시사한다. 이회성은 김산이 뤄칭에게 희망을 주기 위해 이런 말을 했을 가능성을 제기했으나 김산의 평소 행동에 비춰 그럴 가능성은 희박하다고 보는 것이 타당하다. 그렇다면 한위건의 견제에도 불구하고 김산은 자신과 관련한 기존의 의혹들을 말끔히 해소했던 것일까. 이는 그가 이듬해 초에 만주로 가던 도중 비밀리에 처형된 사실을 보면 정반대로 해석하는 것이 옳다. 그렇다면 과연 진실은 무엇일까. 당시 김산은 자신의 결백을 증명한 것으로 착각했을 공산이 크다.

이는 님 웨일즈가 『각서』에서 밝힌 내용을 보면 쉽게 알 수 있다.

당시 김산이 옌안에 들어간 것은 중국공산당 지도부가 자신의 주장을 받아들일 것이라는 주관적 판단에서 나온 것이었다. 그러나 그의 이런 판단은 님 웨일즈가 『각서』에 밝힌 바와 같이 매우 안이한 것이었다. 당시 김산은 옌안에서의 냉대를 상상치 못했음에 틀림없다. 결국 이로 인해 김산은 오도 가도 못하는 처지에 빠지고 말았다. 게다가 그의 몸은 결핵이 도져 회복될 전망도 거의 없었다. 그는 일경에 체포되었다가 너무 쉽게 출소한 까닭에 '일본군 특무'라는 의혹까지 받고 있었다. 자신의 결백을 증명키가 쉽지 않았던 것이다.

김산은 고립무원의 상황에서 필사적으로 자신을 변호코자 했다. 그러나 자신에게 구원의 손을 뻗쳐줄 동지는 모두 옌안에서 멀리 떨어진 지역에 있었다. 그의 불행은 혁명전망이 매우 잘못 설정된 데서 비롯된 것이었다. 특히 그의 일본혁명에 대한 환상은 '일본군 특무'의 의혹을 증폭시키는 결정적인 배경이 되었다. 당시 일본공산당은 이미 해체되어 있었다. 그는 일본에 관해 매우 부정확한 정보를 갖고 있었던 것이다. 일제는 해외침략이라는 야망을 본격화하기에 앞서 일본혁명의 전위부터 철저히 궤멸시켰다.

그런데도 김산은 일본에 조선혁명의 유력한 기지가 있고, 일본혁명의 결정적인 단계인 민중봉기가 일어나면 조선은 당장 무장투쟁에 가담해야 하고, 그날에 대비해 조선인 혁명가는 속히 만주로 집결해야 한다는 생각을 하고 있었다. 잘못된 정세분석에 기초한 왜곡된 혁명전망이 아닐 수 없었다. 그처럼 명석한 지성과 분별력을 갖춘 인물이 왜 이토록 조잡한 혁명전망을 갖게 된 것일까. 당시 김산은 트로츠키의 '영속혁명론'과 유사한 논리를 갖고 있었다. 이는 그가 『아리랑』에서 이같이 말한 대목에 잘 나타나 있다.

"조선혁명의 고양을 결정하는 첫째 조건은 일본 국내에서의 계급 관계이고, 일본의 프롤레타리아가 활발해질 때 조선의 운동도 앙양하게 된다."

이는 사회주의 혁명은 민족의 무대에서 연출될지라도 민족적 경계 내에서의 완성은 있을 수 없다고 언급한 트로츠키의 주장을 연상시키는 대목이 아닐 수 없다. 당시 김산은 스탈린의 '일국사회주의' 보다는 트로츠키의 '영속혁명' 쪽에 더 가까운 혁명관을 갖고 있었던 것이다. 중국공산당은 이미 여러 차례의 시행착오 끝에 이런 혁명관을 철저히 불식하고 마오쩌둥의 농민혁명론으로 가닥을 잡은 지 오래되었다. 마오쩌둥의 농민혁명론은 중국의 역사문화적 전통에 기초한 것으로 교조적인 마르크스주의와는 현격한 차이가 있었다. 그럼에도 중국공산당에 해박했던 김산은 비현실적인 트로츠키류의 혁명전망을 갖고 있었던 것이다.

당시 김산은 중국공산당 지도부가 그에게 배당한 옌안의 항일대학 강의에서 '경제' 과목을 제외시킨 이유를 제대로 파악치 못했다. 중국공산당 지도부의 입장에서 볼 때 중일전쟁이 전개되는 와중에 '일본에 대공황이 일어난다' 고 주장하면서 일본 자본주의의 전면적 위기를 예측하는 인물에게 교편을 잡게 하는 것은 위험천만한 일이 아닐 수 없었다. 사실 일본에 대한 김산의 환상은 중국에 대한 그의 환멸과 좋은 대조를 이룰 만큼 지나친 바가 있었다.

원래 일본에 유학한 조선인 유학생 중에는 김산과 마찬가지로 소위 '다이쇼(大政) 데모크라시' 를 통해 형성된 일본의 지적 분위기를 동경하는 자가 적지 않았다. 그들에게 '도쿄(東京)' 는 '도쿄(憧憬)' 이기도 했던 것이다. 김산은 3 · 1운동의 열기가 남아 있는 1919년 여름에 현해탄을 건넜다. 그 뒤 도쿄에서 신문배달을 하며 도쿄제국대학에 들어가려고 열심히 시험공부를 하기도 했다.

『아리랑』을 보면 그의 일본체류는 1년도 채 안 되지만 '모든 혁명가의 피난처'이기도 했던 일본의 비교적 자유로운 지적 분위기가 그에게 지대한 영향이 끼쳤음을 쉽게 확인할 수 있다. 그는 일제에 대한 증오심을 품고 있었지만 일제를 일본인과 동일시하지는 않았던 것이다. 특히 일본공산당에 대한 지나친 호감으로 인해 일본혁명에 대해 과대한 기대감을 갖고 있었다. 그는 냉엄한 현실을 제대로 파악치 못했다는 지적을 면하기 어렵다.

당시 분열적인 조선의 공산주의 운동 또한 그의 판단을 그르치는 데 적잖은 영향을 미쳤다고 보아야 한다. 조선이 일제의 중국침략 병참기지가 되어 있는 상황에서 중국에 있는 조선의 혁명가들은 조국독립을 위해 당장은 중국혁명을 위해 싸울 수밖에 없었다. 무정부주의자이든 민족주의자이든 공산주의자이든 이 점에 관해서는 아무런 이견이 없었다. 이들은 내심 중국이라는 대하에서 소리 없이 사라지는 포말(泡沫)이 되기보다는 조국의 대지를 자신의 피로 물들이기를 열망했다. 그러나 냉혹한 현실은 이를 허용치 않았다. 김산을 비롯한 많은 한인 혁명가들은 바로 자신들의 원망(願望)과 현실간의 괴리로 인해 크게 괴로워했던 것이다.

모든 한인 혁명가들은 별다른 거점도 없이 광대한 중국의 여기저기 할거해 파벌을 형성하는 지리멸렬한 상태에 놓여 있었다. 이런 양상은 좌우파를 막론하고 유사했다. 1930년대 중반까지만 하더라도 우파 민족주의자의 분열상은 더욱 심했다. 그 중 한국독립당과 조선민족혁명당의 대립이 가장 심했다. 김산이 김성숙과 함께 결성한 '조선민족해방동맹' 역시 엄밀히 따지면 파벌의 영역을 넘어서는 것이 아니었다.

당시 김산은 한위건과 극심한 갈등을 빚고 있었다. 『아리랑』에는 한위건의 이름이 오직 '한(韓)'으로만 나온 까닭에 과연 '한'이 한위건인지 여부가 오랫동안 논란이 되어 왔다. 그러나 『아리랑』의 '한'이 바로 한위건이라는 뚜렷한 증거로 대략 두 가지를 들 수 있다. 하나는 김성숙이 이정식과의 면담에서 밝힌 내용이다. 김성숙은 이같이 증언한 바 있다.

"한위건은 중국공산당 안에서도 이름이 널리 알려져 있었소. '철부'라는 필명으로 글도 쓰고 이론도 제시하여 중국공산당 안에서도 철부노선이라는 말이 퍼졌소. 이때 중국공산당 안에는 장지락이라는 조선인 공산주의자가 있었소. 그도 중국공산당 안에서 굉장히 이름이 높았소. 그러나 장지락은 한위건과 사이가 좋지 않았소."

이는 『아리랑』에 나오는 '한'이 바로 한위건이라는 사실을 뒷받침하는 결정적인 증거가 아닐 수 없다. 다른 하나는 김산의 부인인 자오야핑의 증언이다. 지난 1980년대에 그는 이같이 증언한 바 있다.

"『아리랑』에 나오는 '한'이라는 조선인은 바로 한위건이오. 김산은 '한'이 뒤에서 자신을 헐뜯고 있다고 분개했소."

자오야핑의 증언은 『아리랑』의 '한'이 바로 한위건이라는 사실을 결정적으로 뒷받침하고 있다. 한위건은 3 · 1운동 당시 독립선언문을 낭독한 인물로 국내에 있을 때에는 소위 M-L파의 지도자로 활약했다. 그는 상하이로 망명한 뒤에도 조선공산당의 재건에 집념을 불태우다 강직한 김산과 충돌해 격렬한 대립을 벌이게 되었다.

재일동포작가 이회성은 『아리랑 그 후』에서 당시 김성숙과 한위건 사이에 노선 투쟁이 있었을 가능성을 제기하면서 김산은 김성숙의 입장을 대행했을 공산이 크다고 주장했다. 이회성의 이런 추론은 매우 논리적이다. 훗날 김성숙은 이정식과의 면담에서 이 부분에 관해 아무런 언급도 하지 않았다. 그러나 이회성의 지적과 같이 김산이 김성숙을 대신해 한위건에게 적의를 드러냈을 가능성을 배제할 수 없다.

당시 한인의 혁명운동은 격렬한 '분파투쟁'으로 인해 지리멸렬한 상태를 면치 못하고 있었다. 1928년에 나온 코민테른의 '12월 테제'와 1930년에 나온 '쿠시넨 의견서' 모두 한인 공산주의 운동의 분파주의를 지적하면서 계급적 관점을 확립한 통일된 당의 재건을 요구한 사실이 이를 뒷받침한다. 그럼에도 당시 한인 공산주의자들은 통일전선을 만들고자 하는 때에도 주도권 장악을 겨냥한 분파투쟁을 멈추지 않았다.

이와 관련해 이회성은 김산 역시 이런 분파투쟁에서 자유롭지 못했다고 지적하면서 김산이 옌안행을 선택한 전후에 그의 숙적인 한위건도 옌안으로 간 사실에 주목할 필요가 있다고 지적하고 있다. 이회성은 당시 한위건이 옌안에서 병사(病死)한 것으로 되어 있으나 이 대목의 진상은 자세히 조사할 필요가 있다고 주장했다. 그렇다면 당시 한위건은 무슨 이유로 옌안으로 간 것일까.

당시 옌안에 있던 김산은 님 웨일즈를 만나 자신이 걸어온 길을 소상히 밝힌 뒤 1938년 초에 오성륜의 부름을 받고 한인 의용군들과 합류키 위해 화북의 위험한 유격전선을 뚫고 만주로 갔다. 그러나 그는 도중에 '트로츠키주의자'와 '일본군 특무(特務)'로 몰려 비밀리에 처형되고 말았다. 당시 그의 나이는 33세였다.

현재까지 나온 자료를 종합해 볼 때 김산 제거를 지시한 사람은 훗날 문화대혁명 당시 마오쩌뚱의 부인 쟝칭(江靑)과 행보를 같이 한 캉성(康生)인 것이 거의 확실하다. 그렇다면 캉성은 왜 김산을 죽이려고 한 것일까. 당시 옌안이 포함된 산깐닝변구(陝甘寧邊區)는 산시(陝西)와 깐수(甘肅), 닝샤(寧夏 : 현재의 위구르족 자치구)의 3개 성에 걸친 항일근거지였다. 이는 1937년 9월에 설치되었다. 당시 모스크바에서 돌아온 캉성은 이 지역의 보안책임자였다. 그러나 김산의 죽음에는 보다 복잡한 문제가 개입돼 있었다. 김산의 부인인 자오야핑의 증언이 이를 뒷받침한다. 지난 1980년대에 자오야핑은 이회성과의 면담에서 이같이 증언한 바 있다.

"김산이 옌안에 갔을 때 한위건도 옌안에 와 캉성과 밀접한 관계를 가지고 있었던 것 같소. 분명한 근거는 없지만 캉성이 상하이에서 활동하고 있던 때 김산도 역시 상하이에 있으면서 캉성의 꺼림칙한 곳을 알고 있었기 때문에 캉성에게 더욱 미움을 샀는지도 모르오."

자오야핑의 증언에 따르면 김산과 극심한 갈등을 벌인 한위건이 옌안까지 따라와 캉성에게 김산에 대해 불리한 말을 했을 공산이 크다. 나아가 캉성 역시 상하이에 있을 때 모종의 약점을 김산에게 보였을 가능성도 배제할 수 없다. 이를 종합해 보면 대략 김산은 한위건과 캉성의 합작에 의해 제거되었을 공산이 크다.

김산의 억울한 죽음에 대한 신원(伸冤)은 그가 죽은 지 45년이 지난 1983년 초에 중국공산당 중앙 조직부가 그의 당적을 회복시켜 주는 것으로 시작되었다. 캉성은 1975년 12월에 병사하여 추도대회까지 받았다. 그러나 그는 1980년 10월에 문화혁명 기간 중 장칭 등의 반혁명 음모활동에 직접 참여했다는 죄목으로 당적 박탈과 1975년의 추도대회 조사(弔辭)의 취소 조치를 당하기도 했다.

1986년에 랴오닝(遼寧) 민족출판사에서 발행한 『조선족혁명열사전』도 김산을 명예회복시켜 주었다. 이는 김산의 죽음에 대해 지금까지 중국에서 공표된 유일한 공식 문헌이기도 하다. 그 내용은 다음과 같다.

"1938년 섬강녕변구(陝甘寧邊區) 보안처에서는 김산 동지의 경력을 심사했다. '반역자는 아닌가', '일본의 특무는 아닌가', '트로츠키파는 아닌가' 하는 많은 의문을 가지고 심사했지만 결론을 내릴 근거가 없었다. 그래서 캉성은 '비밀리에 처단하라' 고 지시를 내렸다. 김산 동지는 무고하게 살해되었다."

김산은 비밀리에 처단된 뒤 45년 만에 비로소 명예회복이 이뤄져 '조선혁명열사' 의 일원이 되었다. 이는 그의 부인 자오야핑을 비롯한 많은 사람들의 줄기찬 노력 덕분이었다. 당시 아버지의 얼굴도 모르고 자란 김산의 아들 까오잉꽝(高永光)은 현재 베이징의 국가계획위원회에 근무하고 있다. 그는 자오야핑이 1945년에 다른 사람과 결혼하면서 계부의 성을 갖게 된 것이다. 훗날 캉성이 소속된 '사인방' 이 타도되면서 그는 김산의 유언을 좇아 자신의 호적을 조선족으로 바꾸고 두 아들도 조선족으로 올렸다.

당초 김산이 옌안에 갈 당시 중국의 많은 한인 혁명가들은 다가오는 대일무력투쟁에 대비한 간부후보생을 훈련시키기 위해 만주로 가고 있었다. 이로 인해 만주는 국내진공을 전개하기 위한 유격전의 근거지로 주목받았다. 이때 자오야핑이 김산의 아들을 출산했다. 『석가장당사 자료집』에 따르면 이때 출산을 도와준 사람은 쑤저우(蘇州)의 산과의원을 졸업하고 1935년에 공산당에 가입한 뒤 부녀항일구국회를 조직해 주석이 된 주롄(朱璉)이었다. 그녀는 8로군 129사단 위생부장직과 옌안 중국의과대학 부교장직 등을 맡다가 건국 후에는 위생사 사장 등을 역임했다.

김산이 만주행을 택했다가 불귀의 객이 되었을 즈음인 1938년 10월 10일에 한때 김성숙 및 김산 등과 함께 의열단을 이끌던 김원봉이 한커우(漢口)에서 조선의용대(朝鮮義勇隊 : 최초의 명칭은 國際旅團)를 조직했다. 이는 김성숙이 '민선' 을 조직한 뒤 이 연맹에 소속된 맹원들을 전부 끌어모아 의용군을 만든 데서 비롯된 것이었다. 제1, 제2, 제3 지대까지 만들었다. 조선의용대는 '조선민족연합전선' 및 '조선민족혁명당' 서기인 김원봉의 지휘를 받았다. 조선의용대의 목표는 국내외의 모든 혁명분자를 하나로 통합해 항일투쟁을 전개하는 것이었다.

조선의용대는 1942년에 들어와 두 갈래로 갈라졌다. 이는 김원봉의 조선의용대가 충칭임정 광복군에 합류한 뒤 화북지구로 갔던 일부 조선의용대가 1942년 8월에 옌안에서 화북지구로 온 무정을 맞아들여 독립동맹 휘하의 조선의용군으로 개편된데 따른 것이었다. 조선의용군은 1944년에 중국공산당이 있는 옌안으로 이동했다. 김원봉의 조선의용대는 항일전선이 확산되자 중국과 인도, 미얀마전선에 투입되기도 했다.

김원봉이 조선의용대를 조직할 당시 중국국민당 충칭(重慶)지부에서 나오는 3-4명과 '민선' 쪽에서 파견된 4-5명이 함께 의용대 지도위원회를 결성했다. 이정식에 따르면 국민당의 군사위원회 정치과로부터 5명이 나오고 '민선'으로부터 4명이 나와 함께 이사회를 이뤘고 9인 이사회가 조선의용대를 지도했다고 한다. 김원봉이 대장을 맡고 김성숙은 그 밑에서 정치부 주임직을 맡았다. 조선의용대의 경비는 국민당정부 쪽에서 나왔다. 주로 국민당정부의 비밀정보기관인 란이서의 책임자 장토로부터 비자금을 지원받았다. 장토와 가까운 진영이 우파를 이뤘다면 그 반대진영이 좌파를 형성했다. 조선의용대의 좌파는 중국공산당의 본거지인 옌안과 가까웠다.

에드거 스노우는 1938년 당시 한커우에서 조선인 항일의용군 소속의 한인 몇 명과 회견한 적이 있었다. 그는 이를 『아시아매거진』 1939년 6월호에 기고했다. 당시 수많은 한인이 일본군을 탈출해 여기에 합세했다. 그들은 첩보활동에서 매우 혁혁한 공을 세웠다. 한인 징용자들도 기회만 있으면 탈주했다. 1939년 2월에는 약 7천 명의 한인 부대가 광저우 부근에서 반란을 일으켜 일본인 장교를 죽인 일도 있었다. 그렇다면 당시 김성숙은 구체적으로 무엇을 하고 있었던 것일까. 『약력』은 이같이 기록해 놓았다.

"서기 1938년에 전세가 불리하게 되자 호북성의 한구(漢口)로 옮겨 장개석 중앙정부의 원조를 얻어 조선의용대를 결성하고 그 지도위원 겸 정치부장에 피선되어 기관지 『의용대통신(義勇隊通訊)』을 편집 · 간행했다."

당시 김성숙은 좌우파 모두 임시정부를 중심으로 통합해 민족해방을 먼저 해야 한다고 주장했다. 그러나 과격분자들은 이에 반대하며 계급투쟁을 앞세웠다. 이로 인해 임정을 중심으로 좌우가 통합해야 한다는 김성숙의 주장은 당초 큰 호응을 얻지 못했다. 일시적으로 이에 동조하는 움직임이 없었던 것은 아니나 좌우 모두 이를 반대했다. 이는 당시 공산주의자를 비롯한 좌파 혁명가들이 임정을 상대할 가치조차 없는 집단으로 보았을 뿐만 아니라, 독립운동단체의 통합을 위해서는 우선 해산되어야 할 단체로 간주한 사실과 무관치 않았다.

원래 김원봉 일파는 임정의 김구 일파와 극단적인 대립양상을 보였다. 일이 이같이 된 데에는 중국국민당의 영향이 적잖이 작용했다. 중국국민당의 진씨파(陳氏派)인 소위 CC파는 김구를 도와주었고, 황푸군관학교 출신인 쟝토파는 김원봉를 도와주어 두 파가 대립했다. 김원봉은 자신이 임정에 들어가 봐야 서자 취급을 받을 것으로 생각해 아예 들어가려고 하지 않았다.

이때 김성숙이 임정 참여를 강력히 권했다. 성명을 내고 야단을 쳤으나 김원봉은 시종 반대하는 입장이었다. 그러나 김성숙은 포기하지 않고 조선독립을 속히 쟁취하기 위해서는 임정으로의 통합이 절실히 필요하다고 이들을 끈질기게 설득했다. 당시 김성숙이 김산과 달리 옌안으로 가지 않은 것도 바로 이 때문이었다. 그는 중일전쟁이 벌어진 상황에서 조선독립을 위해서는 우선 좌우를 막론하고 모든 세력을 하나로 결집시켜 임정의 역량을 극대화하는 것이 보다 필요하다고 본 것이다. 그의 이런 판단이 옳은 것임은 말할 것도 없다. 중국이 두 번째 국공합작을 성사시킨 것도 같은 맥락에서 해석할 수 있다.

만일 김성숙도 이런 입장이 아니었다면 한인 독립혁명가 중 가장 먼저 옌안으로 갔을 것이다. 옌안과의 관계는 그들보다 김성숙이 훨씬 깊었다. 그는 개인적으로 저우언라이와 깊은 관계를 맺고 있었다. 김성숙과 저우언라이와의 관계는 광저우에서부터 시작되었다. 난징과 상하이에서도 그랬다. 당시 저우언라이는 1937년에 성립된 제2차 국공합작의 중국공산당 대표로 국민당 정부가 있는 충칭에 와 있었다. 이때 김성숙은 저우언라이와 늘 접촉했다. 그럼에도 김성숙은 옌안으로 가지 않았다. 조선의 독립혁명가를 임정을 중심으로 하여 하나로 결속시키기 위해서였다.

중국의 쓰마루(司馬璐)가 1952년에 홍콩의 아주출판사(亞洲出版社)에서 펴낸 『투쟁 18년』에 당시의 상황이 소상히 실려 있다. 자서전 형식으로 출판된 이 책에 따르면, 쓰마루는 옌안의 중국공산당학교를 졸업한 중국공산당 당원으로 충칭에서 김원봉의 비서로 일하면서 동시에 조선의용대 간행물의 중국어판 편집책임을 맡고 있었다. 이 책에서 쓰마루는 김원봉과 조선의용대는 물론 조선의용대 대원 대부분이 옌안으로 넘어간 것으로 기술해 놓았다.

이에 따르면 당시 조선의용대는 대체로 25세 안팎의 약 3백 명이 대원으로 구성되어 있었다. 이들의 사기는 왕성했고, 더구나 일본어와 중국어를 자유자재로 구사할 수 있어 첩보요원으로 사용키에 적합했다. 1940년 9월부터 충칭에 와 있던 중국공산당 간부들은 곧바로 이들을 주목하기 시작했다. 이들은 조선의용대를 중국국민당의 영향에서 이탈시켜 자신들의 휘하에 둘 욕심을 품었다. 여기서 음모가 시작되었다.

어느 날 평당원에 지나지 않는 쓰마루가 저우언라이를 비롯해 충칭에 있는 중국공산당 간부들의 저녁 초대를 받았다. 저우언라이는 만찬이 끝난 뒤 쓰마루와 따로 단독 요담을 가졌다. 이 자리에서 저우언라이는 이같이 언급했다.

"중조(中朝) 관계는 장차 매우 중요할 것이오. 제1차 중일전쟁(청일전쟁) 때 중국은 조선에서 실패했고 그것이 청조(淸朝) 붕괴의 신호였소."

그러면서 그는 쓰마루에게 장차 중조관계를 새롭게 설계하는 일에 적극 나서줄 것을 당부했다. 쓰마루는 감격에 겨워 적극 협조할 것을 다짐했다. 이후 그는 수시로 중국공산당 간부에게 김원봉과 조선의용대에 관한 정보를 상세히 보고했다. 쓰마루는 그들의 음모에 동조해 김원봉에게 조선의용대 대원을 옌안으로 보내도록 설득했다.

당초 김원봉은 쓰마루의 얘기를 듣지 않았다. 그러나 그는 일제가 조선인들을 계속해서 화북지방으로 내몰고 있기 때문에 조선의용대가 더 많은 대원들을 확보해 성장할 곳은 그곳밖에 없다며 김원봉을 줄기차게 유혹했다. 이때 김원봉의 삼촌인 김두봉과 김두봉의 아내도 쓰마루의 의견이 옳다고 거들고 나서자 김원봉도 그만 여기에 넘어가고 말았다.

당시 중국공산당은 조선의용대의 움직임을 감시하는 국민당의 눈을 속이기 위해 김원봉의 다른 친구를 통해 쓰마루의 조수를 조선의용대에 집어넣은 뒤 국민당에게 늘 허위보고를 하도록 조치했다. 이런 식으로 쓰마루는 조선의용대 대원 거의 전부를 연안으로 빼돌렸다. 그러자 김원봉도 옌안으로 가고자 했다. 그러나 중국공산당은 김원봉의 영향력을 두려워해 이를 거절했다. 쓰마루의 주장에 따르면 중국공산당은 김원봉을 '쁘띠부르주아이자 기회주의자, 개인영웅주의자'로 몰아갔다고 한다. 이와 관련해 김성숙은 이정식과의 면담에서 이같이 밝혔다.

"내가 쓰마루보다 주은래를 더 잘 압니다. 내가 주은래하고 서로 내왕하게 된 것은 내가 광저우에 있을 때였소. 당시 나는 광저우 여자와 연애를 해서 결혼한 일이 있었소. 그런데 그 여자가 등영초(鄧穎超)라는 주은래 부인과 굉장히 가깝고 친했소. 이리저리 해서 중국공산당 간부이며 문인인 곽말약(郭沫若)과도 친해지게 되었소. 이에 우리 집사람이 상하이에서 여자부인구국회 조직부장으로 상당히 활발히 활동하게 되었소."

궈모뤄(郭沫若)는 일본의 제6고에 재학 중 일본 여인과 결혼한 뒤 1918년에 규슈제학(九州帝大) 의학부에 입학해 타고르의 영향을 받고 시를 쓰기 시작한 극작가이자 사상가이다. 갑골문과 금석문 등에 밝은 그는 1921년에 유따푸(郁達夫) 등과 함께 낭만주의 문학단체인 창조사(創造社)를 결성한 뒤 졸업할 무렵 광저우(廣州)로 가 국민혁명군의 북벌에 가담했다. 1927년에 장제스의 반공 쿠데타로 내전이 일어나자 난창 봉기(南昌蜂起)에 참가해 이에 저항했으나 이내 뜻을 이루지 못하고 일본으로 망명했다.

이때 그는 치바현(千葉縣)에 처자와 은거하며 갑골문과 금석문을 집중 탐사해 『중국고대사회연구』를 펴냈다. 중일전쟁이 발발하자 일본을 탈출해 상하이로 건너간 뒤 항일전의 선두에 섰으나 이내 국민당으로부터 용공분자(容共分子)로 몰렸다. 그는 정치활동이 제약받자

「굴원(屈原)」 등의 사극(史劇)과 「십비판서(十批判書)」 등의 고대사상사 저술에 몰두했다. 1949년에 중국정부가 성립된 후 사회과학원장과 인민대표 대회 상무위원회 부위원장 등을 역임키도 했다.

김성숙이 말한 '여자부인구국회'는 쑨원의 부인 쑹칭링(宋慶齡)이 조직한 여성단체를 말한다. 김성숙은 중국인 부인 뒤쥔셰로 인해 저우언라이와 알게 되었다. 당시 김성숙은 저우언라이를 통해 중국공산당의 거물인 둥비우(董必武)와도 친하게 지냈다. 둥비우는 동북지역 출신으로 원래 국민당을 하다가 중국공산당으로 넘어온 인물이었다. 둥비우는 훗날 유엔의 중국대표가 되어 한반도 문제를 다룬 인물이기도 하다.

당시 김성숙은 임시정부를 새로이 강화할 결심을 하고 있었다. 김성숙이 해외에 있는 모든 정치진영은 임정에 집중하라는 구호를 내세운 것은 바로 이 때문이었다. 그는 자신의 주장을 관철키 위해 솔선수범하여 임정에 가담했다. 충칭으로 옮긴 임정이 이때에 이르러 비록 명실상부한 좌우합작은 아닐지라도 좌우세력이 하나로 모인 새 모습을 갖추게 된 것은 전적으로 김성숙의 이런 노력에 의한 것이었다. 『약력』은 당시 김성숙의 행보를 이같이 기록해 놓았다.

"서기 1939년 중국정부가 충칭으로 천도함에 따라 한국의 각 혁명집단도 그곳으로 결집했다. 당시 대한민국임시정부를 중심으로 한 해방운동단체연합회와 민족전선연맹이 서로 병립·대립했다. 이에 따라 항전에 지장을 초래하므로 선생이 영도하는 해방동맹은 이 두 집단의 해체를 요청하고 임시정부로 총단결할 것을 주장했다."

사실 그동안 임정은 명목상으로만 존재해 왔다. 그러다가 1937년에 중일전쟁이 발발해 조선독립의 가능성이 높아지자 아연 활기를 띠기 시작했다. 일본의 패망을 예상한 김성숙은 장차 독립에 대비한 준비를 이제 시작해야 할 때가 되었다고 판단했다. 김성숙은 이정식과의 면담에서 당시의 심경을 이같이 회상했다.

"나는 내심 '지금까지 독립운동 단체들 중 사실상 무슨 당이 무엇을 한다고 하지만 권위로 보나 영향력으로 보나 국내의 대중 일반에 대한 영향력으로 보나 임정밖에 없다. 임정이 계속해 일본과 대립해 싸웠고, 임정을 중심으로 일단 좌우가 모두 모여야 한다. 그래도 임정을 중심으로 하는 것이 모이기가 쉽다. 당을 같이 하는 것이라면 모르겠으나 정부를 같이 하자는 것이니까 쉽다' 고 생각했소."

그러나 김성숙이 자신의 생각을 김원봉에게 밝히자 김원봉의 조선민족혁명당이 크게 반발했다. 당초 김원봉은 충칭임정을 크게 반대하고 있었다. 김성숙은 충칭임정으로의 결집문제를 놓고 김원봉과 크게 다투기도 했다. 그러나 결국 김성숙의 끈질긴 설득으로 김원봉의 조선민족혁명당이 충칭임정에 가담케 되었다. 그럼에도 당시 조선민족혁명당 내부에는 충칭임정 가담을 끝까지 반대하는 무리가 있었다. 최창익(崔昌益)과 한빈(韓斌), 김창만(金昌滿), 김학무(金學武), 박일우(朴一禹) 등이 바로 그들이다. 이들은 시종 임정합류를 완강히 거부했다.

김성숙이 이들을 설득하는 와중에 민족혁명당 사람들과 큰 대립이 벌어져 심지어 서로 테러를 가하는 지경에 이르게 되었다. 한빈과 김학무, 김창만은 모두 옌안에서 좌파 혁명가들이 조직한 '화북조선독립동맹(華北朝鮮獨立同盟)' 과 그 산하의 무장 기구인 조선의용대의 간부로 활약했다. 당시 왕즈옌(王志延)이라는 가명으로 활동했던 한빈은 김성숙의 만류를 뿌리치고 김학무 및 김창만 등과 함께 옌안으로 갔다. 조선의용대는 결국 그런 식으로 옌안으로 갔지만 가봐야 전투는 할 수 없고 대개 선전공작에 투여되었다. 이들은 일본말을 잘 한 까닭에 주로 선전공작대 요원으로 활약한 것이다.

원래 1904년 블라디보스토크에서 태어난 한빈은 국내의 조선공산당 창당 초기부터 활동했다. 그는 서울청년회의 김사국과 가까웠다. 조선공산당의 파벌 싸움에 반대하고 통합을 지향한 그는 만주에서 활동하다가 M-L 당에도 참여한 뒤 모스크바 국립대학을 졸업했다. 1930년대 중반에 중국으로 망명해 김원봉과 손을 잡고 조선의용대에서 함께 일했다. 일제가 패망하자 그는 북한으로 들어가 화북조선독립동맹이 주축이 되어 창당한 조선신민당(朝鮮新民黨)의 부위원장이 되었다.

이들과 함께 조선의용군에서 활약한 박일우는 일제가 패망했을 때 조선의용대의 부사령관으로 있었다. 이후 북한으로 들어가 내무상이 되었다. 그는 김일성파로 알려졌으나 사실 김두봉의 옌안파에 가까웠다. 이로 인해 1950년대 중반에 김일성에게 숙청되고 말았다.

당시 한빈 등은 김성숙과 완전히 대립되는 견해를 갖고 있었다. 이들은 민족혁명보다 계급투쟁을 우선시하며 처음부터 옌안으로 갈 것을 주장했다. 김성숙이 끝까지 반대했지만 아무 소용이 없었다. 결국 그들은 옌안으로 떠났다. 그들은 충칭임정을 끝까지 인정하려고 하지 않았던 것이다. 이는 그들이 옌안에 가서도 충칭임정과 대립이 되는 정치단체를 만들고자 애쓴 사실을 통해 쉽게 확인할 수 있다. 김성숙은 이정식과의 면담에서 당시의 소회를 이같이 밝혔다.

"이는 바로 우리나라 혁명운동을 분열시키는 것으로 결코 항일전쟁에서 이같이 해서는 안 되는 것이었소."

김성숙은 자신의 이런 입장을 저우언라이에게 몇 차례에 걸쳐 얘기했다. 저우언라이도 이에 전적으로 동의를 표시했다. 조선독립동맹 등의 정치단체를 만들려고 했던 이들의 의도가 좌절된 것은 바로 이 때문이었다. 이는 김성숙이 저우언라이와 상의해 그리 만든 것이었다. 조선의용대를 뽑아가는 것에 대해서도 저우언라이는 절대 반대했다.

이정식도 당시 조선의용대가 옌안으로 간 것은 쓰마루의 공작에 의해서만 이뤄진 것이 아니라고 지적한 바 있다. 그 역시 조선의용대 중 자발적으로 옌안에 갈 것을 제의한 대원들이 적지 않았음을 시인하고 있다. 재미 정치학자 서대숙은 쓰마루의 증언을 평가절하고 있다. 그는 쓰마루가 후에 중국공산당으로부터 '배신자'로 낙인찍혀 옌안에 투옥된 사실에 주목해 쓰마루가 스스로를 합리화시키기 위해 그런 얘기를 늘어놓은 것으로 분석했다.

당시 조선의용대의 핵심을 이루는 조선혁명당 내 청년들은 조선민족혁명당이 충칭임정에 가담하는 것을 처음부터 반대하고 옌안 또는 중국공산당이 관할하는 지역으로 가서 일본군과 직접 싸울 것을 주장했다. 이때 김원봉은 비록 조선의용대 대장이라는 직함을 갖고 있었지만 산하의 지대 중 2-3개 지대가 옌안으로 올라간 까닭에 실질적으로는 나머지 한 개 지대만 휘하에 두고 있었을 뿐이었다. 옌안으로 간 동지들에 대해서는 사실상 아무런 지휘권을 갖지 못하고 있었던 것이다. 설령 지휘권이 있다고 할지라도 그들을 통제할 수 있는 상황도 아니었다.

당시 조선의용대의 3개 지대 중 2개 지대 안에 있던 오열분자들이 김두봉의 뒤를 좇아 자발적으로 옌안으로 갔다. 김두봉이 충칭을 떠나 옌안으로 가던 날 김성숙이 김두봉을 극구 만류했다.

"그곳으로 가는 것은 잘못이오. 제발 가지 마시오."

그러나 김두봉은 끝내 이를 듣지 않았다. 원래 김두봉은 김성숙보다 10살 위였다. 경남 동래 출신인 그는 본래 주시경 밑에서 한글을 배운 한글학자였다. 조선어문법에 밝았고 원래 국수주의에 가까웠던 사람이 옌안으로 가 중국공산당과 손을 잡게 된 것이다. 김성숙은 이를 두고 충칭임정에 대한 일종의 반발로 해석했다.

사실 당시 좌익 혁명가들은 고루하기 짝이 없는 임정의 지도층에 싫증을 내고 있었다. 수많은 혁명가들이 목숨을 걸고 해외에서 고생하고 있는데도 이들은 한심하게 양반과 상놈을 가리고 있었다. 그러니 같이 일을 하고 싶어도 할 수가 없는 상황이었다. 당시 민족혁명당의 학교는 난징에 있었다. 김규식과 김두봉이 거기서 강의를 했다. 김성숙은 이정식과의 면담에서 당시를 이같이 회상했다.

"임시정부의 영감들판 속에는 자기가 뭐 어디 가서 발 둘 곳이 없을 만큼 늘 틀려 왔고, 나중에는 김원봉과도 틀리고 말았지. 김두봉도 뭐 민족주의자이지 뭐 다른 게 있나. 그런데 그저 옌안으로 떠나 공산주의자가 되고, 높이 추대해 주자 해방된 뒤 북한에 가서 대통령까지 시켜주었소! 이북의 대통령을!"

김성숙의 증언을 통해 짐작할 수 있듯이 김두봉의 반발도 바로 김구 등을 비롯한 충칭임정의 지도층에 대한 반발에서 비롯된 것이었다. 이때 젊은 사람들이 김두봉을 떠받들자 이에 우쭐해진 김두봉은 그만 젊은이들과 함께 옌안으로 가버리고 만 것이다. 김성숙의 이러한 증언은 이정식 및 서대숙 등의 연구결과와 일치하는 것이기도 하다.

해방 이후 등장한 북한 정권에는 대통령이라는 직제가 없었던 까닭에 최고인민회의 상임위원회 위원장이 국가원수의 역할을 수행했다. 이때 김두봉이 그 자리를 맡았던 것이다. 당시 김성숙은 개인적으로 김두봉과 매우 가까웠다. 김성숙이 볼 때 김두봉은 조금 뭘 연구하려면 한 곳으로 머리를 쓰는 경향이 있었다. 한글도 퍽 깊이 연구하고 역사도 깊이 연구하곤 했다.

일본에서 나온 일부 책자는 김원봉이 충칭임정에 가담한 채 옌안과 계속해서 연락을 갖다가 도중에 끊어진 것으로 기록해 놓았다. 만일 이러한 기록이 사실이라면 김원봉은 중국공산당을 위해 충칭임정에서 첩자노릇을 한 셈이 된다. 그러나 김성숙의 증언에 따르면 이는 사실과 다르다. 김원봉의 민족혁명 행보에 비춰볼 때 김성숙이 증언이 타당할 것이다. 객관적으로 볼 때 민족혁명당 사람들 대부분이 옌안으로 가는 상황에서 김원봉의 입장은 더욱 어렵게 되었다고 보아야 한다. 고립상황에 처하게 된 김원봉은 김성숙이 끈질기게 설득하자 마침내 임정에 합류하게 되었다고 보는 것이 합리적이다.

당시 국제정세는 중일전쟁의 개전으로 상황이 긴박하게 돌아가고 있었다. 조선인 혁명가 중 옌안에 있는 중국공산당과 가장 밀접한 관계를 맺고 있었던 인물은 무정(武亭)이었다. 그는 2만 5천 리에 달라는 장정(長征)에도 참여한 바 있다. 이로 인해 그는 옌안에서 크게 우대되었다. 중국공산당은 그를 전선에도 내보내지 않고 후방에서 사냥이나 다니면서 8로군의 포병사령관 직책을 갖게 하는 등 크게 우대했다. 이로 인해 그는 홍군에만 충실했고 조선독립운동에는 별로 기여치 못했다는 얘기가 나돌기도 했다.

무정은 1925년에 중국공산당에 입당한 뒤 몇 명의 조선인들과 함께 장정에 참여한 바 있다. 그는 장정이 끝난 뒤 장정에 끝까지 참여했던 10여명의 조선인 청년들을 기반으로 1941년 1월 10일에 진동남(鎭東南)의 태항산(太行山) 지역에서 '화북조선청년연합회'를 결성했다. 이 단체는 선언서에서 중일전쟁으로 조선이 독립될 가능성이 커졌다는 전제 아래 조선의 모든 혁명투사들이 이념과 지역에 관계없이 오로지 애국심을 갖고 가입해 줄 것을 호소했다. 이 단체는 비록 공산국가의 수립이 최종 목표라고 공식 선언하지는 않았으나 사실상 사회주의 색채를 짙게 띠고 있었다. 기관지 『조선청년』 제1호가 미국과 영국을 장차 붕괴해야 할 제국주의 국가로 규정하고 소련을 피압박민족의 해방을 위해 급격히 움직이는 국가로 묘사해 놓은 것 등이 실례이다.

이 연합회가 발족한 뒤 충칭의 조선의용대가 옌안으로 합류하는 속도가 빨라졌다. 이로 인해 1941년 7월까지 조선의용대의 상당부분이 옮겨가 조선의용군 화북지대를 형성케 되었다. 1941년 9월에 이 연합회는 '화북조선청년학교'를 세웠다. 1942년 1월에는 무정을 교장으로 선출하고 교명도 '화북조선혁명학교'로 바꿨다. 그 사이 조선의용군 제2지대장 박효삼(朴孝三)과 같은 우파도 넘어왔다.

김두봉이 1942년 4월에 넘어온 것을 계기로 이해 7월 10일에 김두봉을 위원장으로 하고 명칭도 '화북조선청년연합회'에서 '화북조선독립동맹'으로 바꾸는 개편이 이뤄졌다. 이 단체는 항일민족 통일전선의 구축을 내걸었다. 곧 산하의 군대를 모두 조선의용군으로 개편한 뒤 무정이 총사령관직을 맡았다. 그러나 '화북조선독립동맹'과 조선의용군은 일본군과의 전투를 거듭했으나 큰 전공을 세우지 못한 채 시종 열세를 면치 못했다. 결국 중국공산당의 본거지인 옌안으로 후퇴한 뒤 중국공산당의 휘하로 흡수됨에 따라 조선독립단체로서의 성격마저 희미해졌다.

이들은 해방 직후 모두 북한으로 들어가 조선신민당을 조직한 뒤 김일성과 제휴해 북한정권의 한 축을 형성했다. 김두봉은 최고인민회의 상임위원회 위원장 자리까지 올랐다. 이 진영을 흔히 '연안파'라고 칭한다. 그러나 이들은 김일성과의 권력투쟁에서 패해 1950년대 후반에 대부분 숙청되고 말았다.

당시 조선의용대가 한 일은 대부분 선전선동 등 일본군에 대한 선무공작이었다. 일어 삐라를 만들어 일본군에게 퍼뜨리고, 표어를 만들어 곳곳에 부착하고, 직접 마이크를 들고 선전하는 것 등이 이들의 업무였다. 일본군과 강을 하나 사이에 두고 선무공작을 펼친 까닭에 서로 욕설도 하고 우스갯소리도 했다. 그러던 중 새로운 일이 생겼다. 8로군이 일본군을 대거 포로를 잡게 되면서 그들을 지도하는 일에 조선 사람들이 필요하게 된 것이다. 김성숙은 이정식과의 면담에서 당시의 참담했던 심경을 이같이 격하게 털어놓았다.

"나는 정치운동을 그래도 50여 년 동안 해왔는데 우리나라 사람들과는 못해 먹겠소. 중국 사람은 훨씬 낫소. 중국 사람도 풍파 같은 것이 많지만 자기보다 조금 나으면 나은 사람으로 높이 모실 줄 아오. 복종할 줄도 알고 지지도 해요. 우리나라 사람들은 조금이라도 자기보다 나은 사람이 있으면 그걸 어떻게 해서든 헐뜯어 자기보다 못한 사람으로 만들려고 애를 쓰거든. 그리고 자주성이라는 것이 참 없소. 주체의식이니 자주의식 하는 것이 우리나라 사람들에게는 참 없고 그저 세리(勢利)를 따져 이익이 있는 곳에 달라붙는 데는 첫째니까 말이오."

이는 좌익세력의 분열을 지적한 것이다. 이를 통해 짐작할 수 있듯이 해방이 가까워 오자 좌익 독립혁명가들 내에 세리를 따져 움직이는 통탄스런 모습이 노골화하고 있었다. 충칭임정이 줄곧 피폐를 면치 못한 것도 이와 무관치 않았다. 함께 피를 흘리며 항일투쟁을 전개하는 마당에 독립혁명가들은 시종 좌우를 막론하고 출신지역과 배경 등에 따른 파벌의식에서 결코 벗어나지 못했던 것이다. 이는 훗날 해방정국의 혼란을 더욱 가중시켜 끝내 분단으로 이어지는 한 요인이 되었다.

그러나 김구가 여러 어려운 상황에도 불구하고 해방 전의 임정을 꾸려나간 점은 평가할 만하다. 임정은 김구가 없었다면 명목상으로도 존재치 못했을 것이다. 해방 전의 임정은 전적으로 그가 이끌다시피 했다. 그는 1933년에 난징에서 장제스를 만나 한중 양국의 우의를 돈독히 할 것을 다짐한 바 있다. 당시 그가 중국 뤄양(洛陽) 군관학교를 해방군 무관양성소로 사용할 수 있도록 합의를 이끌어 낸 것은 주목받을 만한 성과였다. 그는 1934년에 임시정부 국무령에 재선되자 이듬해에 한국

국민당을 조직한 데 이어 1939년에는 임정의 주석에 취임하였다.

김구는 1940년에 임정이 청사를 충칭으로 옮기는 것을 계기로 '한국해방군'을 조직한 뒤 총사령관에 지청천(池青天), 참모장에 이범석(李範奭)을 임명하는 등 조선독립에 대비한 행보를 가속화했다. 1940년 6월에는 조선민족당과 한국독립당, 조선혁명당을 비롯해 6개의 해외 한인단체까지 포함한 한국독립당을 발족시켰다. 이해 9월 17일에는 새로운 진용을 갖춘 '대한독립군' 사령부가 충칭에 설립되는 것을 계기로 1920년대 이래 시종 명목상으로만 존재해 오던 대한민국 임시정부가 충칭에서 화려하게 부활했다. 대한독립군은 일본육사 출신인 이중근(李中勤)이 지휘했다. 당시 대한독립군은 장제스로부터 공식적인 재정지원을 받았다. 이때 발표된 포고문에 의하면 이중근의 사령부는 화북에 두고, 군대는 만주의 한인유격대와 일본군에서 탈주한 한인병사로 충원키로 되어 있었다. 이들은 김원봉의 조선의용군도 끌어들이고자 했다.

충칭임정은 일본의 진주만 기습에 즈음한 1941년 12월에 비록 명목상이기는 하나 대한민국 임시정부의 이름으로 대일선전포고를 하면서 임전태세에 돌입했다. 이듬해 7월에는 충칭임정과 중국정부 간에 해방군지원에 대한 정식협정이 체결된 것을 계기로 중국 각지에서 연합군과 함께 항일공동작전에 나서게 되었다. 김구는 1944년에는 개정된 헌법에 따라 임시정부 주석에 재선되었다. 이때 부주석에 김규식, 국무위원에 이시영 등이 취임했다.

당시 김구는 일본군에 강제 징집된 학도병들을 조선독립군에 편입시키는 등 발 빠른 행보를 보였다. 산시성(陝西省)의 시안(西安)과 안후이성(安徽省)의 푸양(阜陽) 등지에 한국해방군 특별훈련반을 설치한 뒤 미국의 육군전략처와 제휴해 비밀특수공작 훈련부대인 낙하산

부대를 운영한 게 그 실례이다. 그는 한반도 수복을 위한 군사훈련을 지휘하던 중 시안에서 8.15 해방을 맞이하게 되었다.

사실 한인 혁명가들에게 일본의 패망이 보다 구체적으로 예견된 것은 1941년 말에 일본이 진주만을 폭격하는 소위 '태평양전쟁'의 발발로 인한 것이었다. 그러나 충칭의 한국독립당과 한국국민당, 조선혁명당 등 3당은 이미 한 해전인 1940년 5월에 한국독립당으로 발전적 해체와 통합을 이뤄내고 김구를 집행위원장으로 뽑았다. 미리 앞일을 내다본 것이다.

당시 한국독립당은 합작과 통일을 내세우면서 민족진영의 대동단결을 꾀해 나갔다. 1941년에 접어들면서 민족혁명당의 김규식이 충칭으로 옮겨왔다. 얼마 후 장건상이 국내를 벗어나 임정으로 왔다. 이어 6월에 쑨원의 아들 쑨커(孫科)를 회장으로 하고 한국독립당의 조소앙과 민족혁명당의 김규식을 각각 부회장으로 하는 '한중문화협회'가 창립되었다. 이때 김성숙은 상임이사 겸 선전위원으로 선출되었다. 이 시점에서 김성숙은 모든 항일조직의 임정으로의 통합을 외쳤다. 김성숙의 이런 움직임을 두고 임정계의 여성 투사 정정화는 자서전인 『녹두꽃』에서 이렇게 회고한 바 있다.

"1941년 말에 반가운 일이 생기게 되었으니 조선민족전선 진영의 하나인 조선민족해방동맹이 임시정부 지지를 선언하고 나선 것이다. 김성숙, 박건웅(朴建雄), 김재호(金在浩 : 일명 胡建)와 신정완(申貞婉) 부부 등 불과 십여 명으로 구성된 조선민족해방동맹은 충칭에서 유일하게 공산주의를 표방한 단체였다. 사실 대부분의 좌파인사들은 이들을 오히려 기회주의자이고 분파주의자로 몰아세웠다. 조선민족전선의 한 진영이 임정을 지지한다고 선언한 것은 당시의 상황에서 볼 때 일대 변화였다."

당시 김성숙의 독립운동 세력의 통합운동을 보필한 인물은 박건웅이었다. 그는 앞장서 김성숙을 도와주었다. 김성숙은 이때부터 특히 박건웅과 아주 가까워져 해방과 더불어 국내에 돌아와서도 함께 일을 했다. 신정완은 신익희(申翼熙)의 딸이었다.

원래 해공(海公) 신익희는 1894년에 경기도 광주에서 태어났다. 1916년에 일본 와세다대학 정경학부를 졸업하고 보성법률상업학교 교수로 재직하다가 3 · 1운동에 참여한 뒤 중국으로 망명해 해방 전까지 26년 동안 임정을 일관되게 지켰다. 내무총장 대리로 시작해 법무총장과 문교부장, 외교부장, 내무부장을 거쳤다. 이 와중에 중국군 육군중장을 겸하기도 했고 의열단 단장 김원봉과 함께 조선의용대를 결성키도 했다.

그는 한때 조선혁명당을 조직했으나 정당통합에 앞장서 한국독립당에 참여했다. 임정 시절에 김구 및 김규식, 조소앙 등과 가깝게 지냈다. 중국에서 그는 왕해공(王海公)이라는 별호를 쓰기도 했다. 때로는 미국의 애국자 패트릭 헨리의 이름을 따서 서양인들 앞에서 자신을 소개할 때는 '패트릭 헨리 신익희'를 자칭하기도 했다. 김성숙은 1942년에 임정의 내무차장에 취임했다. 1943년 2월에 임정 외무부 산하 외교위원회 연구위원도 맡았다. 이를 계기로 오랫동안 대립해 해방운동단체연합회와 민족전선연맹은 해체를 선언하고 임정으로 결집했다.

당시 김성숙은 임정의 국무위원으로 뽑혔다. 훗날 김성숙은 운명하기 1년 전에 『월간중앙』 1968년 8월호에 기고한 글에서 당시의 상황을 이같이 회상했다.

"한국 임시정부는 과거 30여 년간 험악한 파란과 모든 악조건을 극복해 가면서 3 · 1운동의 반일독립과 민주건국의 대원칙을 견지해 왔다. 이는 물론 우리 민족의 가장 우수한 지도자 안창호와 이동녕, 이시영, 김구, 조완구, 조소앙 등 여러 선생들의 애국단충(愛國丹忠)과 와신상담의 정신으로 불굴불요 · 혈전분투해 온 위대한 공적이라고 생각한다. 그런데 다른 일면으로 보면 과거 반세기 동안 국제국내의 정세가 크게 변화되었다. 소련의 공산혁명과 중국의 국민혁명, 일본의 사회운동의 발전 등 국제정치적 신조류는 우리 민족사회에 중대한 영향을 주게 되었고 따라서 민족의 정치적 각성이 고도로 촉진되었다. 이러한 정세의 변천은 우리 독립운동 내부에 정치적사상적 분열을 초래해 여러 가지 명목의 반일혁명단체가 각지에서 생장 · 발전하였다. 이 모든 신흥혁명진영은 거개가 임정을 지지하지 않을 뿐 아니라 대립 · 상쟁하는 태도를 취하게 되었다. 동시에 임정 지도층에는 완고한 전근대적 사고방식이 깊은 뿌리를 박고 있어 임정은 극히 보수적인 반일집단이라는 지목을 받게 되었다. 그런데 중일전쟁이 일어나고 제2차 세계대전이 폭발해 전세가 연합군 측에 유리하게 발전되어 일본의 패망이 명확히 전개됨에 따라 한국의 반일독립전선은 심대한 고무적 충격을 받음과 동시에 다 같이 반일혁명진영의 총결집을 호소하게 되었다. 임정은 재빨리 이 시기를 포착해 종래의 대립 · 상쟁하던 여러 혁명단체들을 임정 산하에 포섭하는데 성공했다. 김구씨를 중심으로 한 '한국해방단체연합회'와 김원봉씨를 중심으로 한 '조선민족전선연맹'은 총단결하여 임정을 지지하게 되었다."

이를 통해 알 수 있듯이 당시 김성숙은 임정에 참여한 뒤 독립운동 무장세력의 조속한 통합을 역설하고 다녔다. 한국해방군이 확대 · 개편되는 과정에서 의열단의 김원봉을 데려다가 군사부장을 시킨 데에는 김성숙의 역할이 컸다. 당시 한국해방군 부주석은 김규식이 맡았다. 김성숙은 『월간중앙』 기고문에서도 비슷하게 회고했다.

"임정의 임시의정원을 확대개조하고 민족전선연맹 산하의 조선의용대를 한국해방군으로 개편해 정부와 군사의 단일 지도체제를 확립하게 되었다. 시기는 늦었지만 또한 다행한 일이라 아니할 수 없다."

이정식에 따르면 임정의 군사위원회는 1937년에 산하에 혁명군을 창설할 것을 결의한 바 있다. 김구가 1940년 6월의 기자회견에서 한국해방군 창설의사를 밝힌 뒤 한국해방군은 마침내 이해 9월 17일에 국민당 정부의 승인 하에 그 모습을 드러냈다. 한국해방군은 김성숙이 임정에 가담하기 이전에 이미 발족한 것이다. 그러나 이는 상징성이 약했다. 김원봉이 이끄는 조선의용대가 빠져 있었기 때문이다. 이런 의미에서 1941년 5월에 김원봉이 이끄는 조선의용대가 해방군 제1지대로 바뀌어 임정 산하의 무장조직으로 들어온 것은 크게 평가할 만하다. 1942년 7월에 이르러 한국해방군은 비로소 김원봉의 지휘 아래 여전히 남아 있던 조선의용대의 일부 대원을 모두 흡수해 3개 지대로 개편했다. 이때 김원봉은 한국해방군 부사령관으로 승진했다.

1944년 4월에 제36회 임시의정원 회의에서 임시헌장이 통과되면서 충칭임정은 비로소 한국독립당 일색에서 벗어났다. 김규식이 부주석, 김원봉이 군무부장, 김성숙과 장건상 및 유림(柳林)과 같은 혁신세력들이 무임소 국무위원으로 참여했다.

원래 유림은 호가 단주(旦洲)로 신채호 및 김창숙에 버금가는 강골의 선비이다. 그는 1894년에 경북 안동군 월곡면에서 지주인 유이흠(柳頤欽)의 아들로 태어나 오랫동안 한학을 익혔다. 고향에서 3·1운동에 가담한 뒤 이내 가산을 정리해 만주로 떠나 이회영 등이 세운 서로군정서(西路軍政署)에서 활약하면서 신채호 및 김창숙의 영향을 받아 아나키스트가 되었다.

중국 쓰촨성(四川省)의 청뚜(成都) 대학을 졸업한 그는 서로군정서가 확대·개편된 지린성(吉林省)의 정의부(正義府)에 들어가 항일무력투쟁에 종사했다. 정의부는 서간도 중심의 참의부(參義府)와 소만국경 부근의 신민부(新民府)와 더불어 남만주 최대의 독립운동단체였다. 그러나 도중에 일경에 체포돼 대전감옥에서 5년 동안 옥살이를 했다. 출소하자마자 그는 변장을 하여 만주로 탈출한 뒤 독립운동 진영의 재편을 위해 헌신하다가 1942년 여름에 1만 리 길을 걸어서 충칭으로 갔다. 당시 그는 스스로 '진정한 아나키스트'를 자처했다. 정부의 존재 자체를 거부하는 통상적인 무정부주의자와 달리 진정한 아나키스트는 강압적 권력의 타율정부는 거부하되 자율정부를 수용하는 점에서 근원적인 차이가 있다는 것이 그의 주장이었다.

유림과 같은 인물들의 임정참여는 독립운동 세력의 구심점으로서의 임정의 면모를 일신하는 데 크게 기여했다. 원래 1930년대까지만 해도 임정은 한국 독립운동의 대표적 기구라고 말하기에는 여러 면에서 크게 부족했다. 특히 잇따른 내분으로 파벌 간의 갈등도 심각해 임시정부로서의 면모를 찾아보기가 어려웠다.

그러나 중일전쟁과 태평양전쟁으로 인해 독립의 서광이 비치면서 독립혁명가들의 대동단결이 절실해지자 독립운동의 구심체로 부상하기 시작했다. 유림이 충칭의 임정에 가담케 된 것도 이와 무관치 않았다.

1937년 8월에 결성된 우파의 '한국해방전선'과 그해 11월에 결성된 좌파의 '조선민족전선연맹'이 임정의 테두리 안에서 통일전선을 구축케 된 것은 1944년 4월경이었다. 이로 인해 임시의정원 제36차 회의에서 임시헌장이 통과되고 6–10인으로 제한된 국무위원 숫자가 8–14인 이내로 대폭 확대되었다. 이에 김성숙을 비롯해 유림과 김원봉, 성주식(成周寔), 김붕준(金朋濬) 등 진보적인 인사 5인이 새로이 임정 국무위원이 된 것이다. 이들의 가담으로 임정 국무위원회는 비록 완전하지는 않지만 형식적인 통일전선을 이루게 되었다.

당시 임정에 참여한 당파는 한국독립당을 비롯해 조선민족혁명당, 조선민족혁명자통일연맹, 해방동맹, 조선무정부주의자연맹(朝鮮無政府主義者聯盟) 등 5개 단체였다. 유림은 유자명과 함께 조선무정부주의자의 대표자격으로 임정에 참여했다. 유림은 해방 후 귀국해 1946년 7월 7일에 국내 아나키스트들이 서울 필동의 역경원(譯經院)에서 발족한 독립노농당(獨立勞農黨)의 위원장이 되어 미군정을 비판하는 데 앞장섰다. 5·10선거에서 일부 당원들이 무소속 혹은 각종 사회단체 명의를 빌려 당선되자 유림은 이들을 모두 제명시켰다. 이때 훗날 유신체제에 맞서 투쟁했던 양일동(梁一東)도 독립노농당을 떠났다.

무정부주의자 유림이 임정에 참여할 당시 김성숙의 행적에 대한 자료는 극히 희소하다. 임정에 참여한 이후의 김성숙에 대해 이정식의 면담록은 완전히 침묵하고 있다. 대략 여타 기록을 종합하면 김성숙은 당시 임정에서 주로 외무부 안에 설치된 외교연구위원회에 근무하며 중일전쟁에 대한 분석에 치중했던 것으로 짐작된다.

당시 외교연구위원회는 외교에 관한 일반 원칙과 정책 및 방침을 연구하는 임무를 띠고 있었다. 1942년 8월에 발족할 당시에는 장건상과 신익희 등이 연구위원으로 있었다. 이듬해인 1943년 2월에는 김성숙을 비롯해 박찬익(朴贊翊)과 최동오(崔東旿), 유림 등이 연구위원으로 가담했다. 해방 이후 독립운동사편찬위원회에서 펴낸 『독립운동사』는 이때 비로소 임정의 외교활동이 그 체계를 갖추게 되었다고 기록해 놓았다. 이론가로서의 김성숙의 면모가 약여하게 드러나는 대목이다.

이밖에도 김성숙의 당시 행보를 알 수 있는 자료가 하나 있다. 1945년 1월 31일부터 2월 20일까지 충칭에 있었던 청년 독립혁명가 김준엽

(金俊燁) 은 『오호! 나의 해방군 시절』에서 당시의 김성숙을 이같이 그려놓았다.

[나는 조선민족해방동맹의 김성숙 선생을 찾았다. 꼬불꼬불한 충칭의 언덕 뒷골목에 있는 그의 거처를 간신히 찾아갔더니 다행히도 그는 집에 있었다. 해방동맹이라고 해야 김성숙 선생과 박건웅 씨 둘이서 이끄는 정당이었다. 박건웅 씨도 함께 만나게 되었는데 그들은 높은 언덕 위의 조그마한 죽제(竹製) 가옥에서 자취생활을 하고 있었다. 충칭에서의 소문은 그들이 진짜 '빨갱이' 라는 것이었다. 이것은 김원봉보다 훨씬 좌경했다는 뜻이다. 숨을 헐떡이며 집을 찾으니 김성숙 선생은 천만 뜻밖의 방문으로 여기면서도 여간 놀라고도 기뻐하지 않았다. 그때 그는 49세였지만 머리카락이 없는 넓은 대머리가 되어 나이보다도 훨씬 늙어 보였다.

"날보고 빨갱이라고 하는데 나를 찾아와도 김동지는 괜찮겠소."

"저는 왜적과 싸워온 선배님들을 모두 존경합니다. 그리고 싸우는 방략이나 앞으로 건국이 되면 우리 민족이 어떤 길을 택해야 하는 방도에 대해서도 선배님의 고견을 듣고 싶어 찾아왔습니다."

이것이 우리들의 첫 번째 대화였다. 그는 나의 태도를 흐뭇하게 생각했는지 손수 차를 끓여 대접하는 것이었다.

"내가 진짜 빨갱이라면 왜 충칭에 남아 임시정부의 국무위원으로 있었겠소. 나도 연안에 가려면 얼마든지 갈 수 있어요."

그는 강력히 자신은 공산주의자가 아니라고 하면서 그가 겪어온 얘기를 들려주었다. 그의 일생도 형극의 길이었고 또한 공산주의자라는 평을 받을 만한 대목도 있었다. 광저우 폭동 경력 등으로 말미암아 그는 '진짜 빨갱이' 라는 평을 듣게 된 것이다. 그는 국내의 다수가 무산대중인데 그들의 지지 없이 어떻게 나라를 운영할 수 있겠는가 하면서도 계급투쟁이나 폭력혁명은 반대한다고 했고, 또 나라의 독립이 까마득한데 언제 건국 후의 일을 생각하겠는가. 우선 모든 사람이 힘을 합쳐 일제의 노예가 되어 있는 동족들을 해방시키는 것이 급선무라고 열띤 어조로 이야기 하는 것이었다. 그는 외관으로 보면 승려와 같은 인상이었지만 말문이 열리니까 대단히 열정적이었다.]

임정통합운동이 어느 정도 진전된 뒤 김성숙의 행보는 더욱 빨라졌다. 1943년 11월에 카이로에서 미 · 영 · 중 3대국의 정상회담이 열려 한국문제가 논의되었다. 카이로 선언에 '적절한 과정을 거쳐' 한국을 독립시킨다는 구절이 삽입되었다. 당시 중국 신문들은 이를 '적절한 시기'로 번역했다. 충칭임정은 처음에 독립이 보장된 것으로 믿었으나 내용을 정확히 파악한 후 카이로 선언을 축하하기 위해 준비한 연회를 취소했다.

구대열의 「일제 식민지시대 한반도의 국제관계」 논고에 따르면 당시 임정이 특히 놀란 것은 장차 중국이 한국의 신탁통치국이 될 것이라는 우려 때문이었다. 이후 임정은 독립운동의 본부를 워싱턴으로 옮길 것을 고려하지만 이는 중국 측의 방해공작으로 성공하지 못했다.

1944년 이후 서방 열강들은 한반도 문제를 본격적으로 논의하면서 정보부족을 절감하고 충칭의 대사관에 한국에 관한 보다 많은 정보를 보내라는 훈령을 내렸다. 미국 대사관은 조소앙 등 임정 인사들과도 접촉했지만 중국 외교부 관리들을 통해 더 많은 정보를 얻었다. 구대열에 따르면 이런 상황에서 중국은 한국에 관해 자신들에게 유리한 정보만 제공했다. 그 결과 미국 등에게 한국은 일본으로부터 독립을 해야 하나 독립할 능력이 없다는 식의 왜곡된 인식을 심어주었다. 그의 이런 주장은 카이로 회담에서 중국의 장제스가 충칭임정의 승인을 제의하자 영국의 처칠 수상이 이를 반대했고, 미국의 프랭클린 루즈벨트가 절충안으로 신탁통치안을 제시했다는 기존의 해석과 완전히 다른 것이다. 과연 어느 것이 맞는 것일까. 김성숙은 『월간중앙』에서 당시의 상황을 이같이 분석했다.

"카이로 회담은 일본의 패망을 목전에 전망하면서 연합국의 대일전투와 일본 패망 후 전후처리에 관한 문제들을 토의하는 회담이므로 한국이 독립문제를 정할 수 있는 중대 회담이었다. 그래서 임시정부는 여러 차례 중국 정부의 고위층과 특히 장제스 총통을 상대해 이 문제를 논의한 결과 장 총통은 한국의 즉시 독립을 주장하도록 되었다. 그러나 카이로 선언문을 보면 일본의 패망과 동시에 한국이 독립이 아니고 소위 적당한 시기에 독립을 보장한다는 것이었다. 이 선언은 임정뿐만 아니라 전체 한국 독립혁명가들에게 청천벽력과 같은 타격을 주었다. 이에 임정을 구성한 각 혁명단체들은 분연히 일어나 카이로 선언의 소위 '적당한 시기의 독립보장'을 반대했다. 일본의 패망과 동시에 즉각 독립을 주장하는 해명서를 발표했다. 그러나 이러한 성명활동은 당시 이미 진행되고 있는 대세를 역전시키지는 못하고 다만 한국민족의 의사를 표시하는 데 불과했다. 임정에 집결한 한국 독립운동 지도자들은 지난 반세기 동안 반일독립과 민주자유를 위해 악전고투한 나머지 이번 카이로 회담을 천재일우의 기회로 인정하고 커다란 희망이 실현되리라고 기대했다. 그런데 이 꿈이 무참히 깨어지게 되니 그들은 이 대세의 압력 아래 다시 새로운 변화가 있기를 기다리는 동시에 자기 반성의 기회를 얻게 되었다. 당시 카이로 회담에 참가했던 중국 관원 측으로부터 흘러나온 소식에 의하면 장제스 총통은 한국의 즉시 독립을 주장한데 반해 처칠 영국 수상은 한국민족은 자신들의 생활을 자신들이 관리할 능력이 없는 민족이므로 적당한 시기를 기다려 독립을 보장해야 한다고 주장했다. 루즈벨트 미국 대통령은 이래도 좋고 저래도 좋다는 태도를 취했다고 전해졌다."

김성숙의 이런 언급은 기본적으로 당시 중국 측의 전언을 토대로 한 것인 까닭에 사실과 다를 공산이 크다. 김학준은 장제스가 임정을 승인하자고 제의하자 처칠이 반대했고 드골의 망명정부가 임정을 승인했다는 김성숙의 진술을 뒷받침할 만한 1차 자료를 찾지 못한 점을 근거로 당시 중국 측이 김성숙에게 사실과 다른 얘기를 전했을 가능성을 제기하고 있다. 그러나 김학준은 다만 장제스가 일본 패망 직후 한국에 독립을 선사해 줄 것을 제의한 데 대해 처칠이 반대했음은 확실하고, 루즈벨트가 '적당한 시기에' 라는 구절을 넣은 것도 두 사람의 입장을 타협해서가 아니라 그 스스로 그런 생각을 갖고 있었기 때문이라고 주장했다.

대략 이와 관련해서는 김학준과 구대열의 주장을 종합해 판단하는 것이 타당할 듯하다. 카이로 회담 이후의 임정 분위기는 이정식과의 면담에서 나온 구술보다 그의 월간지 기고문이 보다 더 정확하다. 김성숙은『월간중앙』기고문에서 이같이 썼다.

"태평양의 전세는 급속히 역전되어 일본의 패망과 우리의 해방은 아주 단시(短時)에 박두하게 되었는데, 임정은 자신의 약체와 여러 가지 조건의 미비로 목첩(目睫 : 눈앞)에 박두한 해방을 맞이할 만한 태세를 갖추지 못했다. 첫째, 대내적으로 임정은 중국본토에서 전시에는 일부 독립혁명가들만의 의사를 대표할 수 있고 실질적으로는 전민족의 의사를 대표할 수 있는 형식을 갖추지 못했다. 만주나 시베리아 지방의 독립혁명가들의 의사를 대표할 수도 없었으므로 미주와 만주와 시베리아의 독립혁명가들은 임정을 지지하지 않고 있었다. 둘째, 대외적으로 전쟁 중 대일선전포고를 했고, 해방군은 실제로 대일전투에 가담했으나 임정은 연합국으로부터 교전단체의 자격을 획득하지 못하고 오직 중국 항일전선의 일익으로 참전했을 뿐이다. 그래서 임정은 중국 정부 이외의 다른 연합국 정부의 확고한 승인을 얻지 못하고 있었다. 외교사절의 교환도 물론 없었다."

당시 김성숙이 볼 때 임정은 좌우전후가 꽉 막혀 있는 곤경에 처해 있었다. 일본이 항복할 날을 손꼽아 기다릴 뿐 자력으로 곤경에서 탈출할 묘방이 거의 없었다. 그래서 일본의 패망이 더욱 가까워올수록 임정 지도층의 고민은 더욱 깊어졌다. 이때 바늘구멍 같은 희망이 보이기 시작했다.

1945년 4월에 유엔 창립총회인 샌프란시스코 회의가 열렸다. 중국 정부의 고위소식통으로부터 중국 정부가 앞장서 유엔 창립총회에 임정을 옵저버 자격으로 참가하도록 초청했다는 소식이 흘러나왔다. 임정 요인들은 암흑 속에서 한 줄기 광명을 본 듯이 환호했다. 중국 정부는 임정에 대해 속히 총회에 참가할 옵저버 사절단의 조직과 미국으로의 입국수속을 서두르라고 독촉했다. 인선을 서두르던 중 옵저버로 참가하라고 해서 그리하기로 하고 다시 인선에 박차를 가했다. 임정은 외교부장 조소앙을 사절단장, 임정의 주미외교위원장 이승만을 부단장으로 선정하고 입국수속을 서둘렀다.

중국을 대표해 중국국민당 정부가 참가하면서 중국공산당 대표 몇 사람을 그 속에 옵저버로 끼워 보낼 때 중국공산당의 둥비우(董必武)가 그 안에 끼었다. 김성숙과 가까웠던 둥비우는 떠나기에 앞서 김성숙에게 '너희가 이번에 옵저버로 가서 잘 하면 좋을 것이다' 라는 덕담까지 건넸다. 그런데 한국 대표단의 미국행 수속이 지지부진했다. 당시 미국에 입국하는 문제가 여간 까다롭지 않았다. 차일피일 미루다가 이내 가지 못하게 되었다. 임정은 급히 전보를 쳐 이승만을 단장으로 하여 참석하게 했다. 그런데 이때 이상한 일이 빚어졌다. 김성숙은 이정식과의 면담에서 당시의 황당한 심경을 이같이 밝혔다.

"당시 이승만은 미국에서 공화당 쪽 사람하고 가까웠소. 공화당에서 민주당에 대한 반발이 굉장히 심할 때였소. 이승만이 공화당의 충동을 받아 굉장히 나쁜 짓을 많이 했소, 샌프란시스코회의에서 말이오. 나중에 동필무가 돌아와서 하는 얘기가 '이제는 너희 다 틀렸다. 이젠 모든 일이 다 틀렸어' 뿐이야. 그동안 나는 동필무나 주은래와 가깝게 사귀면서 그들을 통해 소련과 임정과의 사이를 많이 좋게 만들어 놓았는데 이것이 수포로 돌아가고 만 것이오. 충칭에서 소련 대사관이 리셉션을 베푼 때가 있었소. 임정요원들도 많이 청했소. 중국공산당 친구들은 소련이 임정에 대한 이해가 전혀 없으니까 이런 기회를 통해 임정을 이해하도록 중간에 서서 애를 쓴 것이오. 그런데 동필무 얘기로는 이승만이 샌프란시스코에서 모두 망쳐버렸다는 것이오. 당시 샌스란시스코 회의에서 이승만이 단장이라고 해 삐라를 돌리고 성명서를 냈소. 소련이 1945년 2월에 열렸던 얄타회담에서 한반도를 다 팔아먹었다고 야단을 치는 내용이라는 것이었소. 이런 짓을 했는데 웬 여자가 이를 돌리더라는 것이오. 그때 그 여자가 어떤 여자인지 모르겠으나 동필무 자신도 그것을 받았다는 것이오. 그때 소련은 전승국으로서 참가할 때이고 소련 대표단장 몰로토프(V. Molotov) 외상은 굉장한 우위를 과시할 때였소. 몰로토프가 화가 나 '이게 뭐냐' 고 집어던지고 화가 굉장히 났던 모양이오. 그래서 결국 소련이 임정을 굉장히 반대하고 그러니까 그때 공화당으로서는 민주당을 곤란하게 만드느라고 이런 짓을 했단 말이오. 그런데 그것을 이승만이 앞장 서 그런 일을 했거든. 자, 그래 놓으니 그동안 그래도 임정에 대해 소련에서 좋게 생각했는데 갑자기 그런 일이 나타나니까 소련에서 그만 화가 났지. 소련은 그때 『전쟁과 공인계급(工人階級)』이라는 외교잡지를 발간했는데, 거기에다가 임정에 대한 그런 것을 써냈는데 욕을 무지막지하게 했어. 그 잡지는 소련말로 된 것인데 중국에도 나돌고. 그래서 임정은 꼼짝 못하게 됐어. 이런 일을 중국 대표단이 돌아와 다 얘기했지. 그때 이승만을 단장으로 삼은 것이 잘못이었어. 내가 임정 국무회의에서 이승만을 파면하라, 소위 주미대표 자리에서 파면하라고 주장했지. 결국 임정의 주미외교위원장을 파면시켰지. 여기에 자극되어 미국에서는 한족회(韓族會)라는 것이 김호(金乎)와 김원용(金元容), 한시대(韓始大) 같은 사람들을 중심으로 따로 조직되었어. 그때 나는 '임정의 의정원을 고쳐야 한다. 임정이나 의정원이라는 것이 충칭 인물 몇 사람이 모여 만들어 놓은 것이니 전 민족의 의견을 대표하지 못할 뿐만 아니라 해외의 모든 독립운동단체들도 대표하지 못한다. 그러니까 의정원을 새로 소집하자. 미주와 만주와 시베리아와 소련에 있는 대표들을 모두 총망라해서 다시 조직하자' 고 했지. 그러나 통하지 않았어. 그렇게 했다가는 임정이 누구 손에 갈지 모르니까. 어떻든 이승만 때문에 임정은 이제 중국공산당도 외면하게 되고 장제스도 할 말이 없게 되었소. 장제스로도 임정 가지고 말하다가 소련하고 틀어지게 생겼소. 그래서 임정이 다시는 제대로 국제적으로 발언을 하지 못하게 되었지. 그래 해방이 되었을 때 임정 간판을 들고 국내에 들어가려고 하니까 연합국이 안 된다고 해서 개인 자격으로 들어가게 된 것이오."

김성숙의 이 주장이 사실이라면 이승만은 커다란 비판을 받을 만했다. 아무리 소련의 속셈과 책동을 꿰고 있었다고 할지라도 이승만의 이런 행보는 민족통합의 여망을 저버리는 소아적인 행보로 비난받을 소지가 크다. 과연 이승만이 이런 일을 저질렀던 것일까. 만일 그게 사실이라면 그 이유는 무엇이었을까. 이 대목과 관련해 김성숙은 『월간 중앙』 기고문에 이같이 썼다.

"유엔 총회가 끝난 뒤 중국 대표단의 한 사람인 동필무의 보고에 의하면 이승만 씨는 임정대표로 참석해 맹렬한 반소활동을 벌였다는 것이다. 예를 들면 임정대표의 명의로 된 반소 전단을 만들어 대회장 내외에 살포했는데, 그 요지는 소위 얄타회담의 비밀을 공포하라, 미국 민주당 정부는 소련과 결탁해 한국을 소련 적제(赤帝)에 방매했다는 것 등이라 한다. 실제로 몰로토프를 단장으로 한 소련 대표단은 임정에 대해 아무런 악의나 적의를 가진 바 없었는데, 이 소위 반소 전단이 살포된 뒤로는 그 태도를 일변해 임정은 중국 국민당의 주구인 반소 특무기관이라고 지적하고 유엔 총회를 파괴하려는 반동적 행동이라고 규정했다고 한다. 그 뒤 소련 외교부의 기관지인 『전쟁과 공인계급』 잡지에 임정에 관한 장편의 논문을 게재하여 임정을 무자비하게 규탄했다. 필자는 중국 대표단의 일인이었던 동필무로부터 이상과 같은 사실을 소상히 듣고 커다란 실망을 느끼는 동시에 크게 격분했다. 당시 소련은 제2차 세계대전의 1등 전승국으로 국제적으로 강대한 발언권을 가지게 되었다. 미국 민주당 정부는 소련을 대일전선으로 끌어들이기 위해 열중했고 임시정부도 일제 타도를 위해 악마인 소련과 악수하지 않을 수 없는 처지였다. 임정의 처지로 말하면 연합국 각 대표들에게 한국 전체 민족의 반일독립의 의사를 전달하면서 각국과의 친선을 도모하며, 특히 그들의 정치적 · 경제적 · 군사적 원조를 획득하는 데 주요 목적이 있는 것이다. 그래서 임정은 비록 옵저버 자격이라도 유엔 총회에 참가하게 된 것을 크게 다행한 일로 생각했던 것인데, 이것이 이승만의 맹목적 반소활동에 의해 산산이 부서지고 말았다. 필자는 이 사태의 중대성을 절감하고 즉시 조소앙과 김원봉, 장건상 제씨와 상의하고 김구

주석에게 임정 국무위원회의 즉각 소집을 청했다. 이 회의에서 필자는 다음 세 가지 문제를 제기했다. 1) 이승만 씨를 주미외교위원회장으로부터 면직할 것, 2) 정부는 이승만 씨의 맹목적 행동에 관해 미소 정부에 대해 적당한 해명과 사과를 할 것, 3) 정부는 해외 각지에 산재한 각종 반일혁명 단체의 대표자를 소집해 비상민족대표자 대회를 조직하고 이 대회에서 의정원을 확대개조하고 국무위원회를 개선해 임정을 미주, 만주, 시베리아 등지에 산재한 반일혁명대중의 기반 위에 수립토록 할 것. 이 국무위원회에서 다수 표결에 의해 이승만 씨의 면직은 처리되었으나 다른 2-3항에 대해서는 장시간 논의 끝에 결말을 못 보고 말았다. 필자는 이에 분개해 국무위원의 사퇴서를 김구 주석에게 제출하고 충칭시에서 수십리 밖에 있는 반계(磻溪)라는 별장지대로 이주해 잠시 피서와 휴양을 취했다."

김성숙의 기고문 내용으로 보아 당시 이승만은 그 중요한 시기에 소련을 반대하는 모습을 드러냄으로써 분단을 전제로 한 남한 단정의 집권을 꾀했다는 비난을 면키 어렵다. 이승만은 도대체 왜 이런 일을 벌인 것일까. 송건호는『한국현대인물사론』에서 이승만이 샌프란시스코 회의에서 보여준 활동을 이같이 비판한 바 있다.

"전쟁이 막바지에 달하고 샌프란시스코에서 유엔 창립 준비가 연합국 사이에서 시작되자 이곳에 많은 한인 지도자들이 독립문제를 협의하고자 모여들었다. 그러나 이들 사이에서는 벌써 장차 독립될 한국정부를 공산주의자와 연립해 세울 것인가 아닌가의 문제를 놓고 격렬한 논쟁이 벌어졌다. 이때 이승만은 공산주의자들에게는 정부 요직을 줄 수 없다고 주장해 독립도 하기 전에 벌써 자리다툼을 하는 듯한 인상을 샌프란시스코에 와 있는 외국지도자들에게 주었다."

이러한 글들은 샌프란시스코 회의에서 이승만이 한 활동과 이에 대한 몰로토프의 반응을 1차 자료를 중심으로 검토할 필요성을 제기하고 있다. 그러나 김학준은 김성숙의 증언에 나온 『전쟁과 공인계급』에서 임정관계 논문을 반드시 찾아 그 전문을 검토코자 했으나 아직 그 논문을 찾지 못한 점을 근거로 의문을 제기하고 있다. 김학준은 다만 그러한 1차 자료들을 찾지 못한 상태일지라도 여러 다른 자료들을 종합해 김성숙과 송건호의 설명들이 사실에 부합하는지를 검토했다. 결론부터 말해 그들의 이승만에 대한 비판은 공평하지 않다는 것이 그의 주장이다. 김학준이 내세운 논거는 다음과 같다.

첫째, 미국은 처음부터 한인들의 어느 단체나 어느 지도자에 대해서도 샌프란시스코회의에 초청할 의사가 전혀 없었다. 한인 독립혁명가들이 여러 갈래로 나뉘어 싸우고 있기 때문이라는 것이다. 그래서 샌프란시스코 회의장에 몰려온 한인들이 단일한 대표단을 만들어 자신들의 입장을 밝힌 문서를 이 회의의 사무국에 제출했을 때 접수조차 하지 않았다. 이렇게 볼 때 중국 정부의 주선으로 유엔 창립총회에 임정의 대표단을 옵저버 자격으로 참가하도록 초청케 되었다는 김성숙의 회고는 정확치 않다.

둘째, 이승만을 파면하라는 자신의 주장에 대해 자극을 받아 김호와 김원용, 한시대 같은 사람들이 미주에서 한족회를 조직했다는 김성숙의 회고는 사실과 부합치 않는다. 그들은 이미 1941년 4월에 재미한족연합위원회를 발족시켰다.

셋째, 소련 대표단이 임정에 대해 아무런 악의나 적의를 가진 바 없었다는 김성숙의 설명은 받아들이기 어렵다. 이 시점에서 소련 정부는 이미 자신의 직접 통제 아래 극동러시아에서 훈련받고 있는 조선인 공산주의자들을 우선시하고 있었고, 그들에게 임정은 경쟁적이거나 적대적인 존재임을 인식하고 있었다.

그러나 김학준도 당시 이승만이 반소 전단을 만들어 회의장에 뿌린 사실을 시인하고 있다. 유영익(柳永益)의 『이승만 연구』에 따르면 이승만은 구베로(E. Gouvereau)라는 러시아인으로부터 루즈벨트가 얄타 회담에서 한반도를 소련에게 넘겨주었다는 정보를 듣고 그 정보의 진위를 가리지도 않은 채 미국과 소련을 공격했다고 한다. 설령 유영익의 주장이 맞는다 할지라도 이승만은 전후 상황을 면밀히 검토하지 않은 채 가볍게 행동했다는 지적을 면하기 어려운 셈이다.

당시 김성숙은 무임소 국무위원으로 있었다. 김성숙의 표현에 따르면 당시 임정의 직제라는 것이 '가관(可觀)'이었다. 국무위원 10여 명 만들어 놓고 국무위원회 주석이 바로 대통령의 역할을 수행했다. 주석 아래 부주석이 있고 주석과 부주석을 포함한 국무위원회가 한 개의 결의기관으로 되어 있었다. 무슨 일이든 거기서 결의하지 않는 일은 주석이라도 마음대로 하지 못하게 되어 있었다. 각 부장은 국무위원 밖의 사람들도 하게 되고 각부 장관들이 무슨 일이 있으면 그것을 국무회의에 제의해 통과되면 실시하는 식이었다. 각부 장관은 국무회의에 참석치도 못했다. 그 대신 자신과 관련한 무슨 사건에 대해 발언 요청이 있을 때는 직접 나와 발언을 했다. 임정의 부장 중에는 국무위원을 겸한 부장도 있고 국무위원이 아닌 부장도 있었다. 일종의 집단지도체제 비슷했던 것이다.

임정이 독립혁명가들 간의 타협 위에서 확고히 섰다면 해방이 된 뒤라도 연합국들을 상대로 협상을 하는 것이 훨씬 쉬웠을 것이다. 김성숙은 특히 옌안의 조선독립동맹 쪽과 타협만 잘 됐어도 훗날 소련의 이해를 얻을 수 있는 길이 전혀 없었던 것은 아니었을 것이라고 아쉬워했다.

당시 김성숙은 해방 이후의 전개될 일을 상상하며 상황의 추이를 예의 주시했다. 시간이 갈수록 일제의 패망은 더욱 분명해졌다. 필리핀을 위시한 남양군도와 동남아 각 지역에서 발호하던 일본군 대부분이 소탕되고 미 공군의 일본 본토 폭격이 더욱 가열되자 소련의 대일 선전포고도 이제 시간문제가 되었다.

연해주에서도 옌안에서 중국공산당의 후원 아래 조선독립동맹과 산하조직인 조선의용군이 발족한 것과 때맞춰 소련 극동군의 후원 하에 조선인 항일빨치산이 집결하기 시작했다. 이같이 숨 가쁘게 전개되는 상황에서 모든 소식을 국민당 정부가 전해주는 것에 의지하고 있는 임정의 대응은 차라리 한가하게 보일 지경이었다. 이에 크게 실망한 김성숙은 거의 매일 수영과 낚시질로 이 숨 가쁜 시간을 보냈다. 그러나 그의 머리 속은 온통 일제 패망 이후에 전개될 수많은 경우의 수에 대한 생각으로 크게 어지러웠다.

이때 국내에서는 더욱 혹심한 일제의 탄압으로 인해 항일독립운동은 사실상 불가능하게 되었다. 대표적인 실례가《동아일보》와《조선일보》의 폐간이었다. 이로 인해 양대 민족지를 중심으로 소극적 수준에서나마 배일운동을 전개했던 지도자들은 대체로 은둔의 길에 들어섰다. 그나마 여운형이 지하조직 건국동맹을 만들어 일제패망의 순간을 학수고대하고 있었다.

당시 한때 김성숙과 함께『혁명』을 발간했던 장건상도 김성숙과 비슷한 고민을 하고 있었다. 그는 1930년에 한때 베이징의 화베이(華北) 대학에서 영어교수로 재직하기도 했으나 이 기간 내내 김원봉과 함께 테러활동에 깊숙이 개입했다. 그는 1939년 4월에 상하이 프랑스 조계 내의 한 공원에서 의열단을 만나 지령을 내린 뒤 집으로 돌아왔다가 이내 조선인 형사에게 체포되어 일본 총영사관으로 끌려갔다. 그곳에서 4달 동안 온갖 고문으로 고초를 겪었다. 결국 그는 1939년 여름에 본국으로 압송돼 1년 반 동안 항일투쟁의 전력을 조사받았다. 그러나 일제는 아무 것도 찾아내지 못하자 거의 폐인이 다 되다시피 한 그를 기소유예로 풀어주었다. 1년쯤 지나 건강이 회복되자 다시 김원봉을 체포코자 하는 조선인 형사의 요청을 받아들이는 척 속여 1941년 12월 30일에 중국으로 건너갔다.

이때 김원봉은 충칭에서 의열단을 이끌며 장제스의 국민당과 합작으로 정보분야에서 일하고 있었다. 장건상은 형사의 눈을 피해 홍콩으로 탈출한 뒤 곧바로 김원봉에게 편지를 띄웠다. 김원봉이 곧바로 충칭으로 올 것을 주문하자 그는 비행기편을 이용해 충칭으로 갔다. 그러나 와서 보니 김구를 중심으로 한 우파와 김원봉을 중심으로 한 좌파 사이의 갈등은 여전했다. 의정원 의원으로서 다시 임정에 합류한 장건상은 중간에 서서 양파 간의 갈등을 완화시키기 위해 노력했다.

그는 1942년 10월에 임정의 학무부장에 선출되었다. 1945년 초에 장건상은 김구의 요청으로 옌안으로 가게 되었다. 당시 옌안에는 최창익과 무정, 이유민(李維民), 허정숙(許貞淑), 박효삼(朴孝三) 등 많은 좌익계 인사가 김두봉을 중심으로 독립동맹과 조선의용대를 결성해 항일투쟁을 벌이고 있었다. 당시 김구는 장건상이 옌안으로 떠나기 전에 이같이 부탁했다.

"이제 일본은 패망할 것이니 우리가 독립할 날도 멀지 않았소. 그런데 중국 각지에 흩어져 항일투쟁을 벌이는 독립혁명가들은 하나로 단결되지 못하고 제각기 주장을 달리 하고 있소. 이들이 한 곳에 모여 대동단결을 해야 하지 않겠소. 소해(宵海 : 장건상)가 이 일을 맡아주시오."

장건상은 시안(西安)까지 기차로 가 이범석을 만났다. 당시 이범석은 그곳에서 해방군을 지휘하고 있었다. 시안에서 옌안까지는 걸어

가야만 했다. 장건상은 경남 동래군 출신으로 전부터 알고 지내던 김두봉을 만나 좌우익 대표자들을 선정해 충칭에 모여 통일전선 형성에 관해 협의할 것을 제의했다. 김두봉도 흔쾌히 찬성하며 조만간 충칭으로 떠날 것을 약속했다.

이때 갑자기 8 · 15해방이 이뤄져 그 소식이 옌안까지 들려왔다. 옌안의 좌익 혁명가들은 흥분을 감추지 못하고 곧 소련군이 진주한 평양으로 돌아갈 채비를 서둘렀다. 이들은 장건상에게 함께 평양으로 갈 것을 권했다. 그러나 임정 대표로 온 장건상은 이들의 제의를 뿌리치고 다시 충칭으로 돌아왔다. 당시 충칭의 임정요인들도 귀국채비로 한창 바빴다. 김성숙은 장건상 등과 함께 귀국행렬 2진으로 편성돼 1945년 12월 1일에야 고국 땅을 다시 밟게 되었다.

그러나 해방된 조국은 이들에게 더 큰 시련을 안겨다 주었다. 혁명가들이 좌우로 나뉘어 극렬하게 대립한 해방공간에서 이들 중도좌파 민족주의자들의 입지는 거의 없었다. 여운형이 암살된 이후 이들은 남북 양쪽으로부터 버림받는 신세가 되고 말았다. 이들은 6 · 25와 4 · 19, 5 · 16 등 숱한 정치적 격변을 거치면서 시종 혁신계(革新系) 정치인으로 활약해 왔으나 이들에게 돌아온 것은 가난과 병마뿐이었다. 이들의 가솔들이 겪어야만 했던 신고(辛苦)는 이루 다 형언할 수 없었다. 김재명은 『한국 현대사의 비극』에 김성숙의 말년 상황을 이같이 묘사해 놓았다.

"말년의 김성숙은 가난과 병고에 시달려야 했다. 집 한 칸 제대로 갖추지 못해 셋집을 전전했다. 세상을 뜨기 3년 전에야 같은 혁신계 인사의 집 마당 한 모퉁이에 건평 11평의 집 한 칸을 세울 수 있었다. 지금의 광진구 구의동의 이 집은 셋방살이에 허덕이는 혁신계의 원로 김성숙을 위해 동지와 후배들이 비나 피하도록 마련해 준 것이었다. 그래서 집 앞문 위에 '피우정(避雨亭)'이라는 목각 현판이 걸려 있었다. 그러나 피우정으로 옮겨앉을 무렵부터 김성숙은 기관지염으로 앓아누워야만 했다. 형편이 그러니 병원에 갈 엄두도 못 내고 가끔 약국을 이용할 뿐이었다. 그러나 그 약값 마련도 쉽지가 않았다."

결국 김성숙은 가난으로 인해 별로 심각하지도 않은 병을 키우고 말았다. 위독한 지경에 이르러 간신히 서울 서대문구 중림동의 성요셉 병원에 입원했을 때는 회복이 불가능한 상황까지 악화되어 있었다. 결국 김성숙은 그곳에서 1969년 4월 12일에 만 71세로 세상을 떠나고 말았다.

당시 장례위원회 회장은 유진오, 부회장은 김성곤(金成坤) 공화당 재정위원장과 김현옥(金玄玉) 서울특별시장 등 14인, 집행위원장은 베이징에서 항일운동에 참여했던 양일동(梁一東) 의원이 맡았다. 장건상과 윤보선 등은 고문을 맡았다. '금강산의 붉은 승려' 출신인 김성숙의 영구는 조계사에서 영결식을 마친 뒤 경기도 파주군 조리면(條理面) 장곡리(章谷里) 장지에 묻혔다.

저자 후기

원래 『아리랑』은 김산의 사상적 스승인 김성숙과 관련된 내용이 거의 전체의 절반가량을 차지하고 있다. 이는 말할 것도 없이 김산이 김성숙으로부터 깊은 사상적 세례를 받은 데 따른 것이었다. 김산과 김성숙의 이런 관계를 일찍이 간취한 대표적인 인물로 김학준(金學俊) 동아일보 사장을 들 수 있다.

필자의 은사이기도 한 김 사장은 이미 오래 전에 김성숙을 다룬 『혁명가들의 항일회상』을 펴낸 바 있다. 은사의 이 노작(勞作)은 지난 1960년대 중반에 미국 펜실베니아대 정치학과의 이정식(李庭植) 교수가 4인의 항일혁명가들을 직접 만나 녹취한 기록에 상세한 주석과 평을 달아 일종의 평전형식으로 펴낸 것이다. 은사는 그간 여러 항일혁명가들에 대한 평전을 저술하여 [한국 정치전기학(韓國 政治傳記學)]의 새로운 지평을 열었다는 평가를 받고 있다.

본서는 전적으로 은사의 집필 권유에 따른 것이다. 당초 필자가 은사의 권유를 선뜻 받아들인 것은 젊은 시절에 『아리랑』을 처음 읽었을 때의 감동이 여전히 남아 있었던 사실과 무관치 않았다. 그러나 집필과정에서 관련 자료의 부족으로 적잖은 어려움을 겪어야만 했다.

현재 남아 있는 김성숙의 유일한 육필(肉筆) 원고는 지난 1968년에 『월간중앙』 8월호에 기고한 「오호! 임정 30년 만에 해산하다」라는 원고뿐이다. 이는 그를 포함한 임정요인들이 해방 직후에 보여준 일련의 행보를 이해하는 데 매우 중요한 자료로 활용되고 있다. 김성숙의 1주기 추도 및 묘비 제막식이 개막될 즈음해 만들어진 공판 타자물 『약력』과 언론인 출신 김재명이 펴낸 『한국 현대사의 비극』도 그의 삶을 추적하는 데 적잖은 도움을 주고 있다.

민족혁명가 김산과 김성숙의 삶은 20세기의 우리 민족이 겪었던 신고의 세월을 그대로 축약해 보여주고 있다. 이들은 사회주의자 및 공산주의자와 친밀한 관계를 유지했으나 결코 공산주의에 함몰된 적이 없었다. 이들은 공산주의를 민족혁명의 도구로 활용코자 했을 뿐이다. 이들이 광저우 코뮨에 참가했다는 이유 등으로 이들을 공산주의자로 규정해서는 안 된다. 이들이 중국에서 활약한 20세기 전반기는 사회주의와 공산주의 사이에 이론과 실제의 양면에서 뚜렷한 획을 그을 수 있는 분화가 이뤄지지 않았다.

이런 상황에서 사회주의를 민족독립운동의 한 방편으로 삼는 일은 당시 약소민족의 독립운동 과정에서 오히려 보편적인 현상이었다. 만일 김성숙이 공산주의자였다면 박헌영의 남로당에 반대하지도 않았을 것이고, 6 · 25 당시 월북이나 부역도 서슴지 않았을 것이다. 이런 점 등에 비춰 그는 분명 공산주의와 일정한 거리를 두고 있었다.

언론인 출신 김재명은 『한국 현대사의 비극』에서 70평생에 달하는 김성숙의 삶을 '진보적 민족주의자' 로 요약한 바 있다. '진보적 민족주의자' 는 소위 '좌파 민족주의자' 를 달리 표현한 것이다. 그러나 이는 '진정한 민족주의' 가 무엇인지에 대한 정의가 선행되어야만 적의

한 개념규정이 가능하다.

현재 김성숙은 여타 민족혁명가들에 비해 세간에 잘 알려져 있지 않다. 근현대사를 전공하는 일부 정치학자들을 제외하고는 김성숙에 대해 거의 잘 모르고 있는 게 그 증거이다. 이는 오랫동안 남과 북 모두 김성숙과 같은 민족주의자를 일종의 '회색인'으로 분류해 이단시한 사실과 무관치 않았다. 다만『아리랑』을 통해 그의 사상적 제자인 김산이 지난 세기에 널리 알려지면서 그에 대한 세인들의 관심이 점차 고조되고 있어 고무적이다.

원래 김성숙은 한용운(韓龍雲)과 마찬가지로 승려 출신 민족혁명가였다. 그는 3 · 1운동에 참여해 옥고를 치른 뒤 사회주의 운동에 뛰어들었다. 이는 당시 많은 민족주의자들이 그러했듯이 '피압박민족해방'을 기치로 내건 소련에 대한 기대에서 비롯된 것이었다. 그는 1923년에 중국으로 망명한 뒤 문필을 통해 치열한 민족혁명의 노선을 걸었다. 광저우(廣州)의 중산대학(中山大學)에서 정치학을 전공한 그는 시종 예리한 필봉과 조리 있는 언변으로 일제와 친일파를 구주필벌(口誅筆伐)했다.

중일전쟁이 발발한 후 조선민족해방동맹과 조선민족전선연맹을 결성한 그는 태평양전쟁이 터지자 민족혁명운동의 총결집을 위해 사회주의 계열의 독립운동 단체를 이끌고 충칭(重慶)임시정부에 합류했다. 이때 그는 임정의 내무차관과 국무위원으로 활약하면서 임정을 미주와 만주 및 시베리아에 흩어져 있는 항일혁명운동의 총본산으로 만들기 위해 진력했다.

해방 이후 그는 이념을 초월한 민족통합국가를 건설하기 위해 동분서주했다. 그는 구체적인 민족통합국가 건설방안과 관련한 이견으로 임정요인들과 결별한 뒤 이내 몽양 여운형 등과 함께 좌우합작운동에 뛰어들었다. 여운형이 세상을 떠난 뒤에는 근로인민당 등을 이끌며 민족통합을 위해 전력투구했다. 그러나 그는 극심한 좌우대립으로 인해 이내 좌절의 아픔을 겪을 수밖에 없었다.

김성숙에게 해방 전기의 민족해방운동은 해방 후기의 정치혁신운동과 맥을 같이 하는 것이었다. 이는 김성숙의 행보에서 시종여일하게 나타나고 있다. 그러나 김성숙은 이런 행보로 인해 숱한 어려움을 겪어야만 했다. 6 · 25동란이 발발하자 민족보다 이념을 앞세운 남북 양측으로부터 의심을 받아 영어(囹圄) 생활을 해야만 했다.

그는 4 · 19 이후에 통일사회당의 정치위원으로 선출되어 활약하던 중 5 · 16으로 인해 군사정부에 의해 또다시 옥고를 치러야 했다. 이후 그는 독재정권에 항거하며 죽을 때까지 야당통합과 정치혁신을 위해 헌신했다. 그러나 그는 불행하게도 통합야당인 신민당에 참여해 지도위원으로 활약하던 중 이내 가난과 병고를 견디지 못하고 1969년에 쓸쓸히 운명하고 말았다.

김성숙은 온갖 이념이 난무하는 난세에 조국독립과 민족통합을 위해 평생을 바친 인물이다. 그의 이런 행보는 그가 '원융(圓融)'을 종지(宗旨)로 삼고 있는 승려 출신인 사실과 무관치 않을 것이다. '원융'은 일찍이 사회인류학자 레비 스트로스(Lévi Strauss)가 높이 평가한 개념이기도 했다. 레비 스트로스는 『슬픈 열대(*Tristes tropiques*)』에서 불교와 기독교, 이슬람교의 특징을 이같이 비교해 놓은 바 있다.

"불교는 여성과의 융합, 인류와의 융합을 통해 평온을 찾으려고 한다. 이와 반대로 이슬람교는 여성을 감금하여 어머니 품으로 돌아오는 길을 막아버리고 남성 지향으로 발전했다. 기독교는 내재적 논리와 지리적 역사로 말미암아 이슬람 쪽으로 흘러가고 말았다. 기독교가 이슬람화한 것은 이슬람에 대항하기 위해 그것을 닮으려고 한 데 있다. 이로써 서양은 여성으로 남을 수 있는 기회를 상실하고 말았다."

레비 스트로스가 지적한 바와 같이 불교의 가장 큰 특징 중 하나는 모든 차별상을 하나로 용해시키는 여성적인 융합, 즉 '원융'에 있다. 김성숙이 해방 전후의 시기에 시종 민족혁명세력의 단합과 좌우합작 및 남북협상, 야권통합의 길을 추구한 이유가 바로 여기에 있다. 이는 모두 '원융'의 길이기도 하다. 해방전후의 시기에 활약한 수많은 민족혁명가 중 김성숙과 같이 조국독립과 민족통합을 위해 일이관지(一以貫之)하여 '원융'을 추구한 사람은 드물다고 해도 과언이 아니다. 승려 출신 민족혁명가의 면모가 약여하게 드러나는 대목이 아닐 수 없다.

우리는 오랫동안 중도파 민족혁명가들의 존재를 무시 내지 망각해 왔다. 그 후과가 바로 현재 목도하는 소모적인 이념논쟁이라고 해도 과언이 아니다. 남북 양측으로부터 따돌림을 받고 혁신계 인사로 낙인찍혀 늘 감시의 대상이 되어 온 김성숙은 중국혁명의 희생양으로 사라진 김산과 마찬가지로 해방 이후 가난과 병마에 시달리다가 비참한 최후를 맞이했다.

21세기 동북아시대는 우리 민족이 수천 년 동안 온축(蘊蓄)해 온 지혜와 역량을 하나로 결집시켜 민족통합의 발판을 마련해야만 할 시기이다. 이제는 적과 동지, 보수와 진보, 남과 북, 좌와 우의 2분법적 분석틀을 벗어난 완전히 새로운 시각에서 민족혁명가들에 대한 객관적인 분석을 시도할 필요가 있다. 통일시대를 눈앞에 둔 현재 시종 철저한 민족혁명가로 일관한 김산과 김성숙의 삶이 던져주는 메시지는 자못 크다. 여운형의 삶과 사상이 새삼 조명을 받고 있는 작금의 상황에 비춰 이들의 삶과 사상에 대해서도 새로운 조명이 절실히 요구되고 있다.

참고문헌

1. 한국문헌

강동진, 『일제의 한국침략 정책사』(한길사, 1980).
강만길 외, 『4월혁명론』(한길사, 1983).
강성철, 『주한미군』(일송정, 1988).
강재언, 『한국의 근대사상』(한길사, 1985).
고동환, 『근대화논쟁』, 『한국사시민강좌』 1997년 제20집.
곽태환, 『한미관계 40년(1948-1988)』(경희대출판부, 1990).
구광모, 『대통령론 : 지도자의 개성과 유형』(고려원, 1984).
구대열, 「일제시대 한반도의 국제관계」, 『우리역사바로보기』(성신여대 출판부, 2006).
권대복, 『진보당 : 당의 활동과 사건관계 자료집』(지양사, 1985).
권용립, 『미국 대외정책사』(민음사, 1997).
기 소르망, 『진보와 그의 적들』(문학과 의식, 2001).
김경재, 『김형욱회고록』(전예원, 1991).
김남식, 『남로당연구』(돌베개, 1984).
김대중, 『행동하는 양심으로』(금문당, 1985).
김도연, 『나의 인생백서』(강우출판사, 1968).

김동성, 『한구민족주의론』(오름, 1996).
김방, 『이동휘』(대왕사, 1998).
김병국 외, 『한국의 보수주의』(인간사랑, 1999).
김성구 외, 『자본의 세계화와 신자유주의』(문학과학사, 1998).
김성숙, 『오호! 임정 30년 만에 해산하다』, 『월간중앙』 1968년 8월호.
______,「김성숙편」, 『혁명가들의 항일회상』(김학준 편, 민음사, 2005).
김성진 외, 『박정희 시대』(조선일보사, 1994).
김영명, 『한국현대정치사』(을유문화사, 1992).
김영호, 「한국전쟁의 세계사적 의의」, 『우리역사바로보기』(성신여대출판부, 2006).
김오성, 『지도자 군상』(태성문화사, 1946).
김일영, 「박정희 시대와 근대화」, 『우리역사바로보기』(성신여대출판부2006).
김윤식, 「백범과 춘원」, 『정경문화』 1985년 10월호.
김재명, 『한국 현대사의 비극 : 중간파의 이상과 좌절』(선인, 2003).
김재순, 『새 지평선에 서서』(샘터사, 1991).
김종필, 『JP칼럼』(서문당, 1971).
김준엽, 『장정, 나의 해방군 시절』(나남, 1989).
김준엽 · 김창순, 『한국공산주의운동사』1-5(청계연구소, 1987).
김진균, 『진보에서 희망을 꿈꾼다』(박종철출판사, 2003).
김철, 『확대지향의 한국』(사초, 1988).
김충남, 『성공한 대통령, 실패한 대통령』(전원, 1992).
김학준, 『한국문제와 국제정치』(박영사, 1994).
______, 『이동화평전』(민음사, 1987).
______, 『소련정치론』(이지사, 1976).
김호성, 『한국민족주의론』(문우사, 1989).
김홍일, 『대륙의 분노 : 노병의 회상기』(문조사, 1972).
노중선, 『4 · 19와 통일논의』(사계절, 1989).
니스벳 외, 『에드먼드 버크와 보수주의』(강정인 외 역, 문학과 지성사, 1997).
님 웨일즈, 『한 한국 혁명가의 일대기(아리랑)』(조우화 역, 동녘, 1984).

______, 『조선과 김산의 생애에 관한 각서』(편집실 역, 학민사 1986).

______, 『중국노동운동사』(청사편집부 역, 청사, 1981).

다키자와 히데키, 『현대한국 민족주의론』(미래사, 1985).

동아일보 출판국 편, 『고하 송진우 선생전』(동아일보사, 1965).

루시앙 비앙코, 『중국혁명의 기원 1915–1949』(이양자 역, 신지서원, 2004).

막스 갈로 외, 『진보는 죽은 사상인가』(홍세화 역, 당대, 1997).

무라카미 야스스케, 『반고전의 정치경제학』1–2 (노재헌 역, 삼성, 1994).

문명자, 『내가 본 박정희와 김대중』(말, 1999).

문창극, 『한미갈등의 해부』(나남, 1994).

민준기 외, 『한국의 정치』(나남, 1996).

박 근, 『한국 보수주의의 위기』(한국논단, 1997).

박갑동, 『박헌영』(인간사, 1983).

박경식, 『일제의 조선지배』(청아, 1986).

박광주, 『한국 권위주의국가론』(인간사랑, 1992).

박기출, 『내일을 찾는 마음』(신서각, 1968).

박세길, 『다시 쓰는 한국현대사』(돌베개, 1998).

박영석, 『일제하 독립운동사 연구』(일조각, 1984).

박정희, 『국가와 혁명과 나』(향문사, 1963).

박종성, 『박헌영론』(인간사랑, 1992).

박찬승, 『한국 근대 정치사상사 연구』(역사비평사, 1992).

박찬욱 외, 『미래한국의 정치적 리더십』(미래인력연구센터, 1997).

박태원, 『김원봉과 의열단』(백양당, 1947)

박현채 외, 『한국민족주의론 Ⅲ』(창작과 비평사, 1985).

반병률, 『성재 이동휘 일대기』(범우사, 1998).

방인후, 『북한 조선노동당의 형성과 발전』(고려대출판부, 1967).

백낙청, 『민족주의란 무엇인가』(창작과 비평사, 1980).

백범 전기편찬위원회, 『백범 김구, 생애와 사상』(교문사, 1982).

백영철 편, 『제2공화국과 한국 민주주의』(나남, 1996).

사월혁명연구소 편, 『한국사회 변혁운동과 4월혁명』(한길사, 1990).

사회와 철학연구회, 『동아시아 사상과 민주주의』(이학사, 2003).
사회와 철학연구회, 『진보와 보수』(이학사, 2002).
서정주, 『우남 이승만전』(화산문화기획, 1949).
서진영, 『중국혁명사』(한울, 1996).
서진영 외, 『21세기 한국정치』(삶과 꿈, 1998).
손세일, 『이승만과 김구』(일조각, 1970).
손학규, 『진보적 보수주의의 길』(생각의 나무, 2000).
손호철, 『해방50년의 한국정치』(샛길, 1995).
송건호, 『한국현대인물사론 : 민족운동의 사상과 지도노선』(한길사, 1984).
송남헌, 『해방3년사, 1945–1948』(까치사, 1985).
송복, 『한국사회의 갈등구조』(경문사, 1997).
송원영, 『제2공화국』(샘터사, 1990).
송인상, 『부흥과 성장』(21세기북스, 1994).
시드니 폴라드, 『진보란 무엇인가』(이종구 역, 한마당글집, 1983).
신동준, 『역사대장정 : 단군에서 DJ까지』(한송, 1999).
신숙, 『나의 일생』(일신사, 1963).
신용하, 『독립협회 연구』(일조각, 1976).
______, 『신채호의 사회사상 연구』(한길사, 1984).
______, 『박은식의 사회사상연구』(서울대출판부, 1982).
신창현, 『해공 신익희』(신익희기념사업회, 1992).
심산사상연구회 편, 『김창숙』(한길사, 1981).
심지연, 『한국민주당연구2, 한국현대정당론』(창작과 비평사, 1984).
______ 외, 『장면 · 윤보선 · 박정희』(백산서당, 2001).
안병만, 『한국정부론』(다산출판, 1996).
안성일, 『혁명에 배반당한 비운의 혁명가들』(선인, 2004).
양성철, 『박정희와 김일성』(한울, 1992).
여운홍, 『몽양 여운형』(청하각, 1967).
염인호, 『김원봉연구』(창작과비평사, 1993).
운석선생기념출판위원회, 『한 알의 밀이 죽지 않고는』(가톨릭출판사, 1967).

월간조선부, 『비록 : 한국의 대통령』(조선일보사, 1993).
윌리암 하버, 『보수주의 사상의 이론적 기초』(정연식 역, 경북대출판부, 1994).
유근일, 『이성의 한인 김규식』(동서문화사, 1981).
유영익 편, 『이승만 연구 : 독립운동과 대한민국건국』(연세대출판부, 2000).
유진오, 『민주정치에의 길』(일조각, 1963).
윤보선, 『외로운 선택의 나날』(동아출판사, 1991).
이강훈, 『민족해방운동과 나』(제삼기획, 1994).
이경남, 『설산 장덕수』(동아일보사, 1981).
이광수, 『도산 안창호』(우신사, 1992).
이기택, 『한국야당사』(백산서당, 1987).
이기하 외, 『한국의 정당』(한국일보사, 1987).
이기형, 『몽양 여운형』(실천문학사, 2005).
이도성 편, 『실록 박정희와 한일회담』(한송, 1995).
이만규, 『여운형선생 투쟁사』(민주문화사, 1946).
이범석, 『우등불』(사상사, 1971).
이병주, 『대통령들의 초상』(서당, 1991).
이봉희, 『보수주의』(민음사, 1996).
이삼성, 『미국의 대한정책과 한국민족주의』(한길사, 1993).
이상우, 『박정희, 파멸의 정치공작』(동아일보사, 1993).
이승만, 『일본군국주의의 실상』(이종익 역, 나남, 1988).
이영희 편, 『한국의 민족주의운동과 민중』(두레, 1987).
이용원, 『야당 40년사』(인간사, 1987).
이정복, 『한국정치의 이해』(서울대출판부, 1995).
이정식 · 김학준, 『혁명가들의 항일회상』(민음사, 2005).
이철승, 『절망에의 도전』(집현각, 1970).
이택휘, 『서재필』(민음사, 1993).
이현희, 『주석이동휘연구』(동방도서, 1995).
이현희, 『조동우 항일투쟁사』(청아출판사, 1992).
이회성 · 미즈노 나오끼, 『아리랑 그 후』(윤해동 외 역, 동녘, 1993).

인촌기념회, 『인촌 김성수전』(인촌기념회사, 1976).

임혜봉, 『친일불교론』(민족사, 1993).

장건상, 「독립운동 반세기의 회고」, 『세대』 1971년 8월호.

______, 「장건상 편」, 『사실의 전부를 기술한다』(희망출판사. 1966).

조동걸 외, 『인물로 보는 항일무장투쟁사』(역사비평사, 1995).

장면, 「장면편」, 『사실의 전부를 기술한다』(희망출판사, 1966).

장준하, 『돌베개』(세계사, 1992).

전상인, 「전후 1950년대 다시보기」, 『우리역사바로보기』(성신여대출판부, 2006).

전진성, 『보수혁명』(책세상, 2001).

정수산, 『제2공화국의 붕괴과정에 관한 연구』, 1983년 서울대 정치학과 박사학위논문.

정윤재, 「안재홍의 정치사상연구」, 『사회과학과 정책연구』 1981년 제11집.

______, 「정치리더십과 민주주의의 제도화」, 『한국정치외교사논총』 2000년 제21집 2호.

______, 「제3세계발전에 대한 정치리더십 접근시론」, 『한국정치학회보』 1992년 제25집 2호.

정일형, 『오직 한길로』(을지서적, 1991).

정정화, 『녹두꽃 : 여자 독립군 정정화의 낮은 목소리』(미완, 1997).

정태영, 『한국사회주의정당사』(세명서관, 1995).

정용화, 「구한말 국망 원인 다시보기」, 『우리역사바로보기』(성신여대출판부, 2006).

정화암, 『이 조국 어디로 갈 것인가 : 나의 회고록』(자유문고, 1982).

조갑제, 『내 무덤에 침을 뱉어라』(조선일보사, 1998).

조병옥, 『나의 회고록』(해동, 1986).

조봉암, 『우리의 당면정책』(삼공출판사, 1993).

조선일보사 편, 『윤보선과 제2공화국』(조선일보사, 1997).

주대환, 『진보정치의 논리』(현장문학, 1994).

지헌모, 『청천장군의 혁명투쟁사』(삼성출판사, 1949).

차기벽, 『한국민족주의의 이념과 실태』(까치, 1978).
청아편집부 편, 『갑신갑오기의 근대변혁과 민족운동』(청아, 1996).
최상룡, 『미군정과 한국민족주의』(나남, 1988).
최영주, 「한국 아나키스트 군상」, 『정경문화』 1983년 9월호 소수.
최종욱 외, 『보수주의자들』(삼인, 1997).
클로드 쇼도느레 외, 『공화국과 시민』(창해, 2000).
피터 비레크, 『보수주의란 무엇인가』(김태수 역, 태창문화사, 1981).
하영선 편, 『21세기한반도 백년대계』(풀빛, 2004).
______, 「역사 속의 그들」, 『우리역사바로보기』(성신여대출판부, 2006).
한기태, 『진보적 민족주의』(법문사, 1992).
한배호 외, 『한국의 자본주의와 민주주의』(법문사, 1994).
한상도, 『중국혁명 속의 한국독립운동』(집문당, 2004).
한승조, 『한국민족주의』(형설출판사, 1984).
한승주, 『제2공화국과 한국의 민주주의』(종로서적, 1983).
한완상 외, 『4·19혁명론』(일월서각, 1983).
한용원, 『한국의 군부정치』(대명사, 1983).
한표욱, 『이승만과 한국외교』(중앙일보사, 1996).
한홍구, 『대한민국사』(한겨레신문사, 2003).
함재봉, 『유교 · 자본주의 · 민주주의』(전통과 현대, 2000).
허동현, 『장면 : 건국 · 외교의 선구자』(분도출판사, 1999).
허정, 『내일을 위한 증언』(샘터사, 1979).
헨리 조지, 『진보와 빈곤』(김윤상 역, 비봉출판사, 1997).
홍선희, 『조소앙의 삼균주의 연구』(한길사, 1982).

2. 일본문헌

宮嶋博史, 『朝鮮土地調査事業史の研究』(東京, 高麗書林, 1991).

宮嶋博史 外,『世界の歷史12－明淸と李朝の時代』(東京, 中央公論社, 1998).

藤原 彰,『太平洋戰爭史論』(東京, 青木書店, 1982).

藤原歸一,「民主化の政治經濟學」; 社會科學硏究所,『現代日本社會『3(東京, 東京大出版會, 1991).

木村昌人,「日本の對韓民間經濟外交」; 日本國際政治學會,『國際政治『1989－10, 第92號.

尾藤正英,『日本文化論』(東京, 放送大學教育振興會, 1993).

朴根好,『韓國の經濟發展とベトナム戰爭』(東京, お茶の水書房, 1993).

福澤諭吉,『福澤諭吉選集』(東京, 巖波書店, 1989).

小此木政夫 外,『東アジア危機の構圖創出』(東京, 東洋經濟新聞社, 1997).

小此木政夫,「南北朝鮮關係の推移と日本の對應」, 日本國際政治學會,『國際政治』1989－10, 第92號.

松尾章一,『自由民權思想の硏究』(東京, 東京日本經濟評論社, 1990).

安岡正篤,『人物を修める』(東京, 竹井出版社, 1986).

紙屋敦之,『大君外交と東アジア』(東京, 吉川弘文館, 1997).

幣原坦,『韓國政爭志』(東京, 三省堂書店, 1907).

丸山松幸,『異端と正統』(東京, 每日新聞社, 1975).

丸山眞男,『日本政治思想史硏究』(東京, 東京大出版會, 1993).

______,『現代政治の思想と行動』(東京, 未來社, 1964).

荒野泰典,『近世日本と東アジア』(東京, 東京大出版會, 1988).

黑田勝弘,『韓國人の歷史觀』(東京, 文藝春秋社, 1999).

3. 서양문헌

Allen, R., *Korea's Syngman Rhee : An Unauthorized Portrait*, Tokyo : Charles E. Tuttle, 1960.

Almond, G. A. and Verba, S., *The Civic Culture : Political Attitudes and*

Democracy in Five Nations, Princeton, N. J. : Princeton Univ. Press, 1963.

Arendt, H., *Human Condition*, Chicago : Chicago Univ. Press, 1958.

Bix, H. P., "Regional Interaction : Japan and South Korea in America's Asian Policy," in Frank Baldwin, ed., *Without Parallel*, N.Y. : Pantheon Books, 1973.

Black, C. E., *The Dynamics of Modernization*, New York : Harper & Row Publisher, 1966.

Burns, J. M., *Leadership*, New York : Harpwe & Row, 1978 ; 『리더십강의』(한국리더십연구회 역, 생각의 나무, 2000).

Carr, E. H., *Nationalism and After*, N.Y. : Macmillan, 1945.

Chung, Yoon-Jae, *A Medical Approach to Political Leadership : An Chae-hong and A Healthy Korea*, Ph.D. Dissertation University of Hawaii, 1988.

Cumings, Bruce, *Korea's Place in the Sun : A Modern History*, N.Y. : W.W. Norton, 1997.

______, *The Origin of Korean War* ; 『한국전쟁의 기원』(김자동 역, 일월서각, 1989).

______, "The Origins and Development of the Northeast Asian Political Economy," in Fredric C. Deyo ed., *The Political Economy of The New Asian Industrialization*, Ithaca and London : Cornell University Press, 1987 ; 『제3세계 자본주의 그리고 한국』(임현진 편역, 법문사, 1987).

Dahl, Robert. A., *Polyarchy : Participation and Opposition*, New Haven : Yale Univ. Press, 1971.

Darendorf, R., *Class and Class Conflict in Industrial Society*, Stanford Univ. Press, 1959.

Downs, A., *An Economic Theory of Democracy*, New York : Harper and Low, 1957.

Elgie, Robert, *Political Leadership in Liberal Democracies*, London : Macmillan Press, 1995.

Emerson, Rupert, "The Progress of Nationalism," Philip W. Thayer, ed., *Nationalism and Progress in Free Asia*, Baltimore : The Johns Hopkins University, 1965.

Eugene Staley, *The Failure of Undeveloped Countries*, N.Y. : Frederick A. Praeger, Publisher, 1961.

Fukuyama, F., *The End of History and the Last Man*, London : Hamish Hamilton, 1993.

Gellner, Ernest, *Encounter with Nationalism*, Oxford : Blackwell, 1994.

Giddens, A., *The Consequences of Modernity*, Cambridge : Polity Press, 1984.

Gragert, Edwin, *Landownership Change in Korea Under Japanese Colonial Rule 1900–1935*, Hawaii : University of Hawaii Press, 1994.

Greenfeld, Liah, *Nationalism : Five Roads to Modernity*, Cambridge : Harvard University Press, 1992.

Held, D., *Models of Democracy*, Cambridge : Polity Press, 1987.

Henderson, Gregory, *Korea : The Politics of Vortex*, Cambridge : Harvard University Press, 1992.

Hobsbawm, E., *Nation and Nationalism since 1780*, Cambridge : The Press of the University of Cambridge, 1990 ; 『1780년 이후의 민족과 민족주의』(창작과 비평사, 1994).

Huntington, Samuel P., *No Easy Choice : Political Participation in Developing Countries*, Cambridge : Harvard University Press, 1976 ; 『정치참여의 논리와 현실』(김학준 역, 일조각, 1977).

Huntington, Samuel P., *Political Order in Changing Societies*, New Haven : Yale University Press, 1968 ; 『정치발전론』(민준기 · 배성동 공역, 을유문화사, 1971).

Janowitz, M., *The Military in the Political Development of New Nations*, Chicago : The University of Chicago Press, 1964.

Johnson, Chalmers, *MITI and the Japanese Miracle*, Stanford : Stanford University Press, 1996.

Kellerman, Barbara, ed., *Political Leadership : A Source Book*, London : University of Pittsburgh Press, 1975.

Kim, Hakjoon, "The American Military Government in South Korea, 1945−1948 : Its Formation, Policies, and Legacies," *Asian Perspective* 12−1, 1988.

Lee, Chong−Sik, *The Politics of Korean Nationalism*, Berkeley : The University of California Press, 1963.

Machiavelli, N., *The Prince*, Harmondsworth : Penguin, 1975.

Macpherson, C. B., *The Life and Times of Liberal Democracy*, Oxford : Oxford Univ. Press, 1977.

Mannheim, K., *Ideology and Utopia*, London : Routledge, 1963.

Marcuse, H., *Reason and Revolution : Hegel and the Rise of Social Theory*, New York : The Humanities Press, 1995.

Marx, K., *Oeuvres Philosophie et Économie 1−5*, Paris : Gallimard, 1982.

McKenzie, F. A., *Korea's Fights for Freedom*, Seoul : Yonsei Univ. Press, 1969.

Mills, C. W., *The Power Elite*, New York : Oxford Univ. Press, 1956.

Moore, B. Jr., *Social Origins of Dictatorship and Democracy : Lord and Peasant in the Making of the Modern World*, Boston : Beacon Press, 1966 ; 『독재와 민주주의의 사회적 기원』(진덕규 역, 까치, 1977).

Morgenthau, H. J., *Politics among the Nations*, New York : Knopf, 1948.

Mosca, G., *The Ruling Class*, New York : McGraw−Hall, 1963.

Oliver, Robert T., *Syngman Rhee : The Man Behind the Myth*, New York : Dodd and Mead, 1954 ; 『신화에 가린 인물 이승만』(황정길 역, 건국대출판부, 2002).

Paige, Glenn D., *Political Leadership : Readings for an Emerging Field*, New York : The Free Press, 1972.

Palais, James B., *Politics and Policy in Traditional Korea*, Cambridge, Mass. : Harvard Univ. Press, 1975.

______, "Democracy in South Korea, 1948–1972", in F. Baldwin ed., *Without Parallel*, N.Y. : Random House, 1974.

Poulantzas, Nicos, *State, Power, and Socialism*, London : Verso, 1978.

Polanyi, Karl, *The Great Transformation*, Boston : Beacon Press, 1957 ; 『거대한 변혁』(민음사, 1991).

Popper, K. R., *The Open Society and Its Enemies*, Princeton, N. J. : Princeton Univ. Press,

Pye, Lucian, P., *Aspects of Political Development*, Boston : Little, Brown, 1966.

Rawls, J., *A Theory of Justice*, Cambridge : Harvard Univ. Press, 1971.

Sabine, G., *A History of Political Theory*, New York : Holt, Rinehart and Winston, 1961.

Sartori, Giovanni, *The Theory of Democracy Revisited*, Chatham : Chatham House Publisher, Inc., 1987.

Scalapino, R. A. and Lee, Chong–sik, *Communism in Korea*, 2 vols., Berkeley : The University of California Press, 1973.

Schumpeter, J. A., *Capitalism, Socialism and Democracy*, London : George Allen & Unwin, 1952.

Skocpol, T., *States and Social Revolutions*, Cambridge : Cambridge Univ. Press, 1979.

Smith, A. D., *Nations and Nationalism in a Global Era*, Cambridge : Polity Press, 1995.

Snow, H. F.(Nym Wales), *Song of Ariran : The Life Story of a Korean Rebel*, New York : The John Way Co., 1941 ; 『アリランの唄』(安藤次郎 譯, 朝日書房, 1953) ; 『아리랑』(조우화 역, 동녘, 1984).

Strauss, L., *Natural Right and History*, Chicago : Univ. of Chicago Press, 1953.

Suh, Dae−sook & Lee, Chae−jin, *Political Leadership in Korea*, Seattle : University of Washington Press, 1976.

Suh, Dae−sook, *The Korean Communist Movement* (1918−1948), Princeton : Princeton University Press, 1967.

Tsurutani, Taitsugu, *The Politics of National Development : Political Leadership in Transitional Societies*, London : Chandler Publishing Co., 1974.

Tucker, Robert C., *Politics as Leadership*, Columbia : University of Missouri Press, 1983.

Wallerstein, I., *The Modern World−System III*, New York : Academic Press, 1989.

Weber, M., *The Protestant Ethics and the Spirit of Capitalism*, London : Allen and Unwin, 1971.

Weber, Max, *Essays in Sociology*, New York : A Galaxy Book, 1962.

| 신동준 |

1956년 충남 천안생
경기고등학교 졸업
서울대 정치학과 및 동대학원 졸업(정치학박사)
동경대 동양문화연구소 객원연구원
서울대, 외국어대, 국민대, 덕성여대 강사(현)
21세기 정치연구소 소장 겸 孟坡講院 원장(현)

저서
『통치보감』, 『관중과 제환공』, 『치도와 망도』, 『역사대장정』
『연산군을 위한 변명』, 『덕치 · 인치 · 법치』, 『통치학원론』, 『삼국지통치학』
『조조통치론』, 『중국문명의 기원』, 『논어론』, 『공자의 군자학』, 『맹자론』
『순자론』, 『노자론』, 『주역론』, 『정치 CEO 리더십』, 『공자와 제자들』,
『조선의 왕과 신하, 부국강병을 논하다』.

역서
『난세를 평정하는 중국통치학-후흑학』, 『자치통감-삼국지』
『오월춘추』, 『전국책』, 『국어』, 『춘추좌전』, 『실록 열국지』.

논문
「선진 유법가의 치도관과 치본관의 비교연구」
「역대 대통령 통치행위에 대한 치도론적 비교연구」
「몽양주의에 관한 치도론적 분석」
「중도주의 이념정립에 관한 치도론적 고찰」

인식과 재인식을 넘어서

초판1쇄 / 2008년 1월 20일

지은이 **신동준**
펴낸이 **여국동**
펴낸곳 **도서출판 인간사랑**
인 쇄 **백왕인쇄**
제 본 **은정제책사**

출판등록 1983. 1. 26. / 제일-3호

(411- 815) 경기도 고양시 일산구 백석동 1178-1
TEL (031)901-8144, 907-2003
FAX (031)905-5815
e-mail/igsr@yahoo.co.kr
igsr@naver.com

정가 17,000원

ISBN 978-89-7418-237-3 93300

※ 잘못된 책은 교환해 드립니다.